名家精译史学经典

史记选译

秦同培　译注　宋晶如　校订

長江出版傳媒｜崇文書局

图书在版编目（CIP）数据

史记选译 / 秦同培译注 ; 宋晶如校订 . -- 武汉 : 崇文书局, 2022.2（2023.3重印）
（名家精译史学经典）
ISBN 978-7-5403-5304-9

Ⅰ. ①史… Ⅱ. ①秦… ②宋… Ⅲ. ①中国历史一古代史一纪传体 Ⅳ. ①K204.2

中国版本图书馆 CIP 数据核字（2021）第 247233 号

策　　划　叶　蓬
责任编辑　刘　丹
封面设计　九　光
责任校对　董　颖
责任印制　李佳超

史记选译

SHIJI XUANYI

出版发行　长江出版传媒｜崇文书局
地　　址　武汉市雄楚大街268号C座11层
电　　话　（027）87677133　邮政编码　430070
印　　刷　武汉精一佳印刷有限公司
开　　本　880mm×1230mm　1/32
印　　张　14.75
字　　数　380千
版　　次　2022年2月第1版
印　　次　2023年3月第2次印刷
定　　价　69.00元

出版说明

“名家精译史学经典”丛书是为中国史学爱好者提供的一套普及型史学读物，它包括中国首部国别史《国语》、中国首部编年史《左传》、先秦历史散文的杰作《战国策》、二十四史中水准最高的“前四史”《史记》《汉书》《后汉书》《三国志》和规模空前的编年体通史巨著《资治通鉴》。这八种史书不只开创、确立了国别体、编年体、纪传体等不同的史书体裁，而且在史识、史裁、叙事技巧、语言艺术等方面也颇有建树，影响广泛而深远，历来被视为中国史学的经典，是学习中国历史必读的史籍。

由于原著大多卷帙浩繁，从读选本入手就成为史学爱好者的普遍选择。在众多的选本版本中，我们经过权衡比较，遴选了这些由名家选注的、且历经时间检验和学识文笔俱佳的选本。

这些从民国至今不同年代的选本，其选注者既有功力深厚的老辈学人，也有治学严谨的当代学者。其年代跨度之大，学者风格之鲜明，是目前同类丛书中仅见的。整套书所呈现出的丰富的文化意蕴和多元的学术风格，一定会给读者带来别样的阅读兴味。

秦同培先生是民国初期的教育家、民国时期三大出版机构之一的世界书局的老编辑。他译注的《史记选译》初版名为《史记评注读本》，由世界书局于 1924 年首次出版，后重版多次。1949 年后，该书又流传到港台地区，依然备受读者青睐。《汉书选译》和《后汉书选译》原为一本，初版名为《汉书评注读本》，由世界书局于 1924 年首次出版。这几部作品虽已面世百年，但仍有独特的价值和鲜明的特点。其选篇别开生面，独具慧眼，大大拓展了读者的历史视野。特别是每篇的评语，尤显功力，散发着民国学者特有的、醇厚的古典气息，值得细细品读。

瞿蜕园先生是著述等身的文史大家，他在 20 世纪 50 年代致力于史学普及，出版了多种广受欢迎的史籍选本。他译注的《左传选译》由春明出版社于 1955 年首次出版。该选本“选择精审，译文畅达，注释简要”，上海古籍出版社于 1981 年重版。《资治通鉴选译》初版名为《通鉴选》，由古典文学出版社于 1957 年首次出版，这是《资治通鉴》的第一部选注本，从选篇、题解到注释都深具匠心，后曾一度再版。本次出版则特邀瞿氏弟子俞汝捷先生配写了晓畅雅洁的译文。

邬国义先生、胡果文先生译注的《国语译注》由上海古籍出版社于 1994 年首次出版。该选本内容丰赡，注释贴切，译文流畅，题解精辟，有研究者评该选本“译文很得《国语》原义，为《国语》各译注本中不可多得的佳作”。

赵丕杰先生译注的《战国策选译》由人民文学出版社于 1994 年首次出版。该选本“所选都是思想内容好，文学性较强的作品。历来为人传诵的名篇都包括在内，……力求能反映《战国策》的全貌”，是目前研究《战国策》的重要参考书。

陈稼禾先生译注的《三国志选译》初版名为《三国志菁华》，由上海教育出版社于2001年首次出版。该选本选篇全面精当，注释简明详实，译文通俗畅达，题解言简意赅，是一本十分适合初学者阅读的选本。

为帮助读者更好地阅读和欣赏这些古典巨著的佳妙之处，书中内容有前言、原文、译文、注释和评语或题解几大部分，这样的体例安排也给读者提供了很好的学习便利。

本丛书依据的底本为多年前的旧作，此次出版，底本中是繁体字竖排的，一律改为简体字横排；为便于今天的读者阅读，对个别底本中的部分译文作了重译；底本中有些词汇的使用与现代汉语规范不尽一致，为尊重作者的行文风格，没有按现代汉语规范统一修改；底本中所注的今地名，由于时代的变迁多有变化，今遵从原著，基本不作改动。限于水平，错误难免，恳请方家不吝赐教。

崇文书局

2021年11月

编辑大意

一、文无定法，起于自来之习惯，而习惯有源，吾国则“六经”为源。顾“六经”时代过远，等而下之，则周秦汉文当为近代文之策源地。昔曾湘乡教人读四部书，即《说文》《史记》《汉书》《文选》。是《说文》为考据之源，《文选》为词章之源，《史》《汉》乃普通文学之源，尤为学子不可不考究者。唯其间浏览者实居多数，有文学价值必须诵读者仍居少数。本书特尽撷以出关于《史记》者，谓之《史记读本》，加以评注，兼详俗语，便学者讽诵焉。

二、《史记》一书，除当代目击者由史公自述外，余多杂采古书而成，于《国策》采之尤多。本编于《国策读本》已列者，亦间加甄录，以文有出入，学者参互研究，可知史公翦裁之妙。亦偶有一事两见，详略不同，均行录入者，无非便学者究心文笔之变化，非漫为重沓也。

三、《史记》为后世史书之祖，然其目光之远大，识解之卓越，迥非后人所及。如“游侠”有传，“滑稽”有传，“货殖”有传，甚至“方技”“日者”等，亦各有传，大要皆取平民主义，不沾沾为一姓作谱录。而其特识之见于序文者，如《游侠》《货殖》等传序，尤为菁英所聚。本书于此等处，特尽行网罗，借以启导史学之特识焉。

四、龙门之文，高视阔步，大气包举。往往一传而将其人之行事与言论杂然并入。细按之却又厘然分明，始终贯注如一者。此等文结构则甚巨，唯为初学便利计，乃不得不删节。既减篇幅，亦使头绪简单分明也。

五、文有关于史学大端及古今变革，或当时之流弊，后世可鉴戒者，皆选录不遗，以为灌输历史观念及政治知识之一助。

六、当时诸家论事之文，多采于《古文辞类纂》等书中，是以非关重要，不轻入选，免占篇幅。

七、每文附以评注，论列其文之实质形式上各要点，有难解之词句典实，均加注释，以便参照。

八、注释后附译俗文，以代讲解之用。学者理解力薄弱，应先读译俗文，然后再理会原文，必收事半功倍之效。

目录

本纪

一、五帝本纪赞

我国古书难读，而舍古书，则又无所依据。欲于古书中，采可信者连缀为文，煞是不易。是文欲明采择者之可信，故婉转曲折言之。意多词简，摆落千端，于诸赞中，尤为高简。

太史公[1]曰：学者多称五帝，尚矣[2]。然《尚书》独载尧以来，而百家言黄帝，其文不雅驯[3]，荐绅[4]先生难言之。孔子所传宰予[5]问《五帝德》，及《帝系姓》[6]，儒者或不传。余尝西至崆峒[7]，北过涿鹿[8]，东渐[9]于海，南浮江淮矣，至长老皆各往往称黄帝、尧、舜之处，风教固殊焉，总之不离古文者近是。予观《春秋》《国语》，其发明《五帝德》《帝系姓》章[10]矣，顾弟[11]弗深考，其所表见皆不虚。《书》缺有间[12]矣，其轶[13]乃时时见于他说。非好学深思，心知其意，固难为浅见寡闻道也。余并论次，择其言尤雅者，故著为本纪书首。

——节《五帝本纪》

［1］太史公：司马迁自谓也。迁世官太史，属于天官。古主天官者皆上公，故自称太史公。［2］五帝，尚矣：五帝，黄帝、颛顼、帝喾、尧、舜也。尚，上也，言久远也。［3］雅驯：驯，顺也。谓雅而顺理也。或曰驯，训也，谓百家之言，皆非典雅之训。［4］荐绅：即缙绅也。荐，缙，古字假借。

[5] 宰予：孔子弟子，姓宰，名予，字子我，鲁人，利口辩辞，故多问。[6]《五帝德》，及《帝系姓》：皆《大戴礼》及《孔子家语》篇名。二书非正经，故儒者不甚传信。 [7] 崆峒：山名。黄帝问道于广成子处，在今甘肃平凉县西。 [8] 涿鹿：山名。在今河北涿鹿县东南，黄帝曾诛蚩尤于其地。 [9] 渐：流入也。言东流而入于海也。 [10] 章：言章明较著也。[11] 弟：但也。 [12]《书》缺有间：言古文《尚书》缺失，有罅间不连属者也。 [13] 轶：散失也。亦作佚逸。

太史公道：学问家多说五帝时代是很久远的，似乎传闻难以相信了！然而《尚书》上记载的，独从唐尧开始，直到后代。不过百家说黄帝事，文词不雅顺，绅士家有见识的人，也很难断定它是真是假。孔子传述的宰予问《五帝德》和《帝系姓》，读书人以为不是圣人说的话，儒者便不肯传述。我曾经西面到崆峒山，北边过涿鹿县，东边到过大海，南面直到淮水、长江。凡到过的地方，那些老人都每每称赞黄帝、尧、舜居住的地方，风气教化，原来与众不同。总而言之，不和古文纪载差得很远，近乎是可信的。我看《春秋》《国语》二书，其间有可和《五帝德》《帝系姓》等篇互相阐发的，很是明显。不过但观大略，不加深考，自然觉得它们的记述都不是虚妄的；若细考了，也便有出入。至于《尚书》一书，原是残缺有脱漏的，但它散失的纪载却常常可以从其他书中找到。如果不是好学深思、心中明白书中用意的人，是不能同他讲的。原来古书的真伪，怎可和浅见寡闻的人说明呢？我并合了诸子百家的书，定成撰论的次序，拣选其间说话格外典雅的，写成本纪的第一篇。

二、周室之兴

弃之隘巷，马牛过而不践；弃之渠水，飞鸟以翼覆焉。此非迷信，即系偶然。不过后稷为周一代创业之人，惠被万民，德及四方，宜有尊重敬异之词。文详叙生初弃之之事，以明得名之由。而即细述后稷教稼，继以子孙承业。笔致缠绵，文势峭拔，读之颇耐寻味。

周后稷，名弃。其母有邰氏[1]女，曰姜原。姜原为帝喾[2]元妃。姜原出野，见巨人迹，心忻然说，欲践之，践之而身动如孕者。居期而生子，以为不祥，弃之隘巷，马牛过者皆辟不践；徙置之林中，适会山林多人，迁之；而弃渠中冰上，飞鸟以其翼覆荐之。姜原以为神，遂收养长之。初欲弃之，因名曰弃。

弃为儿时，屹如巨人之志。其游戏，好种树麻、菽，麻、菽美。及为成人，遂好耕农，相地之宜，宜谷者稼穑[3]焉，民皆法则之。帝尧闻之，举弃为农师，天下得其利，有功。帝舜曰："弃，黎民始饥，尔后稷播[4]时百谷。"封弃于邰，号曰后稷，别姓姬氏。后稷之兴，在陶唐、虞、夏之际，皆有令德。

后稷卒，子不窋[5]立。不窋末年，夏后氏政衰，去稷不务[6]，不窋以失其官而奔戎狄之间。不窋卒，子鞠立。鞠卒，子公刘立。

公刘虽在戎狄之间，复修后稷之业，务耕种，行地宜，自漆、沮[7]度渭[8]，取材用[9]，行者有资，居者有蓄积，民赖其庆。百姓怀之，多徙而保归焉。周道之兴自此始。

——节《周本纪》

［1］有邰氏：国名，炎帝之后，姜姓，今陕西武功县境。［2］帝喾：高辛氏，五帝之一，黄帝之曾孙也。［3］稼穑：皆农事也。种曰稼，敛曰穑。［4］播：种也。［5］窋：音穷。［6］去稷不务：去稷之官，不复务农也。［7］漆、沮：本为二水名，合流称石州河，又曰漆沮水。在陕西境，东流入渭。［8］渭：水名。源出甘肃渭源县西鸟鼠山，东南流入陕西境，经省治与漆沮水相会，入于河。［9］取材用：公刘至南山取材木为用也。

周后稷，名叫弃。他的母亲是有邰国的女儿，姓姜名原，姜原本是帝喾的妻子。有一天，姜原走到野外游玩，看见地上有个很大的人脚迹，心里觉得十分高兴，想用脚踏去。踏到后，不知怎么腹中一动，就好像受了孕一般。过来一个年头，居然产下一个儿子。姜原当做不吉利的东西，把他抛弃在一条很狭的巷里。哪知马牛走过这条巷，就都避开也不向他身上踏去；姜原把他移到山林里。恰巧山林里有许多人伐树，便又抱去；把他抛在渠沟的冰上，哪知飞鸟又用翅膀来遮盖他。姜原见了，疑是神明投来的胎儿，就收回抚养他。只因为当初打算抛弃了他，因此便取名叫弃。

弃做儿童的时候，便有成人的志气。他做游戏，喜欢栽麻种豆，麻、豆都种的很好。到了成人，就喜欢耕田种植的事情，先看土壤适宜不适宜，适宜种植的，就种起谷来，于是百姓都仿效他的法子种起来。帝尧听了这件事情，便叫弃做农师的官，因此天下都受着他的利益，这是他很有功劳的事。帝舜便道："弃！从前百姓都饿着肚皮，幸亏你做了后稷的官，种起百谷来，百姓就有谷吃了。"后来便把邰这个地方封给弃，号叫后稷，他另外又姓姬氏。后稷的出名，在陶唐、虞、夏几代之间，这一个家族都很有美德。

后稷死了，他的儿子不窋继位，一直做到晚年，眼见夏朝政治衰落，不能振兴，便辞掉稷的官衔，不再务农了。不窋因丢掉官职，不愿再住在那里，就逃往戎狄去了。不窋既死，儿子鞠又继位。鞠死后，儿子公刘又继位。

公刘虽然身在戎狄，但继承了后稷的事业，掌管耕种，看察土壤适宜不适宜，又从漆、沮二河坐船，渡过渭水，到南山采取木料。从此旅行的人有了靠托，长住的人也有了积蓄了，百姓都靠着他得以安乐，都对他感恩戴德。公刘因为住在戎狄时间很久了，要回到祖国去，很多人迁居来归顺投靠他。周道的振兴，就从那时开始的。

三、古公迁岐

孟子曰："仁者无敌。"读此益信。谁谓民本主义，古人不知？世之欲得民心者，何不师古公乎？考古公一生所为，不外"仁义"二字，然德及民，避夷狄，迁岐下，千言万语，所传甚多，史公竟能以寥寥数语，罗网无遗，此是何等识量！

古公[1]亶父复修后稷、公刘之业，积德行义，国人皆戴之。薰育[2]戎狄攻之，欲得财物，予之。已复攻，欲得地与民。民皆怒，欲战。古公曰："有民立君，将以利之。今戎狄所为攻战，以吾地与民。民之在我，与其在彼，何异？民欲以我故战，杀人父子而君之，予不忍为。"乃与私属遂去豳[3]，度漆、沮[4]，逾梁山[5]，止于岐下[6]。豳人举国扶老携弱，尽复归古公于岐下。及他旁国闻古公仁，亦多归之。于是古公乃贬戎狄之俗，而营筑城郭室屋，而邑别居之[7]。作五官[8]有司[9]。民皆歌乐之，颂其德。

——节《周本纪》

[1]古公：公刘之九代孙，公叔祖类之子。 [2]薰育：古种族名。即玁玁。 [3]豳：音彬，周国名。在今陕西邠县。 [4]漆、沮：见《周室之兴》篇。 [5]梁山：山名，在今陕西乾县西北。 [6]岐下：犹言岐山之下。岐山，在陕西岐山县西北。 [7]别居之：分别而为邑落也。 [8]五官：周代设有六官，去冢宰则为五官。 [9]有司：官吏也，设官分职，各有其专司，故谓之有司。

古公亶父依旧继承后稷、公刘的事业，讲的是道德，做的是仁义，因此全国的百姓都爱戴他。这时戎狄薰育兴兵来攻伐，打算夺取财物。古公知道他的心意，就把财物给他。不料过不多时，又来攻伐了，打算夺去土地和百姓。百姓个个怒气冲冲，想和他开战。古公对百姓们说道："有了百姓，才能立起君主，君主本是替百姓谋利益的。现在戎狄兴兵来攻伐，是为了我的土地和百姓，百姓归我和归他，有什么分别呢？百姓为了我的缘故，要和他开战，靠杀死人家的父子，夺得一个君主来做，这是我不忍做的。"于是古公亶父和他的亲属左右离开了豳，渡过漆、沮二水，走过梁山，一直到了岐山的下面，才住下来。豳人感激古公的仁德，全国都搀着老的，携着幼的，统统到岐山来归附他。并且别国的人听说古公有仁义，也多来归附了。于是古公改革戎狄的风俗，筑起城郭、房屋，叫他们一村一村的分别住下。又设五官有司的官制，百姓都十分安乐，作歌来颂扬他的功德。

四、缪公赦食马之报

马已食而纠之法，徒伤人命，缪公宽之，后卒得其大报，足见恩德及人之深。是文侧重报字，故先略述食善马者之力战于前，而即叙所以报之之故于后，文境便觉曲折自如，是文家补叙法。

十五年[1]九月壬戌，与晋惠公夷吾合战于韩地。晋君弃其军，与秦争利，还而马鷙[2]。缪公与麾下[3]驰追之，不能得晋君，反为晋军所围。晋击缪公，缪公伤。于是岐下[4]食善马者三百人驰冒晋军，晋军解围，遂脱缪公而反生得晋君。初，缪公亡善马，岐下野人[5]共得而食之者三百余人，吏逐得，欲法之[6]。缪公曰："君子不以畜产害人。吾闻食善马肉不饮酒，伤人。"乃皆赐酒而赦之。三百人者闻秦击晋，皆求从，从而见缪公窘，亦皆推锋争死，以报食马之德。于是缪公虏晋君以归，令于国，"斋宿[7]，吾将以晋君祠上帝。"周天子闻之，曰："晋我同姓"，为请晋君。夷吾姊亦为缪公夫人，夫人闻之，乃衰绖[8]跣[9]，曰："妾兄弟不能相救，以辱君命。"缪公曰："我得晋君以为功，今天子为请，夫人是忧。"乃与晋君盟，许归之，更舍上舍[10]，而馈之七牢[11]。

——节《秦本纪》

[1] 十五年：(《左传》) 僖公十五年，秦晋战于韩原，秦获晋侯以归。[2] 鷙：读若致。马重貌，谓马重而陷于泥也。[3] 麾下：犹言部下。[4] 岐下：即岐山之下，见古公迁岐篇注。[5] 野人：(《括地志》) 野人坞

在岐州雍县东北二十里，按野人盗马食处因名焉。［6］欲法之：言纠之以法也。［7］斋宿：犹言斋戒。古人祭祀，必先斋戒，沐浴更衣，不饮酒，不茹荤，所以壹其心志，以接鬼神。［8］衰绖：居丧之服也。［9］跣：音铣。足不着履也。［10］上舍：最上之客馆也。［11］七牢：诸侯饔气七牢，牛一，羊一，豕一，为一牢也。

鲁僖公十五年九月壬戌那一天，秦缪公和晋惠公夷吾在韩地交战。晋君甩下自己的军队独自往前冲，跟秦军争夺财物，回来的时候，恰巧马陷在烂泥里不能走。缪公当即和部下飞也似的追去，可是没有捉到晋君，自己却被晋军围住。晋军向缪公攻击，缪公被击伤。这时岐下有从前偷吃好马的三百个人，很快地赶来，直冲晋军，晋军哪里围得住，便纷纷解围了。缪公居然逃脱了危险，反而把晋君生擒活捉了过来。以前，缪公曾经丢失了一匹好马，岐下三百多野人一同追到把它吃掉了，官吏追上去，知道是被野人吃掉的，想用法律去惩治他们。缪公道："做君子的人，不能为了畜产的事情去杀人。我听说吃了好马的肉，如果没有酒喝，要伤害身体的。"因此反而把酒赏赐他们，又赦他们偷马吃的罪。这偷马吃的三百人，后来听说秦国去伐晋国就都愿意同去。去了后，看见缪公窘迫，亦都争上前来冲锋，死也不怕，以报他赦罪的恩德。这样一来，缪公反而捉得晋君回来了，下令国中说："文武官员和百姓们预先斋宿，我将要把晋君致祭上帝。"周朝的天子听到这件事情，说道："晋和我同姓"，请求赦免晋君。夷吾的姊姊也是秦缪公的夫人，夫人听了，就穿了素服，赤着脚，说道："妾的兄弟兄弟不能相救，有辱于君的命令。"缪公道："我捉得晋君，正要算自己的大功，现在天子替晋君请求，夫人又专为这件事担忧，怎么好呢？"就和晋君设了盟誓，许他回去，又换了一间高级的客馆给他住，并用七牢的规格来宴飨他。

五、报殽之役

前半叙缪公不听蹇叔、百里傒之谏，是文之正面，以反逼下文，跌入不用蹇叔、百里傒之悔，是为蓄势法。后半既叙悔过之事，又为君子言以赞之。胎息《左传》，却别出面目。古人不苟袭成文如此。

三十二年冬，晋文公卒。郑人有卖郑于秦曰："我主其城门，郑可袭也。"缪公问蹇叔[1]、百里傒[2]，对曰："径数国千里而袭人，希有得利者。且人卖郑，庸知我国人不有以我情告郑者乎？不可。"缪公曰："子不知也，吾已决矣。"遂发兵，使百里傒子孟明视、蹇叔子西乞术及白乙丙将兵。行日，百里傒、蹇叔二人哭之。缪公闻，怒曰："孤发兵而子沮哭吾军，何也？"二老曰："臣非敢沮君军。军行，臣子与往；臣老，迟还恐不相见，故哭耳。"二老退，谓其子曰："汝军即败，必于殽[3]阨矣。"

三十三年春，秦兵遂东，更晋地，过周北门。周王孙满曰："秦师无礼，不败何待！"兵至滑[4]，郑贩卖贾人弦高持十二牛将卖之周，见秦兵，恐死虏，因献其牛，曰："闻大国将诛郑，郑君谨修守御备，使臣以牛十二劳军士。"秦三将军相谓曰："将袭郑，郑今已觉之，往无及已。"灭滑，滑，晋之边邑也。

当是时，晋文公丧尚未葬。太子襄公怒曰："秦侮我孤，因丧破我滑。"遂墨衰绖[5]，发兵遮秦兵于殽，击之，大破秦军，无一人得脱者。虏秦三将以归。文公夫人，秦女也，为秦三囚将请曰："缪公之怨此三人入于骨髓，愿令此三人归，令我君得自快烹之。”晋君许之，归秦三将。三将至，缪公素服郊迎，向三人哭曰：“孤以不用百里傒、蹇叔之言以辱三子，三子何罪乎？子其悉心雪耻，毋怠。”遂复三人官秩如故，愈益厚之。

三十四年，缪公于是复使孟明视等将兵伐晋，战于彭衙[6]。秦不利，引兵归。

三十六年，缪公复益厚孟明等，使将兵伐晋，渡河焚船[7]，大败晋人，取王官[8]及鄗[9]，以报殽之役。晋人皆城守不敢出。于是缪公乃自茅津[10]渡河，封殽中尸，为发丧，哭之三日。乃誓于军曰：“嗟，士卒！听，无哗，余誓告汝。古之人谋，黄发番番[11]，则无所过。”以申思[12]不用蹇叔、百里傒之谋，故作此誓，令后世以记余过。君子闻之，皆为垂涕，曰：“嗟乎！秦缪公之与人周[13]也，卒得孟明之庆。”

——节《秦本纪》

[1] 蹇叔：秦缪公大夫。 [2] 百里傒：字井伯，本虞人，尝之齐与周，均不用。后归虞，事虞公为大夫，知其将亡，不谏而先去之。适秦，缪公以为媵，傒耻之。走宛，楚鄙人执之。缪公闻其贤，以五羖羊皮赎之，拜为相，人号“五羖大夫”。 [3] 殽：山名，在今河南洛宁县北。 [4] 滑：古小国名，在今河南偃师县。 [5] 墨衰绖：丧服加黑色也。 [6] 彭衙：地名，故城在今陕西白水县。 [7] 船：音膊，舟也。 [8] 王官：地名，故城在今山西虞乡县南。 [9] 鄗：晋邑名，在今河北柏乡县地。 [10] 茅津：即今之大阳渡，在黄河北岸，山西平陆县南。 [11] 黄发番番：番音婆，当作皤皤，白头貌，言发白而更黄，故云黄发番番。此指蹇叔百里傒而言。 [12] 申思：反复思量也。 [13] 周：备也。

三十二年的冬天，晋文公死。郑国有人向秦国出卖郑国道：“郑国的城门，现在是叫我管的，你若暗地用兵来伐，郑国便可夺得了。”缪公便把这件事情去问蹇叔和百里傒，二人答道：“经过了好几国的地方，有千里的路，这样用兵去袭取别人的国家，还要想得些便宜，那是少有的。并且郑国人自己害郑国，怎知道我国的人不也把我国的情形，去告诉郑国吗？这事是万不可做的。”缪公道：“你们不知道，我已经决定了。”就调发兵马，叫百里傒的儿子孟明视，蹇叔的儿子西乞术和白乙丙三人做了将军。兵要开拔的那天，百里傒和蹇叔二人嚎啕大哭。缪公听了，怒道：“孤发兵，你们却拦着军队大哭，这是为了什么？”二位老人道：“我们做臣子的人并不敢阻住君发兵，兵去了，我们的儿子也一同去的，我们年纪都很老了，倘使回来得迟，恐怕我们不能和他们相见，所以才哭的。”二位老人退下，都对自己的儿子说道：“你们的兵如果打败了，必定是在殽这个地方。”

三十三年的春天，秦兵便向东进发，途经晋国，走过周朝的北门。周朝有个王孙满，见了说道：“秦国出兵无礼，必败无疑。”兵走到滑，郑国恰巧有个做生意的人，名叫弦高，牵了十二头牛，将要到周朝去卖，看见秦兵来了，很怕自己被他们捉去杀死，因把牛统献给秦兵道：“听说你们大国将要来伐郑国，郑国的君主正恭谨地加强守备，叫我把这十二头牛先犒赏你们的士兵。”秦国的三个将军相互商量说：“我们正想暗地去伐郑国，郑国却已经知道了。就是去，也袭击不成了。”便灭了滑。滑是晋国的边县。

这时候，晋文公死掉还没有下葬，太子襄公怒道：“秦国欺我丧父，乘我有丧，攻破我滑地。”就把素服染成黑色，发兵至殽，去击秦兵。打了一仗，竟大破秦兵，没有一人能够逃脱，秦国的三个将军，也一齐被捉了去。文公的夫人本是秦国的女子，便替三个囚将请求道：“缪公恨这三个人，真是恨到极点了，我的意思，还是叫这三个人回去，让秦君自己烹杀他们，也可快意一些。”晋君听了这话，就应许她，归还了秦国的三个将军。三个将军既到了秦国，缪公却穿起素服，自己在城外迎接，对着三人哭道：“孤因为不听百里傒、蹇叔的话，害你们三人受辱，你们有什么罪呢？你们应该一心一意地雪耻，不要荒怠！”就仍旧恢复三人的官职，和从前一样，并且待他们越发优厚。

三十四年，缪公又派孟明视等带兵伐晋，在彭衙交战。秦兵不利，就引兵归来。

三十六年，缪公又格外优待他们，孟明视等又被差遣带兵伐晋，渡过河，便把秦国的船，统统烧了，表明决死不归的心念。后来竟大败晋兵，夺得王官和鄗，以报败殽之仇。可是晋人都守在城里不敢出来。缪公就从茅津渡河，掩埋了殽山中的尸骨，替他们发丧，一连哭了三天，因对军士发布誓辞道：“唉，将士们！听我说话，不要喧哗，我向你们发誓。古人办事虚心听取老年人的意见，所以不会有什么过错。”缪公再次检查自己不用百里傒、蹇叔的计划，所以做了这篇誓辞，让后世记着自己的过失。做君子的人听了缪公这样的誓辞，都流下了眼泪，道：“啊！秦缪公待人这样周到，终于得到孟明等人胜利的报答。”

六、缪公霸西戎

由余，戎之贤人也；内史廖亦贤人也；而缪公尤为秦之贤君。是文将此三人对照立论，表而虽重由余，实以明缪公之用贤定霸。借宾定主，是文章妙处，而文势简劲，尤为超绝。

戎王使由余[1]于秦。由余，其先晋人也，亡入戎，能晋言。闻缪公贤，故使由余观秦。秦缪公示以宫室、积聚。由余曰："使鬼为之，则劳神矣。使人为之，亦苦民矣。"缪公怪之，问曰："中国以诗书礼乐法度为政，然尚时乱，今戎夷无此，何以为治，不亦难乎？"由余笑曰："此乃中国所以乱也。夫自上圣黄帝作为礼乐法度，身以先之[2]，仅以小治。及其后世，日以骄淫。阻法度之威，以责督于下，下罢[3]极则以仁义怨望于上，上下交争怨而相篡弑，至于灭宗，皆以此类也。夫戎夷不然。上含淳德[4]以遇其下，下怀忠信以事其上，一国之政犹一身之治，不知所以治，此真圣人之治也。"于是缪公退而问内史[5]廖曰："孤闻邻国有圣人，敌国之忧也。今由余贤，寡人之害，将奈之何？"内史廖曰："戎王处辟匿[6]，未闻中国之声[7]。君试遗其女乐[8]，以夺其志；为由余请，以疏其间；留而莫遣，以失其期。戎王怪之，必疑由余。君臣有间，乃可虏也。且戎王好乐，必怠于政。"缪公曰："善。"因与由余曲席[9]而坐，传器[10]而食，问其地形与其兵势，尽察。而后令内史廖以女乐二八[11]遗戎王。戎王受而说[12]之，终年不还。于是秦乃归由余。由余数谏不听，缪公又数使人间要由余，由余遂去降秦。缪公以客礼礼之，问伐戎之形。三十七年，秦用由余谋伐戎王，益国十二，开地千里，遂霸西戎。

——节《秦本纪》

[1] 由余：戎人姓名。 [2] 身以先之：谓黄帝作为礼乐法度，即先将此以治民也。 [3] 罢：倦也，困苦也。 [4] 淳德：言淳厚之恩德也。[5] 内史：周官名，为周礼春官之属，居宫中，贰太宰，以诏王治者。

［6］辟匿：犹言僻居一隅也。［7］声：谓乐声。［8］女乐：歌妓也。［9］曲席：床在缪公左右，相连而坐，谓之曲席。［10］传器：谓食器相传递而食也。［11］二八：二列也。(《左传》) 郑人赂晋侯。……歌钟二肆，及其镈磬，女乐二八。［12］说：兴悦同。

戎王派由余到秦国去。由余从前本来是晋国人，因事逃到西戎，所以能够说晋国话。戎王听说缪公有贤德，特地派由余去观察秦国的政治。由余既到秦国，秦缪公便把宫室和积聚财物的仓库指点给他看。由余道："这些建筑，如果让鬼神做出来，就不免劳累鬼神了；如果让人做出来，也不免烦苦百姓了。"缪公听了这话，觉得奇怪，因问道："中原各国用诗书礼乐法度来治理国家，还是时时闹起乱子不安静；现在戎夷没有这些东西，国家怎么治理呢？就是能够治理，不也是很难吗？"由余笑道："这就是你们中原各国所以要乱的缘故！自从上圣皇帝设立礼乐法度以来，他自己首先依这法子去做，不过是略有政绩罢了。到了后代，一天一天骄淫起来，凭法度的威严来督察责罚百姓；百姓困苦极了，就怨恨责怪那些在上的人不实行仁义，上下互相怨恨起来，就发生了篡夺屠杀，甚至灭绝家族的事，这都是礼乐法度的弊病啊！戎夷便不是这样。在上的用淳厚的恩德来对待百姓，百姓抱着忠信来事奉在上的，一国的政治，好像是一个人身的机关，治理的很好了也不知道是怎么治理的，这真是圣人的政治。"于是缪公退下，问内史廖道："我听说邻国出了圣人，是敌对国家的忧患。现在由余是个贤人，这是我的祸患，我该怎么办呢？"内史廖道："戎王住在偏僻的地方，并没有听过中原各国的乐声，你试试看，且把女乐送给戎王，使他丧失志气息，并且为由余请功，使他二人渐渐疏远，并把由余留在这里，不放他回去，使他错过回去的日期，那么戎王发怒起来，必定怀疑由余，君主和臣子有隙，就可俘获他了。而且戎王喜欢上音乐，必定会怠于政事。”缪公道：“很好。”于是缪公和由余席子挨席子亲密地坐在一起，互递杯盏一块儿吃喝。向由余询问戎地的地形和兵力，把情况了解得一清二楚。然后派内史廖把十六名女乐送给戎王。戎王接受了，非常喜爱，竟弄得一年不回宫去。这时秦国才放由余回国，由余见了戎王这种光景，屡次进谏，戎王却不听他的。缪公又派人到由余那里游说，由余便投奔了秦国。缪公以宾客之礼相待，细问伐戎的情形。三十七年，秦国用由余的计谋去伐戎王，增加了十二个附属国，开拓了方圆千里的疆土，就称霸西戎了。

七、秦废封建为郡县

提纲挈领，层次极清。而中段识解精卓，英谋毅断，有吞天下之气，文肖其事，事肖其人，即此可见文字不独随气运为升降。亦且貌其人之性质而出，非浅技也。

丞相绾等言：“诸侯初破，燕、齐、荆地远，不为置王，毋以填之。请立诸子，唯上幸许。”始皇下其议于群臣，群臣皆以为便。廷尉[1]李斯[2]议曰：“周文、武所封子弟同姓甚众，然后属疏远，相攻击如仇雠，诸侯更相诛伐，周天子弗能禁止。今海内赖陛下神灵一统，皆为郡县，诸子功臣以公赋税重赏赐之，甚足易制。天下无异意，则安宁之术也。置诸侯不便。”始皇曰：“天下共苦战斗不休，以有侯王。赖宗庙，天下初定，又复立国，是树兵也，而求其宁息，岂不难哉！廷尉议是。”

分天下以为三十六郡[3]，郡置守、尉、监。更名民曰“黔首”[4]。大酺[5]。收天下兵，聚之咸阳[6]，销以为钟鐻[7]，金人十二，重各千石，置廷宫中。一法度衡石丈尺。车同轨。书同文字。地东至海暨朝鲜，西至临洮[8]、羌中[9]，南至北向户[10]，北据河为塞，并阴山[11]至辽东。徙天下豪富于咸阳十二万户。诸庙及章台[12]、上林[13]皆在渭南[14]。秦每破诸侯，写放其宫室，作之咸阳北阪上[15]，南临渭，自雍门[16]以东至泾、渭[17]，殿屋复道，周阁相属[18]。所得诸侯美人钟鼓，以充入之。

——节《秦始皇本纪》

［1］廷尉：秦官名，掌刑狱。 ［2］李斯：楚上蔡人，始皇定天下，入秦为相，后为赵高诬害。 ［3］三十六郡：即三川、河东、南阳、南郡、九江、鄣郡、会稽、颍川、砀郡、泗水、薛郡、东郡、琅琊、齐郡、上谷、渔阳、右北平、辽西、辽东、代郡、巨鹿、邯郸、上党、太原、云中、九原、雁门、上郡、陇西、北地、汉中、巴郡、蜀郡、黔中、长沙、凡三十五。与内史为三十六郡。 ［4］黔首：取民发黑色之意。 ［5］酺：国有欢乐之事，赐臣民大饮酒也。 ［6］咸阳：秦都城，在今陕西长安县东。 ［7］鐻：读巨，乐器也。 ［8］临洮：秦县名，在今甘肃岷县。 ［9］羌中：临洮以西及古羌地。 ［10］北向户：开北户以向日，言极南也。 ［11］阴山：昆仑山之北支，起于河套双西北，绵亘于绥远、察哈尔、热河各特别区域。 ［12］章台：宫名，秦建，在陕西长安县故城西南隅。中有章台，因名。 ［13］上林：苑名，在陕西长安县西，及盩厔鄠县界。 ［14］渭南：县名，在今陕西省。 ［15］北阪上：属咸阳县。 ［16］雍门：属陕西高陵县。 ［17］泾、渭：二水名，均源出甘肃。至陕西高陵县相合为一。 ［18］周阁相属：言离宫别馆相望属也。

丞相绾等说："秦国方才击败诸侯，燕、齐、荆在偏远的地方，不设立王侯，就无法使那里安定。请陛下立自己的儿子为王，希望皇帝准许。"秦始皇把这计策和一班臣子商量，臣子都说这个计策很好。有个管刑狱官名叫李斯，他却议论道："周朝文王、武王封同姓的子弟很多，然而后来亲情疏远了，便互相攻击和仇敌一般，诸侯又互相诛伐，周朝天子无法禁止。现在天下靠着陛下的威灵，一统了以后，都设置郡县，诸子功臣，用国家的赋税很优厚的赏赐他们，这就够了，而且很容易箝制他们，天下没有异心，这是最安宁的法子，倘若设立诸侯，那就不好了。"始皇道："天下苦于无休止的战争，无非因为有了侯王的缘故，现在靠着宗庙的神圣，天下方才安定，又要设立王国，这和设立兵争没有两样，要靠此求得安宁，不是很困难的吗？廷尉的计划很是不错的。"

始皇分天下为三十六郡，每郡设一守、尉、监，改称百姓为"黔首"。天下欢聚宴饮，大飨臣子百姓。收拢天下的兵器，聚集到咸阳，熔铸成钟鐻，又铸造了十二个铜人，每一个都有十二万斤重，放置在宫廷中。统一法制和度量衡。车子同一轨道，书本同一文字。说起土地的广大，竟是东到大海和朝鲜，西到临洮、羌中，南到北乡户，北占据西河为要塞和阴山，一直到辽东为止。迁天下富户到咸阳，统共有十二万户口。祖庙和章台、上林都在渭南。秦每次击败诸侯，便摹仿该国宫室的样子，在咸阳北面的山坡上建造。南边沿着渭水，自雍门向东，一直到泾水、渭水相合的地方，有许多宫殿房屋，重重叠叠建在路上，楼阁别馆，互相连接。从诸侯那里得到的美人、钟鼓，都安置在里面。

八、秦始皇焚书

首段公青臣之颂，不消几句，而词意自然豁达，此史笔之变调也。中末两段，重见古今二字，盖始皇之焚书，以其道古而不言今，是文即以古今二字作骨。故说得极有波澜。

三十四年，始皇置酒咸阳宫，博士[1]七十人前为寿。仆射[2]周青臣进颂曰：“他时秦地不过千里，赖陛下[3]神灵明圣，平定海内，放逐蛮夷，日月所照，莫不宾服。以诸侯为郡县[4]，人人自安乐，无战争之患，传之万世。自上古不及陛下威德。”始皇悦。博士齐人淳于越[5]进曰：“臣闻殷、周之王千余岁，封子弟功臣，自为枝辅。今陛下有海内，而子弟为匹夫，卒有田常[6]、六卿[7]之臣，无辅拂[8]，何以相救哉？事不师古而能长久者，非所闻也。今青臣又面谀以重陛下之过，非忠臣。”

始皇下其议。丞相李斯曰：“五帝不相复，三代不相袭，各以治，非其相反，时变异也。今陛下创大业，建万世之功，固非愚儒所知。且越言乃三代之事，何足法也？异时诸侯并争，厚招游学。今天下已定，法令出一，百姓当家则力农工，士则学习法令辟禁。今诸生不师今而学古，以非当世，惑乱黔首。丞相臣斯昧死言：古者天下散乱，莫之能一，是以诸侯并作，语皆道古以害今，饰虚言以乱实，人善其所私学，以非上之所建立。今皇帝并有天下，别黑白而定一尊。私学而相与非法教，人闻令下，则各以其学议之；入则心非，出则巷议，夸主以为名，异取以为高，率群下以造谤。如此弗禁，则主势降乎上，党与成乎下，禁之便。臣请史官非秦记皆烧之，非博士官所职，天下敢有藏《诗》《书》百家语者，悉诣守、尉杂烧之。有敢偶语《诗》《书》者弃市[9]。以古非今者族[10]，吏见知不举者与同罪[11]。令下三十日不烧，黥[12]为城旦[13]。所不去者，医药、卜筮、种树之书。若欲有学法令，以吏为师。”制曰：“可。”

——节《秦始皇本纪》

[1]博士：官名，秦置，掌通古今。 [2]仆射：秦官名，古者重武，有主射以督课，故曰仆射。 [3]陛下：天子之称。 [4]诸侯为郡县：始皇见天下纷纷，皆由列国，故裂天下为郡县，而置守令焉。 [5]淳于越：战国齐人，髡后，仕为博士，以谏知名。 [6]田常：即陈恒，春秋齐人。与阚止俱事齐简公。阚止有宠，欲尽逐陈氏，陈豹以告，恒遂杀阚止，并弑简公而立平公。卒谥成子。 [7]六卿：赵襄子、范昭子、荀文子、智襄子、魏襄子、韩简子，此六族者，世为晋卿，并有功名，实弱晋国。 [8]无辅拂：言无封国藩屏也。 [9]弃市：谓死罪也。(《礼》)刑人于市，与众弃之。[10]族：谓灭族也。 [11]吏见知句：吏知情而不纠举其罪，则与犯者同其罪也。 [12]黥：古墨刑，犹清时之刺字。 [13]城旦：秦时徒刑，罚作苦工也。昼伺寇，夜筑城，故谓之城旦。

三十四年，秦始皇在咸阳宫设宴，有博士七十人前来献酒，仆射周青臣进来祝颂道：“从前秦国的地方，不过千里，仗着陛下的神灵明圣，平定了天下，把蛮夷都赶了出去，这件事像太阳月亮的光明，四面都照着，没有一个不服从的。又把诸侯国变为郡县，人人安居乐业，没有战争的忧愁，照此可以传一万代不变。自上古以来，无论谁都不及陛下的威德。”始皇听了这番恭维的话，非常高兴。博士齐国人淳于越上前道：“我听说殷朝、周朝统治天下一千多年，这是把土地封给子弟功臣，作为辅翼。

现在陛下有了天下，而子弟却是平民百姓，如果骤然间有田常六卿那种臣子出来，但是没有封国的藩屏，怎么可以相救呢？事情如不照古法来做，而能久远的，这种事我还没有听见过呢。现在青臣一味谄媚，来加深陛下的过错，这人定不是个忠臣。”

始皇一时决定不下来，便让廷臣把这件事情商议商议。丞相李斯便说道：“五帝的治法不互相重复，三代的治法不互相沿袭，各人各用治法，这不是特地和他们相反，而是时代有变迁的缘故。现在陛下开创了这样的大事业，建立万世的大功劳，本来就不是愚儒能够理解的。而且淳于越说的话，都是三代的事情，怎样可以效法呢？后日诸侯互相争权，出厚资招揽游说之士，天下又要不宁了。现在天下已经安定，法令出于一统，百姓理家就要努力去务农做工，读书人只要竭力去学习法令刑禁就是了。现在儒生们不学今而习古，并说当世不好，这不是迷惑百姓吗？我丞相李斯冒着死罪说：从前天下散乱，没有人能够统一，所以诸侯群起，都称述上古，非难今世，粉饰虚言，混乱实情。人人赞赏自己私下所学的知识，非议朝廷制定的政令法律。现在皇帝统一天下，辨别黑白，定于一尊。他们却看重私学，大家议论法令教化的不是。听到法令下达，就各以所学来评议，入朝时心中非议，出朝时街谈巷议。在君主面前自我吹嘘，以此来沽名钓誉，标新立异，认为高人一等，率领臣民制造谤语。这样还不禁止，那么在上则君主的权威下降，在下则结成党羽互相勾结。还是禁止他们的好。臣请求让史官凡不是秦国纪载的史书统统把它烧掉。不是博士官所藏的书，天下有敢藏匿《诗》《书》、诸子百家书籍的，都要送交到守尉那里一并烧掉。有敢私下说《诗》《书》的，就要办他的死罪；借古非今的灭族。官吏知情而不检举的，和他同罪。命令传下，三十天以内不烧掉书籍的，除以黥刑，并罚做苦工。所不烧的书，是医药、卜筮、种植一类的书籍。若是他们想学法令，就拜官吏为师。”始皇下达令说："可以。"

九、项羽初起

叙项籍而搀入项梁，一叙两事，错综成文，章法又丝毫不乱，故极有势。又篇中呼应处，历历可指。如首言吴中有大徭役及丧，后言前时某丧；首言会稽守通谓梁曰，后言梁为会稽守；首言得精兵八千人，复言梁乃以八千人渡江而西。此等呼应联络处，学者宜三注意焉。

项籍者，下相[1]人也，字羽。初起时，年二十四。其季父[2]项梁，梁父即楚将项燕，为秦将王翦所戮者也[3]。项氏世世为楚将，封于项[4]，故姓项氏。

项籍少时，学书不成，去；学剑，又不成。项梁怒之。籍曰："书足以记名姓而已，剑一人敌，不足学，学万人敌。"于是项梁乃教籍兵法，籍大喜，略知其意，又不肯竟学。

项梁尝有栎阳逮[5]，乃请蕲[6]狱掾[7]曹咎[8]书，抵栎阳狱掾司马欣[9]，以故，事得已。

项梁杀人，与籍避仇于吴中[10]。吴中贤士大夫皆出项梁下。每吴中有大徭役[11]及丧，项梁常为主办，阴以兵法部勒[12]宾客及子弟，以是知其能。

秦始皇帝游会稽[13]，渡浙江[14]，梁与籍俱观。籍曰："彼可取而代也。"梁掩其口，曰："毋妄言，族矣[15]！"梁以此奇籍。

籍长八尺余，力能扛鼎，才气过人，虽吴中子弟，皆已惮籍矣。

秦二世元年七月，陈涉[16]等起大泽中。其九月，会稽守通谓梁曰：“江西[17]皆反，此亦天亡秦之时也。吾闻先即制人，后则为人所制。吾欲发兵，使公及桓楚[18]将。”是时桓楚亡在泽中。梁曰：“桓楚亡，人莫知其处，独籍知之耳。”梁乃出，诫籍持剑居外待。梁复入，与守坐，曰：“请召籍，使受命召桓楚。”守曰：“诺。”梁召籍入。须臾，梁眴[19]籍曰：“可行矣！”于是籍遂拔剑斩守头。项梁持守头，佩其印绶。门下大惊，扰乱，籍所击杀数十百人。一府中皆慑伏，莫敢起。梁乃召故所知豪吏，谕以所为起大事，遂举吴中兵。使人收下县，得精兵八千人。梁部署[20]吴中豪杰为校尉、候、司马。有一人不得用，自言于梁。梁曰：“前时某丧使公主某事，不能办，以此不任用公。”众乃皆伏。于是梁为会稽守，籍为裨将[21]，徇下县。

广陵[22]人召平于是为陈王[23]徇广陵，未能下。闻陈王败走，秦兵又且至，乃渡江矫陈王命，拜梁为楚王上柱国[24]。曰：“江东已定，急引兵西击秦。”项梁乃以八千人渡江而西。

——节《项羽本纪》

[1] 下相：在今江苏宿迁县。 [2] 季父：父之弟曰季父。 [3] 项燕句：王翦，秦频阳人，于秦始皇二十四年攻荆，破荆军，荆王昌平君死，项燕遂自杀。 [4] 项：故城在今河南项城县东北。 [5] 栎阳逮：栎阳，地名。故城在今陕西临潼县东北，谓梁有罪，为栎阳县所捕捉也。 [6] 蕲：按原注音机，县名，属沛国。 [7] 狱掾：掌狱之官也。 [8] 曹咎：秦人。后项羽以为海春侯，大司马，守成皋，汉兵击破之。咎自刭汜水上。 [9] 司马欣：秦人，为塞王，欣降复叛。汉初破楚军成皋，欣自刭死。 [10] 吴中：江苏吴县，古称吴中。春秋时为吴国都，故名。 [11] 徭役：古力役之征曰徭役。 [12] 勒：抑也，压制也。 [13] 会稽：今浙江绍兴。

[14] 浙江：水名，以其多曲折，故曰浙江。又曰之江上，上游有二源。北曰新安江，南曰兰江。［15］族矣：言灭族也。［16］陈涉：秦阳城人，名胜，与吴广起兵，自立为楚，后为其御庄贾所杀。［17］江西：言浙江以西也。［18］桓楚：项羽杀宋义时，桓楚为羽使怀王。［19］眴：音荀，目摇动也。［20］部署：分部而署置也。［21］裨将：偏将也。［22］广陵：今江苏江都县。［23］陈王：言陈涉也。［24］上柱国：即上卿官。

项籍是下相人，字羽。开始起兵时才二十四岁。他的叔父叫项梁，项梁的父亲就是项燕，被秦将王翦所杀的那个人。项氏世代做楚国的将军，封于项，所以姓项。

项籍少年的时候，学习认字、写字没有成功，就放弃了，改为学剑，剑又没有学成功。项梁生他的气。项籍道："认字只能够记录些姓名罢了。剑不过只能抵敌一人，不值得学，要学可以敌得过万人的。"于是项梁便教他些兵法，项籍高兴极了，但略知一二，就不肯再学了。

项梁曾经受人牵连，栎阳的狱官时常来捉他，项梁便向蕲县的狱官曹咎那里，讨了一封信。到栎阳狱官司马欣那里请求赦罪，司马欣为了交情，也便赦了他。

项梁又因为杀了人，和项籍到吴中避仇。吴中的贤士大夫的才都在项梁之下。每次吴中有大徭役和丧事，时常由项梁做主办人，私下用兵法布置那些宾客和弟子，因此了解了每个人的能力。

秦始皇帝巡游会稽，渡过浙江时，项梁和项籍都在那里观看。项籍道："那个皇帝，我可以取而代之。"项梁便急忙用手掩住他的口，说道："不要瞎说，要灭族的！"项梁因此觉得项籍不同于一般人。

项籍身长八尺多，力大能够扛鼎，才气过人，所以吴中子弟都很怕他。

秦二世元年七月，陈涉等在大泽中起义。这年九月，会稽郡守殷通对项梁道："浙江以西都造反来，这也是天要亡秦国的时候了。我听说先发能够制服别人，后发就要被别人制服。我打算发兵，任命你和桓楚二人做将军。"当时桓楚逃亡到泽中。项梁道："桓楚逃出去，没有人知道他的下落，只有项籍知道。"项梁便出来告诉项籍，叫他拿了剑在外面等候。项梁再走进，和郡守坐下，说道："请你唤项籍来，叫他去请桓楚。"郡守答应了一声诺，便叫项籍进来。过了一会儿，项梁用眼睛动了几动，给项籍一个暗示，说道："可以行动了。"于是项籍就立刻拔剑，斩了郡守的头，佩了他的印绶。郡守左右随从大惊失色，乱作一团，被项籍击杀死的，共有数十百人。全府中的人都慌惧畏服，没有人敢去抵抗他。项梁于是召集本来知交的强干官吏，把起兵反秦这件事情向他们讲明，于是征集吴中士卒，派人到各县去征兵，得了精兵八千人。项梁又安排吴中豪杰担任校尉、候、司马。有一人没有被项梁任用，自己到项梁那里说，项梁道："从前某公丧事，叫你管某事，你不能办，因此不任用你。"众人都佩服。于是项梁做会稽的郡守，项籍做裨将，巡视下属县邑。

广陵人召平替陈涉攻打广陵，还没有攻下，听说陈涉败逃，秦兵又要到来，就渡过浙江，假造陈涉的命令，拜项梁为楚王上柱国，说道："江东已经打定，赶快带兵到西边去打秦国。"项梁就带了八千人，渡过浙江，向西面进发。

一〇、项羽夺宋义军救赵

宋义之令，正指羽也。羽仇其言，至于矫杀而代之。一种粗莽尚力之概，已暗伏后来败征。虽渡河破秦，诸侯膝行莫敢仰视，此犹驽马疾鞭，益速其仆耳。是文不啻活画出一项羽来，而后幅描写项羽战处，更有声有色，当为史公最活跃文字。

初，宋义[1]所遇齐使者高陵君显在楚军，见楚王曰："宋义论武信君之军必败[2]，居数日，军果败。兵未战而先见败征，此可谓知兵矣。"王召宋义与计事而大说之，因置以为上将军，项羽为鲁公，为次将，范增[3]为末将，救赵，诸别将皆属宋义，号为卿子冠军。行至安阳[4]，留四十六日不进。项羽曰："吾闻秦军围赵王巨鹿[5]，疾引兵渡河，楚击其外，赵应其内，破秦军必矣。"宋义曰："不然。夫搏牛之虻不可以破虮虱[6]。今秦攻赵，战胜则兵罢，我承其敝；不胜，则我引兵鼓行而西，必举秦矣。故不如先斗秦赵。夫被坚执锐，义不如公；坐而运策，公不如义。"因下令军中曰："猛如虎，很如羊，贪如狼，强不可使者，皆斩之。"乃遣其子宋襄相齐，身送之至无盐[7]，饮酒高会。天寒大雨，士卒冻饥。项羽曰："将戮力而攻秦，久留不行。今岁饥民贫，士卒食芋菽[8]，军无见粮，乃饮酒高会，不引兵渡河因赵食，与赵并力攻秦，乃曰'承其敝'。夫以秦之强，攻新造之赵，其势必举赵。赵举而秦强，何敝之承！且国兵新破，王坐不安席，埽境内而专属于将军，国家安危，在此一举。今不恤士卒而徇其私[9]，非社稷之臣。"项羽晨朝上将军宋义，即其帐中斩宋义头，出令军中曰："宋义与齐谋反楚，楚王阴令羽诛之。"当是时，诸将皆慑服，莫敢枝梧[10]。皆曰："首立楚者，将军家也。今将军诛乱。"乃相与共立羽为假上将军。使人追宋义子，及之齐，杀之。使桓楚报命于怀王。怀王因使项羽为上将军，当阳君、蒲将军皆属项羽。

项羽已杀卿子冠军，威震楚国，名闻诸侯。乃遣当阳君、蒲将军将卒二万渡河[11]，救巨鹿。战少利，陈馀[12]复请兵。项羽乃悉引兵渡河，皆沉船，破釜甑，烧庐舍，持三日粮，以示士卒必死，无一还心。于是至则围王离[13]，与秦军遇，九战，绝其甬道，大破之，杀苏角[14]，虏王离。涉间不降楚，自烧杀。

当是时，楚兵冠诸侯。诸侯军救巨鹿下者十余壁，莫敢纵兵。及楚击秦，诸将皆从壁上观。楚战士无不一以当十。楚兵呼声动天，诸侯军无不人人惴恐。于是已破秦军，项羽召见诸侯将，入辕门[15]，无不膝行而前，莫敢仰视。项羽由是始为诸侯上将军，诸侯皆属焉。

——节《项羽本纪》

[1]宋义：汉人，故楚令尹，从项梁伐秦，梁破秦军，有骄色。义谏曰：战胜而将骄卒隋者败，梁不听，卒为秦将军章邯所破，余详本篇。 [2]宋义论武信君句：项梁自号武信君，宋义问高陵君显曰："公将见武信君乎？"曰："然。"曰："臣论武信君必败，公徐行即免死，疾行则及祸。" [3]范增：居鄛人，年七十，居家好奇计。辅项羽霸诸侯，号称亚父。 [4]安阳：今山东曹县。 [5]巨鹿：战国赵邑，今河北平乡县。 [6]搏牛：虻牛，牛虻也，虱小虫也，言虻大在外。虱小在内，言以手击牛。可以杀其上之虻。而不能破其内之虮虱，喻欲以大力伐秦。而不可以救赵也。 [7]无盐：齐邑名，在今山东平县。 [8]芋菽：芋，蹲鸱也。菽，豆也。 [9]徇其私句：谓使其子相齐，是徇其私也。徇，营也。 [10]枝梧：犹抵拒也。小柱为枝，斜柱为梧，今屋枝斜柱也。 [11]渡河：渡漳水也。 [12]陈馀：汉大梁人。初与张耳同仕赵王武臣，后张耳降汉，与韩信破赵井陉，斩余于泜水上。 [13]王离：王翦之孙。 [14]苏角：秦将也。 [15]辕门：军行以车为阵，辕相向为门，故曰辕门。

当初，宋义所遇到的齐国使者高陵君显还在楚军中，和楚王相见，说道:“宋义说武信君的军必定要败，过后没有几天，果然打败。兵还没有交战，却先见败仗的征兆，这可算是懂得兵法的了。”楚王便唤宋义来商量大事，很佩服他，因而用他做上将军。项羽做了鲁公，又叫他做次将，范增做末将，去救赵国。各路别将都隶属于宋义，号为卿子冠军。行兵到安阳，逗留了四十六天不前进，项羽道:“我听说秦军把赵王是围困在巨鹿，我们迅速带兵渡河，楚军从外面打，赵军在里面接应，必定能打破秦军。”宋义道:“不对，叮咬牛的蝱虫不可以用来消灭虮虱。现在秦国攻打赵国，秦国倘打胜，他的兵必疲倦，我们可趁他们疲倦去打他；秦国若打不胜，我就带兵向西边进发，秦国必定被我们打败。所以不如先让秦、赵相斗。披甲执戟，我不如你；至于运筹决策，你却不如我了。”于是便下了一道命令，对军中道:“凶猛像虎，狠毒像羊，贪心像狼，有强硬不听我指挥的，一律斩首。”就派自己的儿子宋襄到齐国去做宰相，亲身送到无盐，摆酒设筵，大会宾客。天气很冷，又下大雨，害得士卒都身冻腹饥。项羽道:“正该竭力攻打秦国，现在反久留在这里不去。年岁荒歉，百姓贫穷，士卒每天只吃芋头和豆子，军中又没有粮食，他却饮酒盛会，不带兵渡河吃用赵国的粮食，和赵国合力攻打秦国，反说‘要趁他的疲倦去打’。他哪里知道秦国这样强大，攻打一个新造的赵国，势必要战胜赵国。赵国灭了，秦国就更强，有什么疲倦的机会可趁呢？而且我国军队新破，国王坐不安席，把境内的一切扫空了，都付在将军的身上，国家的安危，在此一举。现在不怜恤士卒，却徇自己的私情。这可说不是国家的栋梁之臣。”项羽便趁早晨到上将军宋义那里朝见时，就在军营里杀了宋义的头，出来向给军中下达命令道:“宋义和齐国打算在楚国造反，楚王秘密命令我杀了他。”这时，诸将都畏服他，没有人敢出来阻挡，齐声说:“第一个创立楚国的，便是将军的家族，现在将军诛杀乱党，好极了。”大家就立羽做假上将军，一面派人去追宋义的儿子，在齐国地界追上了，杀了他。又派桓楚通报怀王，怀王便叫项羽做上将军。当阳君、蒲将军都属项羽管辖。

项羽杀了卿子冠军，威权震动了楚国，名誉扬到了各国诸侯的耳中。项羽当下便派当阳君、蒲将军带兵二万渡河，解救巨鹿，打了许多时候，并没有得胜。陈馀又来请加兵。项羽就带兵统统渡河，把船都沉在水里，又敲破了釜甑，烧毁了房屋，只带三天的粮食，向士卒表示拼死一战的决心，没有一个人回来的意思。兵既到，便把王离围住，恰巧碰着秦军，战了九合，断绝他们的甬道，大败秦兵，杀死了秦将苏角，擒了秦将王离，涉间当下不肯降楚国，自己烧死了。

这时，楚兵在诸侯中要算第一了。诸侯兵来救巨鹿的，有十几座营寨，没有一个敢出兵。到了楚国攻打秦国时候，诸侯都在壁上观看。却说楚国战士都能以一抵十，楚兵的喊杀声，震动了天地，诸侯的兵，没有一个不害怕的。打败了秦军以后，项羽便唤诸侯来相见。快要走到辕门时，都个个跪下向前走，没有敢抬头看。项羽从此开始做了诸侯的上将军，诸侯都属他管辖了。

一一、鸿门之宴

楚汉鸿门之会，曹无伤启其衅，故太史公叙事，首曰曹无伤言于项羽，及会，则曰此曹无伤言之。至还军，又曰立杀曹无伤。条理精密，无逾于此。而描写沛公急状，宛如目睹，非十分刻画不辨，又何笔情活泼乃尔。

于是楚军夜击坑秦卒二十余万人新安城[1]南。行略定秦地。函谷关[2]有兵守关，不得入。又闻沛公[3]已破咸阳，项羽大怒，使当阳君等击关。项羽遂入，至于戏西[4]。沛公军霸上[5]，未得与项羽相见。沛公左司马曹无伤使人言于项羽曰："沛公欲王关中[6]，使子婴[7]为相，珍宝尽有之。"项羽大怒，曰："旦日飨士卒，为击破沛公军！"

当是时，项羽兵四十万，在新丰[8]鸿门[9]，沛公兵十万，在霸上。范增说项羽曰："沛公居山东时，贪于财货，好美姬。今入关，财物无所取，妇女无所幸，此其志不在小。吾令人望其气，皆为龙虎，成五采，此天子气也。急击勿失。"

楚左尹项伯者，项羽季父也，素善留侯张良[10]。张良是时从沛公，项伯乃夜驰之沛公军，私见张良，具告以事，欲呼张良与俱去。曰："毋从俱死也。"张良曰："臣为韩王送沛公，沛公今事有急，亡去不义，不可不语。"良乃入，具告沛公。沛公大惊，曰："为之奈何？"张良曰："谁为大王为此计者？"曰："鲰生[11]说我曰'距关，毋内诸侯，秦地可尽王也'。故听之。"良曰："料大王士卒足以当项王乎？"沛公默然，曰："固不如也，且为之奈何？"张良曰："请往谓项伯，言沛公不敢背项王也。"沛公曰："君安与项伯有故？"张良曰："秦时与臣游，项伯杀人，臣活之。今事有急，故幸来告良。"沛公曰："孰与君少长？"良曰："长于臣。"沛公曰："君为我呼入，吾得兄事之。"张良出，要项伯。项伯即入见沛公。沛公奉卮[12]酒为寿[13]，约为婚姻，曰："吾入关，秋毫不敢有所近，籍吏民，封府库，而待将军。所以遣将守关者，备他盗之出入与非常[14]也。日夜望将军至，岂敢反乎！愿伯具言臣之不敢倍德也。"项伯许诺，谓沛公曰："旦日[15]不可不早自来谢项王。"沛公曰："诺。"于是项伯复夜去，至军中，具以沛公言报项王。因言曰："沛公不先破关中，公岂敢入乎？今人有大功而击之，不义也，不如因善遇之。"项王许诺。

沛公旦日从百余骑来见项王，至鸿门，谢曰："臣与将军戮力而攻秦，将军战河北，臣战河南，然不自意能先入关破秦，得复见将军于此。今者有小人之言，令将军与臣有郤[16]。"项王曰："此沛公左司马曹无伤言之；不然，籍何以至此？"项王即日因留沛公与饮。项王、项伯东向坐，亚父[17]南向坐。亚父者，范增也。沛公北向坐，张良西向侍。范增数目项王，举所佩玉玦[18]以示之者三，项王默然不应。范增起，出召项庄[19]，谓曰："君王为人不忍，若入前为寿，寿毕，请以剑舞，因击沛公于坐，杀之。不者，若属皆且为所虏。"庄则入为寿。寿毕，曰："君王与沛公饮，军中无以为乐，请以剑舞。"项王曰："诺。"项庄拔剑起舞，项伯亦拔剑起舞，常以身翼蔽沛公，庄不得击。于是张良至军门，见樊哙[20]。樊哙曰："今日之事何如？"良曰："甚急。今者项庄拔剑舞，其意常在沛公也。"哙曰："此迫矣，臣请入，与之同命。"哙即带剑拥盾入军门。交戟之卫士[21]欲止不内，樊哙侧其盾以撞，卫士仆地，哙遂入，披帷西向立，瞋目视项王，头发上指，目眦[22]尽裂。项王按剑而跽曰："客何为者？"张良曰："沛公之参乘[23]樊哙者也。"项王曰："壮士！赐之卮酒。"则与斗卮酒。哙拜谢，起，立而饮之。项王曰："赐之彘肩。"则与一生彘肩。樊哙覆其盾于地，加彘肩上，拔剑切而啖之。项王曰："壮士，能复饮乎？"樊哙曰："臣死且不避，卮酒安足辞！夫秦王有虎狼之心，杀人如不能举，刑人如恐不胜，天下皆叛之。怀王与诸将约曰'先破秦入咸阳者王之'。今沛公先破秦入咸阳[24]，毫毛不敢有所近，封闭宫室，还军霸上，以待大王来。故遣将守关者，备他盗出入与非常也。劳苦而功高如此，未有封侯之赏，而听细说，欲诛有功之人。此亡秦之续耳，窃为大王不取也。”项王未有以应，曰：“坐。”樊哙从良坐。坐须臾，沛公起如厕[25]，因招樊哙出。

沛公已出，项王使都尉陈平[26]召沛公。沛公曰：“今者出，未辞也，为之奈何？”樊哙曰：“大行不顾细谨，大礼不辞小让。如今人方为刀俎，我为鱼肉，何辞为？”于是遂去。乃令张良留谢。良问曰：“大王来何操？”曰：“我持白璧一双，欲献项王；玉斗一双，欲与亚父。会其怒，不敢献。公为我献之。”张良曰：“谨诺。”

当是时，项王军在鸿门下，沛公军在霸上，相去四十里。沛公则置车骑，脱身独骑，与樊哙、夏侯婴[27]、靳强[28]、纪信[29]等四人持剑盾步走，从郦山下，道芷阳间行。沛公谓张良曰：“从此道至吾军，不过二十里耳。度我至军中，公乃入。”

沛公已去，间至军中，张良入谢，曰：“沛公不胜杯杓[30]，不能辞。谨使臣良奉白璧一双，再拜献大王足下；玉斗一双，再拜奉大将军足下。”项王曰：“沛公安在？”良曰：“闻大王有意督过之，脱身独去，已至军矣。”项王则受璧，置之坐上。亚父受玉斗，置之地，拔剑撞而破之，曰：“唉！竖子[31]不足与谋。夺项王天下者，必沛公也，吾属今为之虏矣。”沛公至军，立诛杀曹无伤。

——节《项羽本纪》

[1]新安：在今河南渑池县东，今曰搭泥镇。 [2]函谷关：秦关名，在今河南灵宝县西南。 [3]沛公：刘邦起事于沛，故号沛公。 [4]戏西：戏水之西也。戏水在今陕西临潼县东，下流入渭。 [5]霸上：地名，即白鹿原。在陕西长安县东，接蓝田县界。 [6]关中：地名，即今陕西省。东自函关，西至陇关，二关之间，谓之关中。 [7]子婴：秦始皇太子扶

苏之子。 [8] 新丰：地名，在今陕西临潼县东北。 [9] 鸿门：新丰之属地，在陕西临潼县东，今曰项王营。 [10] 张良：字子房，家五世相韩，高祖起兵，良从之，后封留侯。 [11] 鲰生：小人也。 [12] 卮：酒器也。 [13] 寿：谓进爵于尊者。 [14] 非常：谓猝然之变也。 [15] 旦日：犹明日也。 [16] 郤：与隙同。 [17] 亚父：亚，次也。尊敬范增，言次于其父也。 [18] 玦：玉佩也，半环曰玦。范增举玉玦者以示其决当杀也。 [19] 项庄：羽之从弟。 [20] 樊哙：汉初沛人。始业屠狗，沛公起兵，哙从之，后封舞阳侯。 [21] 卫士：即今营中守门之卫兵也。 [22] 眦：音剂，目厓也。 [23] 参乘：古乘车在车右之人。 [24] 先破秦入咸阳句：此是怀王初约。故樊哙于是时直提起言之，以责羽之负约也。 [25] 厕：音次。便所也。 [26] 陈平：汉阳武人，少家贫，好读书，事高祖，封曲阳逆侯。惠帝时，与周勃共谋诛吕氏，刘氏赖以复存。 [27] 夏侯婴：汉沛人，从沛公击羽有功，封汝阴侯。卒谥文。 [28] 靳强：汉曲沃人。从高祖击项羽有功，封汾阳侯。卒谥严。 [29] 纪信：事汉王为将军，项羽围荥阳急，信自请乘汉王车黄屋左纛以诳楚，汉王间出，项羽怒，烧死信。后立庙于顺庆，号曰忠祐。 [30] 杯杓：酒具也。 [31] 竖子：童子也。

于是楚军夜里坑杀了秦兵二十余万人，都葬在新安城南。项羽将要攻取秦关中地带。函谷关有兵守住，不能进入。又听说沛公已经打破咸阳了，项羽大怒，派当阳君等去破了关，项羽于是进入函谷关，一直到了戏水西面。沛公把兵驻扎霸上，还没有和项羽相见。沛公的左司马曹无伤派人对项羽说道："沛公想做关中的王，叫子婴做宰相，所有珍重宝贵的东西，他一人全部占有了。"项羽怒气冲冲说道："明晨让士卒饱餐，便去打破沛公的兵。"

这时项羽的兵有四十万，扎在新丰鸿门，沛公的兵十万，扎在霸上。范增对项羽说道："沛公从前在山东的时候，很贪财物，欢喜女色。现在他进了关中，财物不拿，妇女不近，他的目的，大概不在这些小东西。我令人远远望他那边的云气，都像龙虎，成了五彩，这是天子之气。你赶快去打破他，不要失去这个机会。"

楚国的左尹项伯是项羽的叔父，素来和留侯张良要好。张良这时跟从沛公。项伯星夜奔往沛公军营，私下和张良相见，把项羽想杀沛公的事告诉了他，打算叫张良和他一同逃去。并对张良道："你跟我去吧，不要和他一同死。"张良道："我受韩王令护送沛公，沛公现在有了急事，逃去是不义的，不可不告诉他一声。"张良就走了进去，告诉沛公，沛公听后大惊道："怎么好呢？"张良道："哪个给大王出的这个主意？"沛公道："有一个小子告诉我说：'拒守关口，不要把诸侯放进来，在秦地，你就可做王了。'因此我了他的话。"张良道："大王料定你的士卒可以抵敌项王吗？"沛公停了一会说道："确实不如，怎么办才好呢？"张良道："我去告诉项伯，说沛公不敢违背项王。"沛公道："你怎么和项伯有交情的？"张良道："在秦国的时候，他时常和我一同游玩，项伯杀了人要办罪，我救了他。现在我有急事，所以他来告诉我。"沛公道："你二人年纪哪个大？"张良道："他比我大。"沛公道："你替我唤他进来，我要用胞兄的礼待他。"张良走出邀请项伯，项伯就进来和沛公相见。沛公拿了酒杯给他敬酒，约为儿女亲家，说道："我进兵关中，连毫毛大的东西都不敢拿，藏好户册，封闭府库，等将军来。至于派将守关，是防备强盗出入和非常情况。日夜都盼望将军来，我还敢造反吗？望你对项王说，我是不敢忘恩负义的。"项伯便应许他，对沛公道："明天不可以不早些来向项王道歉。"沛公说："好。"于是项伯当夜就回去，到了军中，把沛公的说话，报告项王，因说道："沛公不先打破关中，你难道敢进来吗？现在人家有大功劳，反而去打他，这是不义的，不如好好的款待他。”项王也应许了他。

沛公第二天一早带了一百多人马来见项王，到了鸿门，道歉道：“我和将军合力攻打秦国，将军在河北交战，我在河南交战，但是我也没有料到能够先入关中，打破秦国，得以在这里和将军相见。现在有小人到将军面前说坏话，使将军与我有了隔阂。”项王道：“这是沛公左司马曹无伤说的；不然，我项籍何至于如此？”项王当日就留沛公饮酒，项王和项伯向东坐，亚父向南坐，亚父就是范增，沛公向北坐，张良向西坐在旁边。范增屡次用眼睛暗示项王，又拿了所佩的玉玦给项王看了多次，项王却只是闭口不应。范增当下站起，走出唤来项庄，对他道：“君王做人很慈善，不肯下决心。你可前去献酒，酒献罢，要求舞剑助兴，就趁这机会把沛公杀了。不这样，我们都要做他的俘虏了！”项庄就走进献酒，酒献罢，说道：“君王和沛公喝酒，军中没有什么取乐，请允许我舞剑助兴吧！”项王答应了。项庄便拔剑起舞，哪知项伯也就拔剑起舞，时常用身子来遮蔽沛公，项庄就不能击到他。于是张良跑到军门，看见樊哙，樊哙问道：“今天的事情怎样？”张良道：“很危险！现在项庄拔剑起舞，看他的用意是要击杀沛公哩！”樊哙道：“危险极了，我去！和他拼命！”樊哙当下带了剑，拿了盾，走进军门。军门交戟的卫士，阻止他不准他进去，樊哙便横着盾，向卫士撞去，卫士都跌倒在地。樊哙趁势走进去，掀开帷帐，向西立着，张起眼睛对项王看，头发都根根向上竖起，眼眶似乎要裂碎的样子。项王把剑放在膝上，说道：“来客是干什么的？”张良道：“他是沛公的参乘樊哙。”项王道：“这是壮士！给他喝酒。”就拿来一斗酒给他，樊哙谢了一声，立刻喝下。项王道：“给他一个猪腿。”就给他一个生猪腿。樊哙把盾放在地上，再把猪腿放在盾上面，用剑切片吃下。项王道：“壮士！你还可以喝吗？”

樊哙道：“我死都不怕，一杯酒哪里值得推辞！秦王有虎狼般的狠心，杀人只怕捉不到人，刑人只怕刑罚不够用，所以天下都叛离了他。从前怀王和诸将订定条约，那约上道：‘首先打破秦国咸阳的人，他就做那里的王。’现在沛公第一个打破秦国的咸阳，毫毛一般大的东西也不敢拿，封闭宫室，回兵霸上，在那里等大王来，派将把守关口，完全是防备防备强盗出入和非常情况。如此劳苦功高，没有得着封侯的赏赐，大王却听了小人的坏话，来杀有功劳的人，这不过是继续走秦朝灭亡的老路罢了。私以为，大王这样做是不可取的。”项王没有应他，只说一声“坐！”樊哙便坐在张良的旁边。

坐了一会，沛公起身上厕所，乘机招呼樊哙出来。沛公出来后，项王命都尉陈平去叫沛公。沛公道：“我出来没有辞谢，怎么好呢？”樊哙道：“大事顾不得小节；大礼用不着小让。现在人家是刀俎，我是鱼肉，还辞别什么？”于是就这样走了，叫张良留着谢酒。张良问道：“大王来时带了什么没有？”沛公道：“我带来白璧一双，打算献给项王；玉斗一双，打算给与亚父，因他在怒头上，不敢献。你替我献罢。”张良说：“遵命。”

这时项王的兵在鸿门，沛公的兵在霸上，相差只四十里路。沛公就撇下车马，自己和樊哙、夏侯婴、靳强、纪信等四人拿了剑、盾步行回去，从郦山下，抄芷阳小路走。沛公临行前，对张良道：“从这里到我军中，不过二十里路程，你料定我已回到军中，你再进去。”

沛公走后，张良估计沛公抄小路已经到达军中，才进去谢道：“沛公酒已喝醉，不能前来辞谢，派我拿了白璧一双，献给大王；玉斗一双，献给大将军。”项王道：“沛公在哪里？”张良道：“听说大王有意责罚他，他已脱身回到军中去了。”项王就受了璧放在坐的地方，亚父受了玉斗，却放在地上，拔起剑来把斗击破，说道：“唉！这小子不足以共谋大事！

夺项王天下的，必定是沛公，我们这些人就要被他俘虏了。”沛公回到军中，立刻诛杀曹无伤。

一二、垓下之困

项羽力能拔山，气可盖世，固一世之雄；然至垓下，卒衰飒而殒身。史家描写逼真，令千古英雄，不胜末路之感。然项王不用奇谋秘计，诈欺人国，一听天命之如何，要不失英雄本色。愿后之读史者，勿专以成败论人也。

项王军壁垓下[1]，兵少食尽，汉军及诸侯兵围之数重。夜闻汉军四面皆楚歌，项王乃大惊曰：“汉皆已得楚乎？是何楚人之多也！”项王则夜起，饮帐中。有美人名虞，常幸从；骏马名骓[2]，常骑之。于是项王乃悲歌慷慨，自为诗曰：“力拔山兮气盖世，时不利兮骓不逝。骓不逝兮可奈何，虞兮虞兮奈若何！”歌数阕[3]，美人和之。项王泣数行下，左右皆泣，莫能仰视。

于是项王乃上马骑，麾下[4]壮士骑从者八百余人，直夜溃围南出，驰走。平明[5]，汉军乃觉之，令骑将灌婴[6]以五千骑追之。项王渡淮[7]，骑能属者百余人耳。项王至阴陵[8]，迷失道，问一田父，田父绐[9]曰“左”。左，乃陷大泽中。以故汉追及之。项王乃复引兵而东，至东城[10]，乃有二十八骑。汉骑追者数千人。项王自度不得脱。谓其骑曰：“吾起兵至今八岁矣，身七十余战，所当者破，所击者服，未尝败北[11]，遂霸有天下。然今卒困于此，此天之亡我，非战之罪也。今日固决死，愿为诸君快战，必三胜之，为诸君溃围，斩将，刈旗，令诸君知天亡我，非战之罪也。”乃分其骑以为四队,四向。汉军围之数重。项王谓其骑曰:“吾为公取彼一将。”令四面骑驰下，期山东为三处。于是项王大呼驰下，汉军皆披靡[12]，遂斩汉一将。是时，赤泉侯[13]为骑将，追项王，项王瞋目而叱之，赤泉侯人马俱惊，辟易[14]数里。与其骑会为三处。汉军不知项王所在，乃分军为三，复围之。项王乃驰，复斩汉一都尉，杀数十百人，复聚其骑,亡其两骑耳。乃谓其骑曰:“何如?”骑皆伏曰:“如大王言。”

于是项王乃欲东渡乌江[15]。乌江亭长[16]檥[17]船待，谓项王曰:“江东虽小，地方千里，众数十万人，亦足王也。愿大王急渡。今独臣有船，汉军至，无以渡。”项王笑曰:“天之亡我，我何渡为！且籍与江东子弟八千人渡江而西，今无一人还，纵江东父兄怜而王我，我何面目见之？纵彼不言，籍独不愧于心乎？”乃谓亭长曰:“吾知公长者。吾骑此马五岁，所当无敌，尝一日行千里，不忍杀之，以赐公。”乃令骑皆下马步行，持短兵接战。独籍所杀汉军数百人。项王身亦被十余创，顾见汉骑司马吕马童[18]，曰:“若非吾故人乎?”马童面之,指王翳[19]曰:“此项王也。”项王乃曰:“吾闻汉购我头千金，邑万户，吾为若德[20]。”乃自刎而死。王翳取其头，余骑相蹂践争项王，相杀者数十人。最其后，郎中骑杨喜，骑司马吕马童，郎中吕胜、杨武[21]各得其一体。五人共会其体，皆是。故分其地为五:封吕马童为中水侯，封王翳为杜衍侯，封杨喜为赤泉侯，封杨武为吴防侯，封吕胜为涅阳侯。

项王已死，楚地皆降汉，独鲁不下。汉乃引天下兵欲屠之，为其守礼义，为主死节，乃持项王头视鲁，鲁父兄乃降。始，楚怀王初封项籍为鲁公，及其死，鲁最后下，故以鲁公礼葬项王谷城[22]。

汉王为发哀，泣之而去。

——节《项羽本纪》

［1］垓下：地名。在今安徽灵璧县东南。 ［2］骓：音佳。苍白杂毛曰骓。［3］阕：音缺。歌曲一首曰一阕。 ［4］麾下：犹言部下。 ［5］平明：晓也，天明也。 ［6］灌婴：汉睢阳人。从高祖定天下，封颍阴侯。后平诸吕有功，文帝拜为丞相。 ［7］淮：水名，古四渎之一。源出河南之桐柏山入安徽境，注于江苏安徽间之洪泽湖。 ［8］阴陵：秦县名，今安徽定远县。［9］绐：欺也。 ［10］东城：秦县名。故城在今安徽定远县东南。［11］败北：败走也。 ［12］披靡：溃散也。 ［13］赤泉侯：即杨喜。汉华阴人。 ［14］辟易：言人马皆惊，开张易旧处及至数里。 ［15］乌江：水名，在安徽和县。项羽欲东渡江处，今名乌江浦。 ［16］亭长：秦制每十里一亭，亭有长，掌捕刻盗贼。 ［17］檥：音蚁。附船着岸也。［18］吕马童：汉人。击龙且，斩项羽。封为中水侯。卒谥严。 ［19］王翳：汉将。 ［20］吾为若德：吕马童与项羽先是故人，旧有恩德于羽，一云德行，又云功德之德也。 ［21］吕胜、杨武：汉二将名。 ［22］谷城：山名。在今山东东阿县东北，项羽死年三十一岁。

项王的兵驻扎在垓下，兵少粮尽，汉兵和诸侯的兵把他围了几重。夜里听见汉兵在四面都唱着楚歌，项王因而大惊，说道：“若非汉兵都已经得到楚地了吗？为什么楚人这样多呢？”项王就在夜里起来，在营帐里喝酒。他有一个美人，名字叫虞，常常跟着他；又有一匹好马，名字叫骓，是他时常骑的。于是项王慷慨悲歌，自己作诗唱道：“力能拔山啊气盖世，时运不济啊骓难驰。骓难驰啊怎么办？虞姬啊！虞姬啊！又该把你怎么办？”项羽唱了好几遍，美人跟着他一起唱。项王悲泣，泪下数行，左右侍从也都俯首哭泣，悲痛得不能抬头仰视。

这时，项王出去骑在马上，部下壮士跟从他的有八百余人。当夜冲出包围，向南飞驰而去。到了天明，汉军才发觉，就派骑将灌婴带了五千骑兵去追赶。项王渡过淮河，能够跟从的骑兵只有一百多人。项王到了阴陵，走错了路，问一个农夫，农夫骗他道："向左走。"项王按他说的向左走，却陷在大泽中，逃不出去。因此被汉兵追到。项王又带兵向东奔，到了东城，只有二十八个骑兵了。汉骑兵追来，却有数千人。项王自料不能逃脱，便对自己的骑兵道："我自从起兵到现在，已经八年了，共总打了七十多仗，每仗必破，每攻必服，并没有败走的，所以能独霸天下。可是现在终究被围困在这里，这可见是天要亡我，并不是我作战不力的罪过呀！今天我决意死战，愿为诸君痛快一战，必定接连三次获仗，再替诸君突破重围，斩杀敌将，砍到敌人军旗，使诸君知道这是天要亡我，并不是我作战不力的罪过！"就把骑兵分做四队，向四面冲杀。汉军已重重包围。项王对自己的骑兵道："我为你去斩一员汉将。"命令骑兵四面奔驰而下，并约定在山的东面分三处集合。于是项王大声呼喊着，飞奔直下，汉军都为之溃散，果真斩杀了一员汉将。这时，汉兵是赤泉侯担任骑将，正追击项王。项王怒目呵叱，赤泉侯人和马都吓得倒退了几里路。项王和他的骑兵会合为三处，汉军不知项羽在哪里，就把军分为三队，又围住他。项王骑马冲驰，又杀了一个汉朝的都尉，并杀士兵数十百人。于是有聚拢自己的骑兵，不过损失了两骑而已。项王就对他的骑兵道："怎么样？"骑兵都很拜服，说道："正像大王所说的那样。"

项王想要东渡乌江。乌江亭长把船靠到岸边等候他，对项王道："江东虽小，土地也纵横上千里，民众数十万，还可以自立为王，希望大王赶快渡江，现在只有我的船在这里，若是汉军到来，就不能渡了。"项王笑道："天要亡我，我还渡什么！并且我和江东子弟八千人渡江西征，现在没有一个人回去，虽然江东父老可怜我，叫我做王，我怎么有面目和他们相见呢？虽然他们不说什么闲话，我心里难道不惭愧吗？”因而又对亭长道：“我知道你是长者，这匹马我骑了已有五年，所向无敌，时常一天可跑一千里路，我不忍杀了它，就赐给你罢。”就叫骑兵都下马步行，拿了短枪去交战，独项籍一人，杀掉汉军数百人，自己身上也被伤十多处。回头看见汉军骑司马吕马童，便对他道：“你不是我的老朋友吗？”马童看了他一看，指给王翳道：“这个就是项王。”项王又道：“我听说汉王买我的头，悬赏千金，封邑万户，我给你们一些恩德罢。”就自刎而死。王翳取了他的头，其余骑将都相互践踏，争夺项王的躯体，互相残杀了几十人。到最后，郎中骑杨喜、骑司马吕马童、郎中吕胜和杨武各得项王一肢体。五个人把肢体合拢起来，都确实是项王的。因此把封赏的土地分为五部分：封吕马童为中水侯，封王翳为杜衍侯，封杨喜为赤泉侯，封杨武为吴防侯，封吕胜为涅阳侯。

项王死后，楚地也便都降汉了。独有鲁县不肯降，汉王打算用兵去屠戮他们。只因鲁县人坚守礼义，注重死节，就拿了项王的头宣示给鲁地人看，鲁县父老们才肯降。因为从前楚怀王曾经封项籍为鲁公，到他死后，鲁县又最后投降，所以就用鲁公的礼，把项王葬在谷城。汉王为项王举哀，哭了一场，然后离开了。

一三、项羽本纪赞

通篇以“暴”字作骨，以“兴亡”二字为线索，故用褒贬法以证实之。然羽一段，正写其兴之暴，极褒项羽，及羽至难矣，是一贬；自矜至过矣，是二贬；乃引谬哉，是三贬。中用三年五年，回应暴字。一唱三叹，将全纪神情，完全结束，煞是神笔。

太史公曰：吾闻之周生[1]曰“舜目盖重瞳子[2]”，又闻项羽亦重瞳子。羽岂其苗裔[3]邪？何兴之暴也！夫秦失其政[4]，陈涉[5]首难[6]，豪杰蜂起，相与并争，不可胜数。然羽非有尺寸，乘势起陇亩[7]之中，三年，遂将五诸侯[8]灭秦，分裂天下，而封王侯[9]，政由羽出，号为“霸王”，位虽不终[10]，近古以来未尝有也。及羽背关[11]怀楚[12]，放逐义帝[13]而自立，怨王侯叛己，难矣。自矜功伐，奋其私智而不师古[14]。谓霸王之业，欲以力征经营天下。五年卒亡其国，身死东城[15]，尚不觉寤而不自责，过矣。乃引“天亡我，非用兵之罪也”，岂不谬哉！

——节《项羽本纪》

[1]周生：汉时儒者，其名不可考。 [2]重瞳子：目中有两眸子也。 [3]苗裔：后嗣也。 [4]秦失其政：谓始皇横征暴敛，侈宫室游观之乐，及其子二世宠用赵高也。 [5]陈涉：秦阳城人，名胜。二世元年，与吴广起兵诈称公子扶苏，诸郡县苦秦苛法，悉归之。 [6]首难：谓发难之第一人。 [7]陇亩：田中高处，犹俗言田岸也。 [8]五诸侯：谓燕、齐、韩、赵、魏也。 [9]封王侯：如立章邯为雍王之类。 [10]位虽不终：言羽兵败垓下，不能终于其位也。 [11]背关：谓背先入关而不王高祖之约。 [12]怀楚：谓思东归而都彭城也。 [13]义帝：即楚怀王孙心，项梁立之，项羽尊为义帝。徙之长沙，阴令人击杀于江中。 [14]师古：以古为法也。 [15]东城：县名，在今安徽定远县东南。项羽兵败至此，仅有二十八骑。

太史公道：我听周生说“舜的眼睛是两个瞳子”，又听说项羽也有两个瞳子，项羽难道是舜的后代吗？为什么兴起的这样快呢？秦朝政令失误，陈涉首先发难，豪杰蜂起，相互争夺，不可胜数。然而项羽并无丝毫凭借，却乘势起于民间，三年时间，就率领五国诸侯灭掉秦国，分割天下，封王建侯，政令由项羽发发布，号为“霸王”。他的王位虽然没有做到底，但也是近古以来未曾有过的事情。等到项羽放弃关中，怀恋楚地，把义帝赶出而自立为王，抱怨王侯背叛自己，这就处境艰难了！自夸战功，逞个人智巧而不效法古人。认为霸王功业需要用武力来经营天下。结果不到五个年就丢了自己的国家，身死东城，到死还不觉悟，不责备自己，已经是大错啦！却还借口“天要亡我，不是我作战不力的罪过”，难道不是太荒谬了吗！

一四、高祖初起异征

古时尚迷信，每谓帝王之兴，必有天数神异，此不可信。要之，以布衣而起为帝王。惴惴恐人不服，特托神灵，以征其兆耳。文中叙斩蛇事，转笔极圆浑，措词极简洁；又曰心独喜，从者日益畏之，后又曰心喜，沛中子弟多附者。此皆每段之结构处，亦散事为整篇之良法也。

高祖以亭长[1]为县送徒郦山，徒多道亡。自度比至皆亡之，到丰西[2]泽中，止饮，夜乃解纵所送徒。曰：“公等皆去，吾亦从此逝矣！”徒中壮士愿从者十余人。

高祖被[3]酒，夜径[4]泽中，令一人行前。行前者还报曰：“前有大蛇当径，愿还。”高祖醉，曰：“壮士行，何畏！”乃前，拔剑击斩蛇。蛇遂分为两[5]，径开。行数里，醉，因卧。后人来至蛇所，有一老妪[6]夜哭。人问何哭，妪曰：“人杀吾子，故哭之。”人曰：“妪子何为见杀？”妪曰：“吾子，白帝[7]子也，化为蛇，当道，今为赤帝[8]子斩之，故哭。”人乃以妪为不诚，欲笞之，妪因忽不见。后人至，高祖觉。后人告高祖，高祖乃心独喜，自负。诸从者日益畏之。

秦始皇帝常曰“东南有天子气”，于是因东游以厌[9]之。高祖即自疑，亡匿，隐于芒、砀[10]山泽岩石之间。吕后[11]与人俱求，常得之。高祖怪问之。吕后曰：“季所居上常有云气，故从往，常得季[12]。”高祖心喜。沛[13]中子弟或闻之，多欲附者矣。

——节《高祖本纪》

[1]亭长：见《垓下之围》注释。 [2]丰西：秦地名。 [3]被：加也。 [4]径：小道也。 [5]蛇遂分为两：谓斩蛇分为两段。 [6]老妪：老妇也。 [7]白帝：蛇神曰白帝，秦文公梦蛇，作郦畤祀白帝。 [8]赤帝：神名，南方之神曰赤帝。所谓赤子，谓高祖也。 [9]厌：镇压也。 [10]芒、砀：二山名。在江苏砀山县东，与河南永成县接界。 [11]吕后：汉高祖之后，名雉。父吕公识高祖于微时，以后妻高祖也。 [12]季：汉高祖姓刘名邦，字季。 [13]沛：秦县名，故城在今江苏沛县东。

高祖做亭长的时候，曾替县署送犯人到郦山去，到了半路，犯人大半逃去，高祖思量照这样到了郦山，犯人必定都逃光了。到了丰西泽中，歇下来喝酒，夜里把缚着的犯人统统释放了，对他们说道：“你们都逃罢！我也从此逃命去了。”犯人中有十几个人壮士愿意跟从他。

高祖又加了酒再喝，打算夜里走小路通过湖沼地，派一人在前面探路。这个人回来报告道：“前面有大蛇横在路中，请退回去罢。”这时高祖酒喝醉了，便道：“壮士出行，还怕什么！”就走上前去，拔剑击蛇，斩为两段，路就通了。又走了几里，高祖酒醉没有醒，便在路旁睡下。后面的人走到斩蛇的地方，见有一老妇在夜里哭泣。大伙问她哭什么？老妇道：“我的儿子被人杀死，所以哭。”大伙又问道：“你的儿子怎么被人杀死的？”老妇道：“我的儿子就是白帝的儿子，变做蛇，横在路中，现在被赤帝的儿子杀死了，所以哭。”大伙认为老妇说话荒谬，想打她一顿，不料老妇却忽然不见了。等大伙赶上来，恰值高祖已一觉醒来。大伙把这件事情告诉了高祖，高祖心里暗暗高兴，觉得自己是个不凡的人。那些跟随他的人对他日益敬畏。

秦始皇帝时常说道：“东南有天子之气。”因此他便到东方来巡游，借以镇伏东南的天子气。高祖也怀疑这事和自己有关，就连忙逃去，隐藏在芒、砀两山的山中。吕后带人一同去寻，时常被她们寻到。高祖很奇怪，问她怎么寻到的？吕后道：“你藏身之处上面时常有云气，所以跟着云气走，便能寻到你了。”高祖心里非常高兴。沛中子弟或有听到这件事的，很多人想来归附他。

一五、沛公先入关

得民者昌，失民者亡。刘项争霸，于此决矣。故太史公书人民对沛公，则曰大喜，又曰益喜；书人民对项羽，则曰大失望。词严义正，不落虚浮，而此更将沛公之宽大，与项羽之离叛相形，尤为探骊得珠。

汉元年十月，沛公[1]兵遂先诸侯至霸上[2]。秦王子婴[3]素车白马，系颈以组[4]，封皇帝玺符节[5]，降轵道[6]旁。诸将或言诛秦王。沛公曰："始怀王遣我，固以能宽容[7]；且人已服降，又杀之，不祥。"乃以秦王属吏，遂西入咸阳[8]。欲止宫休舍，樊哙、张良谏，乃封秦重宝财物府库，还军霸上。召诸县父老豪杰曰："父老苦秦苛法久矣，诽谤者族，偶语者弃市[9]。吾与诸侯约，先入关者王之，吾当王关中。与父老约法三章耳：杀人者死，伤人及盗抵罪[10]。余悉除去秦法。诸吏人皆案堵[11]如故。凡吾所以来，为父老除害，非有所侵暴，无恐！且吾所以还军霸上，待诸侯至而定约束耳。"乃使人与秦吏行县乡邑，告谕之。秦人大喜，争持牛羊酒食献飨军士。沛公又让不受，曰："仓粟多，非乏，不欲费人。"人又益喜，唯恐沛公不为秦王。

或说沛公曰："秦富十倍天下，地形强。今闻章邯[12]降项羽，项羽乃号为雍王，王关中[13]。今则来，沛公恐不得有此。可急使兵守函谷关[14]，无内诸侯军，稍征关中兵以自益，距[15]之。"沛公然其计，从之。

十一月中，项羽果率诸侯兵西，欲入关，关门闭。闻沛公已定关中，大怒。使黥布[16]等攻破函谷关。

……

项羽遂西，屠烧咸阳秦宫室，所过无不残破。秦人大失望，然恐，不敢不服耳。

项羽使人还报怀王。怀王曰："如约。"项羽怨怀王不肯令与沛公俱西入关，而北救赵，后天下约。乃曰："怀王者，吾家项梁[17]所立耳，非有功伐，何以得主约！本定天下，诸将及籍也。"乃佯尊怀王为义帝，实不用其命[18]。

——节《高祖本纪》

[1]沛公：刘邦起兵于沛，故号沛公。 [2]霸上：见《鸿门之宴》篇注。 [3]子婴：扶苏之子。 [4]组：绶属也，犹今言丝条。 [5]玺符节：天子之印曰玺。符者以竹为之，书文字其上，剖而为二，各存其一，合之以征信者也。节为号令赏罚之节也。 [6]轵道：地名，在今陕西咸阳县东北。 [7]始怀王遣我二句：怀王欲遣长者扶义而西，告谕秦父兄。因沛公素宽大长者，因遣之。 [8]咸阳：秦都，故城在今陕西长安县东。 [9]弃市：谓死罪也。 [10]伤人句：谓伤人及盗者使之抵罪。 [11]案堵：案，次第也。堵，墙堵也。谓次第安靖也。 [12]章邯：秦将，与项羽战巨鹿，及棘原。时赵高专权，邯有所请不用，遂降羽。 [13]关中：地名，见《鸿门之宴》篇注。 [14]函谷关：关名，亦见《鸿门之宴》篇。 [15]距：同拒。 [16]黥布：即英布，因坐法黥，故称黥布。初属于项羽，后归汉，天下定，封为淮南王。 [17]项梁：项羽之季父。 [18]佯尊二句：项羽徙义帝于长沙，阴令人击杀于江中。

汉元年十月，沛公的兵比诸侯先到霸上。秦王子婴用素色的车，驾着白马，自己颈上加一条丝带，又把皇帝的玉玺和符节都封好，在轵道旁向沛公投降。诸将中有人劝沛公把秦王杀死。沛公道："从前怀王派我到西边去告谕秦国的父兄，原是因为我做人温和，而且他已经归降我，我又把他杀死，这是最不吉祥的事。"就把秦王寄托在一个官吏那里，自己便向西到咸阳去。沛公打算在殿中住下，当下樊哙和张良前来劝阻，因此就封闭了秦国的重宝财物府库，再把兵带回，驻在霸上。沛公召集县中父老豪杰，对他们说道："父老们！你们苦于秦国的苛法已经很久了，诽谤朝政的就要灭族，相聚议论的就要治死罪。我和诸侯曾经订定条约，先进兵关中的就可做那里的王，所以我应该在关中称王了。今天特地与父老们约法三章：杀人的要办死罪，伤人和盗抢的依法治罪。其余的秦法统统废除。官吏和百姓都要安居如故。我所以到这里来，无非是替你们父老除害，并不是来侵害你们，暴虐你们，你们不要怕。我所以要把兵带回霸上，是等待诸侯们到来制定共同的规约。”随后就派人和秦国的官吏一同到县里乡下去告谕百姓，秦国人非常高兴，都争着拿了牛羊酒食献给士兵，沛公又坚辞不肯收受，说道：“仓里的粟很多，并不缺乏，不愿让大伙破费。”秦人听到沛公这些话，又很高兴，只怕沛公不肯做秦国的王。

有人对沛公道：“秦国的富足，比全天下要多十倍，地势又很险要，现在听说章邯归降了项羽，项羽封他为雍王，让他做关中的王。眼下他如果来了，沛公！你怕是得不到这个地方了！可以赶快派兵把函谷关守住，不要放诸侯的兵进来，再逐步征集关中的兵，增加自己的势力，便可抵拒他们。”沛公认为他的计划不错，就依他说的做了。

到了十一月，项羽果然带了诸侯的兵，打算进发关中，没想关门紧闭。项羽又听说沛公已经平定了关中，大为震怒，当即派黥布等攻破函谷关。

……

于是项羽向西进军，屠杀无辜百姓，焚毁咸阳秦宫室，所过之处，没有一所不是残破的。秦国的百姓大失所望，但是都很怕他，所以不敢不服从他。

项羽派人回去报告怀王，怀王道：“照从前的约定办！”项羽恨怀王不肯叫他和沛公一同入关，却叫他到北面去救赵国，致使他称王关中的约定中落在后面。因此便说：“怀王是我的叔父项梁立的，并没有打仗的功劳，怎么可以做得订约的盟主？本来安定天下的，是诸将和我项籍的功劳啊。”于是假意尊崇怀王做义帝，其实并不服从他的命令。

一六、汉高还沛置酒

大风三言，气笼宇宙，张千古帝王赤帜，高帝哉！史公写得极淋漓，极酣畅。余亦字字伤怀，字字欢乐。如峰峦耸翠，一峰之外，又有一峰；如大风激浪，一波未平，一波又起。气杰神旺，骨劲格高，足称绝唱。

高祖还归[1]，过沛，留。置酒沛宫[2]，悉召故人父老子弟纵酒，发沛中儿得百二十人，教之歌。酒酣，高祖击筑[3]，自为歌诗曰："大风起兮云飞扬，威加海内兮归故乡[4]，安得猛士兮守四方！"令儿皆和习之。高祖乃起舞，慷慨伤怀，泣数行下。谓沛父兄曰："游子悲故乡。吾虽都关中，万岁后吾魂魄犹乐思沛。且朕[5]自沛公以诛暴逆，遂有天下，其以沛为朕汤沐邑[6]，复[7]其民，世世无有所与。"沛父兄诸母故人日乐饮极欢，道旧故为笑乐。十余日，高祖欲去，沛父兄固请留高祖。高祖曰："吾人众多，父兄不能给。"乃去。沛中空县[8]皆之邑西献[9]。高祖复留止，张[10]饮三日。沛父兄皆顿首曰："沛幸得复，丰[11]未复，唯陛下哀怜之。"高祖曰："丰吾所生长，极不忘耳，吾特为其以雍齿故反我为魏[12]。"沛父兄固请，乃并复丰，比沛。

——节《高祖本纪》

[1]还归：淮南王黥布反，高祖击之会甀。布走，高祖遂还沛。 [2]沛

宫：故地在今沛县东南二十里。［3］筑：音竹。状似瑟而大，头安弦，以竹击之，故名曰筑。［4］故乡：父母之邦也。［5］朕：天子自曰朕。［6］汤沐邑：古者天子于诸侯，赐以汤沐之邑，使以其邑之所入，为汤沐之资，所以便斋戒而自洁清也。［7］复：复者免其租税也。［8］空县：言县中无人也。［9］献：谓献牛酒也。［10］张：帷帐也。［11］丰：秦时沛县之丰邑。即今江苏丰县。［12］雍齿二句：雍齿初从沛公起义，齿雅不属沛公。及魏召之，即反为魏守丰。沛公引兵攻丰，不能取。沛公病，归之沛，故大不快之。

高祖从会甄攻打黥布回来，经过沛县，停留下来，在沛宫设起酒宴，把老朋友和父老子弟统统召集来，纵情畅饮，又挑选沛中的小儿，共得一百二十人，教他们唱歌。酒兴正酣，高祖击起筑，把自己作的诗歌唱道："大风起啊白云飞，威震海内啊归故乡，安得勇士啊守四方！"又叫那些小儿和了一遍。高祖又跳起舞来，感慨伤怀，泪下数行。对沛县父兄们说道："游子总是思念故乡的。我虽然建都关中，过了万年之后，我的魂魄还是想着沛县呢！况且我从做沛公起，杀死暴逆的秦王，终于取得了天下。现在就把沛县作为我的汤沐邑，免除沛县百姓的徭役，让他们世世代代不要纳税服役。"沛县的父兄诸母和老朋友们，天天开怀畅饮，极为欢欣，说旧道故，取笑作乐。不觉已十多天，高祖打算要离开，沛县的父兄一再挽留。高祖道："我带来的人很多，父兄们供养不起。"就离开了。这天沛县的人倾城而出，都到城西去给高祖敬献牛酒。高祖又停留下来，喝了三天酒，沛县的父兄都叩头请求道："我们沛县有幸免除了徭役，丰邑还没有免除，望陛下可怜他们。"高祖道："丰邑是我生长的地方，我怎么也不会忘记的，不过我因为丰邑以雍齿的缘故反叛我而去帮助魏国，所以才不免除丰邑的徭役。"沛县的父兄一再请求，高祖才免除了丰邑的徭役，同沛县一样。

一七、除诽谤之禁

弭谤之道，莫善于仁政。文帝深知其由，特除此禁，宽仁于此可见矣。文亦以深厚之笔，曲曲传之，三代下诏令可比隆谟诰者，唯文帝有焉。

上[1]曰："古之治天下，朝有进善之旌[2]，诽谤之木[3]，所以通治道而来谏者。今法有诽谤妖言[4]之罪，是使众臣不敢尽情，而上无由闻过失也。将何以来远方之贤良？其除之。民或祝诅上以相约结而后相谩[5]，吏以为大逆[6]，其有他言，而吏又以为诽谤。此细民之愚无知，抵死，朕甚不取。自今以来，有犯此者勿听治[7]。"

——节《孝文本纪》

[1] 上：指文帝。 [2] 进善之旌：旌，幡也。帝尧设五达之道，令民进善言者立于旌下也。 [3] 诽谤之木：立木为表，使民书政之愆失以自儆，唐尧时有之。 [4] 妖言：不经之言也。 [5] 民或二句：谓初相约其行祝，后相欺狂中道而止之也。 [6] 大逆：罪之大者。 [7] 勿听治：言勿治其罪也。

文帝道："古代治理天下，朝廷里面专门设有进言献策的旌旗和批评朝政的木柱，这是为了保证治国之道的畅通，使直言正谏的人前来发表意见。现在的法律有诽谤妖言之罪，这就使群臣不敢畅所欲言，于是皇帝也就无从改正过失。这怎么能召得到远方的贤人呢？应该赶快把它废除。百姓或有在背后咒骂皇帝，发誓相约互相隐瞒，而后来又互相欺蒙揭发，官吏便认为他们是大逆不道，如果还有别的言论，官吏又认为是诽谤朝廷。这些都是小民的无知无识，据此治以死罪，我非常不赞成。从今以后，有犯了这种法的，统统赦免他们，切不要办他们的罪。”

一八、除肉刑诏

篇首著“有罪当刑”四字，已复后一段议论。缇萦上书，悲哀惨怛，竟动文帝恻隐之心。文帝一诏，和厚谦抑，弥满于言词之间。缇萦固孝女，文帝亦令主。合为此文，洵千古不磨之作。

下诏曰：“盖闻有虞氏之时，画衣冠异章服[1]以为僇[2]，而民不犯。何则？至治也。今法有肉刑三[3]，而奸不止，其咎安在？非乃朕德薄而教不明欤？吾甚自愧。故夫驯道[4]不纯而愚民陷焉。《诗》曰：‘恺悌[5]君子，民之父母。’今人有过，教未施而刑加焉，或欲改行为善而道毋由也。朕甚怜之。夫刑至断支体，刻肌肤，终身不息，何其楚痛而不德也，岂称为民父母之意哉！其除肉刑。”

——节《孝文本纪》

[1] 画衣冠异章服：（《晋书·刑法志》）三皇设言而民不违，五帝画衣冠而民知禁。犯墨者皂其巾，犯劓者丹其服，犯膑者墨其体，犯宫者杂其屦。大辟之罪，殊刑之极。布其衣裾，而无颜缘。投之于市，与众弃之。

［2］僇：音六。辱也。　［3］法有肉刑句：即断趾、黥、劓也。　［4］驯道：同训导。　［5］恺悌：乐易貌。

下诏道："听说有虞氏的时候，只给罪犯穿戴有特殊图形或颜色的衣冠，作为耻辱的标志，百姓就不去触犯法令了。这是什么原因呢？现在法律有肉刑三种，然而奸邪仍是不能禁止，过失在哪里呢？不是朕德行浅薄而教化不明的缘故吗？我很惭愧。所以训导的方法不对就会使百姓愚昧以至于触犯法令。《诗经》道：'慈祥和易的君子，才是百姓的父母。'现在百姓有了过错，我们没有教化他，就对他们施加刑罚，受到刑罚以后，有的虽然想改过从善，也没法可以改了。朕很怜悯他们。动用刑罚来斩断他的肢体，刻画他的肌肤，便一生一世不能恢复，这是多么令人痛苦而又不道德的做法呀！难道这是为百姓父母的本意吗？赶紧把肉刑废除！"

表

一九、六国表序

六国俱为秦所灭，文即以秦为纲，以六国为目。故发端则曰读《秦记》，篇终又曰因《秦记》，上下如贯线索，深文曲笔，变化纵横，自为史公最上乘文字。

太史公读《秦记》[1]，至犬戎[2]败幽王，周东徙洛邑[3]，秦襄公始封为诸侯，作西畤[4]用事上帝，僭端见矣。《礼》曰："天子祭天地，诸侯祭其域内名山大川。"今秦杂戎翟之俗，先暴戾，后仁义，位在藩臣[5]而胪于郊祀[6]，君子惧焉。及文公逾陇[7]，攘夷狄，尊陈宝[8]，营岐、雍[9]之间，而缪公修政，东竟至河，则与齐桓、晋文中国侯伯侔矣。是后陪臣[10]执政，大夫世禄，六卿[11]擅晋权，征伐会盟，威重于诸侯。及田常[12]杀简公而相齐国，诸侯晏然弗讨，海内争于战功矣。三国[13]终之卒分晋，田和[14]亦灭齐而有之，六国之盛自此始。务在强兵并敌，谋诈用而从横[15]短长[16]之说起。矫称蜂出，誓盟不信，虽置质剖符犹不能约束也[17]。秦始小国僻远，诸夏宾之，比于戎翟，至献公之后常雄诸侯。论秦之德义不如鲁卫之暴戾者，量秦之兵不如三晋[18]之强也，然卒并天下，非必险固便形势利也，盖若天所助焉。

或曰："东方，物所始生，西方，物之成孰。"夫作事者必于东南，收功实者常于西北。故禹兴于西羌[19]，汤起于亳[20]，周之王也以丰、镐[21]伐殷，秦之帝用雍州[22]兴，汉之兴自蜀汉[33]。

秦既得意，烧天下《诗》《书》，诸侯史记尤甚，为其有所刺讥也。《诗》《书》所以复见者，多藏人家；而史记独藏周室，以故灭。惜哉，惜哉！独有《秦记》，又不载日月，其文略不具。然战国之权变亦有可颇采者，何必上古。秦取天下多暴，然世异变，成功大[24]。传曰“法后王”，何也？以其近己而俗变相类，议卑而易行也。学者牵于所闻，见秦在帝位日浅，不察其终始，因举而笑之，不敢道，此与以耳食[25]无异。悲夫！

余于是因《秦记》，踵《春秋》之后，起周元王[26]，表六国时事，讫二世，凡二百七十年，著诸所闻兴坏之端。后有君子，以览观焉。

[1]《秦记》：秦之史记。 [2]犬戎：西戎种名，亦曰昆夷。 [3]洛邑：地名，今河南洛阳县治。 [4]西畤：秦襄公既侯居西垂，自以为主少皞之神。作西畤，祠白帝。其牲黄牛羝羊各一云。 [5]藩臣：戍边之臣也。 [6]郊祀：祭名，天子所祭也。 [7]陇：地名，今甘肃狄道县。 [8]陈宝：（《列异传》）陈仓人得异物，道遇二童云，此名为媪。在地下食死人脑，媪乃言，彼二童子，名陈宝。得雄者王，得雌者霸。乃逐童子，化为雉，秦缪公大猎，获其雌，乃为立祠。 [9]岐、雍：岐即岐山，在今陕西岐山县西北；雍即雍州，在今陕西甘肃二省及青海额济纳之地皆是。 [10]陪臣：古者诸侯之大夫，对天子称陪臣。 [11]六卿：赵襄子、范昭子、荀文子、智襄子、韩简子皆世为晋卿，故称六卿。后范荀智绝，赵、魏、韩三氏益强，遂分晋而为诸侯。 [12]田常：即陈恒。 [13]三国：指赵、魏、韩也。 [14]田和：田常之曾孙。 [15]从横：谓合从连横也。 [16]短长：犹言善恶也。 [17]置质剖符两句：言无信用也。 [18]三晋：赵、魏、韩三卿分晋，故曰三晋。 [19]故禹兴句：（传曰）禹生西羌。今洮岷松茂诸地，古为西羌所居。 [20]亳：汤都城，在今河南商邱

县东南。 ［21］丰、镐：周旧都之地。 ［22］雍州：见本篇岐雍条。 ［23］蜀汉：谓蜀郡与汉中也。 ［24］世异变，成功大：以言人君制法，当随时代之异而变易其政，则成功大。 ［25］耳食：得诸传闻而信之也。 ［26］起周元王：名仁。按此表起周元王元年，《春秋》迄元王八年。

太史公读《秦记》，读到犬戎打败周幽王，周平王搬到东面的洛邑。那时秦襄公初封为诸侯，他便建造西畤以祭祀上帝，这表明秦国越位犯上的迹象已经显现出来了。《礼记》道：“天子准祭天地之神，诸侯只祭自己封域上的名山大川。”现在秦国夹杂了戎狄的风俗，把暴戾摆在前面，将仁义放到后面，官职不过是个藩臣，却举行天子郊祀的大典礼，这就是君子所以很担忧的呀！到了秦文公越过陇坂，驱逐戎狄，祭祀陈宝，经营岐、雍。到了秦缪公，修明政治，东渡黄河，就和齐桓公、晋文公等中原霸主并驾齐驱了。此后，陪臣执掌国政，大夫世代享受俸禄，六卿独揽了晋国的权柄，征伐呀，会盟呀，威望比诸侯还要高。到了田常杀掉齐简公，自任齐国的宰相，诸侯却无动于衷不予讨伐，天下看了这样的榜样，便都争着忙于战功了。后来赵、魏、韩三国终于把晋国分掉，田和也灭掉了齐国据为己有，六国的兴盛就从这时开始了。一心操练强兵，吞并敌国。因而权谋诈术得到普遍应用，纵横短长的学说也便兴起。假托奉行王命的像蜂一般地飞来，盟誓也没有信用，就是互派人质，剖符为凭，还是不能相互约束。秦国起初是个小国，住的地方又很僻远，中原诸侯国都排斥它，把它和戎翟同等看待。直到献公之后，秦才常常做诸侯的领袖。说起秦国的德义，还不如鲁卫两国中那些凶暴乖戾的人，估量秦国的兵力，还不及三晋的强盛，然而它却能吞并天下，这未必是它的地势险固，也不是它的形势便利，而好像是上天对它有所扶助似的。

有人道：“东方是事物发生的地方，西方是事物成熟的地方。”凡是开创事业的人必在东南方，获取胜利果实的人都在西北方。因此，夏禹在西羌勃兴，商汤在亳崛起，周人王天下是凭借丰镐之地起兵伐殷，秦国称帝是依仗雍州，汉朝的兴盛是从蜀郡汉中开始的。

后来秦国灭掉六国，很是得意，便把天下的《诗》《书》烧掉。诸侯国的史书烧得最厉害，这是因为这些书中载有讥讽秦国的话。《诗》《书》所以能够再看到，是因为多藏在私人家里，而诸侯国的史书专门收藏在周室，因此被烧得一个干净，可惜呀！可惜呀！如今留下的只有《秦记》，又不写明月份日子，文词又简略不详细。但是战国时代，通达权变的方法也有很多可以采用的地方，何必定要上古呢？秦国取得天下，固然很是暴戾，可是做人君的，总要随着时势而变更政治，然后才能成就大业。传世的典籍中道："效法近代的帝王，也是可以的。"这是为什么呢？因为时代很接近，世俗的变迁又是很相似的，他们的议论虽然卑下，但容易实行。一般学者拘泥于自己的见闻，只看到秦国做皇帝的日子不多，不去详审它的始终，因此都讥笑它，不敢对秦朝有所称道，这和用耳吃东西没有什么两样，可悲呀！

我于是依照《秦纪》，接在《春秋》的后面，从周元王起，把六国时的事件列表编排，直到二世为止，总共二百七十年，凡是我所听见的一切治乱兴费兴废的缘由都记载在里面，以供后世的君子阅览。

二〇、秦楚之际月表序

史公真意，只是说汉高乘时得势，并无神异能力。但身在汉庭，却又不容如此轻忽，所以作文便亦因势推崇。是序纯是题前蓄势，未尝著一实笔。

入后始归功于汉，无限委蛇，无限咏叹，一波未平，一波又起。结局只是一种乱极思治之自然趋势。读者于此，可审史公着笔之妙。

太史公读秦、楚之际[1]，曰：初作难，发于陈涉[2]；虐戾灭秦[3]，自项氏[4]；拨乱诛暴，平定海内，卒践帝祚，成于汉家[5]。五年之间，号令三嬗[6]。自生民以来，未始有受命若斯之亟也。

昔虞、夏之兴，积善累功数十年，德洽百姓，摄行政事，考之于天[7]，然后在位。汤、武之王，乃由契[8]、后稷修仁行义十余世，不期而会孟津[9]八百诸侯，犹以为未可，其后乃放弑[10]。秦起襄公[11]，章于文、缪[12]、献、孝[13]之后，稍以蚕食[14]六国[15]，百有余载，至始皇乃能并冠带之伦[16]。以德若彼[17]，用力如此[18]，盖一统若斯之难也。

秦既称帝，患兵革不休，以有诸侯也，于是无尺土之封[19]，堕坏名城，销锋镝，锄[20]豪桀，维万世之安。然王迹之兴，起于闾巷[21]，合从讨伐[22]，轶于三代，乡秦之禁[23]，适足以资贤者为驱除难耳。故愤发其所为天下雄，安在无土不王。此乃传之所谓大圣乎？岂非天哉，岂非天哉！非大圣孰能当此[24]受命而帝者乎？

[1] 秦、楚之际：谓二世失政，项羽起兵之时。 [2] 陈涉：即陈胜，秦末首发难者。 [3] 虐戾灭秦：谓苛酷暴恶屠秦咸阳杀二世子婴也。 [4] 项氏：指项羽。 [5] 汉家：指高帝。 [6] 三嬗：嬗与禅通，更替也。谓自陈涉而替至项羽，自项羽而替至高祖也。 [7] 考之于天：谓受考察于天也，即孟子所谓天与人归之意。 [8] 契：帝喾之子，商之祖也。 [9] 孟津：津名，在今河南孟县南。周武王伐纣，会诸侯于此。 [10] 放弑：谓汤放桀，武王弑纣也。 [11] 襄公：秦仲之孙，讨西戎有功，平王东迁，赐以岐丰之地，

秦于是始大。［12］文、穆：文公与缪公也。［13］献、孝：献公与孝公也。［14］蚕食：喻侵蚀他国之土地，如蚕之食叶也。［15］六国：齐、楚、燕、赵、韩、魏也。［16］并冠带之伦：谓其并吞六国统一天下也。［17］以德若彼：指虞夏商周。［18］用力如此：指秦。［19］无尺土之封：谓废封建之制，而改为郡县制。［20］锄：与除同，诛也。［21］闾巷：谓乡里也，谓高祖起于泗上亭长。［22］合从讨伐：谓与豪杰并力攻秦也。［23］乡秦之禁：谓无尺土之封，堕坏名城等事。［24］当此：谓当豪杰并争之日也。

太史公读了秦楚时代的史事，便道："起初发难的是陈涉；用暴虐的手段，去灭掉强秦的是项羽；能够扫荡乱事，诛戮强暴，平定海内，终究做成皇帝的，却是汉高祖。在这五年中，发布号令的变了三次。自从有人类以来，君主承受天命的变更，从来没有这样快的。

从前虞、夏两朝的兴起，是积了几十年的功德，才能够把恩德润泽到百姓身上，他们代行君主的政事，还要受到上天的考验，然后才即位。讲到商汤、周武王得天下，是从契和后稷开始的，修仁行义十几代才成功。你看武王时，要想伐纣，与天下诸侯并没有约定日期，他们是自愿到孟津来会武王的，竟有八百诸侯，然而武王还说时机没有成熟。直到隔了好久，商汤才放逐了夏桀，周武王才诛杀了商纣。讲到秦国，它的基业是从襄公开始的，到了文公、缪公时代，名声才逐渐大起来，献公、孝公以后，才逐步侵略六国，隔了一百多年，直到始皇，才兼并了六国诸侯。虞、夏、商、周用恩德得天下，秦始皇用武力得天下，都经历了长期努力才告一统，原来统一天下是这样艰难啊！

秦始皇做了皇帝以后，以为战事不能停止，是因诸侯存在的缘故，所以就把封建制废掉，拆毁有名的城池，把军器销毁，把豪杰杀掉，心想这样一来，就可以长治久安了。哪知帝王的功业，却偏偏兴起于民间，联合诸侯，讨伐强秦，气势超过了三代。从前强秦的种种禁令，恰巧是帮助了贤人，为他们扫除了灭秦的困难。发奋有为而成为天下的英雄，哪个能说没有封地便不能成为帝王呢？这不就是书传上所称的大圣人吗？这不是天意吗？这不是天意吗？若不是大圣人，怎么能够担当大任，承受天命做皇帝呢？”

二一、汉兴以来诸侯年表序

是文不从汉事说起，却从周事发之，渐引及汉，如波涛骤腾，峰峦特起，何等雄伟。中叙诸国形势，原原本本，无一遗漏。诚千古绝调也。欧阳修《五代史·职方志》本此。

太史公曰：殷以前尚矣[1]。周封五等：公、侯、伯、子、男。然封伯禽[2]、康叔[3]于鲁、卫，地各四百里，亲亲之义，褒有德也；太公[4]于齐，兼五侯[5]地，尊勤劳也。武王、成、康[6]所封数百，而同姓五十五[7]，地上不过百里，下三十里，以辅卫王室。管[8]、蔡[9]、康[10]叔、曹[11]、郑[12]，或过或损。厉、幽之后，王室缺，侯伯强国兴焉，天子微，弗能正。非德不纯，形势弱也。

汉兴，序二等[13]。高祖末年，非刘氏而王者，若无功上所不置而侯者，天下共诛之。高祖子弟同姓为王者九国[14]，唯独长沙[15]异姓，而功臣侯者百有余人。自雁门[16]、太原[17]以东至辽阳[18]，为燕[19]、代[20]国；常山[21]以南，大行[22]左转，度河、济[23]，阿[24]、甄[25]以东薄海，为齐、赵国；自陈以西，南至九疑[26]，东带江、淮、榖、泗[27]，薄会稽[28]，为梁、楚、淮南、长沙国：皆外接于胡、越[29]。而内地北距山以东尽诸侯地，大者或五六郡，连城数十，置百官宫观，僭于天子。汉独有三河[30]、东郡[31]、颍川[32]、南阳[33]，自江陵[34]以西至蜀，北自云中[35]至陇西[36]，与内史[37]凡十五郡，而公主列侯颇食邑其中。何者？天下初定，骨肉同姓少，故广强庶孽，以镇抚四海，用承卫天子也。

汉定百年之间，亲属益疏，诸侯或骄奢，忕[38]邪臣计谋为淫乱，大者叛逆，小者不轨于法，以危其命，殒身亡国。天子观于上古，然后加惠，使诸侯得推恩[39]分子弟国邑，故齐分为七[40]，赵分为六[41]，梁分为五[42]，淮南分三[43]，及天子支庶[44]子为王，王子支庶为侯，百有余焉。吴楚时，前后诸侯或以适[45]削地，是以燕、代无北边郡，吴、淮南、长沙无南边郡，齐、赵、梁、楚支郡名山陂海咸纳于汉。诸侯稍微，大国不过十余城，小侯不过数十里，上足以奉贡职，下足以供养祭祀，以蕃辅京师。而汉郡八九十，形错诸侯间，犬牙[46]相临，秉其阨塞地利，强本干，弱枝叶之势，尊卑明而万事各得其所矣。

臣迁谨记高祖以来至太初[47]诸侯，谱其下益损之时，令后世得览。形势虽强，要之以仁义为本。

[1] 尚矣：尚，上也。言久远也。 [2] 伯禽：周公之子。 [3] 康叔：周武王同母少弟，名封。 [4] 太公：姜姓，吕氏，名尚。初钓于渭滨，文王出猎遇之，曰吾太公望子久矣，故称太公望，亦曰太公。 [5] 五侯：言五倍于侯也。 [6] 成、康：谓周成王、康王也。 [7] 同姓五十五：兄弟之国十有五，姬姓之国四十。 [8] 管：今河南郑县，封叔鲜。 [9] 蔡：

今河南新蔡县，封叔度。［10］康：康叔虞，至成王时始封，今山西境。［11］曹：今山东定陶县，封叔振铎。［12］郑：今陕西南郑县，封厉王庶子友。［13］二等：汉封功大者王，小者侯也。［14］九国：齐、楚、荆、淮南、燕、赵、梁、代、淮阳也。［15］长沙：今湖南长沙县，吴芮封此。［16］雁门：今山西旧代州，宁武之北部，及朔平南部，大同东部北部，皆其境。［17］太原：即今山西旧太原、汾州二府之地。［18］辽阳：今辽宁辽阳县。［19］为燕：初为卢绾地，后绾入匈奴，遂立子建为燕王。［20］代：初封韩王信，信后降匈奴，乃立子恒。［21］常山：即恒山，亦曰北岳。［22］大行：亦曰五行山，连亘河南河北道，山西东部。［23］河、济：即黄河、济水。［24］阿：河泽，在今山东阳谷县。［25］甄：在今山东濮县。［26］九疑：山名，亦作九嶷。在湖南宁远县南六十里。［27］江、淮、穀、泗：江水、淮水、谷水、泗水也。［28］会稽：今浙江绍兴县。［29］胡、越：皆古种族名，胡在北，越在南。［30］三河：汉以河、内河、南河东三郡为三河。［31］东郡：前直隶大名府。山东东昌府及长清县以西皆是。［32］颍川：今河南旧许州、陈州、汝宁、汝州诸府州，以及禹县至阳武各县皆是。［33］南阳：今河南旧南阳府，湖北旧襄阳府之地。［34］江陵：今湖北江陵县地。［35］云中：今山西大同县北。［36］陇西：今甘肃陇西县。［37］内史：今陕西地。［38］忕：音誓。训肖也。［39］推恩：按武帝用主父偃言，而下推恩之令也。［40］齐分为七：城阳、济北、济南、菑川、胶东、胶西，并齐为七。［41］赵分为六：河间、广川、中山、常山、清河，并赵为六国。［42］梁分为五：济阴、济川、济东、山阳，并梁为五国也。［42］淮分为三：卢江、衡山，并淮南为三国。［44］支庶：谓宗支旁出者也。［45］适：音宅，与嫡通，嫡子也。［46］犬牙：谓参差不齐如犬牙也。［47］太初：汉哀帝年号。

太史公道：殷朝以前的事情，已经很久远了。周朝的分封有五等爵位：公、侯、伯、子、男。然而封伯禽于鲁，封康叔于卫，土地都有四百里，这是为了亲情起见，褒奖他们的功德。封姜太公于齐，兼有五个侯爵的封地，这是尊崇他的功劳。武王、成王、康王所封的诸侯有几百个，同姓的有五十五个，他们的封地最大不过百里，最小者的不过三十里，用来辅卫王室。管叔、蔡叔、康叔和曹、郑的封地，有的超出了规定，有的减削了。幽王、厉王之后，王室很弱，侯、伯中的强国兴起来了，天子的力量微弱，不能纠正，这不是周王的仁德不纯一，而是形势衰弱的缘故。

汉朝兴起，封爵为王、侯二等。到了高祖末年，不是姓刘而称王的，或没有功劳、不是天子所封而称侯者，天下都可以共同讨伐他们。高祖的子弟同姓封做王的，共有九国，只有长沙王是异姓。封功臣做侯的，共有一百多人，从雁门、太原向东，一直到辽阳为止，这是燕国、代国；常山的南面，从太行山左转，渡过黄河、济水，从阿、甄以东的地方，到海边为止，这是齐国、赵国；从陈地以西，南边直到九疑山，东含长江、淮水、谷水、泗水，直到会稽为止，这是梁国、楚国、吴国、淮南国、长沙国，这些诸侯国都外接胡或越。而内地往北到峭山以东，都是诸侯的封地，大的五六郡，连城几十个，设有百官宫观，僭窃天子的制度。汉朝只有三河、东郡、颍川、南阳，从江陵以西，一直到蜀，北面从云中到陇西，再加上内史，共有十五个郡。公主列侯的食邑多数都在这些地方，这是为了什么呢？因为天下刚刚平定，骨肉同姓的很少，所以把庶子们统统弄得强大，让他们镇抚天下，用来卫护天子。

汉朝平定天下以后百年之间，亲属越发疏远，诸侯都很骄奢，用奸邪之臣的计谋去做淫乱的事情。大国成为叛逆，小国触犯法令，危及自己的性命也不顾，到了身死国亡才罢休。天子借鉴上古的政治得失，然后加赐恩惠，使诸侯王得以施恩惠于子弟，分国邑给他们，因此，齐国分为七国，赵国分为六国，梁国分为五国，淮南分为三国，天子的支庶封为王，王子的支庶封为侯，总共算来有一百多个。吴楚之乱时，有的诸侯王先后因谪罚而被削减封地，因此燕和代失去了北边的郡，吴、淮南、长沙失去了南边的郡，齐、赵、梁、楚的支郡，或是有名山的，或是靠近海的，都要归还朝廷。诸侯们就逐渐衰弱了，大国不过十几城，小国不过几十里，对上足以进献贡赋，对下足以供养祭祀，用来藩卫京师。而汉王朝直辖的郡有八九十个，都错杂在诸侯国之间，犬牙相入，朝廷掌握着险要的地方，形成了本干强大、枝叶弱小的形势。尊卑分明，万事也就各得其所。

臣迁恭谨地记载了高祖以来至太初间的诸侯王国的情况，或是强起来，或是弱下去，都记在下面，使后世得以观览，并从中得到教训：形势即使强盛，但关键仍应以仁义作为治国之本。

二二、高祖功臣年表序

是文意在有初鲜终，便发出许多慨叹。反复曲折，到处顿挫，有如龙行。尤妙在汉兴一段，上下兼责，而中间罔亦少密句，则藏讥带讽，不满于汉之意自露。文情至此，掩蔽盘旋极矣。

太史公曰：古者人臣功有五品，以德立宗庙定社稷曰勋，以言曰劳，用力曰功，明其等[1]曰伐，积日[2]曰阅。封爵之誓曰："使河如带，泰山[3]若厉，国以永宁，爰及苗裔[4]。”始未尝不欲固其根本，而枝叶稍陵夷衰微也。

余读高祖侯功臣，察其首封，所以失之[5]者，曰：异哉所闻！《书》曰“协和万国[6]”，迁于夏商，或数千岁。盖周封八百，幽、厉[7]之后，见于《春秋》[8]。《尚书》[9]有唐虞之侯伯，历三代千有余载，自全以蕃卫天子，岂非笃于仁义，奉上法哉？汉兴，功臣受封者百有余人。天下初定，故大城名都散亡，户口可得而数者十二三，是以大侯不过万家，小者五六百户。后数世，民咸归乡里，户益息[10]，萧、曹、绛、灌[11]之属或至四万，小侯自倍，富厚如之。子孙骄溢，忘其先，淫嬖。至太初[12]百年之间，见侯五，余皆坐法陨命亡国，秏矣。罔亦少密焉，然皆身无兢兢[13]于当世之禁云。

居今之世，志古之道[14]，所以自镜也，未必尽同。帝王者各殊礼而异务，要以成功为统纪[15]，岂可绲[16]乎？观所以得尊宠及所以废辱，亦当世得失之林[17]也，何必旧闻？于是谨其终始，表其文，颇有所不尽本末；著其明，疑者阙之。后有君子，欲推而列之，得以览焉。

[1]明其等：谓明其功之等差也。 [2]积日：谓计其任事之长久也。 [3]泰山：东岳也，在山东省境，乃五岳之一。 [4]苗裔：后嗣也。 [5]失之：谓失侯也。 [6]万国：尧以前所封也。 [7]幽、厉：周之二王，皆暴虐之君。 [8]《春秋》：本鲁史之名，孔子删定之。 [9]《尚书》：经名，以其为上古典谟训诰之文，故曰《尚书》。 [10]息：子息也。 [11]萧、曹、绛、灌：谓萧何、曹参、周勃、灌婴也。 [12]太初：汉哀帝年号。 [13]兢兢：小心戒慎也。言皆不能兢兢于当世之禁网。 [14]志古之道：志，记也。谓记虞夏周之道。 [15]统纪：即纲纪也。 [16]绲：读若

魂，缝而合之也。言帝王之道，原各不同，不可以强合也。　［17］得失之林：凡丛集之所皆曰林，言观目前之尊宠废辱，即可为当世得失之荟萃所也。

太史公道：古代做臣子的功劳有五等，用仁德来设立宗庙，安定社稷的，叫做“勋”；凭进言立功的，叫做“劳”；凭武力立功的，叫做“功”；明确功劳等级的，叫做“伐”；任事长久的，叫做“阅”。汉初封爵的誓词上道：“即使黄河细的像带子，泰山平的像磨刀石，朝廷也要使功臣们的封国永远安宁，恩泽传到后代的子孙。”大概当初封建的原意，朝廷未尝不想巩固它的根本，但到后来，它的枝叶却逐渐衰颓下去。

我读了高祖分封列侯功臣的史事，考察开始分封的爵位之所以丧失，认为：“诧异呀！实际情况和我所听到的传闻截然不同！”《尚书》道“万国诸侯都应协调和睦”，直到夏朝、商朝时代，有的邦国竟传了几千年，没有变动。周朝所封的共有八百个诸侯，经幽王、厉王之后，在《春秋》的记载上还能见到。《尚书》记载了唐尧、虞舜时封的侯伯，这些诸侯经历夏、商、周三代，已有一千多年，仍然保全着自己的封爵而屏卫着天子。这难道不是他们看重仁义，遵奉天子法令的缘故吗？汉朝兴后，功臣得到封侯的共一百多人。当时，天下刚刚安定，大城名都的人口都逃散流亡在外，可以统计的户口只有十之二三。因此，大侯的封邑不过万户，小侯的封邑只有五六百户。过了几代，百姓才渐渐回到家乡，户口因而益发增多了，所以萧何、曹参、周勃、灌婴这班人的后嗣，有的封邑竟有四万户，就是小侯的封邑也比以前增加了一倍，财富也象这样不断的积累，他们确实富裕厚足了。然而，他们的子孙却因此骄奢起来，忘掉祖先的艰难，专做淫邪的事。到武帝太初之时，仅仅不过百年，而原来的侯爵保持至今的只剩下五家，其余都因犯法而丧命亡国，全都完了！国家的法网日益严密是个原因，但也是由于他们对于当世的禁令不能小心戒惧啊！

生活在现代，须牢记古时的道理，是要把它当作镜子来对照自己。当然，古今的做法未必完全相同。帝王各有不同的礼法和政略，最重要的是应以成功的经验为准则，岂能完全一样？观察诸侯王得到尊荣恩宠或受到废黜羞辱的原因，也可了解当代很多的得失，何必一定要寻求古代的传闻呢？于是，我便仔细考察了诸侯王废立的始末，用表格列出说明问题，但其中也有一些不能原原本本写出来。我只把那些显见的材料叙述出来，有疑虑的就空着不录。后世倘有君子想推究和说明高祖分封功臣的原委，这个表还是可以参考的。

书

二三、礼书

作文不能不立定主意，主意既定，文情便可发泄。此文以“缘人情而制礼，依人性而作仪”二句为柱意。通篇写来，无限委蛇，无限曲折。终不轶出此柱意之外，精神遂觉弥满，学者当细玩之。

太史公曰：洋洋[1]美德乎！宰制万物，役使群众，岂人力也哉？余至大行[2]礼官，观三代损益，乃知缘人情而制礼，依人性而作仪，其所由来尚矣。

人道经纬[3]万端，规矩无所不贯，诱进以仁义，束缚以刑罚，故德厚者位尊，禄重者宠荣，所以总一海内而整齐万民也。人体安驾乘，为之金舆[4]错衡[5]以繁其饰；目好五色，为之黼黻[6]文章[7]以表其能；耳乐钟磬，为之调谐八音[8]以荡其心；口甘五味，为之庶羞[9]酸咸以致其美；情好珍善，为之琢磨圭璧以通其意。故大路越席[10]，皮弁[11]布裳，朱弦洞越[12]，大羹[13]玄酒[14]，所以防其淫侈，救其雕敝[15]。是以君臣朝廷尊卑贵贱之序，下及黎庶[16]车舆衣服宫室饮食嫁娶丧祭之分，事有宜适，物有节文。仲尼[17]曰：“禘自既灌而往者，吾不欲观之矣[18]。”周衰，礼废乐坏，大小相逾，管仲之家，兼备三归[19]。循法守正者见侮于世，奢溢僭差者谓之显荣。自子夏，门人之高弟[20]也，犹云“出见纷华盛丽而说，入闻夫子之道而乐，二者心战，未能自决”。而况中庸以下，渐渍于失教，被服于成俗乎？孔子曰“必也正名[21]”，于卫所居不合。仲尼没后，受业之徒沈湮而不举，或适齐、楚，或入河、海[22]，岂不痛哉！

至秦有天下，悉内六国礼仪，采择其善，虽不合圣制，其尊君抑臣，朝廷济济，依古以来。至于高祖，光有四海，叔孙通[23]颇有所增益减损，大抵皆袭秦故。

——节《礼书》

[1]洋洋：美盛貌。 [2]大行：秦官，主礼仪，汉景帝改曰大鸿胪。[3]经纬：线之直者曰经，横者曰纬。纵横交错以织成布帛也。 [4]金舆：言以金饰诸木也。 [5]错衡：错镂衡扼为文饰也。 [6]黼黻：衣裳绘绣之文也。 [7]文章：谓文采也。 [8]八音：金、石、丝、竹、匏、土、革、木，是谓之八音。 [9]庶羞：各种之美味也。 [10]大路越席：大路祀天车也，越席结括草以为席也。 [11]皮弁：古冠名，以白鹿皮为之，视朝之常服也。 [12]朱弦洞越：朱弦，练朱丝为弦也。洞越，穿瑟底孔也。 [13]大羹：大与太同，谓太古之羹，不调以盐菜五味也。 [14]玄酒：水也。（《礼》）故玄酒在室，（《疏》）以其色黑，谓之玄，太古无酒，此水当酒所用，故谓之玄酒。 [15]雕敝：言雕饰是奢侈之弊也。[16]黎庶：百姓也。 [17]仲尼：孔子之字。 [18]禘自二句：禘祫之礼，为序昭穆也。故设庙之主及群庙之主皆合，食于太祖。灌者，酌郁鬯灌于太祖，以降神也，既灌之后，列尊卑，序昭穆。而鲁，逆祀跻僖公，乱昭穆故不欲观之。 [19]三归：娶三姓女也。妇人谓嫁曰归。 [20]子夏句：子夏，孔子弟子。门人中之高弟者谓才优而品第高也。故论语四科而文学子游、子夏也。 [21]正名：正百事之名也。 [22]或适二句：（《论语》）太师挚适齐，亚饭干适楚，鼓方叔入于海，少师阳击磬襄入于海。鲁哀公时礼坏乐崩，人皆去也。 [23]叔孙通：汉薛人，汉之朝庙曲礼，皆其所定也。

太史公道：多么盛大的美德啊！主宰万物，役使大众，哪里是人力能够做到的？我曾到礼仪官那里，看到了三代在礼制的演变，才知道按照人情制定礼，按照人性制定仪，是很久远的事了。

人的活动，各种各样，头绪纷繁，礼却能无所不贯。用仁义来诱导，用刑罚来束缚。所以道德高尚的就位尊，俸禄优厚的就宠荣，以此来统一海内，整齐万民。人乘坐车马感到安适，就以金饰车，又雕镂车衡，镶金错银，加上繁琐的装饰；眼睛欢喜五色，就设计了各色花纹，使外表形态更美好；耳朵欢喜钟磬，便调和八音来摇荡人们的心性；嘴舌欢喜五味，便用各种美味，调和酸咸，使它滋味更好；人情喜欢宝玉，便琢磨出圭璧，来适合人们的心意。所以帝王祭天乘坐的礼车，席子是用蒲草编的；天子临朝戴上鹿皮帽子，下衣却是白布做成；演奏的瑟弦，丝弦是大红色的，瑟底却穿成小孔；祭祀时用不加调味的肉汁，用白水做祭品。这都是预防淫侈，挽救衰败的弊端。所以，上至君臣朝廷尊卑贵贱的次序，下到百姓的车马衣服、房屋饮食、嫁娶丧祭的分别，凡事都有适宜之度，凡物文饰都有节制。仲尼道："禘祭自灌以后，次序颠倒，我不愿再看了。"自从周朝衰弱，礼废乐坏，大小不按等级。像管仲一家，竟娶三姓的妇女。遵法律、守中正的人被世人欺侮，奢侈逾制的人反而认为是显荣。子夏是孔子学生中地位最高的，他说："走出来看见繁华艳丽的事物就觉高兴，走进书塾听见夫子的道理就觉欢喜。这两种念头在心里交战，不能决定取舍。"何况是中等以下的人，长期浸染在没有教化的环境中，不是很容易被时下的习俗所征服吗？孔子道："一定要辨正名分。"这句话他是在卫国说的，可是卫国却没有人与他见解相合。孔子死后，他的学生都埋没在草野，没有人用他们，有的到了齐国、楚国，有的到了黄河、海边，岂不令人痛惜！

到了秦国兼并天下，把六国的礼仪统统收罗来，择其善者而用之，虽然不全合圣人的制度，然而尊崇君主，抑制臣子，使朝廷上下庄严恭敬，是按照上古以来的礼法做的。等到汉高祖光复四海，拥有天下，就派叔孙通定朝仪，叔孙通对前代典制稍微作了些增减，大体上是沿袭秦制。

二四、李少君却老方

首提祠灶、谷道、却老方见上一句，下文便津津道来，尽情说出。其描写神幻处，陆离光怪，满目天花。及读终斯篇，自觉处处欺罔，却无一句直揭穿，斯真白描圣手。

是时李少君亦以祠灶、谷道[1]、却老方[2]见上[3]，上尊之。少君者，故深泽侯[4]舍人[5]，主方。匿其年及其生长，常自谓七十，能使物，却老。其游以方遍诸侯。无妻子。人闻其能使物及不死，更馈遗之，常余金钱衣食。人皆以为不治生业而饶给，又不知其何所人，愈信，争事之。少君资好方，善为巧发奇中。尝从武安侯[6]饮，坐中有九十余老人，少君乃言与其大父游射处，老人为儿时从其大父[7]，识其处，一坐尽惊。少君见上，上有故铜器，问少君。少君曰："此器齐桓公十年陈于柏寝[8]。"已而案其刻，果齐桓公器。一宫尽骇，以为少君神，数百岁人也。

少君言上曰："祠灶则致物，致物而丹沙[9]可化为黄金。黄金成，以为饮食器则益寿，益寿而海中蓬莱[10]仙者乃可见，见之以封禅[11]则不死，黄帝[12]是也。臣尝游海上，见安期生，安期生[13]食巨枣，大如瓜。安期生仙者，通蓬莱中，合则见人，不合则隐。”于是天子始亲祠灶，遣方士[14]入海求蓬莱安期生之属，而事化丹沙诸药齐为黄金矣。

居久之，李少君病死，天子以为化去不死，而使黄锤史宽舒受其方。求蓬莱安期生莫能得，而海上燕、齐怪迂之方士多更来言神事矣。

——节《封禅书》

[1]谷道：言避谷不食也。 [2]却老方：长生不老之方术。 [3]上：汉武帝也。 [4]深泽侯：赵将夜，以高祖八年封侯，至元朔五年夷侯，胡薨无后国除。 [5]舍人：官名，掌宫内之事。 [6]武安侯：田蚡也。 [7]大父：祖也。 [8]柏寝：地名，在山东广饶县东北。（《韩非子》）景公与晏子游于少海，登柏寝台而望其国。 [9]丹沙：即朱砂。 [10]蓬莱：神山名。在渤海中，相传有诸仙人及不死药。 [11]封禅：泰山上筑土为坛以祭天，报天之功曰封，泰山下小山上除地，报地之国曰禅。 [12]黄帝：道家之祖。 [13]安期生：秦瑯琊人，卖药海上，号抱朴子。始皇与语三日夜，赐金璧，皆置去，留书以别，谓后千年求我于蓬莱山。始皇遣卢生徐生入海求之，未至，遇风波而还。 [14]方士：方术之士也。如求神仙，烧金丹，及禁咒祈禳诸术。

这时，李少君也以祭祀灶神、辟谷不食、长生不老的方术来进见皇上，皇上很敬重他。少君曾经做过深泽侯的家臣，讲究方术。他隐瞒了自己的年纪和他生长的地方，常自称七十岁，能驱使鬼神，长生不老。他靠着方术游历各国。没有妻子儿女。大家听说他能驱使鬼神，长生不老，便都拿东西送给他，所以他时常积余了许多金钱衣食。人们因为他没有产业，却有余资，又不知道他是什么地方人，对他越发相信，都争着去侍奉他。少君天生好方术，善于伺机发言，且每每得到应验。他曾经常和武安侯一同喝酒，座中有位九十多岁的老年人，少君就说某地是他同老人的祖父游玩射猎的地方，那老人还是孩子的时候，曾跟祖父去过，所以认识那个地方，竟说得分毫不差，座中人听了这话，很都惊异。少君见了皇上以后，皇上有一个很旧的铜器，便问少君这个铜器的来历，少君道："这个铜器是齐桓公十年，放在柏寝台里面的。"随即把铜器上的铭文一看，果然是齐桓公十年的铜器。于是全宫的人都觉得非常惊奇，以为少君是神仙，是活在世上几百年的人。

少君对皇上道："祭祀灶神能够招来神异之物，有了神异之物，丹砂就能炼成黄金，黄金炼成后制成饮食的器具，便可延年益寿。延年益寿才能见到海中的蓬莱仙，见到仙人后再去封禅，就能长生不死。黄帝就是一个例证。我时常到海上去游历，看见了安期生，他正在吃一个大如瓜的枣子。安期生本是个神仙，常和蓬莱仙往来的，他要是知道你和他同道，就出来相见；不是同道，就隐藏踪迹，不出来见。"于是天子便祭祀灶神，派方士到渤海去寻找蓬莱仙、安期生一类的仙人，同时认真的去做把丹砂炼成黄金的事。

过了好久，李少君害病而死，天子还当他是化身升天，并没有死，便让黄锤史宽舒接受他的方术，去寻找蓬莱仙、安期生，终究没有寻得。从此燕齐两地许多离奇古怪的方士，都相继来谈论神仙的事情了。

二五、郑国渠

韩闻秦之好兴事，欲罢之，毋令东伐，乃使水工郑国间说秦，令凿泾水[1]自中山[2]西邸瓠口[3]为渠，并北山东注洛三百余里，欲以溉田。中作而觉，秦欲杀郑国。郑国曰："始臣为间，然渠成亦秦之利也。"秦以为然，卒使就渠。渠就，用注填阏之水，溉泽卤[4]之地四万余顷，收皆亩一钟。于是关中为沃野，无凶年，秦以富强，卒并诸侯。因命曰郑国渠。

——节《河渠书》

[1]凿泾水句：有南北二源，北源出甘肃固原县南牛营，南源出化平县西南大关山。二源汇合于陕西武长县东北，东南流入注于渭。[2]中山：即仲山，在陕西泾阳县西北，北跨淳化县界。[3]瓠口：即谷口，在陕西泾阳县北。[4]卤：谓盐地不生物者。

韩国听说秦国喜欢兴办各种事业，想以此来消耗它的国力，不使他们向东来攻伐韩国。于是派水工郑国做间谍去游说秦国，让秦国开凿泾水，从中山起，西至瓠口，开一条河渠，沿着北山，向东注于洛水，长三百多里，并说这条渠凿成以后，可以灌溉不少的农田。秦国听了郑国的话，果然兴工开凿。工程做到一半的时候，秦国觉察出这是韩国的阴谋，因此想要杀死郑国。郑国道："我当初是作为间谍建议修渠的，但这条渠凿成以后，最终还是你们秦国受益。"秦王因为他说得不错，最终让他凿成了这条渠。渠成以后，引含有淤泥的泾水灌溉关中不长作物的盐碱地四万多顷，每亩收获有六石四斗。于是关中的田地都变得很肥沃，而且水旱的灾年也没有了，秦国从此富强起来，终于并吞诸侯。因而把这条渠取名叫郑国渠。

二六、汉武塞瓠子决

以一悲歌，竟塞瓠子决，人主诚心处，亦能感动鬼神欤？歌词悲哀惨怛，不可卒读，诚心已极，谁谓汉武不重民命哉！

自河决瓠子[1]后二十余岁，岁因以数不登，而梁、楚之地尤甚。天子既封禅[2]巡祭山川，其明年，旱，乾封[3]少雨。天子乃使汲仁[4]、郭昌[5]发卒数万人塞瓠子决。于是天子已用事万里沙[6]，则还自临决河，沉白马玉璧于河，令群臣从官自将军已下皆负薪寘决河。是时东郡烧草，以故薪柴少，而下淇园[7]之竹以为楗[8]。

天子既临河决，悼功之不成，乃作歌曰："瓠子决兮将奈何？皓皓[9]旰旰[10]兮闾殚为河[11]！殚为河兮地不得宁，功无已时兮吾山平[12]。吾山平兮巨野[13]溢，鱼沸郁兮柏冬日[14]。延道[15]弛兮离常流，蛟龙骋兮方远游。归旧川兮神哉沛[16]，不封禅兮安知外！为我谓河伯[17]兮何不仁，泛滥不止兮愁吾人？啮桑[18]浮兮淮泗满，久不反兮水维缓。"一曰："河汤汤兮激潺湲[19]，北渡迂兮浚流难。搴长茭[20]兮沉美玉，河伯许兮薪不属。薪不属兮卫人罪，烧萧条兮噫乎何以御水！颓林竹兮楗石灾[21]，宣房[22]塞兮万福来。"于是卒塞瓠子，筑宫其上，名曰宣房宫。而道河北行二渠，复禹旧迹。而梁、楚之地复宁，无水灾。

自是之后，用事者争言水利。朔方[23]、西河[24]、河西[25]、酒泉[26]皆引河及川谷以溉田；而关中辅渠[27]、灵轵[28]引堵水；汝南、九江引淮；东海引钜定[29]；泰山下引汶水[30]。皆穿渠为溉田，各万余顷。佗小渠披山通道者，不可胜言。然其著者在宣房。

——节《河渠书》

[1]瓠子：地名。今河南濮阳县之南，一名瓠子口。 [2]封禅：见《李少君却老方》注。 [3]乾封：祭不立尸曰乾封。 [4]汲仁：汲黯之弟，汉濮阳人。 [5]郭昌：汉云中人，以校尉从卫青击匈奴，元封中以太中大夫为拔胡将军。 [6]万里沙：地名，在今山东掖县北。 [7]淇园：（《述异记》）卫有淇园，出竹，在淇水之上。 [8]楗：音键，树竹塞水决之口，以草塞其里，乃以土填之也，犹今河工之打埽。 [9]皓皓：洁白貌。[10]盱盱：盛貌。 [11]闾殚为河：谓州闾尽为河也。 [12]吾山平：言凿山以填河也。 [13]巨野：泽名，即禹贡大野，在山东巨野县北。泽最广大，元末为黄河所决，遂涸。 [14]鱼沸郁句：巨野满溢，则众沸郁而滋长也，柏迫也，迫冬日乃止。 [15]延道：言河之决。由其源道延长弛溢，故使其流皆离常道也。 [16]归旧川兮句：水还旧道。则群害消除神祐滂沛。 [17]河伯：河神也。 [18]啮桑：汉邑名，为水所浮漂。[19]潺湲：水流貌。 [20]搴长茭：搴取也，谓取长竿树之用著石间以塞决河也。 [21]楗石灾：谓河决楗不能禁，故言灾。 [22]宣房：房与防通。谓宣泄防御也。 [23]朔方：郡名，即今内蒙古鄂尔多斯地。 [24]西河：即今蒙古鄂尔多斯左翼前旗，及陕西旧榆林府。 [25]河西：泛指黄河以西之地，如今之甘肃陕西及蒙古之鄂尔多斯、阿拉善额济纳皆是。[26]酒泉：郡名，故城在今甘肃酒泉县东北。 [27]辅渠：（《汉书》）兒宽为左内史，奏请穿凿为六辅渠。 [27]灵轵：盩厔有灵轵渠。[29]钜定：泽名，在今山东广饶县。 [30]汶水：即汶河，在山东。

自从黄河在瓠子决口以后，过了二十多年，年年收成不好。梁、楚两地的收成更是格外不好。天子封禅后，巡祭山川，第二年又是旱年，又用乾封来祭，雨仍旧很少。天子便派汲仁、郭昌带兵几万人去堵塞瓠子的决口。天子亲自到万里沙祠去祷神求雨，回来的路上又亲临黄河决口处，把白马、玉璧投在河里祭奠河神，派群臣及侍从官自将军以下都背负薪柴来填决口。当时东郡百姓以草为炊，薪柴很少，便用淇园的竹子来堵塞决口。

天子既已亲临瓠子口，痛塞河之功不能立成，于是作歌道："瓠子口决口啊怎么办才好？大水涨起啊州闾变成河！到处成河啊地方不得安宁，河工无休止啊我的山已凿平。山已凿平啊巨野泽外流，鱼类喧嚷啊到冬天为止。河道废弛啊大水横流，蛟龙驰骋啊游向远方。河水归旧道啊望水神佑助，若不封禅啊我怎知此事！为我告河伯啊因何不仁？河水泛滥不止啊愁煞人。河浸齧桑啊淮泗水已满，水不归旧川啊唯愿水流稍缓。"又有一首歌道："河水浩浩啊急急流去，北渡回曲啊浚通不易。长茭塞河啊投入美玉，河伯应许啊薪柴不够。薪柴不够啊卫人获罪，萧条烧光啊如何御水！竹林砍完啊石桩打柱，堵塞宣房啊万福都来。"于是堵住了瓠子决口，就在上面筑了一座宫殿，名叫宣房宫。并修二条渠引河水北行，恢复了禹时的样子，梁、楚两地又得到安宁，没有水灾了。

从此以后，官吏们争相进言兴修水利。朔方、西河、河西、酒泉等地都引黄河以及川谷中的水灌溉农田；而关中的辅渠、灵轵渠引来几条河水；汝南、九江引来淮水；东海引来巨定泽水；泰山周围地区引来汶水。各自所开渠都能灌溉农田万余顷，其他小渠以及劈山通水道的，更是不计其数，但其中最著名的还是在宣房。

二七、卜式输财

田宅财物尽予弟，复分予弟者数矣二语，足见卜式生平慷慨，有此伏笔，下文言助边事，无患不贯通矣。末下一初字另起风波，以牧羊归到治民，尤为绝妙，是胎息左氏者。

卜式者，河南人也，以田畜为事。亲死，式有少弟，弟壮，式脱身出分，独取畜羊百余，田宅财物尽予弟。式入山牧十余岁，羊致千余头，买田宅。而其弟尽破其业，式辄复分予弟者数矣。是时汉方数使将击匈奴[1]，卜式上书，愿输家之半县官[2]助边。天子使使问式："欲官乎？"式曰："臣少牧，不习仕宦，不愿也。"使问曰："家岂有冤，欲言事乎[3]？"式曰："臣生与人无分争。式邑人贫者贷之，不善者教顺之，所居人皆从式，式何故见冤于人！无所欲言也。"使者曰："苟如此，子何欲而然？"式曰："天子诛匈奴，愚以为贤者宜死节于边，有财者宜输委，如此而匈奴可灭也。"使者具其言入以闻。天子以语丞相弘[4]。弘曰："此非人情。不轨之臣，不可以为化而乱法，愿陛下勿许。"于是上久不报式，数岁，乃罢式[5]。式归，复田牧。岁余，会军数出，浑邪王等降，县官费众，仓府空。其明年，贫民大徙，皆仰给县官，无以尽赡。卜式持钱二十万予河南守，以给徙民。河南上富人助贫人者籍，天子见卜式名，识之，曰："是固前而欲输其家半助也。"乃赐式外徭[6]四百人。式又尽复予县官。是时富豪皆争匿财，唯式尤欲输之助费。天子于是以式终长者，故尊显以风百姓。

初，式不愿为郎。上曰："吾有羊上林中，欲令子牧之。"式乃拜为郎，布衣屩而牧羊。岁余，羊肥息。上过，见其羊，善之。式曰："非独羊也，治民亦犹是也。以时起居，恶者辄斥去，毋令败群。”上以式为奇，拜为缑氏[7]令试之，缑氏便之。迁为成皋[8]令，将漕最[9]。上以式为朴忠，拜为齐王太傅。

——节《平准书》

[1]匈奴：北狄之种族名，领有今内外蒙古之地。[2]县官：朝廷也，不敢斥言朝廷，故以县官称之。[3]欲言事乎：言汝欲表白其事乎。[4]弘：公孙弘也。汉薛人，字季，家贫，牧豕海上，年四十余岁，乃学春秋杂说。武帝初以贤良为博士，元朔中为丞相，封为平津侯。[5]乃罢式：先是式为中郎，至此罢之。[6]外徭：谓戍边也。一人出三百钱，谓之过更，式岁得二十万钱也。[7]缑氏：县名，春秋周邑，汉置县，故城在今河南偃师县南。[8]成皋：汉县名，即今河南汜水县。[9]将漕最：言漕粮最多也。

卜式，河南郡人，以种田牲畜为业。父母早逝，只有一个年少的弟弟。等弟弟长大成人，就与他分了家，卜式只要了一百多头羊。所有田宅、财产，统统让给弟弟，自己却到山里去牧羊。过了十几年，羊积有一千余头，便买起田地房屋。而他的弟弟却早已把产业败得精光。卜式便把自己的财产分给弟弟，照这样的已经好几次了。当时，汉屡次派将去打匈奴，卜式便上书武帝，情愿把自己的财产的一半献给朝廷，请朝廷去资助守边的人。武帝因他凭空拿出钱来，很奇怪，当下便派一个使者去问他，使者到卜式那里，问他要做官吗？卜式道：“我从小放牧，未曾学过做官的规矩，不愿做官。”使者又问道：“你难道有冤枉想表白吗？”卜式道：“我平生从没有和人起过争端，同县人有贫苦的，我就借钱给他；有行为不好的，我就教导他。邻里人都愿听我的话，我还有什么冤仇和别人结呢！我没有事情可以表白。”使者道：“你既然这样，究竟因为什么要拿出钱来呢？”卜式道：“天子要去灭掉匈奴，我认为，有本领的应该在边界出些死力；有钱财的应该拿出来供给他们，这样一来，匈奴才可灭掉。”使者回来，把卜式说的话告诉武帝，武帝又去告诉丞相公孙弘。公孙弘道：“这恐怕不符合人情吧。这种不守本分的人，不可作为教化的榜样以扰乱了法纪，望陛下不要应许他。”于是武帝不去睬他，过了几年，方才下令让卜式回去。卜式既归家，依旧种田牧畜。过了一年多，碰到汉军屡次出战，浑邪王等投降，朝廷费用很大，仓府也空了。到了第二年，贫民大量迁徙，都靠朝廷供给，朝廷没有力量全部负担。卜式看到这种情形，便拿出二十万钱给河南的太守，用来分给迁来的百姓。河南的富人凡是拿钱助贫民的，官府都把姓名记在册子上。武帝看见卜式的姓名，记着道：“这就是从前想把家产一半助边的人。”便赐给卜式免戍边徭役四百人的权力，卜式又把它统统还给朝廷。当时富豪人家，都争匿钱财，只有卜式偏偏拿出钱来助边。武帝于是称他为长者，特地尊显他，使他成为百姓学习的好榜样。

起初，卜式不愿为中郎，武帝道：“我有羊在上林苑中，想叫你去牧畜。”卜式这才拜为中郎，便穿了布衣、草鞋去牧羊。过了一年多，羊很肥大，羊的数目也多了。武帝路过这里看见了羊，很称赞卜式。卜式道：“不仅牧羊是这样，治理百姓也是这样呢。让它们按时起居，不断把坏羊除掉，免得它害了一群的羊。”武帝因为卜式说话奇异，就拜他做缑氏县令，试一试他的本领，缑氏人都称道他。又迁为成皋县令，他管的漕运，成绩第一。皇上又因卜式忠厚朴实，便拜为齐王太傅。

世家

二八、季札使诸侯

全采左氏语，增点数字，绝不勉强。通篇连用哉字、也字、乎字，错综成文，笔墨淋漓，后人殊难学步。

王余祭[1]四年，吴使季札[2]聘于鲁。请观周乐[3]。为歌《周南》《召南》[4]。曰:“美哉，始基[5]之矣，犹未也[6]，然勤而不怨。”歌《邶》《鄘》《卫》[7]。曰:“美哉，渊乎，忧而不困者也。吾闻卫康叔、武公[8]之德如是，是其《卫风》乎？”歌《王》[9]。曰:“美哉，思而不惧，其周之东乎？”歌《郑》[10]。曰:“其细已甚，民不堪也，是其先亡乎？”歌《齐》[11]。曰:“美哉，泱泱[12]乎大风也哉！表东海[13]者,其太公乎？国未可量也。”歌《豳》[14]。曰:“美哉，荡荡[15]乎，乐而不淫，其周公之东乎？”歌《秦》[16]。曰:“此之谓夏声[17]。夫能夏则大，大之至也，其周之旧乎？”歌《魏》[18]。曰:“美哉，沨沨[19]乎，大而宽，俭而易，行以德辅，此则盟主也。”歌《唐》[20]。曰:“思深哉，其有陶唐氏之遗风乎？不然，何忧之远也？非令德之后，谁能若是！”歌《陈》[21]。曰:“国无[22]主，其能久乎？”自《郐》以下，无讥焉[23]。歌《小雅》[24]。曰:“美哉，思而不贰，怨而不言，其周德之衰乎？犹有先王之遗民也。”歌《大雅》[25]。曰:“广哉，熙熙[26]乎，曲而有直体，其文王之德乎？”歌《颂》[27]。曰:“至矣哉，直而不倨，曲而不诎，近而不逼，远而不携，迁而不淫，复而不厌，哀而不愁，乐而不荒，用而不匮，广而不宣，施而不费，取而不贪，处而不厎[28]，行而不流。五声[29]和，八风[30]平，节有度，守有序，盛德之所同也。”见舞《象箾》《南籥》[31]者，曰：“美哉，犹有憾。”见舞《大武》[32]，曰：“美哉，周之盛也其若此乎？”见舞《韶濩》[33]者，曰：“圣人之弘也，犹有惭德，圣人之难也！”见舞《大夏》[34]，曰：“美哉，勤而不德，非禹其谁能及之？”见舞《招箾》[35]，曰：“德至矣哉，大矣，如天之无不焘[36]也，如地之无不载也，虽甚盛德，无以加矣。观止矣，若有他乐，吾不敢观。”

——节《吴太伯世家》

[1]余祭：寿梦之次子，季札之次兄也。寿梦死，立余祭为王。[2]季札：寿梦之幼子也。寿梦见其贤，欲立之。札不受，封于延陵，号延陵季子，季札出聘，事在春秋鲁襄公二十九年。[3]周乐：周之乐也，鲁以周公故，有天子礼乐。[4]《周南》《召南》：诗篇名。[5]始基：言文王之化，基于二南。[6]犹未也：犹有商纣之乱，未尽善也。[7]《邶》《鄘》《卫》：（《集解》）杜预曰：武王伐纣，分其地为三监，三监叛，周公灭之，并三监之地，更封康叔，故三国尽被康叔之国。[8]康叔、武公：（《集解》）杜预曰：康叔遭管叔、蔡叔之难，武公罹幽王褒姒之变。故曰康叔、武公之德如是。[9]《王》：《国风》之诗。王谓周平王也，周之东迁王室下同于列国，故其诗不得入雅。[10]《郑》：《国风》之诗。[11]《齐》：《国风》之诗。[12]泱泱：弘大之貌。[13]表东海：为东海之表式。[14]《豳》：音彬。《国风》之诗。[15]荡荡：广大貌。[16]《秦》：《国风》之诗。[17]夏声：言秦起自西戎。至秦仲始大而有诸夏之声。[18]《魏》：《国风》之诗。[19]沨沨：中庸之声。[20]《唐》：《国风》之诗。[21]《陈》：《国风》之诗。[22]国无主：淫声放荡，无所畏惧，故曰无主。[23]自《郐》

句：言《郐》曹二《国风》之诗。季札闻之，不复讥刺，以其微也。［24］《小雅》：小雅小正亦乐歌之章。［25］《大雅》：陈文王之德以正天下。［26］熙熙：和乐声。［27］《颂》：（《集解》）杜预曰：欲者以其成功告于神明。［28］处而不底：虽覆止处而不底滞。［29］五声：宫、商、角、征、羽。［30］八风：八方之气谓之八风。［31］《象箾》《南籥》：象文王之乐武象也。箾舞曲也。南籥。以籥舞也。［32］《大武》：周公所作武王乐也。［33］《韶濩》：汤之乐也。［34］《大夏》：夏禹之乐也。［35］《召箾》：有虞氏之乐大韶也。［36］焘：覆也。

吴王余祭四年，吴国派季札到鲁国去访问。季札到了鲁国，请求参观周朝的礼乐，鲁国便叫乐工给季札演唱《周南》《召南》。季札道："美好啊！开始奠定基础了，但还未达到尽善的程度。然而它唱出了百姓辛劳但无怨言的情绪。"演唱《邶风》《鄘风》《卫风》，季札道："美好呀！音调深沉，情绪忧伤而不困惑。我听说卫康叔，卫武公的德行就是如此，这是卫国的歌曲吧？"演唱《王风》，季札道："美好啊！忧思而不恐惧，这是周室东迁以后的歌曲吧？"演唱《郑风》，季札道："歌声细弱反映出其国政令苛细，百姓难以忍受了，这不是郑国要先亡吗？"演唱《齐风》，季札道："美好啊！曲调弘大深远，真有大国之风。堪为东海一方表率，大概是太公的国家吧？齐国将来不可限量。"演唱《豳风》，季札道："美好啊！曲调宽弘坦荡，欢快而不过分，这是周公东征的歌曲吧？"演唱《秦风》，季札道："这就叫做夏声。既然歌曲曲调能演进为夏声，国家也必会日益强大，大到极点，这是周室旧地的声调吧？"演唱《魏风》，季札道："美好啊！婉转抑扬，粗狂而柔美，简约而易行，再用德行来辅佐，这就是贤明的君主了。"演唱《唐风》，季札道："忧深思远啊！很有上古陶唐氏的遗风，不然，怎么能够如此忧思深远呢？倘若不是美德者的后裔，哪个能够达到这种水平！”演唱《陈风》，季札道：“一国没有好君主，他的国家还能够久存吗？”从《郐风》以下的歌，季札就没有评论了。演唱《小雅》，季札道：“美好啊！满怀忧思，而无叛离之意，怨悱之情忍而不发，这是周德衰微时的乐曲吧？但还有先王遗民之情啊。”演唱《大雅》，季札道：“广大啊！和谐啊！抑扬顿挫而刚直有力，这是文王的德行吧？”演唱《颂》，季札道：“达到音乐的极致了。正直而不倨傲，委婉而不屈服，亲近而不逼迫，舒缓而不相离，变动而不过度，反复而不厌倦，哀伤而不忧愁，欢乐而不放纵，使用而不缺乏，宽广而不自显，施惠而不耗费，征取而不贪婪，宁静而不停滞，活跃而不虚浮。五声调和，八音平定，节奏有法度，旋律有秩序，象征着所有盛德之人的共同气度啊。”看到跳《象箾》《南籥》舞，季札道：“美妙啊！但仍有遗憾。”看到跳《大武》舞，季札道：“美妙啊！周朝的盛德就是这样的吧？”看到跳《韶濩》舞，季札道：“圣人的德行这样弘大啊！但还觉得德行不够，可见做圣人真是不容易呀。”看到跳《大夏》舞，季札道：“美妙啊！勤劳而不夸耀自己的恩德。如不是夏禹，哪个能做得到呢？”看到跳《召箾》舞，季札道：“美德的巅峰啊，太伟大了，如上天覆盖万物，如大地无不承载，哪怕是再好的德行，也不会比这样的美德更高的了。观乐可以停止了，如果再有其他礼乐，我也不敢再请求欣赏了。”

二九、齐桓公称霸

齐桓公不以射钩为仇，反任管仲，以故称霸。用人之道，固如是也。然自桓公以往，无甚足称者矣。太史公尽情摹写，极力表扬，意在此耳。

桓公元年春，齐君无知游于雍林[1]。雍林人尝有怨无知，及其往游，雍林人袭杀无知，告齐大夫曰:“无知弑襄公自立，臣谨行诛。唯大夫更立公子之当立者，唯命是听。”

初，襄公之醉杀鲁桓公[2]，通其夫人，杀诛数不当，淫于妇人，数欺大臣，群弟恐祸及，故次弟纠奔鲁。其母鲁女也。管仲、召忽傅之。次弟小白[3]奔莒，鲍叔傅之。小白母，卫女也，有宠于釐公[4]。小白自少好善大夫高傒[15]。及雍林人杀无知，议立君，高、国先阴召小白于莒。鲁闻无知死，亦发兵送公子纠，而使管仲别将兵遮莒道，射中小白带钩。小白佯死，管仲使人驰报鲁。鲁送纠者行益迟，六日至齐，则小白已入，高傒立之，是为桓公。

桓公之中钩，佯死以误管仲，已而载温车中驰行，亦有高、国内应，故得先入立，发兵距鲁。秋，与鲁战于乾时[6]，鲁兵败走，齐兵掩绝鲁归道。齐遗鲁书曰:“子纠兄弟，弗忍诛，请鲁自杀之。召忽、管仲仇也，请得而甘心醢[7]之。不然，将围鲁。”鲁人患之，遂杀子纠于笙渎[8]。召忽自杀，管仲请囚。

桓公之立，发兵攻鲁，心欲杀管仲。鲍叔牙曰:“臣幸得从君，君竟以立。君之尊，臣无以增君。君将治齐，即高傒与叔牙足也。君且欲霸王，非管夷吾[9]不可。夷吾所居国国重，不可失也。”于是桓公从之。乃详为召管仲欲甘心，实欲用之。管仲知之，故请往。鲍叔牙迎受管仲，及堂阜[10]而脱桎梏[11]，斋祓[12]而见桓公。桓公厚礼以为大夫，任政。

桓公既得管仲，与鲍叔、隰朋[13]、高傒修齐国政，连五家[14]之兵，设轻重鱼盐[15]之利，以赡贫穷，禄贤能，齐人皆说。

二年，伐灭郯[16]，郯子奔莒。初，桓公亡时，过郯，郯无礼，故伐之。

五年，伐鲁，鲁将师败。鲁庄公请献遂邑[17]以平，桓公许，与鲁会柯[18]而盟。鲁将盟，曹沫[19]以匕首[20]劫桓公于坛[21]上，曰："反鲁之侵地！"桓公许之。已而曹沫去匕首，北面就臣位。桓公后悔，欲无与鲁地而杀曹沫。管仲曰："夫劫许之而倍信杀之，愈一小快耳，而弃信于诸侯，失天下之援，不可。"于是遂与曹沫三败所亡地于鲁。诸侯闻之，皆信齐而欲附焉。

七年，诸侯会桓公于甄[22]，而桓公于是始霸焉。

——节《齐太公世家》

[1]雍林：亦作雍廪。（《左传》）雍廪杀无知，杜预注。雍廪齐大夫。此云游雍林，雍林当作地名也。 [2]襄公之醉杀句：襄公通鲁桓公夫人，桓公知之，怒夫人，夫人以告齐襄公。齐襄公与鲁君饮，醉之，使力士彭生抱上鲁君车，因拉杀鲁桓公。 [3]小白：桓公名。 [4]釐公：名禄甫。[5]高傒：高敬仲也。傒音奚。 [6]乾时：春秋齐地，在今山东博兴县南。[7]醢：音海，肉酱也。 [8]笙渎：亦作生渎，春秋鲁地，在今山东菏泽县北。渎音豆。 [9]管夷吾：夷吾，管仲名。 [10]堂阜：春秋齐地，在今山东蒙阴县西北。 [11]桎梏：刑具，所以拘罪人者，在足曰桎，在手曰梏。 [12]斋祓：谓斋戒除灾求福也。 [13]隰朋：齐大夫，卒谥成子。 [14]五家：管子制国，五家为轨，十轨为里，四里为连，十连为乡，以为军令。 [15]轻重鱼盐：管子有理人轻重之法七篇，轻重钱也，又有捕鱼煮盐法。 [16]郯：国名，少昊氏之后，在今山东郯城县境。[17]遂邑：古县名，或云在济北蛇邱县东北。 [18]柯：又作祝柯，亦作祝阿，故城在今山东长清县东北。 [19]曹沫：春秋鲁人，按《左传》有曹刿疏谓即史记曹沫也。 [20]匕首：剑之最短者。其首类匕，故名。

长一尺八寸，匕音比。 ［21］坛：土基三尺阶三等曰坛。会必有坛者，为升降揖让称先君以相接也。 ［22］甄：音真。春秋卫地。

桓公元年春，齐国的国君无知到雍林去游玩，雍林人本是恨无知的，等到他来游玩，雍林人就乘机把无知杀死了。当下告诉齐大夫道："无知杀死襄公，自立为国君，我们已把他杀死了，你们另立君主，必须立公子中应该立的人，我们没有不听从的。"

起初襄公在时，曾把鲁桓公用酒灌醉，杀死了他，又私通他的夫人，他杀死的人，都不适当。再加欢喜淫惑妇人，屡次欺骗大臣，他的弟弟们恐怕祸及自身，所以次弟纠逃到了鲁国，因他的母亲是鲁君的女儿，管仲和召忽做他的师傅。次弟小白逃到了莒国，鲍叔做他的师傅。小白的母亲是卫君的女儿，齐釐公很宠爱她。小白幼年时，和大夫高傒要好，得知雍林人杀死无知，商议另立君主，高傒便私下到莒国去迎接小白。鲁国听说无知已死，也发兵送公子纠回来，同时派管仲带兵去莒国通往齐国的道路上拦截。管仲射了一箭，恰巧射中小白的带钩。小白故意装死，管仲以为真的死了，便派人飞快报告鲁国，鲁国因为这个缘故，送公子纠回齐国的人，便走得很慢，六天才到齐国，哪知小白却已经先到了，高傒已拥立他做了国君，这就是齐桓公。

却说桓公被管仲射中了带钩，故意装做死状，使管仲误会，过了一刻，就上车飞也似的驶去，又仗着高傒在朝里帮忙，所以能够先即位，当下便发兵抵御鲁国。这年秋天，和鲁国在乾时交战，鲁兵败走，齐兵截住鲁兵的归路。齐侯便给鲁侯写了一封信，道："子纠是我的兄弟，我不忍心杀他，请鲁侯自己杀罢。管仲、召忽是我的仇敌，请你送来让我把他们剁成肉酱，方才甘心。不是这样，我便发兵围攻鲁都。"鲁侯接得信，很是忧愁，就在笙渎把子纠杀死，召忽也自杀身死，管仲却请求当囚犯。

桓公才即位的时候，发兵攻打鲁国，心里打算杀死管仲。鲍叔牙道：“我有幸跟随君，君终于即位。君已尊贵，我已无法再提高君的地位。但君若只想治理齐国，有高傒和我也就够用了。君若想称霸天下，却没有管夷吾是不行的。夷吾在哪个国家，哪国就有威望，不可失去他啊。”于是桓公听从了他的意见，便故意说要得到管仲，方才甘心，实际上却是想任用他。管仲心里明白，就到齐国来请罪。鲍叔牙便去迎接管仲，到了堂阜，就把管仲所带的镣铐解掉，预先斋戒做醮，才去和桓公相见。桓公也用大夫礼待他，请他主管齐国的政事。

桓公既得到了管仲，就和鲍叔、隰朋、高傒整顿齐国的政治，实施基层五家连兵之制，制定了钱制，设立捕鱼煮盐等制度，救济贫穷，奖励贤能之士，齐国人因此很高兴。

二年，桓公出兵伐郯，灭掉了郯国，郯君逃到莒国。因为从前桓公逃亡时，经过郯国，郯国对他无礼，所以出兵讨伐它。

五年，桓公出兵伐鲁，鲁军眼看要失败，鲁庄公愿献遂邑与齐媾和。桓公应许了他，便和鲁侯在柯地誓盟。鲁侯正要和桓公誓盟，曹沫却拿出匕首，走上坛来，把桓公拖住说道：“归还侵占的鲁国土地！”桓公没奈何，便应许了他。然后曹沫扔掉匕首，面向北站在臣子之位。桓公心里觉得懊悔，不想归还鲁国的土地，把曹沫杀死。管仲道：“如果被劫持时答应了人家的要求，然后又背弃诺言杀死人家，是满足一时小小的快意，而在诸侯中放弃信用，失去了天下人的支持，不可以。”于是便把曹沫三次败仗所失去的土地，统统归还鲁国。各国诸侯听说这件事情，都信服齐国，想来归附它。

七年，诸侯和齐桓公在甄地会盟，桓公方才称霸于天下。

三〇、燕哙让国

让其所不当让，适以成祸，子之何人哉！燕王惑苏代之说而让之国，自命尧禹之流，毕竟适成庸王，可为无实盗名者戒也。所谓毛寿或人，盖皆苏代所使者，观上文听其所使句自见。此文殆极旁敲侧击之奇。

燕哙既立，齐人杀苏秦[1]。苏秦之在燕，与其相子之[2]为婚，而苏代[3]与子之交。及苏秦死，而齐宣王复用苏代。燕哙三年，与楚、三晋[4]攻秦，不胜而还。子之相燕，贵重，主断。苏代为齐使于燕，燕王问曰："齐王奚如？"对曰："必不霸。"燕王曰："何也？"对曰："不信其臣。"苏代欲以激燕王以尊子之也。于是燕王大信子之。子之因遗苏代百金，而听其所使。

鹿毛寿谓燕王："不如以国让相子之。人之谓尧贤者，以其让天下于许由[5]，许由不受，有让天下之名而实不失天下。今王以国让于子之，子之必不敢受，是王与尧同行也。"燕王因属国于子之，子之大重[6]。或曰："禹荐益[7]，已而以启人为吏[8]。及老，而以启人为不足任乎天下。传之于益。已而启与交党攻益，夺之。天下谓禹名传天下于益，已而实令启自取之。今王言属国于子之，而吏无非太子人者，是名属子之而实太子用事也。"王因收印自三百石吏已上而效[9]之子之。子之南面[10]行王事，而哙老，不听政，顾为臣[11]，国事皆决于子之。三年，国大乱，百姓恫恐[12]。

——节《燕召公世家》

[1] 苏秦：战国时之纵横家。洛阳人，字季子，师鬼谷子。秦与燕文

公夫人私通，惧诛，时易王在位，乃说王使齐为反间，欲以乱齐，故为齐人所杀。［2］子之：燕相。受国后，大将军市被与太子平举兵攻子之。不克，反攻太子平。市被死，构难数月。齐闵王伐燕，哙死醢子之，燕人共立太子平。［3］苏代：苏秦之弟，亦习纵横家言。代以寿死，名显诸侯。［4］三晋：春秋时，赵、魏、韩三氏仕晋为卿，其后分晋，各自立国，是为三晋。［5］许由：古之高士，尧以帝位让之，不受。［6］大重：谓尊贵也。［7］益：即伯益，虞舜之臣，佐禹治水有功，禹崩，以天下授益，益避居箕山之阳。［8］启人为吏：启，禹之子，人犹臣也，谓以启臣为益吏也。［9］效：呈也，以印呈与子之。［10］南面：古者人君之位南向，故称人君曰南面。［11］顾为臣：顾，反也。言反为子之臣也。［12］恫恐：恫犹痛也，民皆恐惧。

燕哙即位以后，齐国人杀死了苏秦。却说苏秦在燕国的时候，和燕相子之结了亲家，苏代和子之的交情也很深厚。苏秦死后，齐宣王仍旧任用苏代。燕哙三年，跟楚国和韩、魏、赵三国一同攻打秦国，不胜而回。当时子之当了燕的国相，位尊权重，无论什么事，都由他决断。苏代替齐国做使者，出使到燕国。燕王问他道："现在齐王怎么样？"苏代答道："必定不能称霸。"燕王道："怎么知道呢？"苏代答道："因他不相信臣子。"这是苏代特地激燕王，使他相信子之。于是燕王便十分相信子之。子之就赠给苏代一百金，任他使用。

苏代派鹿毛寿对燕王说："不如把燕国让给子之，从前有人说'唐尧是个贤君，把天下让给许由，许由不要，自己逃去'。他有了禅让的名声，其实天下并没有失掉。现在王把燕国让给子之，子之必定不敢接受，这表明王同唐尧有一样的德行了。"燕王听了这话，就把国事交托子之，子之便极为尊贵。有人说："夏禹荐伯益来代理天下，后来叫自己的儿子启做伯益手下的官。夏禹老了，因为启不能担任天下大事，就把王位传给伯益。后来启就和他的同党攻击伯益，夺了他的王位。天下的人，都说夏禹名义上把王位传给伯益，实际上是叫启夺了回去。现在王把国让给子之，但官吏官职依旧是太子的臣子。这是名义上让给子之，实际上还是由太子主持国事。”燕哙因此把俸禄在三百石以上的官吏的任免权，一概都交给了子之。子之居然就面向南坐在君位上，行使国王的权力。燕哙年老，不能管理国事，反而成了子之的臣子。凡是国家一切政事，都由子之决断。过了三年，国中大乱，百官人人恐惧。

三一、宋襄公伐郑

宋襄欲以假仁假义，笼络诸侯以继霸，殊不知适成其愚。篇中连下四“祸”字，深贬宋襄以愚召祸；及其战也，先点缀未济已济，未陈已陈，陈成等语，乃紧接宋师大败；末以子鱼语作结，更是画龙点睛，有破壁飞去之势。

襄公八年，齐桓公卒，宋欲为盟会。十二年春，宋襄公为鹿上[1]之盟，以求诸侯于楚，楚人许之。公子目夷[2]谏曰：“小国争盟，祸也。”不听。秋，诸侯会宋公盟于盂[3]。目夷曰：“祸其在此乎？君欲已甚，何以堪之！”于是楚执宋襄公以伐宋。冬，会于亳[4]，以释宋公。子鱼曰：“祸犹未也。”十三年夏，宋伐郑。子鱼曰：“祸在此矣。”秋，楚伐宋以救郑。襄公将战，子鱼谏曰：“天之弃商[5]久矣，不可。”冬十一月，襄公与楚成王战于泓[6]。楚人未济，目夷曰：“彼众我寡，及其未济击之。”公不听。已济未陈，又曰：“可击。”公曰：“待其已陈。”陈成，宋人击之。宋师大败，襄公伤股[7]。国人皆怨公。公曰：“君子不困人于厄，不鼓不成列[8]。”子鱼曰：“兵以胜为功，何常言与[9]！必如公言，即奴事之尔，又何战为！”

——节《宋微子世家》

[1]鹿上：春秋宋地，在今安徽阜阳县南。 [2]目夷：襄公兹父庶兄，字子鱼。 [3]盂：春秋宋地。 [4]亳：在今河南商丘县境。 [5]弃商：宋为商后，商亡已久，故云为天所弃。 [6]泓：水名，在今河南柘城县。 [7]股：胫之上节也，自胯至膝曰股。 [8]不鼓句：言不鸣鼓进兵，以击未成阵之军也。 [9]何常言与：尚何言与也。

宋襄公八年，齐桓公死了，宋国想和诸侯会盟。十二年春天，宋襄公在鹿上召集盟会，向楚国提出请求，楚国人应许了他。公子目夷谏道：“小国争着主持盟会，是有祸患的。”宋襄公不听。这年秋天，诸侯和宋襄公在盂地会盟，目夷道：“祸端将在这里吧？国君的欲望太过分了，怎么受得了呢！”在这里楚国捉住宋襄公，并派兵伐宋。到了冬天，诸侯在亳邑集会，才释放宋襄公。子鱼道：“祸端还没有尽头。”十三年夏天，宋国起兵伐郑国，子鱼道：“祸端在这里了。”秋天，楚国援救郑国，攻伐宋国，宋襄公出战。子鱼谏道：“天意抛弃商朝，已经很久的了，不可开战。”冬十一月，宋襄公和楚成王在泓水开战。当时楚兵渡河未完时，目夷道：“他们兵多，我们兵少，趁他们没有完全渡过河，我们就先去攻击他们。”襄公不听。后来楚兵已经全部渡过河，还没有排成阵势，目夷又道：“可以攻击了。”宋襄公道：“等他们阵势排好了再打。”后来楚兵阵势已经排好，宋人才开始进攻。宋兵大败，宋襄公的腿也受了伤。

宋国的人都埋怨宋襄公。宋襄公道："君子不趁他人危迫时去困窘他，不趁他人没有排好阵势时去攻打他。"子鱼道："打仗应以取胜为目的，说些空洞的道理又有什么用呢！必定要照这样讲，那就当奴隶服从他好了，还打什么仗呢？"

三二、骊姬杀申生

骊姬巧思奇词，无一不是佛口，无一不是婆心，说得献公服服帖帖，莫能测所以，殊为玄妙。通篇只写骊姬谋谮，不置申生一辩，而骊姬之阴谋，自跃然纸上。文贵传神，此篇直活描出一善挑拨之妇人来，千载下读之，犹为凛凛，何等深刻。

十九年，献公私谓骊姬[1]曰："吾欲废太子，以奚齐[2]代之。"骊姬泣曰："太子之立，诸侯皆已知之，而数将兵，百姓附之，奈何以贱妾之故废嫡立庶？君必行之，妾自杀也。"骊姬详[3]誉太子，而阴令人谮恶太子，而欲立其子。

二十一年，骊姬谓太子曰："君梦见齐姜[4]，太子速祭曲沃[5]，归厘[6]于君。"太子于是祭其母齐姜于曲沃，上其荐胙[7]于献公。献公时出猎，置胙于宫中。骊姬使人置毒药胙中。居二日，献公从猎来还，宰人[8]上胙献公，献公欲享之。骊姬从旁止之，曰："胙所从来远，宜试之。"祭地[9]，地坟[10]；与犬，犬死；与小臣[11]，小臣死。骊姬泣曰："太子何忍也！其父而欲弑代之，况他人乎？且君老矣，旦暮之人，曾不能待而欲弑之！"谓献公曰："太子所以然者，不过以妾及奚齐之故。妾愿子母辟之他国，若早自杀，毋徒使母子为太子所鱼肉也。始君欲废之，妾犹恨之；至于今，妾殊自失于此[12]。”太子闻之，奔新城[13]。献公怒，乃诛其傅杜原款。或谓太子曰：“为此药者乃骊姬也，太子何不自辞明之？”太子曰：“吾君老矣，非骊姬，寝不安，食不甘。即辞之，君且怒之。不可。”或谓太子曰：“可奔他国。”太子曰：“被此恶名以出，人谁内我？我自杀耳。”十二月戊申，申生自杀于新城。

——节《晋世家》

[1] 骊姬：骊戎之女。献公五年，伐骊戎，得之。 [2] 奚齐：骊姬所生之子。 [3] 详：与佯通。 [4] 齐姜：太子申生之生母，时已死。[5] 曲沃：春秋晋地，齐姜庙之所在，在今山西闻喜县。 [6] 厘：祭余肉也。[7] 胙：音祚，祭肉也。 [8] 宰人：宰官也。 [9] 祭地：将饮先祭，示有先也。 [10] 坟：高起也。 [11] 小臣：官名，掌阴事与阉士同。[12] 始君四句：言太子之行如此，妾前见君欲废而恨之，今乃自以恨为失也。 [13] 新城：曲沃也，新为太子城。

晋献公十九年，献公私下对骊姬道：“我打算废除太子，叫奚齐来替代。”骊姬哭道：“申生立为太子，诸侯都已知道，并且他屡次做将军，百姓都归附他，为什么因为我的缘故，就要废嫡立庶呢？君王若一定这样做，我就自杀好了。”骊姬表面子上恭维太子，私下却派人百般说太子的坏话，打算要立自己的儿子。

二十一年，骊姬对太子说道：“君王梦见齐姜，太子赶快到曲沃去祭祀，回来后把祭肉献给君王。”太子便到曲沃去，祭祀自己的母亲齐姜，把祭肉献给献公。这时献公正出去打猎，太子便把祭肉放在宫里，骊姬派人把祭肉里下了毒药。隔了两天，献公打猎回来，厨师将祭肉呈奉献公，献公正想吃，骊姬在旁边止住他道："祭肉从远地方来的，应先尝尝。"厨师把祭肉倒在地上，地面隆起；又把祭肉给狗吃，狗便死掉；又给小臣吃，小臣也死。骊姬哭道："太子怎么这样狠心肠呢？到底是自己的父亲呀！却想杀了他，自己接替其位，何况别人呢？他不想君王已经老了，在世没有多少时间，这样不能等待，就想杀了他！"又对献公说道："太子所以要这样，不过是为了我和奚齐的缘故，我情愿母子俩避到别国去，或是早些自杀，不要白白使我们母子俩成了他的鱼肉呀。君王从前想废掉他，我还感到遗憾；到了现在，我才知道在这件事上我大错特错了。"太子申生听说这件事情，就逃往新城。献公大怒，就杀了太子的老师杜原款。有人对太子道："下毒药的人就是骊姬。太子何不到献公那里辩明呢？"太子道："我的父亲老了，没有骊姬，睡也睡不安稳，吃也没有滋味。就是去辩驳，父亲也还要生我的气，这不行。"有人对太子道："太子可以逃到别国去。"太子道："背着这种恶名逃出去，哪个肯来收留我呢？我自杀好了。"十二月戊申，申生在新城自杀。

三三、晋灵不君

写赵盾详，写灵公略；而写赵盾，正是写灵公处。此古文以宾作主法也。末言书法意义，最为曲折详尽，文极宕逸之至，参合《左传》，所差无多，而笔情大异，于此可悟神情。

十四年，灵公壮，侈，厚敛以雕[1]墙。从台上弹人，观其避丸也。

宰夫胹[2]熊蹯[3]不熟，灵公怒，杀宰夫，使妇人持其尸出弃之，过朝。赵盾、随会[4]前数谏，不听；已又见死人手，二人前谏。随会先谏，不听。灵公患之，使鉏麑[5]刺赵盾。盾闺门开，居处节，鉏麑退，叹曰："杀忠臣，弃君命，罪一也。"遂触树而死。

初，盾常田首山[6]，见桑下有饿人。饿人，亓眯明[7]也。盾与之食，食其半。问其故，曰："宦三年，未知母之存不，愿遗母。"盾义之，益与之饭肉。已而为晋宰夫，赵盾弗复知也。九月，晋灵公饮赵盾酒，伏甲将攻盾。公宰亓眯明知之，恐盾醉不能起，而进曰："君赐臣，觞三行[8]，可以罢。"欲以去赵盾，令先，毋及难。盾既去，灵公伏士未会，先纵啮狗名敖[9]。明为盾搏杀狗。盾曰："弃人用狗，虽猛何为。"然不知明之为阴德也。已而灵公纵伏士出逐赵盾，亓眯明反击灵公之伏士，伏士不能进，而竟脱盾。盾问其故，曰："我桑下饿人。"问其名，弗告。明亦因亡去。

盾遂奔，未出晋境。乙丑，盾昆弟将军赵穿袭杀灵公于桃园而迎赵盾。赵盾素贵，得民和；灵公少，侈，民不附，故为弑易。盾复位。晋太史董狐书曰"赵盾弑其君"，以视于朝。盾曰："弑者赵穿，我无罪。"太史曰："子为正卿，而亡不出境，反不诛国乱，非子而谁？"孔子闻之，曰："董狐，古之良史也，书法不隐[10]，宣子[11]，良大夫也，为法受恶。惜也，出疆乃免。"

——节《晋世家》

[1] 雕：画也。 [2] 胹：音而，烂也，煮熟也。 [3] 熊蹯：熊，即熊掌，味肥美。蹯音樊，兽足也，其肉均难熟。 [4] 随会：晋大夫，食采于随，称随会，亦称随季，后更受范，称范武子。能贱而有耻，柔而不犯。以事奔秦，秦用其谋，晋人患之，使魏寿余诱而归，归晋执政，晋国之

盗，逃奔于秦。光辅五君，以为盟主。 [5] 钼麑：晋之力士名，音锄迷。 [6] 首山：亦曰雷首山，在山西永济县南。 [7] 示眯明：《左传》作提弥明。 [8] 觞三行：言行酒令三巡也。 [9] 獒：犬四尺曰獒。 [10] 不隐：谓不隐盾之罪。 [11] 宣子：赵盾谥宣子。

晋灵公十四年，灵公长大了，非常奢侈，搜刮民脂民膏，用彩画装饰宫墙。他用弹弓在台上弹人，看别人怎样躲避弹丸而取乐。有个厨师煮熊掌没有熟，灵公便大怒，把厨师杀死，派妇人把死尸抛弃，路过朝堂。赵盾、随会以前屡次进谏，灵公不听。后来又看见死人的手，二人又前去进谏。这次是随会先谏的，灵公不听。灵公害怕他们，竟派钼麑去刺杀赵盾。赵盾住的房门开着，一举一动都有礼节，钼麑退出，叹息道："杀死忠臣，违背君命，罪孽是一样的。"就在赵盾庭中的槐树上撞死了。

起初，赵盾在首山打猎，看见桑树下有一个饿汉，这个人叫示眯明。赵盾给他食物，饿汉只吃一半，赵盾问道："怎么不统统吃下？"饿汉道："我做了三年官，不知道母亲在不在？想把这些带给母亲。"赵盾认为他很孝敬，又给了他些饭和肉。后来饿汉做了晋君的厨师，赵盾不知道。到了九月，晋灵公请赵盾饮酒，埋伏着士兵将要攻击赵盾。灵公的厨师示眯明知道这件事，只怕赵盾喝醉了不能起来，于是对赵盾说道："国君赏赐臣子，三次干杯，就可以停止。"示眯明是想让赵盾赶在前面离开，以免遭难。赵盾已经离去了，灵公因埋伏的士兵还没有集合好，先放出一条名叫獒的恶狗来咬赵盾。示眯明替赵盾徒手打死了狗。赵盾道："不用人，用一只狗，狗虽凶猛，有什么用？"却不知道示眯明暗中保护的恩德。后来灵公又指挥埋伏的士兵追赶赵盾。示眯明反击灵公的士兵，士兵不能前进，赵盾终于逃脱。赵盾见示眯明这样保护他，问是什么缘故？示眯明道："我就是从前桑树下的饿汉。"赵盾又问他的姓名，他没有告诉。而眯明也趁机逃走了。

赵盾于是逃亡，但没有逃出晋国的边境。乙丑日，赵盾的兄弟将军赵穿在桃园杀死灵公，迎回了赵盾。赵盾素来尊贵，又很和气，所以百姓都归附他。灵公少时便奢侈，百姓都不愿归附他，所以杀死他很容易。赵盾官复原职。晋国的太史董狐写道：“赵盾杀了他的君主。”在朝堂上拿给人看。赵盾道：“杀死灵公的是赵穿，我可没有罪呀！”太史道：“你做了正卿，逃亡时没有出晋国的边境，回来后又不杀死乱国的人，不是你杀的是哪一个呢？”孔子听到这件事，说道：“董狐真是古时的良史了，据法直书，毫不隐瞒。赵宣子是个好大夫，遵守原则甘愿背负恶名，可惜呀！他若逃出国界之外，便可免除恶名了。”

三四、张仪说楚绝齐

张仪说楚之词，曲中楚王贪得心理。语语放宽，却字字缚住。连提四无先字，继诱以商于地，遂使楚王乐无涯际，而达其绝齐目的，辞令之妙，手段之敏，诚战国无出其右者。虽为陈轸辈窥破，无由败其谋，甚矣，楚王自祸也。文写一面而两面皆到，可称隽妙。

怀王十六年，秦欲伐齐，而楚与齐从亲，秦惠王患之，乃宣言张仪[1]免相，使张仪南见楚王，谓楚王曰：“敝邑之王所甚说者无先大王，虽仪之所甚愿为门阑之厮[2]者亦无先大王。敝邑之王所甚憎[3]者无先齐王，虽仪之所甚憎者亦无先齐王。而大王和之[4]，是以敝邑之王不得事王，而令仪亦不得为门阑之厮也。王为仪闭关而绝齐，今使使者从仪西取故秦所分楚商於[5]之地方六百里，如是则齐弱矣。是北弱齐，西德于秦，私商於以为富，此一计而三利俱至也。”怀王大悦，乃置相玺于张仪，日与置酒，宣言“吾复得吾商於之地”。群臣皆贺，而陈轸[6]独吊。怀王曰：“何故？”陈轸对曰：“秦之所为重王者，以王之有齐也。今地未可得而齐交先绝，是楚孤也。夫秦又何重孤国哉，必轻楚矣。且先出地而后绝齐，则秦计不为。先绝齐而后责地，则必见欺于张仪。见欺于张仪，则王必怨之。怨之，是西起秦患，北绝齐交。西起秦患，北绝齐交，则两国[7]之兵必至。臣故吊。”楚王弗听，因使一将军西受封地。

张仪至秦，详醉[8]坠车，称病不出三月，地不可得。楚王曰：“仪以吾绝齐为尚薄邪？”乃使勇士宋遗北辱齐王。齐王大怒，折楚符而合于秦。秦齐交合，张仪乃起朝，谓楚将军曰：“子何不受地？从某至某，广袤[9]六里。”楚将军曰：“臣之所以见命者六百里，不闻六里。”即以归报怀王。怀王大怒，兴师将伐秦。陈轸又曰：“伐秦非计也。不如因赂之一名都，与之伐齐，是我亡于秦[10]，取偿于齐也，吾国尚可全。今王已绝于齐而责欺于秦，是吾合秦齐之交而来天下之兵也，国必大伤矣。”楚王不听，遂绝和于秦。

——节《楚世家》

[1] 张仪：战国时魏人，相秦惠王，以连衡之策说六国，使背从约而事秦，惠王卒，六国复合从，仪出相魏卒。 [2] 厮：音斯，厮役也，谓析薪养马者。 [3] 憎：恶也。 [4] 大王和之：谓楚与齐相和亲也。[5] 商於：战国秦地，在今河南淅川县西。 [6] 陈轸：战国楚夏人，善游说，历仕秦楚。 [7] 两国：谓韩魏也。 [8] 详醉：假醉也。 [9] 广袤：东西曰广，南北曰袤。 [10] 亡于秦：谓失商於之地。

楚怀王十六年，秦国打算攻伐齐国，因为楚国和齐国合纵亲善，秦惠王担心这种情况，就扬言罢免张仪的国相职务，叫他出使南下去谒见楚王。张仪对楚王道：“我国君王最喜欢的人无过于大王，即使我特别希望做看门小厮的主人，也无过于大王。我国君王最憎恨的人无过于齐王，就是我所最憎恨的人也无过与齐王。现在大王却和他关系密切，为了这个缘故，所以我国君王不能侍奉大王，也使我不能来做大王的看门小厮了。如果大王能为我关闭东方的关卡与齐国断交，今天大王就可派使者跟我到秦国去，收回之前秦国所夺取的商於之地六百里，这样一来，齐国就削弱了。大王北边可削弱齐国，西边可和秦国结交，并增加商於六百里土地的财富。这真可谓是一箭三雕了！”怀王听了乐不可支，就连相印都交给了张仪，天天请他喝酒，宣布“我又得到我的商於之地了”。臣子们都来道贺，只有陈轸一人反而来悼慰。怀王道：“你不道贺反而来悼慰，这是什么缘故？”陈轸答道：“秦国所以看重大王，是因为大王有齐国的支援。现在地方没有得到，却先和齐国绝交，这样楚国就孤立了。秦国又怎能看重一个孤立无援的国家呢？那时必定要轻视楚国了。而且先拿了地方再和齐国绝交，秦国的计谋也就无效了。先去与齐国绝交，再问秦国要地，大王必定要受张仪的欺骗。受了张仪的骗，大王必定要恨他。大王恨他，就等于西边兴起了秦国的边患，北面断绝了和齐国的友好。西面有秦的边患，北面又与齐绝交，韩、魏两国的兵，怕也要来伐楚国了。这就是我所以来悼慰的缘故。”楚王不听，便派了一个将军西去接受封地。

张仪回到秦国，却故意装着酒醉，从车子上跌下，自称有病，不能出来视事，差不多过了三个月，楚国也不能得到商於之地。楚王道：“张仪莫非是认为我没有与齐国完全断交吗？”就派勇士宋遗北上去侮辱齐国，齐王大怒，折断楚国的符节与秦国友好了。直等到秦国和齐国联合完毕，张仪才出来视事。对楚国将军道：“你怎么还没接受土地呢？从某处到某处止，纵横六里。”楚国将军道：“我奉命来接受的是六百里，并没有听说六里。”当下便立刻回到楚国，报告怀王，怀王大怒，就预备发兵攻秦。陈轸又道：“攻秦又是不好的计策，不如就此送给秦国一个名城，和它合力攻齐。这就能把从秦国丢失掉的，又从齐国补偿过来了，这样我国还可以保全。现在大王已和齐国绝交了，又去向秦国责问欺骗之罪，这是我国让秦、齐两国交好，又招来天下的兵统统来围攻楚国，国家必定会大受损失啊。”楚王不听，竟和秦国绝了交。

三五、朱公救中男

朱公救中男，胸中早有成算，故说来句句针锋相对，极得人情。中段描写庄生长男之意态，精力弥满，无微不至，风神闲逸，绝似左氏。

朱公[1]居陶，生少子。少子及壮，而朱公中男杀人，囚于楚。朱公曰：“杀人而死，职也。然吾闻千金之子不死于市。”告其少子往视之。乃装黄金千溢[2]，置褐器中，载以一牛车，且遣其少子。朱公长男固请欲行，朱公不听。长男曰：“家有长子曰家督[3]，今弟有罪，大人不遣，乃遣少弟，是吾不肖。”欲自杀。其母为言曰：“今遣少子，未必能生中子也，而先空亡长男，奈何？”朱公不得已而遣长子，为一封书遗故所善庄生。曰：“至则进千金于庄生所，听其所为，慎无与争事。”长男既行，亦自私赍[4]数百金。

至楚，庄生家负郭[5]，披藜藋[6]到门，居甚贫。然长男发书进千金，如其父言。庄生曰："可疾去矣，慎毋留！即弟出，勿问所以然。"长男既去，不过庄生而私留，以其私赍献遗楚国贵人用事者。

庄生虽居穷阎[7]，然以廉直闻于国，自楚王以下皆师尊之。及朱公进金，非有意受也，欲以成事后复归之以为信耳。故金至，谓其妇曰："此朱公之金。有如病不宿诫，后复归，勿动。"而朱公长男不知其意，以为殊无短长也。

庄生间时入见楚王，言"某星宿[8]某，此则害于楚"。楚王素信庄生，曰："今为奈何？"庄生曰："独以德为可以除之。"楚王曰："生休矣，寡人将行之。"王乃使使者封三钱[9]之府。楚贵人惊告朱公长男曰："王且赦。"曰："何以也？"曰："每王且赦，常封三钱之府[10]，昨暮王使使封之。"朱公长男以为赦，弟固当出也，重千金虚弃庄生，无所为也，乃复见庄生。庄生惊曰："若不去邪？"长男曰："固未也。初为事弟，弟今议自赦，故辞生去。"庄生知其意欲复得其金，曰："若自入室取金。"长男即自入室取金持去，独自欢幸。

庄生羞为儿子所卖，乃入见楚王曰："臣前言某星事，王言欲以修德报之。今臣出，道路皆言陶之富人朱公之子杀人囚楚，其家多持金钱赂王左右，故王非能恤楚国而赦，乃以朱公子故也。"楚王大怒曰："寡人虽不德耳，奈何以朱公之子故而施惠乎！"令论杀朱公子。明日，遂下赦令。朱公长男竟持其弟丧归。

至，其母及邑人尽哀之，惟朱公独笑，曰："吾固知必杀其弟也！彼非不爱其弟，顾有所不能忍者也。是少与我俱，见苦，为生难，故重弃财。至如少弟者，生而见我富，乘坚驱良逐狡兔，岂知财所从来，故轻之，非所惜吝。前日吾所为欲遣少子，固为其能弃财故也。而长者不能，故卒以杀其弟，事之理也，无足悲者。吾日夜固以望其丧之来也。”

——节《越王勾践世家》

［1］朱公：范蠡以勾践可与同患难，与处安，乃变名易姓之陶，积资巨万，世称陶朱公。陶即今山东定陶县。［2］溢：二十四两曰溢。［4］家督：谓长子也，长子督理家事，故云。［4］赍：音济，与资同。［5］负郭：谓距城郭甚近也。［6］藜藋：言草莽荒秽者。［7］闾：里中门也。［8］星宿：天空之列星也。［9］三钱：虞、夏、商周金币三等，或赤或白或黄，黄为上币，铜钱为下币。［10］每王且赦二句：钱币至重，虑人或逆知有赦盗窃之所以封钱府，备盗窃也。

朱公住在定陶，生了一个小儿子。到小儿子壮年了，朱公的第二个儿子因杀了人，关在楚国的牢狱里。朱公道：“杀人者抵命，这是常理。但是我听说有千金家产的儿子，不会被杀在闹市之中示众。”便让小儿子到楚国去探望二儿子，当下又装了一千镒黄金，放在褐色的器具里，用一辆牛车载着。正要派小儿子上路。朱公的大儿子坚决请求去，朱公不答应。大儿子道：“一家中的大儿子叫做‘家督’。现在二弟犯了罪，你不叫我去看他，反叫小弟去，那就是我不贤了。”就要自杀。他的母亲帮他道：“现在你派小儿子去，未必能够救活二儿子，却先丧失了大儿子，怎么好呢？”朱公听了这话，没有别法，只好派大儿子去，又写了一封信，让大儿子交给他旧日的好友庄生，吩咐大儿子道：“你到后，就把这千金放在庄生家里，任凭他怎么样去办，切不可和他争论。”大儿子走时，自己私下也带去几百镒黄金。

到了楚国，就来到庄生的家。原来庄生的家靠近城郭，满地都生着荒芜的野草，走到他的门口一看，他家里却是贫苦得很。大儿子还是拿出信来，把千金放在他家，一一都照父亲吩咐的话做了。庄生道：“你快些回去罢！不要再留在这里，就是你弟弟出来了，也不要去问原因。”大儿子便自去了，不再来探望庄生，但私自留在了楚国，把自己携带的银钱，又送给楚国掌管事务的贵族。

庄生虽是家里很贫穷，但他清廉正直的名声，却是传闻全国的，自楚王以下，都像老师般尊敬他。至于朱公送来的金子，也并不是有意收受下来，打算等这件事成功之后，仍旧还他，以示讲信用。所以金子一送到，他便对自己的妻子道：“这是朱公的金子，就像有病不能长住，以后仍旧要还他的，你切不可动。”朱公的大儿子不知道庄生的用意，认为这金子送给他不会起什么作用。

庄生找了个适当的机会去见楚王，说“某星宿在某处，这对楚国不利”。楚王素来相信庄生，便道：“现在怎么好呢？”庄生道：“只有用恩德才可以免除。”楚王道：“先生去休息吧，寡人这就照办。”楚王派使者去封闭了贮藏三钱的库房。楚国受贿的贵族把这事告诉了朱公的大儿子，说道：“国王要大赦犯人了。”朱公的大儿子道：“怎么样呢？”回答道：“每逢国王要大赦犯人，常常先封闭贮藏三钱的库房。昨天晚上，国王已派使者封闭了。”朱公的大儿子不知道是庄生去说的缘由，以为楚王原本就是要大赦的，那二弟当然能够出来，徒然把这许多金子送给庄生，一点也没起作用。于是就又去见庄生，庄生吃了一惊，问道：“你还没有走吗？”大儿子道：“确实还没有走。当初是为了我弟弟的事来的，现在听到楚王议决大赦，我弟弟自然可以得到释放，所以我再来向先生辞行。”庄生知道他的意思，是要想拿回金子，便道：“你自己到房里去拿金子罢。”大儿子就到房里拿了金子走了，高兴的什么似的。

庄生一想到给小人辈作弄感到羞恼，就再入宫见楚王，道：“我上次说的某星宿的事情，大王说想用做好事来回报它。现在我走出外面，个个都说陶地的富人朱公的儿子杀死了人，监在楚国牢狱里。他家里拿了许多金钱送给大王的手下人，所以大王并不是体恤楚国人才大赦的，是因为朱公儿子的缘故。”楚王大怒道：“寡人虽然没有什么德行，怎么会因为朱公儿子的缘故施行恩惠呢？”当下便下令，吩咐先杀了朱公的儿子。到了明天，才下赦令。这么一来，朱公的大儿子终于只带着二弟的尸首回家了。

到了家里，他的母亲和乡邻们都哭得很悲哀，只有朱公一个人笑道：“我本来知道他去要致他弟弟死地的！他并不是不爱弟弟，实在是他有些舍不得花钱。他从小和我在一块，看见我谋生很艰难，所以把钱财看得很重，不敢轻易花钱。至于小弟弟，生下就看见我富足，乘好车，骑良马，天天出去打猎，哪里知道金钱是什么地方来的呢？所以把金钱挥霍掉也不可惜。原来我要派小儿子去，就是因为他能看轻钱财的缘故。大儿子看重金钱，所以终究杀了他的二弟，这是事情的常理，有什么可以悲痛的呢？老实说，我是一天到晚等着二儿子的尸体运回来的。”

三六、程婴存孤

文分三段：首叙事之起源；中定藏匿赵孤；末述程婴就死。顺次说来，要以甚岸贾之恶，著程婴忠。忠臣贼子，界若鸿沟，令读者顿生尚义之感。

屠岸贾者，始有宠于灵公，及至于景公而贾为司寇[1]，将作难，乃治灵公之贼[2]以致赵盾，遍告诸将曰：“盾虽不知，犹为贼首。以臣弑君，子孙在朝，何以惩罪？请诛之。”韩厥[3]曰：“灵公遇贼，赵盾在外，吾先君以为无罪，故不诛。今诸君将诛其后，是非先君之意。而今妄诛，妄诛谓之乱。臣有大事而君不闻，是无君也。”屠岸贾不听。韩厥告赵朔趣亡。朔不肯，曰：“子必不绝赵祀，朔死不恨。”韩厥许诺，称疾不出。贾不请而擅与诸将攻赵氏于下宫，杀赵朔、赵同、赵括、赵婴齐，皆灭其族。

赵朔妻成公姊，有遗腹[4]，走公宫匿。赵朔客曰公孙杵臼，杵臼谓朔友人程婴曰：“胡不死？”程婴曰：“朔之妇有遗腹，若幸而男，吾奉之；即女也，吾徐死耳。”居无何，而朔妇免身[5]，生男。屠岸贾闻之，索于宫中。夫人置儿绔中，祝曰：“赵宗灭乎，若号；即不灭，若无声。”及索，儿竟无声。已脱，程婴谓公孙杵臼曰：“今一索不得，后必且复索之，奈何？”公孙杵臼曰：“立孤与死孰难？”程婴曰：“死易，立孤难耳。”公孙杵臼曰：“赵氏先君遇子厚，子强为其难者，吾为其易者，请先死。”乃二人谋取他人婴儿负之，衣以文葆[6]，匿山中。程婴出，谬谓诸将军曰：“婴不肖，不能立赵孤。谁能与我千金，吾告赵氏孤处。”诸将皆喜，许之，发师随程婴攻公孙杵臼。杵臼谬曰：“小人哉程婴！昔下宫之难不能死，与我谋匿赵氏孤儿，今又卖我[7]。纵不能立，而忍卖之乎！”抱儿呼曰：“天乎天乎！赵氏孤儿何罪？请活之，独杀杵臼可也。”诸将不许，遂杀杵臼与孤儿。诸将以为赵氏孤儿良已死，皆喜。然赵氏真孤乃反在，程婴卒与俱匿山中。

居十五年，晋景公疾，卜之，大业[8]之后不遂者为祟[9]。景公问韩厥，厥知赵孤在，乃曰：“大业之后在晋绝祀者，其赵氏乎？夫自中衍者皆嬴姓也。中衍[10]人面鸟噣[11]，降佐殷帝大戊及周天子，皆有明德。下及幽、厉[12]无道，而叔带[13]去周适晋，事先君文侯，至于成公，世有立功，未尝绝祀。今吾君独灭赵宗，国人哀之，故见龟策[14]。

唯君图之。”景公问：“赵尚有后子孙乎？”韩厥具以实告。于是景公乃与韩厥谋立赵孤儿，召而匿之宫中。诸将入问疾，景公因韩厥之众以胁诸将而见赵孤。赵孤名曰武。诸将不得已，乃曰：“昔下宫之难，屠岸贾为之，矫以君命，并命群臣。非然，孰敢作难！微君之疾，群臣固且请立赵后。今君有命，群臣之愿也。”于是召赵武、程婴遍拜诸将，遂反与程婴、赵武攻屠岸贾，灭其族。复与赵武田邑如故。

及赵武冠，为成人，程婴乃辞诸大夫，谓赵武曰：“昔下宫之难，皆能死。我非不能死，我思立赵氏之后。今赵武既立，为成人，复故位，我将下报赵宣孟[15]与公孙杵臼。”赵武啼泣顿首固请，曰：“武愿苦筋骨以报子至死，而子忍去我死乎！”程婴曰：“不可。彼以我为能成事，故先我死；今我不报，是以我事为不成。”遂自杀。赵武服齐衰[16]三年，为之祭邑，春秋祠之，世世勿绝。

——节《赵世家》

[1]司寇：官名，古六卿之一。 [2]灵公之贼：即赵穿弑灵公之事，详见前《晋灵不君》篇。 [3]韩厥：春秋晋人，万玄孙，佐晋成霸业，卒谥献子。 [4]腹：言有娠也。 [5]免身：妇人产子也。 [6]文葆：小儿被也。 [7]卖我：谓见利而害我也。 [8]大业：谓伟大之事业也。 [9]祟：音粹。神祸也。 [10]中衍：中，同仲。宋先微仲衍也，即赵氏之始祖。 [11]噣：鸟喙也。 [12]幽、厉：周幽王、厉王也。[13]叔带：周人，赵造父七世孙。周幽王无道，去周如晋，事晋文侯，始建赵氏于晋国。 [14]龟策：一作龟筴，古卜筮之具也。按（《礼》）龟为卜，筴为筮。 [15]赵宣孟：赵盾也。 [16]齐衰：丧服之次于斩衰者，以其缉边，故曰齐衰。

屠岸贾从前很受晋灵公宠信。到景公时他就当了司寇，将要发难，就追究杀死灵公的罪人来牵连赵盾。他遍告诸将道："赵盾虽然表面不知道这件事，暗中却是个贼首。臣子杀死君主，子孙却还在朝里做事，应该怎么办他的罪？我看还是杀了他罢。"韩厥道："灵公被人杀死，赵盾当时在外面，没有什么关系，先君认为他没有罪，所以没有杀他。现在你们要杀了他的后嗣，这可不是先君的意思而是胡乱杀人，胡乱杀人的人叫做乱臣。为臣有了大事而君主不知道，这就和没有君主一样。"屠岸贾不听。韩厥告诉赵朔叫他快些逃走，赵朔却不肯，说道："你必能不让我赵祀断绝，我就死而无恨了。"韩厥应允了他。这以后赵朔便说自己有病，不出来任事。后来屠岸贾不请示景公，就和诸将在下宫袭击了赵氏，杀死赵朔、赵同、赵括、赵婴齐，并且把他的宗族统统灭掉。

赵朔的妻子是成公的姐姐，这时正好有了身孕，就逃到景公的宫中躲藏。赵朔有个门客叫公孙杵臼，杵臼对赵朔的友人程婴说道："你怎么不去死？"程婴道："赵朔的妻子有了遗腹子，如果有幸生个男孩，我便奉养他，要是女孩，我再死也不迟。"过了没多时，赵朔的妻子分娩，果真是个男孩。屠岸贾听到这个消息，就到宫中搜查。夫人把小孩子藏在裤裆里，暗自祷告道："赵氏宗族若要灭绝，你就哭出来；如果不灭绝，你就不要做声。"等来人搜查时，小儿却竟不做声，脱了险。过后程婴对公孙杵臼道："现在第一次搜查不着，以后必要再来搜查的，怎样好呢？"公孙杵臼道："立孤和死两种事，比较起来哪一种难些？"程婴道："死是容易的，立孤却很难。"公孙杵臼道："赵氏先君待你很厚，你做难的事情，我做容易的事情，让我先死。"两个人就商量弄来别人的一个婴儿背着，裹上华丽的褓褓，逃匿到山里。程婴走出山来，假意对诸将道："我程婴没有出息，不能存立赵氏的孤儿，哪个能够给我一千金，我就告诉他赵氏孤儿藏身的地方！"诸将听了程婴的话，都很高兴，就应许了他，当下发兵跟程婴去攻打公孙杵臼。杵臼故意说道：“小人呀！程婴！从前下宫之难，你不肯死，定要和我谋算藏匿赵氏的孤儿，今天你又见利出卖我。即使你不能抚养，怎么还忍心出卖他呢！”便抱着孤儿喊道：“天呀！天呀！赵氏孤儿有什么罪孽？请让他活下去，只把我杵臼杀死就是了。”诸将哪里肯依他，就把杵臼和孤儿一起杀死。诸将以为赵氏孤儿真的死了，都很高兴。但真正的赵氏孤儿却反而因此存活下来。程婴终于和他一起躲匿在山中。

过了十五年，晋景公有了病，便去占卜，卜辞上说是伟大功业的后嗣不顺利因而作祟。景公问韩厥，韩厥知道赵氏孤儿还在，就道：“有伟大功业的后嗣，在晋国绝祀的，那莫非是赵氏吗？他的祖宗自微仲衍起，都是嬴姓，仲衍的相貌是人面鸟嘴，很有异相。到了殷朝，辅佐殷帝大戊，一直到了周朝的天子手里，他都很有明德。传到幽王、厉王，因天子暴虐，没有君道，他的后嗣叔带就离开周朝，来到晋国，服侍先君文侯，一直到了成公，代代立有功业，并没有绝过祀。现在君王却要灭掉赵氏宗族，全国人都很哀伤他，所以在占卜时就显示出来了。希望君王考虑这件事。”景公问道：“赵氏子孙还有没有？”韩厥就把实情完全告诉了景公。于是景公便和韩厥商量立赵氏孤儿，把他喊来藏在宫里。诸将来问候景公的病，景公依靠韩厥的众多随从迫使诸将同赵氏孤儿见面。赵氏孤儿名叫武。诸将迫不得已，就道：“从前下宫那次事变，都是屠岸贾做的。他假托国君的命令，使我们去办。不是这样，哪个敢发难。如果不是君王有病，我们本来就要请求立赵氏的后嗣。现在有了君王的命令，正是群臣的心愿啊！”于是叫赵武、程婴出来，一一拜谢诸将。诸将就倒过头来和程婴、赵武一同去攻打屠岸贾，灭了他的宗族。景公重又把赵氏从前的田邑赐给赵武。

赵武成人后，程婴就向诸大夫告辞，对赵武道：“从前下宫之难，许多人都为了忠义而死。我并非不能去死，我是想扶立赵氏后嗣。现在赵武已经承袭祖业，长大成人，恢复了原来的爵位。我将到地下去回报赵宣孟和公孙杵臼去了。”赵武听了这话，就哭起来，磕着头求他不要死，说道：“我情愿劳苦我的筋骨，报答你的恩德，到我死为止，你怎么忍心抛开我去死呢？”程婴道：“不行！他认为我能完成大事，所以在我以前死去，现在我不去回报他，就会以为我的任务没有完成。”就自杀了。赵武为程婴守孝三年，给他安排了祭祀用的土地，春秋祭祀，世代不绝。

三七、触龙说赵太后

左师从容纳谏，不从长安君说起，却从妇人性情体贴出来，再用燕后作陪，轻轻带出长安君，危词警动，便尔易入。老臣一片苦心，诚则生巧。至今读之，犹觉天花满目，无怪当日太后之欣然听受也。

赵太后新用事，秦急攻之。赵氏求救于齐，齐曰：“必以长安君[1]为质，兵乃出。”太后不肯，大臣强谏。太后明谓左右曰：“复言长安君为质者，老妇必唾其面[2]。”左师[3]触龙言愿见太后，太后盛气[4]而胥之。入，徐趋而坐，自谢曰：“老臣病足，曾不能疾走，不得见久矣。窃自恕，而恐太后体之有所苦也，故愿望见太后。”太后曰：“老妇恃辇[5]而行耳。”曰：“食得毋衰乎？”曰：“恃粥耳。”曰：“老臣间者殊不欲食，乃强步，日三四里，少益嗜食[6]，和于身[7]也。”太后曰：“老妇不能。”太后不和之色少解。左师公曰：“老臣贱息[8]舒祺[9]最少，不肖，而臣衰，窃怜爱之，愿得补黑衣[10]之缺以卫王宫，昧死[11]以闻。”太后曰：“敬诺。年几何矣？”对曰：“十五岁矣。虽少，愿及未填沟壑[12]而托之。”太后曰：“丈夫亦爱怜少子乎？”对曰：“甚于妇人。”太后笑曰：“妇人异甚。”对曰：“老臣窃以为媪[13]之爱燕后[14]贤于长安君。”太后曰：“君过矣，不若长安君之甚。”左师公曰：“父母爱子，则为之计深远。媪之送燕后也，持其踵[15]，为之泣，念其远也，亦哀之矣。已行，非不思也，祭祀则祝之曰‘必勿使反’[16]，岂非计长久，为子孙相继为王也哉？”太后曰：“然。”左师公曰：“今三世以前，至于赵主之子孙为侯者，其继有在者乎？”曰：“无有。”曰：“微独赵，诸侯有在者乎？”曰：“老妇不闻也。”曰：“此其近者祸及其身，远者及其子孙。岂人主之子侯则不善哉？位尊而无功，奉厚而无劳，而挟重器[17]多也。今媪尊长安君之位，而封之以膏腴之地，多与之重器，而不及今令有功于国，一旦山陵崩[18]，长安君何以自托于赵？老臣以媪为长安君之计短也，故以为爱之不若燕后。”太后曰：“诺，恣君之所使之。”于是为长安君约车百乘，质于齐，齐兵乃出。

子义[19]闻之，曰：“人主之子，骨肉之亲也，犹不能持无功之尊，无劳之奉，而守金玉之重也，而况于予乎？”

——节《赵世家》

[1] 长安君：魏文后少子，孝成王母弟，长安其号。按（《史记》）赵世家封长君以饶。即饶阳也。 [2] 唾面：辱之至也。 [3] 左师：官名。 [4] 盛气：勃然蓄怒之气，恐其言长安君，故盛气以拒之。 [5] 辇：车之用人挽者也，又天子之车曰辇。 [6] 少益嗜食：谓略进所喜之食物。 [7] 和于身：言调和其身也。 [8] 贱息：自谓其子。 [9] 舒祺：触龙子名。

[10] 黑衣：戎服也，故谓侍卫之职曰黑衣。 [11] 昧死：犹言冒死也。[12] 未填沟壑：谦言未死之前。 [13] 媪：妇人年老之称。 [14] 燕后：太后之女，嫁于燕王者。 [15] 持其踵：谓扶助在足后也。 [16] 必勿使反：古者诸侯之女，既嫁，非被废及灭国，则不反父母之邦，故祝其勿反。[17] 重器：谓金玉及宝贵之物。 [18] 山陵崩：谓太后死也。人臣不敢直指君后之死。故托言如山陵之崩。 [19] 子义：赵之贤人。

赵国太后新近当权，秦国急攻赵国。赵国便到齐国去请救兵，齐国人说："必要太后的小儿子长安君来做人质，才肯出兵。"太后不肯。大臣们极力进谏，太后便明明白白地对左右的人道："若是有人再说把长安君做人质的，我必定要唾涎在他的脸上。"所以没有人敢再去进谏。左师触龙说希望拜见太后，太后怒气冲冲的等着他。触龙进去后，慢慢的坐下，自已告罪道："老臣有脚病，常常不能快走，没来拜见太后有很久了。我私下里宽恕自己，想来太后也原谅我的苦衷吧。只怕太后的玉体有什么不适意，所以很想来看望太后。"太后道："我只靠着车子行走罢了。"触龙道："太后的饮食没有减少吧？"太后道："每天只是吃些稀饭。"触龙道："老臣现在着实不想吃东西，只是每天勉强走三四里，多少增加些饮食，身体也舒适一些了。"太后道："我办不到。"这时太后的面色稍为平和了些。左师公道："老臣有个儿子叫舒祺，年纪最小，没有什么出息，可以我已经衰老，心里很疼爱他。希望能够补宫廷侍卫的缺来保卫王宫。我冒着死罪向太后禀告。"太后道："好吧！年纪多大了？"答道："十五岁了，他虽然年纪还轻，但我总想趁着我还没有死的时候，当面来拜托太后。"太后道："你们男人也爱怜小儿子吗？"答道："不瞒太后说，比妇人还要过分些呢！"太后笑道："妇人爱得更厉害！"答道："老臣私下认为太后疼爱燕后要超过长安君。"太后道："你猜错了，对她哪有对长安君那么爱呢。”左师公道：“父母爱子女，总得要替他们考虑的久远。太后送燕后出嫁的时候，握着她的脚后跟，为她哭泣，想到她要去那么远，也够伤心的了。已经走了，太后并不是不想她，逢到祭祀的时候，太后总是祷告道‘必定不要使她回来’。那不是希望她长长久久，有子子孙孙，接连做燕王吗？”太后道：“这是自然。”左师公道：“从现在算起，三世以前，上推到赵氏建成赵国时，赵王子孙做了侯爵的，他们后嗣还有几个在位呢？”太后道：“没有。”左师公道：“不只是赵国，各国诸侯子孙后代的继承人还有在位的吗？”太后道：“我没有听说过。”左师公道：“这是由于离得近的灾祸落到自己身上，离得远的灾祸就落到子孙头上。难道做君主的子孙封了侯爵就都不好吗？在我看来，都因爵位高了，没有功劳，俸禄多了，没有劳绩，而且拥有的贵重的宝物太多了。现在太后抬高长安君的地位，又封给他肥沃的土地，多给他贵重的宝物，反而不叫他趁现在替国家立些功劳，倘有一天太后去世了，长安君怎么能够在赵国安身呢？老臣以为太后为长安君打算得短浅，所以就说太后疼爱长安君，到底不如燕后。”太后道：“好！任凭你派遣他去。”于是为长安君预备了一百辆车子，到齐国去做人质，齐国才肯出兵。

子义听说了这件事，说道：“君主的儿子，又是骨肉至亲，尚且还不能靠没有功劳而得到的爵位，没有劳苦而享有的奉禄，来保住金玉类的重宝，何况我这样的人呢？”

三八、信陵君谏伐韩

是书于魏之情状，与当时形势利害，反复推阐，了若指掌；而于韩亡则魏直接受秦祸，韩存则魏间接以为利，尤觉波澜起伏，峰峦叠翠，诚千载绝调。

魏将与秦伐韩。无忌[1]谓魏王[2]曰：

秦与戎翟同俗，有虎狼之心，贪戾好利无信，不识礼义德行。苟有利焉，不顾亲戚兄弟，若禽兽耳，此天下之所识也，非有所施厚积德也。故太后[3]母也，而以忧死[4]；穰侯舅也，功莫大焉[5]，而竟逐之；两弟[6]无罪，而再夺之国。此于亲戚若此，而况于仇雠之国乎？今王与秦共伐韩而益近秦患，臣甚惑之。而王不识则不明，群臣莫以闻则不忠。

今韩氏以一女子奉一弱主[7]，内有大乱，外交强秦、魏之兵，王以为不亡乎？韩亡，秦有郑地，与大梁[8]邻，王以为安乎？王欲得故地，今负强秦之亲，王以为利乎？

秦非无事之国也，韩亡之后必将更事，更事必就易与利，就易与利必不伐楚与赵矣。是何也？夫越山逾河，绝韩上党[9]而攻强赵，是复阏与之事[10]，秦必不为也。若道河内[11]，倍邺[10]、朝歌[13]，绝漳、滏[14]水，与赵兵决于邯郸之郊，是知伯之祸[15]也，秦又不敢。伐楚，道涉谷，行三千里，而攻冥阨[16]之塞，所行甚远，所攻甚难，秦又不为也。若道河外[17]，背大梁，右上蔡[18]，左召陵[19]，与楚兵决于陈[20]郊，秦又不敢。故曰：秦必不伐楚与赵矣，又不攻卫与齐矣。夫韩亡之后，兵出之日，非魏无攻已。

秦固有怀、茅[21]、邢丘[22]，城垝津[23]以临河内，河内共[24]、汲[25]必危；有郑地，得垣雍[26]，决荥泽[27]水灌大梁，大梁必亡。王之使者出，过而恶安陵氏[28]于秦，秦之欲诛之久矣。秦叶阳[29]、昆阳[30]与舞阳[31]邻，听使者之恶之，随安陵氏而亡之[32]，绕舞阳之北，以东临许，南国[33]必危，国无害已。

夫憎韩不爱安陵氏可也，夫不患秦之不爱南国非也。异日者，秦在河西[34]晋，国去梁千里，有河山以阑之，有周、韩以间之。从林乡[35]军以至于今，秦七攻魏，五入囿中[36]，边城尽拔，文台[37]堕，垂都[38]焚，林木伐，麋鹿尽，而国继以围。又长驱梁北，东至陶、卫[39]之郊，北至平监[40]。所亡于秦者，山南山北[41]，河外河内，大县数十，名都数百。秦乃在河西晋，去梁千里，而祸若是矣。又况于使秦无韩，有郑地，无河山而阑之，无周、韩而间之，去大梁百里，祸必由此矣。

异日者，从之不成也，楚、魏疑而韩不可得也。今韩受兵三年，秦桡之以讲，识亡不听，投质于赵，请为天下雁行顿刃，楚、赵必集兵，皆识秦之欲无穷也，非尽亡天下之国而臣海内，必不休矣。是故臣愿以从事王，王速受楚、赵之约，赵挟韩之质以存韩，而求故地，韩必效之。此士民不劳而故地得，其功多于与秦共伐韩，而又无与强秦邻之祸也。

夫存韩安魏而利天下，此亦王之天时已。通韩上党于共、宁[42]，使道安成，出入赋之，是魏重质韩以其上党也。今有其赋，足以富国。韩必德魏爱魏重魏畏魏，韩必不敢反魏，是韩则魏之县也。魏得韩以为县，卫、大梁、河外必安矣。今不存韩，二周[43]、安陵必危，楚、赵大破，卫、齐甚畏，天下西向而驰秦入朝而为臣不久矣。

——节《魏世家》

[1] 无忌：战国魏昭王之少子，封为信陵君，尝食客三千人，诸侯以其贤，不敢加兵。后魏王信谗，不用信陵君，信陵君乃与食客饮醇酒，多近妇女，竟病卒。 [2] 魏王：安厘王圉，时安厘王二十二年。 [3] 太后：

昭襄王母华氏楚女，号华八子，为宣太后。 ［4］以忧死：赧王四十九年，秦王用范雎之说，乃废太后，逐穰侯，出高陵泾阳于关外。明年，太后以忧死。 ［5］功莫大焉：（《史记》）穰侯赞云：穰侯昭王亲舅也。而秦所以东益地，弱诸侯，尝称帝于天下。天下皆西乡稽首者，穰侯之功也。 ［6］两弟：谓高陵泾阳也。 ［7］一女子句：时韩桓惠王立八年，母后用事。 ［8］大梁：韩都，在今河南开封县西北。 ［9］上党：韩魏皆有上党，今山西长治县等地。 ［10］阏与之事：（《赵策》）秦令卫胡易伐赵，攻阏与。赵奢将救之。魏令公子咎以锐师居安邑以挟秦，秦败于阏与。阏与，在今和顺县西北。 ［11］河内：今河南汲县等地。 ［12］邺：故城在今河南临漳县西。 ［13］朝歌：故城在今河南淇县。 ［14］漳、滏：二水名。

［15］知伯之祸：（《赵策》）襄子使张孟谈，见韩魏之君。决水灌知伯君知伯军救水而乱，韩魏翼而击之。襄子将卒犯其前，大败知伯军，而擒知伯，知伯即荀瑶。 ［16］冥阨：在今河南信阳罗山县境。 ［17］河外：大河以南，统谓之河外。 ［18］蔡：故城在今河南上蔡县西南。 ［19］召陵：故城在今河南郾城县东。 ［20］陈：今河南淮阳县。 ［21］怀、茅：怀，战国魏地，故城在今河南武涉县西南。周赧王五十年，秦用范雎之谋，伐魏取怀。茅，亦地名，故城在今河南获嘉县东北。 ［22］邢丘：战国魏地，故城在今河南沁阳县东南。 ［23］垝津：故城在今河南汲县南。 ［24］共：今河南辉县。 ［25］汲：故城在今河南汲县西南。 ［26］垣雍：故城在今河南原武县西北。 ［27］荥泽：即石门渠，在今河南河阴县西。 ［28］安陵氏：魏之附庸，故城在今县西北。 ［29］叶阳：今河南叶县。 ［30］昆阳：故城在今叶县北。 ［31］舞阳：魏邑，故城在今县西。 ［32］随安陵句：随，听也。言听秦亡安陵氏也。 ［33］南国：今河南许昌县东，许昌故城是此时属韩，在魏之南，故言南。 ［34］河西：即西河之外。 ［35］林乡：故城在今河南新郑县东。 ［36］圃中：即圃田，在今河南中牟县西北。

［37］文台：台名，在今山东菏泽县西北。［38］垂都：垂地名，杜预曰：句阳县北有垂地，亦名犬丘。句阳故城在今山东曹县北。［39］陶、卫：陶即今山东定陶县。卫即楚丘，故城在今河南滑县东。［40］平监：《战国策》作乎阚，平，即平陆。故城在山东汶上县北。监即阚。今汶上县西南。南望湖亭中有阚亭。［41］山南山北：即华山以南以北也。［42］共、宁：故城在今河南修武县东。［43］二周：谓东周西周也。

魏想约秦去打韩国。公子无忌便对魏王道：

秦国是和戎狄一样的习俗，心狠像虎狼一般，只是贪财要钱，没有信用，也不知道什么是礼义德行。如果有了利益，连亲戚兄弟都不顾，像禽兽一般，这是全天下的人都知道的。宣太后是秦王的母亲，为了他忧闷而死；穰侯是秦王的舅父，又有大功于秦国，也被他驱逐出境；高陵、泾阳两个弟弟并没有罪过，也把他们的封邑夺去。秦王对于亲戚兄弟都用这种手段，何况是他仇恨的敌国呢？现在大王要和秦国一同去伐韩，就会更加接近秦国的祸害，臣对于这件事感到疑惑。大王不知道这个利害就不是明君，群臣不把这个道理向大王说明就不是忠臣。

现在韩国是母后用事，靠一个女人辅佐一个幼弱君主，国内又有大乱，外面再和秦、魏的兵打仗，大王还当它是不灭亡的吗？但韩国如果灭亡了，秦国就得到了原来郑国的土地，和我们大梁更加接近了，王以为安全吗？大王想要得到原有的土地，就要依靠和强秦的亲近，大王以为这会有利吗？

秦国不是不好事的国家，韩国亡掉之后，它必再挑起事端，挑起事端必要找容易些的和有利益些的目标，找容易些的和有利益的目标必定不会去攻打楚国和赵国。这是为了什么呢？爬山渡河，穿过韩国上党而去攻打强大的赵国，这是重复阏与那一仗的失败，秦国一定不会这样的。

若是从河内那边走，背向邺城和朝歌，渡过漳水、滏水，和赵国的兵在邯郸城外打仗，这就会遇到智伯那样的灾祸，秦国又不敢这样做。若是去伐楚国，要取道涉谷，差不多要走三千里路，所攻的要害地方，路又很远，攻又很难，秦国也不会这样做的。若从河外那边走，背向大梁，右边是上蔡、召陵，和楚国的兵在陈城郊外决战，这又是秦国不敢的。所以我说秦国必定不去攻楚国和赵国，此外也决不会去攻打卫国和齐国。总之，韩国灭亡之后，秦国出兵之时，不攻打魏国，简直就没地方可以攻打的了。

秦国本来已占有怀邑、茅邑、邢丘，又在垝津筑城逼近河内，河内的共城、汲邑必定危险。如果秦国有了郑国故地，又得到垣雍，决开荥泽，直灌大梁，那么大梁必定要灭亡了。大王的使者出访时，在秦王目前中伤安陵氏，不知道秦国想要诛灭安陵氏已好久了。秦国的叶阳、昆阳与舞阳邻近，任凭使者中伤安陵氏，又听任安陵氏被秦国灭亡，那么秦兵绕过舞阳的北面，向东逼近许国故地，这样南部地区必定危急，这对魏国无害吗？

我们憎恶韩国、不喜欢安陵氏是可以的，可是不担心秦国和不爱护南部地区那就错了。从前，秦国在河西晋国故地，距离大梁还有千里之远，有黄河及高山阻隔，又有周京、韩国夹在当中。自从林乡一战到现在，秦国攻打魏国七次，攻入囿中五次，边城都被攻陷，文台被毁，垂都被烧，树木被砍伐，麋鹿被猎尽，国都接着被围。秦军又长驱到大梁以北，东面打到陶、卫城外，北面打到平监，所丧失给秦国的土地，有山南山北，河外河内，大县几十个，名都几百个。秦国只是到了河西晋国故地，距离大梁千里的时候，祸端就这样厉害。何况现在要让秦国灭了韩国，据有郑国故地，没有黄河及大山阻拦它，没有周京、韩国夹在当中，距离大梁不过百里，大祸必定从此发生是无疑的了。

从前，合纵如果不能够成功，是由于楚国、魏国互相猜疑，韩国又不愿参加。现在韩国遭受战祸已有三年，秦国挫败它，强迫它媾和。韩国知道要亡了可是不肯听从，反而送人质到赵国，表示愿做天下诸侯的先锋与秦国死战。在这种情况下，楚国、赵国必然愿意合兵，因为都知道秦国的野心没有止境，若不是把天下的诸侯统统灭掉，去做它的臣子，一定是不肯罢休的。我希望大王赶紧用合纵的法子对付秦国，从速和楚国、赵国订定协约，挟持韩国的人质来保全韩国，然后再去索取旧日失地，韩国一定会交还。这一来，士兵、百姓并不费劳苦，又能获得旧日失地，这种功劳，其功效要超过与秦国一起去进攻韩国，而且又没有与强秦为邻的祸患。

保全韩国、安定魏国，又能使天下都受益，这也是上天赐给大王的良机。开通共城、宁邑到韩国上党的道路，让这条路经过安成，征收往来商贾的赋税，这是魏国又把韩国上党当做了抵押。我们有了这笔赋税的收入，可以使国家富裕。韩国必定会感激魏国，爱戴魏国，敬重魏国，惧怕魏国，韩国必不敢反叛魏国，这么一来，韩国就成了魏国的郡县了。魏国能以韩国为郡县，卫、大梁、河外必然能安定。现在若不保全韩国，那么东周、西周和安陵必定危急，楚国、赵国大败之后，卫国、齐国就很害怕，那么天下诸侯都到秦国去做臣子的日子，必定是不远的了。

三九、陈轸诳韩绝秦

此即张仪说楚绝齐之策，皆利用人主贪得心理，售其狡谋。韩王竟在做梦，欣然自堕其计中，遗笑天下，亦愚矣！唯惜公仲一番药石之言，付诸流水。文笔大与张仪说楚篇相类。

十六年，秦败我脩鱼[1]，虏得韩将鳠、申差[2]于浊泽[3]。韩氏急，公仲[4]谓韩王曰："与国非可恃也，今秦之欲伐楚久矣，王不如因张仪[5]为和于秦，赂以一名都，具甲，与之南伐楚，此以一易二[6]之计也。"韩王曰："善。"乃警公仲之行，将西购[7]于秦。楚王闻之大恐，召陈轸[8]告之。陈轸曰："秦之欲伐楚久矣，今又得韩之名都一而具甲，秦韩并兵而伐楚，此秦所祷祀而求也。今已得之矣，楚国必伐矣。王听臣为之警四境之内，起师言救韩，命战车满道路，发信臣[9]，多其车，重其币，使信王之救己也。纵韩不能听我，韩必德王[10]也，必不为雁行以来[11]，是秦韩不和也，兵虽至，楚不大病也。为能听我绝和于秦，秦必大怒，以厚怨韩。韩之南交楚，必轻秦；轻秦，其应秦必不敬：是因秦、韩之兵而免楚国之患也。"楚王曰："善。"乃警四境之内，兴师言救韩。命战车满道路，发信臣，多其车，重其币。谓韩王曰："不穀[12]国虽小，已悉发之矣。愿大国遂肆志于秦，不穀将以楚徇韩[13]。"韩王闻之大说，乃止[14]公仲之行。公仲曰："不可。夫以实伐我者秦也，以虚名救我者楚也。王恃楚之虚名，而轻绝强秦之敌，王必为天下大笑。且楚韩非兄弟之国也，又非素约而谋伐秦也。已有伐形，因发兵言救韩，此必陈轸之谋也。且王已使人报于秦矣，今不行，是欺秦也。夫轻欺强秦而信楚之谋臣，恐王必悔之。"韩王不听，遂绝于秦。秦因大怒，益甲伐韩。大战，楚救不至。

——节《韩世家》

[1] 脩鱼：地名，即春秋萧鱼，今河南原武县。 [2] 鳠、申差：楚

二将名。　［3］浊泽：在今河南许昌县西。　［4］公仲：韩相国，名侈。　［5］张仪：见《张仪说楚绝齐》篇注。　［6］以一易二：一，谓名都也。二，谓不伐韩而与之伐楚也。　［7］购：讲和也。　［8］陈轸：夏人，游说之士。　［9］信臣：谓守命之臣也。　［10］韩必德王：言韩王信楚之救，虽不能听，待楚救至。折入于秦，犹德于楚也。　［11］不为燕行以来：言韩以楚必救己，己虽随秦来战，犹德于王，故不为雁行而来。言不同心旅进也。　［12］不穀：王者自贬之称。　［13］以楚徇韩：徇，从死也。言以死助韩也。　［14］止：不令西之秦。

韩宣惠王十六年，秦国攻打韩国，在脩鱼打败韩军，又在浊泽活捉韩将鲠和申差，韩国着急了，相国公仲侈对韩王道："不如通过张仪和秦国讲和，给它一个名都，并准备好盔甲武器，和秦军向南去攻打楚国，这是用一失换二得的计策啊。"韩王道："很好！"于是让公仲侈秘密的准备上路，打算和西面的秦国讲和。楚王听到这件事，十分害怕，就叫来陈轸告诉他这个消息。陈轸道："秦国打算伐楚国，本来已经好久了。现在又得了韩国的一个名都和它的军事力量，秦韩合兵来伐楚国，这是秦国祈求的事情。现在它已经得到了这些，楚国必定会遭受攻击了。大王听我的意见，先在全国加强警戒，说是发兵去救韩国，让战车布满道路，派出使臣，多准备车辆，带上厚礼，使韩王相信大王会去救援他们。即使韩王不相信我们，也一定会感激大王，必定不会和秦国同心合力来作战。这就使秦国和韩国产生不和，就是他们的兵到来，也不会成为楚国的大患。若是韩国相信我们，便会和秦国断绝关系，秦国必然大怒，深深地怨恨韩国。韩国便南来和楚国交好，必定慢待秦国；慢待秦国就必不会恭待秦国：这是用秦国、韩国的兵，来免除楚国的祸患啊。"楚王道："很好。"于是在全国加强警戒，说是出兵去救韩国，让战车布满道路，派出使臣，多准备车辆，带上厚礼，对韩王道："我们的国家虽小，但已经把军队全都派出来了，希望贵国能随心所欲地同秦国作战，我们楚国将出死力援助韩国。"韩王听到这话，非常高兴。就不让公仲侈出使秦国。公仲侈道："不能这样，实实在在攻打我们的是秦国，空空虚虚来救我们的是楚国，大王听了楚国空空虚虚的话，便这样轻易去和秦国绝交，这样做法，必要被天下人耻笑。而且楚、韩并不是兄弟之国，又没有预先和它约定攻打秦国。我们已有了联秦攻楚的迹象，楚国就声称要出兵救韩，这必是陈轸的阴谋。况且大王已经派人把我们的打算通报秦国了，现在不照前话去做，就是欺骗秦国。随意欺骗强大的秦国，而轻信楚国谋臣的话，恐怕大王必定要懊悔的。"韩王不听，于是和秦国绝交。秦王因此大怒，就增兵来伐韩国，两国大战，而楚国的兵却始终没有到。

四〇、威王治齐

欲言威王中兴，先以初不治起案，然后跌入，是文之反折蓄势法。看他跌宕有姿态，雄健有气力，所谓将军欲以巧胜人，盘马弯弓故不发，此行文取势之诀也。

威王初即位以来，不治，委政卿大夫，九年之间，诸侯并伐，国人不治。于是威王即召即墨[1]大夫而语之曰："自子之居即墨也，毁言日至。然吾使人视即墨，田野辟，民人给，官无留事[2]，东方以宁。是子不事吾左右以求誉也。"封之万家。召阿[3]大夫语曰："自子之守阿，誉言日闻。然使使视阿，田野不辟，民贫苦。昔日赵攻甄[4]，子弗能救。卫取薛陵[5],子弗知。是子以币厚吾左右以求誉也。”是日，烹阿大夫，及左右尝誉者皆并烹之。遂起兵西击赵、卫，败魏于浊泽[6]而围惠王。惠王请献观[7]以和解，赵人归我长城[8]。于是齐国震惧，人人不敢饰非，务尽其诚，齐国大治。诸侯闻之，莫敢致兵于齐二十余年。

——节《田敬仲完世家》

［1］即墨：齐邑，故城在今山东平度县东南。　［2］官无留事：言官吏听政勤恳，无公案留在官中也。［3］阿：东阿，故城在今山东阳谷县东北。［4］甄：齐邑，故城在今山东濮县，威王七年，为卫所取。　［5］薛陵：齐邑，今山东阳谷县东北，有薛陵城。威王九年，赵伐齐取甄。［6］浊泽：在今河南许昌县西。　［7］观：即顿丘，今河南濬县。　［8］长城：战国时燕、赵、秦三国，各因北边山险，筑长城以备胡戎。

齐威王自从即位以来，不理国事，把政事都委托卿大夫处理，九年之间，诸侯接连来攻打，百姓得不到太平。于是威王召来即墨大夫，对他道：“自从你治理即墨以来，诽谤你的话，我天天都听见。但是我派人到即墨探察，田野得以开垦，百姓生活富足，公务没有积压，东方因此得到安宁，这是由于你不会逢迎我的左右以求得赞扬啊！”于是，封给他一万户食邑。又召来阿地大夫，对他道：“自从你治理阿地以来，赞扬你的话，我天天都听见。但是我派人到阿地探察，田野没有开垦，百姓生活贫苦。从前赵国进攻甄城，你未能去救；卫国夺去薛陵，你也不知道。这一定是你拿了厚币送给我的近臣，让他们到我这里来说好话，求取名誉。”当天就把阿地大夫烹杀了，并且连同常常说他好话的近臣也都一起烹杀了。于是起兵向西攻打赵国、卫国，又在浊泽打败魏国，进而包围魏惠王。魏惠王请求献出观城来讲和，赵国又把长城归还了齐国。于是齐国为之震惊，人人都不敢文过饰非，一心一意竭尽忠诚。这样一来，齐国大治。诸侯听说以后，不敢对齐国用兵达二十年之久。

四一、驺忌事威王

驺忌子对答威王语，再述而不烦，重言而不杀，文之委婉郑重处也。淳于髡之五诘也，意微而词隐，驺忌子五答也，机速而理当。前后相映，杂然成趣，文之生色，如是如是。

驺忌子以鼓琴见威王[1]，威王说而舍之右室。须臾，王鼓琴，驺忌子推户入曰："善哉鼓琴！"王勃然不说，去琴按剑曰："夫子见容未察，何以知其善也？"驺忌子曰："夫大弦浊以春温者，君也；小弦廉折以清者，相也[2]；攫之深[3]，醳之愉者[4]，政令也；钧[5]谐以鸣，大小相益，回邪[6]而不相害者，四时也。吾是以知其善也。"王曰："善语音。"驺忌子曰："何独语音，夫治国家而弭人民皆在其中。"王又勃然不说曰："若夫语五音[7]之纪，信未有如夫子[8]者也。若夫治国家而弭人民，又何为乎丝桐[9]之间？"驺忌子曰："夫大弦浊以春温者，君也；小弦廉折以清者，相也；攫之深而舍之愉者，政令也；钧谐以鸣，大小相益，回邪而不相害者，四时也。夫复而不乱者，所以治昌也；连而径者[10]，所以存亡也。故曰琴音调而天下治。夫治国家而弭人民者，无若乎五音者。"王曰："善。"

驺忌子见三月而受相印。淳于髡[11]见之曰："善说哉，髡有愚志，愿陈诸前。”驺忌子曰：“谨受教。”淳于髡曰：“得全全昌[12]，失全全亡。”驺忌子曰：“谨受令，请谨毋离前[13]。”淳于髡曰：“狶膏棘轴，所以为滑也。然而不能运方穿[14]。”驺忌子曰：“谨受令，请谨事左右[15]。”淳于髡曰：“弓胶昔干，所以为合也，然而不能傅合疏罅[16]。”驺忌子曰：“谨受令，请谨自附于万民[17]。”淳于髡曰：“狐裘虽敝，不可补以黄狗之皮。”驺忌子曰：“谨受令，请谨择君子，毋杂小人其间。”淳于髡曰：“大车不较，不能载其常任；琴瑟不较，不能成其五音[18]。”驺忌子曰：“谨受令，请谨修法律而督奸吏。”淳于髡说毕，趋出，至门，而面其仆曰：“是人者，吾语之微言五，其应我若响之应声，是人必封不久矣。”居期年，封以下邳[19]，号曰成侯。

——节《田敬仲完世家》

[1] 驺忌子句：驺忌子，齐人，辩士也。以鼓瑟见者，托鼓瑟之术以自售也。 [2] 大弦两句：大弦者君也，宽和而温。小弦者臣也，清廉而不乱。 [3] 攫之深：谓以爪持之深也。 [4] 醳之愉者：醳，古释字。言释其弦而得和悦之声。 [5] 钧：调也，有大钧细钧之别。大钧谓宫、商，细钧谓角、徵、羽。 [6] 回邪：邪曲也。 [7] 五音：即宫、商、角、徵、羽。 [8] 夫子：尊称驺忌子也。 [9] 丝桐：谓琴也，神农氏始削桐为琴，绳丝为弦。 [10] 连而径者：谓声音连续而直也。 [11] 淳于髡：齐人，滑稽多辩，数使诸侯，未尝屈辱，常以饮酒讽齐威王，罢长夜之饮。 [12] 得全全昌：得全者，谓人臣事君之礼，全具无失也。谓若无失，则身名俱获昌也。 [13] 谨毋离前：谓佩服此言常无离君，故曰谨毋离前。 [14] 狶膏二句：狶膏，猪脂也。棘轴，以棘木为车轮，至滑而坚也。然而穿孔若方则不能运转，言逆理反经也。 [15] 请谨事左右：言每事须顺从

也。［16］弓胶三句：昔久旧也，言作弓之法。以胶被昔干，而纳诸檠中，是犹以势令人合也。胶干可以势暂合，而久亦不能常传合于疏罅隙缝，以言人臣自宜弥缝得所，岂特拘以礼制法式者。［17］自附句：言自附于万人也。［18］大车四句：较者校量也，言有常制。若车不能载常任，琴瑟不较，则不能成五音。［19］下邳：故城在今江苏邳县东。

驺忌子由于善弹琴而进见齐威王，威王欢喜他弹琴，让他住在宫中的右室。没多久，威王正在弹琴，驺忌子推门进来，说道："琴弹得好极了！"威王一下子板起面孔，把琴搁在一边，拿了一把剑，说道："你只看到我的样子，还没有仔细观察，怎么知道弹得好呢？"驺忌子道："大弦浑厚且温和，这是象征君王；小弦明快且清亮，象征国相；弦摁得深，放开舒缓，象征政令；五音调和，大弦和小弦配合美妙，不正之音不相干扰，象征四时：所以我知道弹得好。"威王道："你很善于谈论音律。"驺忌子道："何止是谈论音律，治理国家和安定百姓都在其中啊！"威王一下子又板起面孔，说道："若是讲起五音的调理，我相信不如先生。至于治理国家和安定百姓，那是另外一件事情，和弹琴有什么关系呢？"驺忌子道："大弦浑厚且温和，象征君王；小弦明快且清亮，象征国相；弦摁得深，放开舒缓，象征政令；五音调和，大弦和小弦配合美妙，不正之音不相干扰，象征四时。声音反复而不混乱的原因，是由于国家政治昌明；左右相连，上下沟通，这样，才会保全不至灭亡。所以说琴音调谐就能保天下太平。治理国家和安定百姓，没有比五音的道理更相像的了。"威王道："很好。"

驺忌子进见威王不过三个月就接受了齐国的相印。这时有个滑稽家叫淳于髡，来和驺忌子相见，说道："你真会说话呀！我有些浅薄的想法，希望在你面前陈述。"驺忌子道："恭听教诲。"淳于髡道："臣子服侍君主，一点没有差失，声名便能完全显扬昌盛；如果稍有不周或失误，身名都要毁灭。”驺忌子道：“谨听你的吩咐，我要把你的话谨记在心。”淳于髡道：“用猪油涂在棘树做的车轴上，是为了光滑，然而，如果轴孔是方形的就无法转动。”驺忌子道：“谨听你的吩咐，我要小心地在国君左右侍奉。”淳于髡道：“用胶粘在旧的弓干上，是为了粘合在一起，然而一有了稀疏的罅缝，就不能粘合它了。”驺忌子道：“谨听你的吩咐，我要使自己依附于万民。”淳于髡道：“狐裘虽然破了，但是不可用黄狗皮来缝补。”驺忌子道：“谨听你的吩咐，我要小心地挑选君子，不让小人混杂在其中。”淳于髡道：“大车不校正，就不能正常载重；琴瑟不调准，就不能使五音和谐。”驺忌子道：“谨听你的吩咐，我要认真慎重的制订法律并监督奸猾的官吏。”淳于髡说完，快步出门，到了门口对他的仆人道：“这个人，我说了五句隐语，他对答的那样快，竟像声音的回响一般，这人不久必定能封侯。”过了一年，威王便把下邳封给驺忌子，号为成侯。

四二、夹谷之会

是会也，齐人目中无鲁，孔子立折其骄，麾却夷乐，戮其侏儒，使归我侵地，是不战而屈人者也，舍孔子莫能有是。篇中先提孔子请两司马以从，然后逼出齐之诈变，是文家之蓄势法。

定公以孔子为中都宰[1]，一年，四方皆则[2]之。由中都宰为司空[3]，由司空为大司寇[4]。

定公十年春，及齐平。夏，齐大夫黎钼言于景公曰：“鲁用孔丘，其势危齐。”乃使使告鲁为好会，会于夹谷[5]。鲁定公且以乘车好往。孔子摄相事，曰：“臣闻有文事者必有武备，有武事者必有文备。古者诸侯出疆，必具官以从。请具左右司马[6]。”定公曰：“诺。”具左右司马。会齐侯夹谷，为坛位，土阶三等，以会遇之礼[7]相见，揖让而登。献酬之礼毕，齐有司趋而进曰：“请奏四方之乐。”景公曰：“诺。”于是旍旄羽袚[8]矛戟剑拨[9]鼓噪而至。孔子趋而进，历阶而登，不尽一等，举袂而言曰：“吾两君为好会，夷狄之乐何为于此！请命有司！”有司却之，不去，则左右视晏子[10]与景公。景公心怍，麾而去之。有顷，齐有司趋而进曰：“请奏宫中之乐。”景公曰：“诺。”优倡[11]侏儒[12]为戏而前。孔子趋而进，历阶而登，不尽一等，曰：“匹夫而荧惑[13]诸侯者罪当诛！请命有司！”有司加法焉，手足异处[14]。景公惧而动，知义不若，归而大恐，告其群臣曰：“鲁以君子之道辅其君，而子独以夷狄之道教寡人，使得罪于鲁君，为之奈何？”有司进对曰：“君子有过则谢以质，小人有过则谢以文。君若悼之，则谢以质。”于是齐侯乃归所侵鲁之郓[15]、汶阳[16]、龟阴[17]之田以谢过。

——节《孔子世家》

[1] 中都宰：中都，地名，春秋鲁邑也，在今山东汶上县西。言孔子为是县之宰也。 [2] 则：法则也。 [3] 司空：官名，少昊时所置，掌水土之事。 [4] 大司寇：官名，掌刑罚，古六卿之一。 [5] 夹谷：春秋地名，在今山东莱芜县。 [6] 左右司马：二官名，均掌军旅之事。 [7] 会遇之礼：礼之简略也。 [8] 袚：舞者所执。 [9] 拨：音伐，人楯也。 [10] 晏子：名婴，字平仲，相齐景公。食不重肉，妾不衣帛，一狐裘三十年，尽忠补过，名显诸侯。 [11] 优倡：扮演杂戏之人也。

［12］侏儒：短小之人也。 ［13］荧惑：为经营而惑乱也。 ［14］手足异处：言既斩而手足分离也。 ［15］郓：春秋鲁邑名，在今山东沂水县境。［16］汶阳：春秋鲁地也，在今山东宁阳县北。 ［17］龟阴：春秋鲁地，在今山东泗水县东北。

鲁定公任命孔子为中都宰，一年后，各地都效法他的治理办法。孔子由中都宰升为司空，又由司空升为大司寇。

定公十年的春天，鲁国与齐国和解。到了夏天，齐国的大夫犁钼对齐景公说道："鲁国重用了孔丘，就形势的发展来看，必定会危及齐国。"因此就派使者告诉鲁国，说要与鲁定公进行友好会晤，会晤的地点定在夹谷。鲁定公毫无戒备地准备乘车前去赴会。孔子以大司寇的身份兼办会晤典礼事宜。孔子对定公道："臣听说办理文事必定要有武备；办理武事必定要有文备。从前诸侯走出自己的疆界，必定要配齐文武官员同去。请安排左、右司马一同去。"定公答应了，于是就带了左、右司马作随从。定公在夹谷与齐侯会见。在这里设起坛位，坛上备好席位，设置了三级登坛的台阶，双方以简略的会遇礼节相见，拱手揖让登坛。相见的礼行罢，齐国的主事官员快步上前请示道："请奏四方的乐。"景公说："可以。"于是齐国的乐人以旌旗为先导，头插羽冠，身披皮衣，手执矛、戟、剑、楯等兵器，喧闹蜂拥而上。孔子见状便跑过来，一步一阶快步登台，还差一级台阶时，便扬起衣袖一挥，说道："我们两国国君友好会晤，夷狄的乐舞怎么可用呢？请令主事官员叫他们撤下去。"主事官员叫乐人退下，乐人却不肯，左右看看晏子和景公的眼色。景公很难为情，挥手叫乐人下去。过了一会，齐国的主事官员又跑来请示道："请奏宫中的乐。"景公道："好。"于是齐国的许多优倡、侏儒都前来演戏。孔子见状又跑过来，一步一阶快步登台，还差一级台阶时就道：

“百姓戏弄诸侯，论罪该斩，请主事官员去执行！”于是主事官员依法将他们处以腰斩。景公大为恐惧，深为触动。知道自己道义上不及鲁国，回去后十分惊恐，对群臣说道：“鲁国的大臣以君子之道辅佐国君，你们却把夷狄的道理告诉我，使我得罪了鲁君，这事怎样好呢？”主事官员走上前来答道：“君子有了过错，就用实际行动来谢罪；小人有了过错，就用花言巧语来谢罪。君王若是心里不安，可用实际行动去谢罪。”于是齐侯便归还了从前从鲁国夺来的郓、汶阳和鲁阴的土地，以此向鲁国道歉。

四三、孔子陈蔡之阨

孔子以吾道非耶试三子，乃由疑未仁未知，赐欲其少贬，均不中孔子之意；而颜子不容何病一言，何等洞然，何等开豁。直是八荒我堂阔气象，故孔子欣然而笑。文与家语略同，然中有增减，更觉灿烂有章。

孔子迁于蔡三岁，吴伐陈。楚救陈，军于城父[1]。闻孔子在陈、蔡之间，楚使人聘孔子。孔子将往拜礼，陈、蔡大夫谋曰：“孔子贤者，所刺讥皆中诸侯之疾。今者久留陈、蔡之间，诸大夫所设行皆非仲尼之意。今楚，大国也，来聘孔子。孔子用于楚，则陈、蔡用事大夫危矣。”于是乃相与发徒役，围孔子于野。不得行，绝粮，从者病，莫能兴[2]。孔子讲诵弦歌不衰。子路愠见曰：“君子亦有穷乎？”孔子曰：“君子固穷，小人穷斯滥矣。”

子贡色作。孔子曰：“赐，尔以予为多学而识之者与？”曰：“然。非与？”孔子曰：“非也。予一以贯之。”

孔子知弟子有愠心，乃召子路[3]而问曰：“《诗》云‘匪兕[4]匪虎，率彼旷野’[5]。吾道非耶？吾何为于此？”子路曰：“意者吾未仁耶？人之不我信也[6]。意者吾未知耶？人之不我行也[7]。”孔子曰：“有是乎。由，譬使仁者而必信，安有伯夷、叔齐[8]？使知者而必行，安有王子比干[9]？”子路出，子贡[10]入见。孔子曰：“赐，《诗》云‘匪兕匪虎，率彼旷野’。吾道非耶？吾何为于此？”子贡曰：“夫子之道至大也，故天下莫能容夫子。夫子盖少贬焉？”孔子曰：“赐，良农能稼而不能为穑[11]，良工能巧而不能为顺[12]。君子能修其道，纲而纪之，统而理之，而不能为容。今尔不修尔道而求为容。赐，而志不远矣！”

子贡出，颜回[13]入见。孔子曰：“回，《诗》云‘匪兕匪虎，率彼旷野’。吾道非耶？吾何为于此？”颜回曰：“夫子之道至大，故天下莫能容。虽然，夫子推而行之，不容何病，不容然后见君子！夫道之不修也，是吾丑也。夫道既已大修而不用，是有国者之丑也。不容何病，不容然后见君子！”孔子欣然而笑曰：“有是哉颜氏之子！使尔多财，吾为尔宰[14]。”

于是使子贡至楚。楚昭王兴师迎孔子，然后得免。

——节《孔子世家》

[1] 城父：春秋楚邑，在今河南宝丰县。 [2] 兴：起也。 [3] 子路：孔子弟子，姓仲名由。 [4] 兕：音似，兽名。犀之雌者，顶止一角，文理细腻，其皮坚厚，可制甲。 [5] 率彼旷野句：率，循也。言非兕非虎循旷野也。 [6] 人之不我信也：言人不信，吾岂以未仁乎。 [7] 人之不我行也：言人不使通行而困穷者，岂以吾未知耶。 [8] 伯夷、叔齐：殷孤竹君之二子。武王伐殷，夷齐耻食周禄，隐于首阳山，采薇而食之，后

遂饿死。［9］比干：纣诸父。纣淫乱，不止。比干曰：“为人臣者，不得不以死争。”乃谏纣三日不去。纣怒曰：“吾闻圣人之心有七窍。剖而观其心。”［10］子贡：孔子弟子，姓端木，名赐。［11］良农能稼而不能为穑：种之为稼，敛之为穑。言良农能善种之，未必能敛获之。［12］良工能巧而不能为顺：言良工能巧而已，不能每顺人之意。［13］颜回：孔子弟子，字子渊。［14］吾为尔宰：宰，主财者也。为汝主财，言志之同也。

孔子到蔡国已有三年了。这年吴国攻打陈国。楚国去解救陈国，把兵驻扎在城父。听说孔子在陈国、蔡国交界的地方，楚国便派使者去聘请孔子。孔子正要前往答谢，陈国、蔡国的大夫商议道:“孔子是个贤人，他所讥刺的都切中诸侯的弊病。现在他逗留在陈、蔡交界的地方已很久了，诸大夫的为政措施多不合孔子的主张。现在楚国是个大国，却来聘请孔子，如果楚国重用了孔子，那陈国、蔡国当权的大夫的处境就危险了。”于是两国便派了一些服劳役的人把孔子围在野外。孔子无法动身，粮食也没有了。跟从孔子的学生都饿病了，许多人站都站不起来。孔子却还是讲学、诵诗、歌唱、弹琴不止。子路很生气地来见孔子，说:“君子也有困窘的时候吗？”孔子说:“君子在困窘面前能坚守节操，人小遇到困窘就不能控制自己，什么事都能干得出来。”

这时子贡的脸色也变了。孔子说:“赐啊，你认为我是博学强记的人吗？”子贡回答说:“是的。难道不对吗？”孔子说:“不是。我是用一种基本原则贯穿于全部知识之中的。”

孔子知道弟子们心里很不高兴，便唤子路进来，问他道：“《诗经》上说：‘不是犀牛，不是老虎，它却徘徊在旷野中。’难道我们的道理有什么不对吗？我们怎么落到这个地步呢？”子路道：“恐怕是我们的仁德还不够罢？所以，人们才不相信我们；恐怕是我们的智谋还不够罢？

所以，人们才不放我们通行。”孔子道：“有这样的话吗？假使有了仁德便会使人相信，那么伯夷、叔齐怎么饿死在首阳山呢？假使有了智谋就会通行无阻，那么王子比干怎么被纣剖心呢？”

子路退出，子贡进来见孔子。孔子道：“赐啊，《诗经》上说：‘不是犀牛，不是老虎，它却徘徊在旷野中。’难道我们的道理有什么不对吗？我们怎么落到这个地步呢？”子贡道：“老师的学说博大到极点了，所以天下没有一个国家可以容纳老师。老师何不降低自己的政治主张呢？”孔子道：“赐啊，好的农夫善于种田，却未必有好的收获；好的工匠虽有精巧的手艺，却未必能够使他人都称心如意。做君子的人能够提出他的政治理想和主张，能按一定办法治理国家，统筹管理国家，然而却不一定能使天下的人容纳他。现在你不坚信自己的理想，而是追求让人们容纳。赐啊，你的志向太不高远了。”

子贡退出，颜回进来见孔子。孔子道：“回啊，《诗经》上说：‘不是犀牛，不是老虎，它却徘徊在旷野中。’难道我们的道理有什么不对吗？我们怎么落到这个地步呢？”颜回道：“老师的学说博大到极点了，所以天下没有一个国家可以容纳老师。虽说这样，老师还是努力推行自己的主张，不被容纳有什么关系？不被容纳，然后才能显现出君子的本色。要是提不出治国的道理，那是自己的耻辱。要是我们鲜明地提出治国的道理却不被采纳，那就是当权者的耻辱了，不被容纳有什么关系？不被容纳，然后才能显现出君子的本色。”孔子听到这话，欣慰地笑着道：“是这样啊？颜家的好小子！如果你是一个富翁，我愿意给你当管家。”

孔子于是派子贡到楚国去。楚昭王率兵来迎接孔子，孔子才免除了这次祸难。

四四、孔子世家赞

先引诗作一顿挫，引起下文。“向往”二字，一篇主意。回环往复，极力称道。末以至圣作结，允是千古特识。

太史公曰:《诗》有之:“高山仰止[1]，景行行止[2]。”虽不能至，然心向往之。余读孔氏书，想见其为人。适鲁，观仲尼庙堂[3]车服礼器，诸生以时习礼其家，余祇回[4]留之不能去云。天下君王至于贤人众矣，当时则荣，没则已焉。孔子布衣[5]，传十余世，学者宗之。自天子王侯，中国言“六艺”[6]者折中[7]于夫子，可谓至圣[8]矣!

——节《孔子世家》

[1]高山仰止：高山，喻德之高也，仰慕也。止，语助词，有竭尽之意。[2]景行行止：景行，高明之德行也。行，慕高明之德行，欲效法而行也。[3]庙堂：宗庙也，古者大夫以下，不得称宗庙，故曰庙堂。[4]祇回：祇敬也，言祇敬迟回不能去也。[5]布衣：庶人无官服者也。[6]六艺：礼、乐、射、御、书、数也。[7]折中：正也，谓损太过以补不及，使得中道也。[8]至圣：谓圣之至者也。

太史公说:《诗经》上说:“像高山一般令人仰望，像大路一般让人遵循。”我虽然不能身临其境亲眼看看孔子，可是我内心却向往他。我读了孔子的著作，可以想见他的为人。我后来到鲁国去游历，进谒仲尼的庙堂，仲尼遗留下来的车子、衣服和礼器，目睹了儒生们按时演习礼仪的情景，我怀着敬慕心情流连不愿离去。从古到今，天下的君王和贤人也算很多了，当活着的时候都显贵荣耀，可是一死什么也就没有了。而孔子是一个平民，他的道德学问传了十几代，读书人仍然崇他为宗师。从天子到诸侯，以至整个中国谈六艺的人，都以孔子的学说为标准，可以说孔子是至高无上的圣人了。

四五、陈涉太息垄上

陈涉[1]少时，尝与人佣耕，辍耕之垄[2]上，怅恨久之，曰："苟富贵，无相忘。"佣者笑而应曰："若为佣耕，何富贵也？"陈涉太息曰："嗟乎，燕雀安知鸿鹄[3]之志哉！"

——节《陈涉世家》

[1]陈涉：名胜，阳城人。秦二世元年，与吴广起兵，寻自立为楚王。势甚盛，后为其御庄贾所杀。 [2]垄：田中高处也。 [3]鸿鹄：大鸟也。

陈涉年轻时，曾经被雇用给人家耕种田地，有一次跑到垄上去休息，感慨恼恨了好一会儿，道："如果谁将来富贵了，大家相互不要忘记了。"旁边在一起耕田的人，笑着对他道："你是个种田夫，怎能富贵呢？"陈涉长叹一声道："唉！燕子、麻雀这些小鸟怎知大雁、天鹅的志向啊！"

四六、窦太后幸遇

是文描写窦太后不幸中之幸，如许细微，如许婉折，遂使窦太后之喜怒哀乐，跃然纸上。又插入窦广国一段凄史，旁衬窦太后之幸运，却如画工着色，益见鲜丽。如此奇文，非史公孰能有之?

窦太后，赵之清河[1]观津人[2]也。吕太后时，窦姬以良家子入宫侍太后，太后出宫人以赐诸王，各五人，窦姬与在行中。窦姬家在清河，欲如赵近家，请其主遣宦者吏[3]："必置我籍赵之伍中。"宦者忘之，误置其籍代伍中。籍奏，诏可，当行。窦姬涕泣，怨其宦者，不欲往，相强，乃肯行。至代，代王独幸窦姬，生女嫖，后生两男。而代王王后生四男。先代王未入立为帝而王后卒。后代王立为帝，而王后所生四男更病死。孝文帝立数月，公卿请立太子，而窦姬长男最长，立为太子。立窦姬为皇后，女嫖为长公主。其明年，立少子武为代王，已而又徙梁，是为梁孝王。

窦皇后亲[4]早卒，葬观津。于是薄太后[5]乃诏有司，追尊窦后父为安成侯，母曰安成夫人。令清河置园邑二百家，长丞奉守，比灵文园法[6]。

窦皇后兄窦长君[7],弟曰窦广国,字少君。少君年四五岁时,家贫,为人所略卖[8]，其家不知其处。传十余家[9]，至宜阳[10]，为其主入山作炭，暮，卧岸下百余人，岸崩，尽压杀卧者，少君独得脱，不死。自卜数日当为侯，从其家[11]之长安[12]。闻窦皇后新立，家在观津，姓窦氏。广国去时虽小,识其县名及姓,又常与其姊采桑堕,用为符信,上书自陈。窦皇后言之于文帝，召见，问之，具言其故，果是。又复问他何以为验，对曰：“姊去我西时，与我决于传舍中[13]，丐沐沐我[14]，请食饭我，乃去。”于是窦后持之而泣，泣涕交横下。侍御左右皆伏地泣，助皇后悲哀。乃厚赐田宅金钱，封公昆弟[15]，家于长安。

绛侯[16]、灌将军[17]等曰：“吾属不死，命乃且县此两人[18]。两人所出微，不可不为择师傅宾客，又复效吕氏[19]大事也。”于是乃选长者士之有节行者与居。窦长君、少君由此为退让君子，不敢以尊贵骄人。

窦皇后病，失明[20]。文帝幸邯郸[21]慎夫人、尹姬，皆毋子。孝文帝崩，孝景帝立，乃封广国为章武侯。长君前死，封其子彭祖为南皮侯。吴楚反时，窦太后从昆弟子窦婴[22]，任侠自喜，将兵，以军功为魏其侯。窦氏凡三人为侯。

窦太后好黄帝、老子言[23]，帝及太子诸窦不得不读《黄帝》《老子》，尊其术。

窦太后后孝景帝六岁，建元六年崩，合葬霸陵[24]。遗诏尽以东宫金钱财物赐长公主嫖。

——节《外戚世家》

［1］清河：郡名。［2］观津：故城在今河北武邑县东南。［3］主遣宦者吏：谓宦者为吏，主发遣宫人也。［4］窦皇后亲：窦太后之父，少遭秦乱，隐身渔钓，坠泉而死。［5］薄太后：吴人，姓薄氏，孝文皇帝之母后也。［6］比灵文园法：孝文皇帝即位，追尊薄太后之父为灵文侯。会稽郡置园邑三百家，长丞已下吏奉守众，寝庙上食祠如园庙朝法，而栎阳北亦置灵文侯夫人园，如灵文侯园仪，此言窦太后父之园仪，与灵文侯园寝之法同也。［7］窦长君：名建，长君，其字也。［8］略卖：夺取他人妇女幼童，出卖以营利也。［9］传十余家：谓卖而又卖有十余家也。

［10］宜阳：县名，在今河南省境。［11］从其家：从主人之家也。［12］长安：汉都城，故城在陕西今县西北。［13］与我决于传舍中：决，别也。传舍，谓邮亭传置之舍也。盖窦后初入宫时，别其弟于传舍之中也。［14］丐沐沐我：丐，乞也。上沐字，淅米汁也。谓乞淅米汁为弟沐也。［15］公昆弟：公，祖也。谓同祖之昆弟也。［16］绛侯：周勃，汉沛人，佐高祖定天下，封绛侯。［17］灌将军：名夫，字仲孺，颍阴人。为人刚直使酒，不好面谀贵戚。与丞相田蚡不相能，为蚡所劾，坐死。［18］两人：谓窦长君、少君也。［19］吕氏：汉高祖后姓吕名雉。高祖崩，吕后专权，重用吕氏，汉室大乱，赖有周勃、陈平之力，卒灭吕氏。［20］失明：目无见也。［21］邯郸：县名，在今河北省境。［22］窦婴：字王孙，武帝时，婴客灌夫，得罪于田蚡。蚡收捕灌婴，婴锐为救。以孝景后怒，遂劾系婴，坐弃市。［23］黄帝、老子言：黄帝、老子，道家祖也，故谓道家之言，曰黄帝、老子言。［24］霸陵：汉文帝陵，在今陕西长安县东。其西北为霸陵县，废北周。

窦太后原是赵国清河郡观津人氏。吕太后的时候，窦姬因为是良家女子，才得进宫服侍太后。太后后来把宫女遣出，赐给诸王每人五个，窦姬也在遣出的行列中。窦姬因她家在清河就要想到赵国去，可以和她家离的近些，便到遣发宫女的宦官那里去要求，叫他定要把自己的名字写在赵国的册子上，好派到赵国去。那宦官虽然答应了她，后来却忘掉这件事，错把她的名字写在代国的册子上。册子奏上去，便有诏令下来，按所奏执行。窦姬本是想到赵国去的，忽而到代国去，便流着眼泪哭，埋怨那主持遣发的宦官，很不情愿去。旁人极力劝她，没奈何才肯去。她到了代国后，很得代王的宠幸，生下一个女儿，名叫嫖，后来又生了两个儿子。那代王王后生的，共有四个儿子，代王还没有立为皇帝的时候，王后却已经先死了。后来代王立为皇帝，王后所生的四个儿子，也都害病死了。孝文帝即位才几个月，公卿大臣都来要求立太子，窦姬的大儿子算是最长，就立他为太子，把窦姬立为皇后，把她的女儿嫖立为长公主。到了第二年，又立她的小儿子武做代王，没多时，又搬到梁国，就是梁孝王。

窦皇后的父母早逝，葬在观津。于是薄太后下诏令给有关官员，追尊窦后的父亲为安成侯，母亲为安成夫人。下令清河设置二百户的园邑，长丞守护，一切都照灵文侯陵园的礼仪规格。

窦皇后的哥哥叫窦长君，弟弟叫窦广国，字少君。少君四五岁的时候，家里很穷，被人拐卖，他家中不知他被卖在何处，卖了又卖，转卖了十几家。有一次卖到宜阳，替主人在山里烧炭，天气很冷，同伴一百多人都睡在山崖下，没想到山崖却倒坍下来，睡在山崖下的个个都被压死，只有少君一人得以脱身不死。少君给自己算了一卦，说是隔几天定可封侯，就从主人家里动身，一直跑到长安。恰巧听说窦皇后新立，是观津人，姓窦。广国离开家乡的时候，虽然年纪很小，却能记得县名和姓。又常常和他的姐姐去采桑，姐姐从桑树上跌了下来，少君就把这个事当做证据，写了一封信，陈说自己的经历，寄给窦皇后。窦皇后得了这信，便告诉文帝，召见少君。见后问了他一遍，他所答幼时的事情，句句都是实在，果然是自己的弟弟。又问他："怎么知道我是你的姐姐呢？"少君答道："姐姐离开我，要到西边去的时候，在驿站的客舍中和我作别，讨了淘米水替我洗头，又求了饭食喂我吃，然后才去的。"于是窦后抱了他嚎啕大哭，哭得眼泪、鼻涕一齐流下来。在旁服侍窦后的人，见了这种情形，也都伏在地上哭，帮着为窦后助哀。窦后便赐给他很多的田宅金钱，分封和自己同祖的兄弟一样，叫他将家室搬到长安来。

绛侯和灌将军等商议道："我们将来不死，性命却全靠在窦氏兄弟两人身上，这两人出身微贱，不可不挑选好的师傅宾客去教导。不然就要看吕氏的样了，这倒是件大事不可忽略。”于是便挑选了年纪大的、有操行的读书人和他们住在一起。窦长君、少君从此便很谦虚，成为退让的君子，不敢倚仗自己的尊贵对人骄横傲慢。

后来窦皇后因为生病，两只眼睛失明。文帝便宠幸邯郸的慎夫人和尹姬，但是都没有儿子。孝文帝死了，孝景帝继立，就封广国做章武侯。长君已经先死，于是封他的儿子彭祖做南皮侯。吴楚造反的时候，窦太后的堂侄窦婴，喜欢仗义行侠，这次带兵因为有军功，封为魏其侯。窦氏共有三人封为侯。

窦太后素来喜欢黄帝和老子的道术，帝、太子以及姓窦的诸人都不得不读《黄帝》《老子》，尊崇他们的学术。

窦太后比景帝晚六年去世，与文帝合葬在霸陵，遗诏把东宫的金钱财物，一概都赐给长公主嫖。

四七、田生为营陵侯划策

田生欲王营陵侯泽，先使张子卿说封诸吕；乃恐以大臣觖望，使泽卒得王。谋虑之曲折，至此极矣。文能转转传出，变化万端，最宜熟玩其不脱不粘处。

高后[1]时，齐人田生[2]游乏资，以画干[3]营陵侯泽[4]。泽大说之，用金二百斤为田生寿。田生已得金，即归齐。二年，泽使人谓田生曰：“弗与矣[5]。”田生如长安[6]，不见泽，而假大宅，令其子求事吕后所幸大谒者[7]张子卿[8]。居数月，田生子请张卿临，亲修具。张卿许往。田生盛帷帐共具，譬如列侯。张卿惊。酒酣，乃屏人说张卿曰："臣观诸侯王邸第[9]百余，皆高祖一切功臣。今吕氏雅故本推毂高帝就天下[10]，功至大，又亲戚太后之重。太后春秋长，诸吕弱，太后欲立吕产为吕王，王代。太后又重发[11]之，恐大臣不听。今卿最幸，大臣所敬，何不风大臣以闻太后，太后必喜。诸吕已王，万户侯亦卿之有。太后心欲之，而卿为内臣，不急发，恐祸及身矣。"张卿大然之，乃风大臣语太后。太后朝，因问大臣。大臣请立吕产[12]为吕王。太后赐张卿千斤金，张卿以其半与田生。田生弗受，因说之曰："吕产王也，诸大臣未大服。今营陵侯泽，诸刘，为大将军，独此尚觖望[13]。今卿言太后，列十余县王之，彼得王，喜去，诸吕王益固矣。"张卿入言，太后然之。乃以营陵侯刘泽为琅邪王。

——节《荆燕世家》

[1] 高后：高帝之后也，姓吕，名雉，字娥姁。 [2] 田生：田子春也。 [3] 以画干：言以计划干之也，或曰以工画得宠也。 [4] 营陵侯泽：刘泽，汉诸刘远属也。高帝三年，泽为郎中，十一年，泽以将军击陈豨，得王黄，为营陵侯。 [5] 弗与矣：言勿与施行所尽，盖促之之词。 [6] 长安：汉都城，故城在今陕西长安县西北。 [7] 大谒者：汉官名，掌宾赞。 [8] 张子卿：名泽，阉人，封为建陵侯。 [9] 邸第：诸侯王来朝所居也。 [10] 今吕氏二句：雅，素也。推毂，挽车前进也。谓吕氏素心奉推高祖取天下，若人推毂欲前进涂然也。 [11] 重发：重难登事也。 [12] 吕产：泽次子，高祖时封梁王，为相国，居南军，后崩，为周勃等所诛。 [13] 觖望：不满所希望而怨也。觖音决。

高后当政时，齐人田生出游在外缺少旅费，因而就替营陵侯刘泽谋划计策。刘泽很喜欢他，就送给田生二百斤金子祝寿。田生得了金子，便回到齐国。过了二年，刘泽又派人向田生道：“不再和我来往了？”田生便来到长安，并不去见刘泽，自己却赁了很大的房子住着，派他的儿子求见并侍奉被吕后宠幸的大谒者张子卿。过了几个月，田生的儿子邀张卿到自己家里来做客，又亲自把一切物件都备办好了。张卿当下便答应了他。田生就张挂起豪华的帷帐，摆设出精美的用具，铺排得非常热闹，像诸侯王的场面一般。张卿见了，很为诧异。便坐下喝酒，酒喝得有些醉了，田生叫旁人走开，对他说道：“我看诸侯王的住宅，共有一百多所，都是高祖所封的功臣。现在的吕氏都是一心一意奉推高祖征伐天下，成了帝业的，功劳非常大，又有亲戚太后的尊贵。现在太后年纪大了，吕氏却弱得很，太后要想立吕产做吕王，统辖代地。太后很看重这件事，只怕朝中大臣们不同意。如今你最受太后宠幸，大臣们都敬服你，何不婉言劝说大臣们向太后禀告此事，太后一定高兴。诸吕被封王之后，万户侯你也必一定能够封到。现在太后心里想求得的东西，你做为内臣，若不赶紧办理，恐怕有祸就要降到你的头上了。”张卿听了这话，也很以为然。于是就婉言劝说大臣们把此事禀告太后。太后上朝时，就问起大臣们，大臣们都要求立吕产为吕王。太后便赐给张卿金子千斤，张卿把金子的一半分给田生，田生不肯收受，乘机劝说他道：“吕产现在做了王，大臣们还没有心服。营陵侯刘泽，是刘氏宗族，做了大将军，只有他未能封王而失望。你现在何不去对太后说，叫她只须划出十几个县，封他做王。他既然封了王，便也会非常高兴，做他的王去了。诸吕氏王的地位就更加巩固了。”张卿就进宫照此禀告，太后认为他的话不错，便封营陵侯刘泽为琅邪王。

四八、朱虚侯行酒

“忿刘氏不得职”一句，是篇柱意。以下或作势，或伏案，其眼光皆射于此。故能结构精密，通体灵动。以此知作文无论叙事议论，皆须立一柱意也。

高后立诸吕为三王[1]，擅权用事。朱虚侯[2]年二十，有气力，忿刘氏不得职。尝入侍高后燕饮，高后令朱虚侯刘章为酒吏[3]。章自请曰：“臣，将种也。请得以军法行酒。”高后曰：“可。”酒酣，章进饮歌舞。已而曰：“请为太后言耕田歌。”高后儿子畜之，笑曰：“顾而父知田耳。若生而为王子，安知田乎？”章曰：“臣知之。”太后曰：“试为我言田。”章曰：“深耕概[4]种，立苗欲疏，非其种者，锄而去之。”吕后默然。顷之，诸吕有一人醉，亡酒[5]，章追，拔剑斩之。而还报曰：“有亡酒一人，臣谨行法斩之。”太后左右皆大惊。业已许其军法，无以罪也。因罢。自是之后，诸吕惮朱虚侯，虽大臣皆依朱虚侯，刘氏为益强。

——节《齐悼惠王世家》

[1] 三王：燕、赵、梁也。 [2] 朱虚侯：姓刘，名章，齐悼惠王之子，高后封为朱虚侯，以吕禄女妻之。 [3] 酒吏：掌酒之官也。 [4] 概：读如寄。稠也。 [5] 亡酒：言当饮而逃避也。

高后封了吕氏三个王之后，独揽大权，专断朝政。当时朱虚侯才二十岁，力气很大，为刘氏得不到权职而忿忿不平。他常常到宫里去服侍高后燕饮，高后便派朱虚侯刘章做掌管酒令的官。刘章自己到高后面前去要求道："我是将军的后代呀！请允许我用军法来行酒令，可以吗？"高后道："可以。"大家正喝得有些醉意，刘章献上助兴的歌舞。过了一会，说道："我把耕田的歌唱给太后听听。"高后把他当小孩子看待，笑道："你也知道耕田的事情吗？你生下来就是个王子，又没有学习农事，怎么知道种田呢？"章道："我知道。"太后道："你把耕田的歌唱来听听看。"刘章便唱道："深深地耕地，密密地种下，留苗要稀疏，不是原种苗，锄头铲去它。"吕后听了默默不语。过了一会，吕氏中有一个人喝醉了酒，就逃离酒席不愿再喝，刘章便赶上去，拔剑斩了他。回来报告道："有一人避酒逃去，我照军法把他斩了。"太后和左右的人都大为吃惊。但既然允许他用军法来办，却又不能处他的罪。酒宴因此作罢。从此之后，吕氏家族的人都惧怕朱虚侯，但是大臣们都依从朱虚侯，刘氏的声势又渐渐强盛起来。

四九、高祖封功臣

一时之事，断不能与万世之功并立。通篇只如是说来，推重萧何。缠绵往复，反复申明，自然语语确切，句句实情。以萧何之功，而得史公之文，真所谓相得益彰。

汉五年，既杀项羽，定天下，论功行封。群臣争功，岁余功不决。高祖以萧何功最盛，封为酂侯，所食邑[1]多。功臣皆曰："臣等身被坚执锐，多者百余战，少者数十合，攻城略地，大小各有差。今萧何未尝有汗马[2]之劳，徒持文墨[3]议论，不战，顾反居臣等上，何也？”高帝曰：“诸君知猎乎？”曰：“知之。”“知猎狗乎？”曰：“知之。”高帝曰：“夫猎，追杀兽兔者狗也，而发踪指示兽处者人也。今诸君徒能得走兽耳，功狗也。至如萧何，发踪指示，功人也。且诸君独以身随我，多者两三人。今萧何举宗数十人皆随我，功不可忘也。”群臣皆莫敢言。

列侯毕已受封，及奏位次，皆曰：“平阳侯曹参[4]身被七十创，攻城略地，功最多，宜第一。”上已桡功臣，多封萧何，至位次未有以复难之，然心欲何第一。关内侯鄂君[5]进曰：“群臣议皆误。夫曹参虽有野战略地之功，此特一时之事。夫上与楚相距五岁，常失军亡众，逃身遁者数矣。然萧何常从关中遣军补其处，非上所诏令召，而数万众会上之乏绝者数矣。夫汉与楚相守荥阳[6]数年，军无见粮，萧何转漕[7]关中[8]，给食不乏。陛下虽数亡山东，萧何常全关中以待陛下，此万世之功也。今虽亡曹参等百数，何缺于汉？汉得之不必待以全，奈何欲以一旦之功而加万世之功哉！萧何第一，曹参次之。”高祖曰：“善。”于是乃令萧何第一，赐带剑履上殿，入朝不趋。

上曰：“吾闻进贤受上赏。萧何功虽高，得鄂君乃益明。”于是因鄂君故所食关内侯邑封为安平侯。是日，悉封何父子兄弟十余人，皆有食邑。乃益封何二千户，以帝尝繇咸阳[9]时“何送我独赢奉钱二[10]也。”

——节《萧相国世家》

[1]食邑：言食其邑之租入，如古之采地也。 [2]汗马：言战功也。战马疾驰而汗出，故云汗马。 [3]文墨：谓撰述之事也。 [4]曹参：

汉沛人，与萧何同佐高祖定天下，封平阳侯。 ［5］鄂君：名千秋，以谒者从高祖定天下有功，因举萧何功，封为安平侯。 ［6］荥阳：故城在今河南荥泽县西南。 ［7］漕：水转谷也，水运曰漕。 ［8］关中：地名，即今陕西省。 ［9］繇咸阳：繇与徭同，役也。咸阳秦都，故城在今陕西长安县东。言高祖以吏繇咸阳也。 ［10］何送我句：高祖以吏繇咸阳，吏皆送奉钱三，何独以五，所以为赢二也。

汉五年，既杀项羽，汉朝的天下从此安定。高祖评论功臣，要封赏他们，群臣都争说自己的功劳大，以致过了一年多，这件赏功的事，还决断不下来。高帝认为功臣之中，要算萧何功劳最显赫，便封他为酂侯，给他的食邑也最多。许多功臣不服气，说道："我们身穿盔甲，手执兵器，出去打仗，多的打了一百多仗，少的也战了几十合，攻破都城，夺取土地，功劳大大小小各不相等。如今萧何没有这样的汗马功劳，只是舞文弄墨，发发议论，并不出去打仗，然而封赏反倒列在我们之上，这是为什么呢？"高帝道："你们知道打猎的事吗？"答道："知道。"高帝又问："你们知道猎狗吗？"答道："知道。"高帝道："打猎，把逃去的野兽追杀了，这是猎狗的功劳。找寻野兽的踪迹，把野兽的所在地指示给猎狗，这却是猎人的功劳。现在你们只能捉住野兽，功劳和猎狗是一样的。至于萧何，找寻野兽踪迹，指示猎取目标，功劳和猎人是一样的。并且你们追随我，只有自己一个人，就是多些的也不过一家二三人。而萧何全族几十人都追随我打天下，这个功劳是不能忘掉的。"群臣听了这番话，都不敢再说了。

后来列侯受封已经完毕，到了排列位次，群臣又齐声说道："平阳侯曹参身受七十处创伤，攻破都城，夺取土地，功劳最多，应该把他列为第一。"高帝因为已经委屈了功臣，多封了萧何。到了排列位次，高帝就没有再反驳他们，但心里却仍想把萧何列为第一。这个时候，关内侯鄂千秋上前说道："群臣说的都错了，曹参虽有野战夺地的功劳，这只是一时间的事情。皇上和楚国打仗，一连打了五年，常常失军亡众，只身逃脱就有好多次。然而萧何常从关中派了士卒，补了士卒的缺额，这些并不是皇上命令他做的，关中数万士卒开赴前线时正值大王最危急的时刻，这种情况已有多次了。汉楚相持在荥阳有好几年，汉军没有粮食，萧何从关中用车船运来粮食，军粮供应从不匮乏。皇上虽然多次失掉崤山以东大片土地，而萧何总是保全关中等待着皇上。像萧何的功劳，是万世的功劳啊！如今即使没有上百个曹参这样的人，对汉室又有什么损失呢？汉室得到了这些人也不一定能得以保全。怎可把一时的功劳凌驾于万世功劳之上呢？应该萧何第一，曹参第二。"高祖道："很好！"于是就准萧何可以带剑穿鞋上殿，朝见时可以不按礼仪小步快走。

高帝道："我听说推荐贤能的人，应该受到特别的赏赐。萧何的功劳虽然很高，但经鄂君这样一说，就越发明显了。"于是就把鄂千秋原有的关内侯的食邑加封为安平侯。当天，萧何父子兄弟十多人统统得封赏，都有食邑。后又加封萧何二千户，这是因为高帝从前到咸阳服役的时候，其他小吏都奉送钱三枚，萧何独奉送他五枚，比别人多了两枚钱的缘故。

五〇、召平吊萧相国

高祖素阴险，既不容陈豨淮阴侯，相国何独幸，以其得智谋士故。篇中百忙中插入召平小传，见其所窥固是异人。而隐居则非高祖所忌，又言种瓜事，明非余二召平，与上文语在淮阴事中等句，皆文家旁注法。《史记》

全部关节通灵，全仗此等笔墨。

汉十一年，陈豨[1]反，高祖自将，至邯郸[2]。未罢，淮阴侯[3]谋反关中，吕后用萧何计，诛淮阴侯，语在淮阴事中[4]。上已闻淮阴侯诛，使使拜丞相何为相国，益封五千户，令卒五百人一都尉[5]为相国卫。诸君皆贺，召平独吊。召平者，故秦东陵侯。秦破，为布衣，贫，种瓜于长安城东，瓜美，故世俗谓之“东陵瓜”，从召平以为名也。召平谓相国曰：“祸自此始矣。上暴露[6]于外而君守于中，非被矢石之事[7]而益君封置卫者，以今者淮阴侯新反于中，疑君心矣。夫置卫卫君，非以宠君也。愿君让封勿受，悉以家私财佐军，则上心说。”相国从其计，高帝乃大喜。

——节《萧相国世家》

[1]陈豨：汉宛句人，事高祖，以郎中封列侯，监赵代边兵，召致宾客，待如布衣交。赵相周昌言豨宾客盛，擅兵于外，恐有变。召豨，豨称病，遂反，自立为代王。帝自击豨诛之。 [2]邯郸：汉县名，为赵国都，在河北今县治。 [3]淮阴侯：韩信也。 [4]语在淮阴事中：谓其事见淮阴侯传也，是为省文。 [5]都尉：汉官名。 [6]暴露：在野曰暴露。 [7]非被矢石之事：矢石，古时守城之具。发矢投石以御敌也，言相国非有在外攻城野战之事。

汉十一年，陈豨谋反，自称代王，高祖自己带兵去征讨，到了邯郸。这件事还没了结，淮阴侯韩信又在关中谋划造反。吕后便用萧何的计策，杀了淮阴侯，这件事记载在《淮阴侯列传》中。高祖听说淮阴侯已被杀死，就派使者拜丞相萧何为相国，加封了五千户，又派士兵五百人和一个都尉来保护萧何。萧何骤然身荣，诸君都来道贺，召平独来哀吊。召平本是秦朝的东陵侯，自从秦朝失掉天下，他无意为官，情愿做个平民百姓。家里很穷，便在长安城的东边种种瓜，他的瓜种得很好，所以世人都叫他的瓜为“东陵瓜”。这是依召平的侯爵取名的。当时召平对相国道：“你的祸端由此开始了。皇上出去讨逆，天天待在野外，你安安逸逸地待在这里，并没有出去打仗立功，如今反倒加封你，派人保护你，这无非是因为现在淮阴侯在关中造反的缘故，我看皇上已经有猜忌你的心事了。所以派人保护你，并不是宠信你。希望你辞谢了封爵，不要收受，并且把自己的私产，统统取出补助军饷，皇上心里就会高兴。”相国就照他的计划去做，高帝果然很欢喜。

五一、曹参入相

曹参为相，一遵萧何故事，即伏清净宁一本旨。故虽纵酒自放，拒谏呈志，然亦无妨政体。末以民歌作结，足见何去参来，相业未尝衰替也。

惠帝二年，萧何卒。参[1]闻之，告舍人[2]趣治行：“吾将入相。”居无何，使者果召参。参去，属其后相曰：“以齐狱市为寄，慎勿扰也[3]。”后相曰：“治无大于此者乎？”参曰：“不然。夫狱市者，所以并容也，今君扰之，奸人安所容也？吾是以先之。”

参始微时，与萧何善；及为将相，有郤。至何且死，所推贤唯参[4]。参代何为汉相国，举事无所变更，一遵萧何约束。

择郡国吏木讷[5]于文辞，重厚长者，即召除为丞相史。吏之言文刻深，欲务声名者，辄斥去之。日夜饮醇酒。卿大夫已下吏及宾客见参不事事[6]，来者皆欲有言。至者，参辄饮以醇酒，间之，欲有所言，复饮之，醉而后去，终莫得开说，以为常。

相舍后园近吏舍，吏舍日饮歌呼。从吏恶之，无如之何，乃请参游园中，闻吏醉歌呼，从吏幸相国召按之。乃反取酒张坐饮，亦歌呼与相应和。

参见人之有细过，专掩匿覆盖之，府中无事。

参子窋为中大夫。惠帝怪相国不治事，以为“岂少[7]朕与”？乃谓窋曰：“若归，试私从容问而父曰：‘高帝新弃群臣，帝富于春秋[8]，君为相，日饮，无所请事，何以忧天下乎？’然无言吾告若也[9]。”窋既洗沐[10]归，间侍，自从其所谏参。参怒，而笞窋二百，曰：“趣入侍，天下事非若所当言也。”至朝时，惠帝让参曰：“与窋胡治乎？乃者我使谏君也。”参免冠谢曰：“陛下自察圣武孰与高帝？”上曰：“朕乃安敢望先帝乎！”曰：“陛下观臣能孰与萧何贤？”上曰：“君似不及也。”参曰：“陛下言之是也。且高帝与萧何定天下，法令既明，今陛下垂拱[11]，参等守职，遵而勿失，不亦可乎？”惠帝曰：“善。君休矣！”

参为汉相国，出入三年。卒，谥懿侯。子窋代侯。百姓歌之曰：“萧何为法，顜若画一[12]。曹参代之，守而勿失。载其清净，民以宁一。”

——节《曹相国世家》

[1] 参：曹参也，汉初沛人，与萧何同佐高祖定天下，封平阳侯，初本为齐相。 [2] 舍人：亲近左右之通称，战国及汉初，王公贵人多有之。[3] 狱市二句：狱市兼受善恶。若穷极奸人，奸人无所容窜，久且为乱。

老子曰：“我无为而民自化，我好静而民自正；参欲以道化其本，不欲扰其末。” ［4］至何且死二句：萧何病，孝惠自临视。因问曰：“君即百岁后，谁可代君者？”对曰：“知臣莫如主。”孝惠曰：“曹参如何？”何顿首曰：“帝得之矣，臣死不恨矣！” ［5］木诎：木，朴质也。诎，迟钝也。 ［6］不事事：不事丞相之事。 ［7］少：不足之词。 ［8］春秋：年龄也。 ［9］无言吾告若也：谓惠帝语窋，无得言我告汝，令谏汝父，当云是已意也。 ［10］洗沐：（徐坚《初学记》）汉律吏五日得一休沐。言休息以洗沐也。 ［11］垂拱：垂衣拱手，言天子之无为而治也。 ［12］顜若画一：顜音较，直也。言其法直整齐若一也。

惠帝二年，萧何去世。曹参听到消息，便告诉左右的人，叫他们赶快整理行李，说“我就要入朝做相国了”。过了没多时，果然有使者来召曹参去。曹参正要动身的时候，吩咐后任齐国宰相，说道:“要把齐国的狱市作为奸人的寄寓场所，对于狱市那样的地方要慎重，不要轻易干涉。”后任齐相说道:“治理国家没有比这件事更重要的吗？”曹参道:“不是这样。那狱市是善恶并容的处所，如果你去干扰它，叫奸人哪里去容身呢？我因此把这件事摆在前面。”

曹参没有贵显的时候和萧何很要好；到了各自做将军、相国时便有些隔阂。萧何临终时，所推荐的贤臣只是曹参。曹参便代萧何做了汉朝的相国，凡事毫无变更，一切都照萧何的老法子去做。

曹参选择郡国官吏中那些不善文辞的，看似忠厚的长者，便立即召来任命为丞相史。官吏中有善于言辞，苛刻深究，一心追求名誉的人，就排斥不用。一天到晚，只是好喝美酒。卿大夫以下的官吏乃至宾客，看见曹参不管宰相的事情，都想要劝谏他不要喝酒。曹参看见有人来劝谏，就拿出好酒来给他喝，使他不能开口，见他要开口了，又叫他喝酒，酒喝醉了，那人便离去。所以终没有人开口，如此习以为常。

相府的后园和吏舍离的很近，住在吏舍中的官吏天天在那里喝酒、唱歌、喧闹。曹参手下的官吏很讨厌他们，却有无可奈何，便想出法子，请曹参到后园去游玩，让曹参可以听见，或可办他们的罪，可是曹参听了吏舍中官吏喝酒、唱歌、喧闹，便也拿来酒和大家坐下同喝，也唱歌、喧闹，和他们相应和。

曹参看见人有小错，总是隐瞒遮盖，因此相府中平安无事。

曹参的儿子曹窋做中大夫，惠帝埋怨曹参不治理公事，以为“莫不是轻视我吧？”于是对曹窋道：“你回去后，试着私下随意问问你父亲道：‘高帝已经去世，和群臣离别不长久，皇上又很年轻，君做了相国，天天只是喝酒，不向皇上请示报告，根据什么考虑国家大事呢？’但是这几句话，不可说是我教你的。”曹窋在休息那天，回到家里，服侍他的父亲，曹窋便将惠帝的话，如此如此的劝谏曹参。曹参当下大怒，就鞭笞曹窋二百下，并且说道：“赶快进宫侍奉皇上去，治理天下的事情不是你应该说的。”到了上朝的时候，惠帝责备曹参道：“为什么要惩治曹窋？上次是我让他劝谏你的。”曹参脱了帽子谢罪道：“请陛下自己想想，在圣明英武上陛下和高帝谁强？”惠帝道：“朕怎么能够比得高帝呢？”曹参道：“在陛下看来，我和萧何哪一个更贤能？”惠帝道：“你好像不及萧何。”曹参道：“陛下的说话不错！高帝和萧何平定天下，一切法令都很明了。陛下只要垂衣拱手，天下自然而然的就太平了。我等牢牢地守住各自的职责，遵循原有的法度而不随意更改，不也就可以了吗？”惠帝道：“很好！你可休息了。”

曹参做汉朝的相国，一连做了三年。去世后，谥为懿侯。曹参之子曹窋接替了他父亲的侯位。百姓歌颂曹参道：“萧何制定的法律，严明整齐；曹参接替他为相，遵守而不改变。执行其清净无为的做法，百姓因而安宁不乱。”

五二、留侯遇圯上老人

留侯折节圯上老人，即为后日复韩佐汉之基。夫英雄豪杰固是能屈能伸，然此老人奇幻已极，史公写得恍恍惚惚，如遇鬼魅，致后世读者皆不能定其所遇之果为何等人，诚为绝妙文章。后来苏氏作《方山子传》，归氏作《筠溪翁传》，写得隐隐约约，全仿此笔墨。

良[1]尝学礼淮阳[2]，东见仓海君[3]，得力士，为铁椎重百二十斤。秦皇帝东游，良与客狙击[4]秦皇帝博浪沙[5]中，误中副车[6]。秦皇帝大怒，大索天下，求贼甚急，为张良故也。良乃更名姓，亡匿下邳[7]。

良尝闲从容步游下邳圯上[8]，有一老父，衣褐，至良所，直[9]堕其履圯下，顾谓良曰：“孺子，下取履！”良鄂然，欲殴之。为其老，强忍，下取履。父曰：“履我！”良业为取履，因长跪履之。父以足受，笑而去。良殊大惊，随目之。父去里所，复还，曰：“孺子可教矣。后五日平明[10]，与我会此。”良因怪之，跪曰：“诺。”五日平明，良往。父已先在，怒曰：“与老人期，后，何也？”去，曰：“后五日早会。”五日鸡鸣，良往。父又先在，复怒曰：“后，何也？”去，曰：“后五日复早来。”五日，良夜未半往。有顷，父亦来，喜曰：“当如是。”出一编书，曰：“读此则为王者师矣。后十年兴，十三年孺子见我济北[11]，谷城[12]山下黄石[13]即我矣。”遂去，无他言，不复见。旦日视其书，乃《太公兵法》[14]也。良因异之，常习诵读之。

——节《留侯世家》

［1］良：姓张，字子房，佐高祖定天下，以功封留侯。［2］淮阳：地名，故城在今河南淮阳县西。［3］仓海君：当时夷狄之长也。［4］狙击：伺人不备而击之也。狙音苴。［5］博浪沙：在今河南阳武县南境。［6］副车：天子之从车也。［7］下邳：今江苏邳县。［8］圯上：圯音移。圯上，桥上也。邳人谓桥曰圯，即沂水桥也。［9］直：犹故也。［10］平明：初晓也。［11］济北：郡名，故城在今山东长清县南。［12］谷城：山名，今山东东阿县东北。［13］黄石：亦名黄石公，须眉皆白状，杖丹黎，履赤舄。后十三年，张良从高帝过济北，果见谷城山下黄石，取而宝祠之。［14］《太公兵法》：一帙三卷，太公即姜子牙也。

张良曾经到淮阳去学习礼法，到东方去见仓海君。他找到一个大力士，那大力士能够使用一百二十斤重的铁椎。秦始皇到东方巡游，张良与大力士在博浪沙这个地方袭击秦始皇，误中了副车。秦始皇大为震怒，下令在全国大肆搜捕，捉拿刺客非常急迫，这都是为了张良的缘故。张良于是改名换姓，逃到下邳去躲避。

张良在下邳闲暇时，常常到下邳的桥上去散步。桥上有一个老人，穿了褐色的衣服，看见张良走过来，故意把鞋子抛落在桥下，对张良道："小孩子！到桥下替我把鞋子拾来。"张良听到这话，怔了一怔，想打他，只因他年纪大，便勉强忍耐着，走下去替他拾鞋子。待张良拾得鞋子上来，老人又道："替我穿上。"张良既然替他拾来了，便跪下替他穿鞋。老人当下伸出脚来，穿罢，笑了一笑，便自去了。张良十分惊讶，随着老人的去向注视着他。老人已经走了一里远，又折回桥上，对张良道："你这小孩子可以教导。过五天，趁天亮时候，仍旧和我在这里相会。”张良又感到很惊异，便跪下说：“好。”等第五天早上，天才发亮，张良便依他约定的时间赶去，哪知老人已经先在那里了。老人怒道：“和老人约会，你反而后来，为什么呢？你去罢！过五天，早些再到这里来相会。”过了五天，刚刚鸡鸣，张良就去了，不想老人又先在那里了。老人又怒道：“你总迟到，为什么呢？你去罢！过五天，再早些来。”五天过去了，天还没有到半夜，张良就动身赶去。刚等了一会儿，老人也来了，很高兴地说道：“应该这样。”就拿出一本书，说道：“你读了这本书，便可做王者的老师，过了十年，你就遇到贤君了。过了十三年，你可在济北的谷城山下见我，那地有块黄石，就是我。”说罢便走了，没有别的说话，从此以后也没有见面。天明时一看老人送的书，原来是《太公兵法》。张良因而觉得这部书非同寻常，便孜孜矻矻地诵读这本书。

五三、留侯辅翼太子

四皓高节之士，义不臣汉，逃匿商山，以区区储君之位，竟翩然莅临，足见子房奇计。太史公以其事奇加意描写，曲折入微，遂令读者宛如白发须眉之四皓，突现目前，然恐真四皓，未必肯出。其出者伪也，子房所使也，文情隐约可辨。

留侯性多病，即道引[1]不食谷[2]，杜门不出岁余。上欲废太子，立戚夫人[3]子赵王如意。大臣多谏争，未能得坚决者也。吕后[4]恐，不知所为。人或谓吕后曰：“留侯善画计策[5]，上信用之。”吕后乃使建成侯[6]吕泽[7]劫留侯，曰：“君常为上谋臣，今上欲易太子，君安得高枕而卧乎？”留侯曰：“始上数在困急之中，幸用臣策。今天下安定，以爱欲易太子，骨肉之间，虽臣等百余人何益。”吕泽强要曰：“为我画计。”留侯曰：“此难以口舌争也。顾上有不能致者，天下有四人[8]。四人者年老矣，皆以为上慢侮人，故逃匿山中，义不为汉臣。然上高此四人。今公诚能无爱金玉璧帛，令太子为书，卑辞安车，因使辩士固请，宜来。来，以为客，时时从入朝，令上见之，则必异而问之，问之，上知此四人贤，则一助也。”于是吕后令吕泽使人奉太子书，卑辞厚礼，迎此四人。四人至，客建成侯所。

汉十一年，黥布[9]反，上病，欲使太子将往击之。四人相谓曰：“凡来者，将以存太子。太子将兵，事危矣。”乃说建成侯曰：“太子将兵，有功则位不益太子；无功还，则从此受祸矣。且太子所与俱诸将，皆尝与上定天下枭将[10]也，今使太子将之，此无异使羊将狼也，皆不肯为尽力，其无功必矣。臣闻‘母爱者子抱’[11]，今戚夫人日夜侍御，赵王如意常抱居前，上曰：‘终不使不肖子居爱子之上，’明乎其代太子位必矣。君何不急请吕后承间为上泣言：‘黥布，天下猛将也，善用兵，今诸将皆陛下故等夷[12]，乃令太子将此属，无异使羊将狼，莫肯为用。且使布闻之，则鼓行[13]而西耳。上虽病，强载辎车[14]，卧而护之，诸将不敢不尽力。上虽苦，为妻子自强。’”于是吕泽立夜见吕后，吕后承间为上泣涕而言，如四人意。上曰：“吾惟竖子[15]固不足遣，而公自行耳。”于是上自将兵而东，群臣居守，皆送至灞上[16]。留侯病，自强起，至曲邮[17]，见上曰：“臣宜从，病甚。楚人剽疾[18]，愿上无与楚人争锋。”因说上曰：“令太子为将军，监关中兵。”上曰：“子房虽病，强卧而傅太子。”是时叔孙通[19]为太傅，留侯行少傅事。

汉十二年，上从击破布军归，疾益甚，愈欲易太子。留侯谏，不听，因疾不视事。叔孙太傅称说引古今，以死争太子。上佯许之，犹欲易之。及燕，置酒，太子侍。四人从太子，年皆八十有余，须眉皓白，衣冠甚伟。上怪之，问曰：“彼何为者？”四人前对，各言名姓，曰东园公，角[20]里先生，绮里季，夏黄公。上乃大惊，曰：“吾求公数岁，公辟逃我，今公何自从吾儿游乎？”四人皆曰：“陛下轻士善骂，臣等义不受辱，故恐而亡匿。窃闻太子为人仁孝，恭敬爱士，天下莫不延颈欲为太子死者，故臣等来耳。”上曰：“烦公幸卒调护[21]太子。”

四人为寿已毕，趋去。上目送之，召戚夫人指示四人者曰：“我欲易之，彼四人辅之，羽翼已成，难动矣。吕后真而主矣。”戚夫人泣，上曰：“为我楚舞，吾为若楚歌。”歌曰：“鸿鹄高飞，一举千里。羽翮已就，横绝四海。横绝四海，当可奈何！虽有矰[22]缴，尚安所施！”歌数阕[23]，戚夫人嘘唏流涕，上起之，罢酒。竟不易太子者，留侯本招此四人之力也。

——节《留侯世家》

[1]道引：道家养生之术，谓呼引俯仰，屈伸手足，使血气充足，身体轻举也。 [2]不食谷：谓服辟谷之药，而静居行气也。 [3]戚夫人：汉高祖之宠姬，后为吕后所杀。 [4]吕后：汉高祖之正后，名雉，字娥姁。 [5]计策：谋划也。 [6]建成侯：姓吕名释之，吕后次兄，建成侯其封号也。 [7]吕泽：吕后长兄，佐高祖定天下，封周吕侯，卒谥肃，后追尊为悼武王。 [8]四人：四皓也，即东园公、角里先生、绮里季、夏黄公。 [9]黥布：即英布，因其坐法黥，故称黥布。初属项羽，因随何之说乃归汉，天下定，封为淮南王。以韩信、彭越见诛，惧祸及己，发兵拒命，高祖讨平之。 [10]枭将：谓勇健之将。 [11]母爱者子抱：语出

韩子。谓母爱其子者必抱之。 [12] 等夷：犹言等辈。 [13] 鼓行：谓击鼓而进军也。 [14] 辎车：有衣之车，取其安适也。 [15] 竖子：童子也。 [16] 灞上：灞水之上也，灞水为关中八川之一，源出陕西蓝田县。[17] 曲邮：在今陕西新丰县西。 [18] 剽疾：劲速之貌。 [19] 叔孙通：汉薛人，汉之朝庙典礼，皆其所定。 [20] 角：音六。 [11] 护：犹护也。[22] 矰：弋鸟之具，以绳系矢而射也。 [23] 阕：音缺，乐终曰阕。

留侯体弱多病，便行导引之术，不食五谷，闭门不出有一年多。皇上想把从前已立的太子废了，另立戚夫人的儿子赵王如意为太子。很多大臣都到皇上面前去强谏，但毫无效果。于是吕后很害怕，不知怎么办才好。有人对吕后道："留侯善于出谋划策，皇上很相信他。"吕后就派建成侯吕泽胁迫留侯道："君是时常替皇上出谋划策的，现在皇上要另立太子，君怎么能垫高枕头睡大觉呢？"留侯道："从前皇上屡次处于危急之中，幸而用我的计策。现在天下安定了，由于偏爱的缘故要另立太子，这是至亲骨肉间的事，就是像我样的有一百多人去进谏，也是不中用的。"吕泽再三强求，说道："总要请君想个法子。"留侯道："这件事是很难用口舌来争辩的。皇上所不能召到的，天下共有四人。这四人年纪都很老了，因为皇上对人傲慢，所以他们逃到商山中，坚持节操，不愿出来做汉朝的臣子。但是皇上却很看重他们。你现在如果能够不爱惜金玉璧帛，叫太子自己写一封信，话要说得格外客气，车子要扮得格外整饬，这样再派辩士去聘请他们，他们必定肯来的。他们来了，只当他们是宾客，时时跟太子去上朝，使得皇上看见他们。看见他们，必定会惊异的去问他们。一问他们，皇上知道这四个人贤德，那么这对太子是一种帮助。"于是吕后叫吕泽派人拿了太子的信，话说得很客气，礼节送得很优厚，去迎接这四人。这四位老人居然被接来，以贵客的身份住在建成侯家里。

汉十一年，黥布造反，皇上患重病，想派太子做主将，去攻打黥布。四位老人相互商量道："我们来的目的，是要保全太子。如果太子带兵平叛，事情就危险了。"当下便对建成侯说道："太子做了将军出去打仗，如果有了功劳，那么权位也不会高过太子；若是打了败仗回来，那么从此就要遭受祸患了。并且与太子同去的诸将，都是和皇上定天下的猛将，今叫太子统帅他们，这无异与让羊统帅狼，必定不肯替太子尽心出力，那太子一定不能建立战功。我们听说'母亲受宠爱，所生之子必定受抚爱'，如今戚夫人一天到晚服侍皇上，赵王如意常被抱在皇上的面前，皇上说'终归不能让没出息的儿子居于我爱怜的儿子之上'，这句话明明白白表明赵王如意要取代太子之位了。你为什么不赶紧请吕后找一个合适的机会对皇上哭诉着说：'黥布，是天下最勇敢的将，善于用兵。现在诸将都是陛下从前一同打天下的人，现在令太子统帅他们，这无异与让羊统帅狼，必定不肯替太子尽心出力。而且让黥布听到太子做主将，便要大张旗鼓地向西进犯。皇上虽然有病，就是勉强也要自己去，只须睡在车子里，那诸将就不敢不尽力了。皇上虽然辛苦些，为了妻儿就是勉强，也该去的。"于是吕泽立刻连夜去见吕后，吕后找个机会便在皇上面前一边哭，一边说，都是照四人的意思说的。皇上道："这个没出息的儿子，本就做不了将军，只有老子自己去啦！"于是皇上亲自带兵东征。群臣留守，都送到灞上。这时留侯也有病，自己勉强起来，送到曲邮，谒见皇上道："照理我应该和陛下同去，不过病得太厉害了。楚人勇悍，望皇上不要与他们争一时的高低。"留侯又趁机劝皇上道："还是派太子做将军，监督关中的兵罢。"皇上道："子房虽然有重病，躺着也要强打精神辅佐太子。"这时叔孙通做太傅，留侯任少傅之职。

汉高帝十二年，皇上跟随大军攻破黥布回朝，病得越发厉害了，于是急欲另立太子。留侯去谏不听，便称自己有病，不出来料理公事。叔孙太傅引证古今事例进行劝说，极力争保太子。皇上假装答应了他，心里却终想另立太子。到了燕饮时，张起酒席，太子在旁边服侍。四人跟随着太子，这四人的年纪都八十多岁了，须鬓眉毛都像雪一般白，衣冠非常壮美奇特。皇上见了，十分奇怪，问道：“他们是什么人？”四人便走上前来对答，各说出自己的姓名，叫做东园公、角里先生、绮里季、夏黄公。皇上非常惊异，说道：“我访求各位已经有好几年了，各位都避我逃去，现在你们为何主动跟随我儿交游呢？”四人齐声说道：“陛下轻视士人，喜欢骂人，我们讲骨气不愿受辱，所以惶恐地逃躲。我们私下听说太子为人仁义孝顺，谦恭有礼，喜爱士人，天下的人没有不伸着脖子想为太子拼死效力的，为了这个缘故，所以我们来的。”皇上道：“烦劳诸位善始善终地关心保护太子。”

四人上前去献酒，献酒完毕，小步快走离去，皇上一直看他们走去。当下召戚夫人进来，指着四人道：“我要换太子，那四人辅佐他，太子的羽翼已成，万难动摇他的地位了。吕后真是你的主人了。”戚夫人便哭起来，皇上道：“你为我跳楚舞，我给你唱楚歌。”说罢，就唱起歌道：“鸿雁高高地飞起，一飞便是千里路。羽翮已经生长成，任凭四面都可飞去。任凭四面都可飞去，便怎么好呢？虽有弋具在此，怎么射到它呢？”连唱了几遍，戚夫人叹气哭泣。皇上起身离去，酒宴就散了。高祖最终不另立太子，原来是留侯招致四人的功劳啊。

五四、留侯赞

太史公曰：学者多言无鬼神，然言有物[1]。至如留侯所见老父[2]

予书，亦可怪矣。高祖离困者数矣，而留侯常有功力焉，岂可谓非天乎？上曰："夫运筹策[3]帷帐之中，决胜千里外，吾不如子房。"余以为其人计魁梧[4]奇伟，至见其图，状貌如妇人好女。盖孔子曰："以貌取人，失之子羽[5]。"留侯亦云。

——节《留侯世家》

[1] 物：（《索隐》）物谓精及药物。 [2] 老父：即圯上老人也。 [3] 运筹策：谓主持战略也。 [4] 魁梧：丘虚壮大之意。 [5] 子羽：姓澹台，名灭明，孔子弟子也，状貌甚恶。（《家语》）子羽有君子之容，而行不胜其貌。

太史公说：学者多说没有鬼神，然而却谈论有怪物。像留侯所遇见的老人给他兵书，可说是奇怪的了。汉高祖好几次处于险境，而留侯常在这种时刻建功出力，这难道不是天意吗？皇上道："在帷帐中主持战略，能够决胜千里之外，我比不上子房。"我以为留侯一定是个魁梧奇伟的大丈夫，等到看见了他的图像以后，哪知他的相貌竟像妇人美女一样。孔子说："以相貌评定人才，我对子羽就有失误。"对于留侯也可以这样说。

五五、陈平微

陈丞相平者，阳武[1]户牖乡[2]人也。少时家贫，好读书，有田三十亩，独与兄伯居。伯常耕田，纵平使游学。平为人长美色。人或谓陈平曰："贫何食而肥若是？"其嫂嫉平之不视家生产，曰："亦食糠覈[3]耳。有叔如此，不如无有。"伯闻之，逐其妇而弃之。

及平长，可娶妻，富人莫肯与者，贫者平亦耻之。久之，户牖富人有张负，张负女孙五嫁而夫辄死，人莫敢娶。平欲得之。邑中有丧，平贫，侍丧，以先往后罢为助。张负既见之丧所，独视伟平[4]，平亦以故后去。负随平至其家，家乃负郭穷巷，以弊席为门，然门外多有长者车辙。张负归，谓其子仲曰："吾欲以女孙予陈平。"张仲曰："平贫不事事[5]，一县中尽笑其所为，独奈何予女乎？"负曰："人固有好美如陈平而长贫贱者乎？"卒与女。为平贫，乃假贷币以聘，予酒肉之资以内妇。负诫其孙曰："毋以贫故，事人不谨。事兄伯如事父，事嫂如母。"平既娶张氏女，赍用益饶，游道日广。

里中社，平为宰[6]，分肉食甚均。父老曰："善，陈孺子之为宰！"平曰："嗟乎，使平得宰天下，亦如是肉矣！"

——节《陈丞相世家》

[1]阳武：县名，故城在今河南阳武县东南二十八里。 [2]户牖乡：在今河南兰封县东北二十里。 [3]糠覈：食之粗恶者，犹俗言糠粞。 [4]视伟平：言视而悦其奇伟也。 [5]不事事：不事产业之事也。 [6]为宰：主切割肉也。

丞相陈平，阳武县户牖乡人。少时家虽贫穷，却很喜欢读书。家有田三十亩，仅同哥哥陈伯一起居住。陈伯平常在家耕种田地，听任陈平出外求学。陈平长得身材魁梧，仪表堂堂。有人对陈平道："你家贫穷，不知吃的是什么东西，能够使你这样魁梧？"他的嫂子恼恨陈平不顾家庭，不从事生产，恨恨地回答说："也不过吃点米糠罢了！这样子的阿叔，倒不如没有的好。”这几句话被陈伯听见了，就把他的妻子赶走并休了她。

等到陈平成年，可以娶妻了，有钱人家的女儿，都不肯嫁给他，贫苦人家的女儿，陈平却又羞得讨娶。过了好久，户牖有个富人叫张负，他的孙女嫁了五次，丈夫都死了，因此没有人家敢娶她，而陈平却很想得她为妻。乡邑中有丧事，陈平因为家贫，就去帮忙料理丧事，他去得早，回得晚，很热心地帮助丧家。当时张负在丧家看见陈平，独看中了陈平的奇伟，陈平也故意回去得迟。后来张负跟随陈平到他家里，只见陈平家住在靠近城墙的偏僻小巷里，用一张破席当门，但门外却有很多贵人留下的车辙。张负回去，对他的儿子张仲道：“我想把孙女嫁给陈平。”张仲道：“陈平贫穷，又不从事生产，全县的人都笑他游手好闲，为什么偏偏把女儿嫁给他呢？”张负道：“哪有仪表堂堂像陈平这样的人会长久贫寒卑贱呢？”就不听儿子的话，最终把孙女嫁给了陈平。因知陈平贫困，就把银钱借给他，当作聘礼，又给他酒肉之资，好让他娶亲过门。张负告诫他的孙女道：“不要因为陈平贫穷的缘故，事人就不恭谨。服侍兄长陈伯要如服侍你的父亲一般；服侍嫂子要如服侍你的母亲一般。”陈平娶了张氏女后，资财日益宽裕，交游也越来越广。

闾里祭祀土地神，陈平做主持割肉的人，他把祭肉分配得很均匀。父老们都称赞他道：“做得好呀！陈家小子真会分割祭肉！”陈平道：“唉！假使让我管理天下，也会像分祭肉一样公平合理呢！”

五六、陈平解荥阳围

是文当作两段看：前半矫汉高之弊，后半纵反间解围，一举两得。丞

相奇谋，自是不凡，史公推论始末，复备参差错综之观。

楚急攻绝汉甬道[1]，围汉王于荥阳[2]城。久之，汉王患之，请割荥阳以西以和。项王不听。汉王谓陈平[3]曰："天下纷纷，何时定乎？"陈平曰："项王为人，恭敬爱人，士之廉节好礼者多归之。至于行功爵邑，重之，士亦以此不附。今大王慢而少礼，士廉节者不来；然大王能饶人以爵邑，士之顽钝嗜利无耻者亦多归汉。诚各去其两短，袭其两长，天下指麾则定矣。然大王恣侮人，不能得廉节之士。顾楚有可乱者，彼项王骨鲠[4]之臣亚父[5]、钟离眜[6]、龙且[7]、周殷[8]之属，不过数人耳。大王诚能出捐数万斤金，行反间[9]，间其君臣，以疑其心，项王为人意忌信谗，必内相诛。汉因举兵而攻之，破楚必矣。"汉王以为然，乃出黄金四万斤与陈平，恣所为，不问其出入。

陈平既多以金纵反间于楚军，宣言诸将钟离眜等为项王将，功多矣，然而终不得裂地而王，欲与汉为一，以灭项氏而分王其地。项羽果意不信钟离眜等。项王既疑之，使使至汉。汉王为太牢[10]具，举进。见楚使，即详惊[11]曰："吾以为亚父使，乃项王使！"复持去，更以恶草[12]具进楚使。楚使归，具以报项王。项王果大疑亚父。亚父欲急攻下荥阳城，项王不信，不肯听。亚父闻项王疑之，乃怒曰："天下事大定矣，君王自为之！愿请骸骨[13]归！"归，未至彭城[14]，疽[15]发背而死。陈平乃夜出女子二千人荥阳城东门，楚因击之，陈平乃与汉王从城西门夜出去。遂入关，收散兵复东。

——节《陈丞相世家》

[1]甬道：谓于驿道外筑墙，天子于中行，外人不见者。 [2]荥阳：

故城在今河南荥泽县西南。　[3]陈平：汉武阳人，少家贫，好读书，美如冠玉。事高祖，屡出奇策，封曲逆侯。惠帝时为左丞相，后与周勃诛吕氏，刘氏赖以复存。　[4]骨鲠：言忠臣也。(《荀子》)君有忠臣，谓之骨鲠。[5]亚父：范增辅项羽霸天下，故称亚父，尊之词。　[6]钟离昧：家在伊庐，为项羽将。与韩信善，羽亡，昧亡归信，汉诏楚捕之。有告信欲反，高祖伪游云梦，信欲发兵，自度无罪，欲谒恐见擒。人或说信斩昧，上必喜，昧闻之，则自刭。信持其首谒，高祖令武士缚信。　[7]龙且：项羽将。韩信击齐，楚使龙且救齐，与信夹潍水而陈。信囊沙壅水上流，引兵半渡，阳不胜还走。龙且追之，信决壅囊，水大至，遂击杀龙且。　[8]周殷：项羽将。[9]行反间：因其敌有间隙，而用计成之也。　[10]太牢：谓牛羊豕也。[11]详惊：言假做惊恐模样也。　[12]恶草：藁草粗恶之具也。[13]骸骨：形体之总称。　[14]彭城：今江苏铜山县治。　[15]疽：病名，痈疽也。

楚军紧急进攻，绝断了汉军运送粮草的甬道，把汉王围在荥阳城里。过了好一段时间，汉王为这种困境而忧虑，请求割荥阳以西的土地同楚军讲和，项王不答应。汉王对陈平道："天下闹得纷纷扰扰，到什么时候才能安定呢？"陈平道："项王做人很恭敬，能够爱惜百姓，所以具有清廉节操、喜欢礼仪的士人都归附他。但是说到赏功封爵，项王又很吝啬，因此有许多士人不肯归附他。如今大王傲慢又缺乏礼仪，所以具有清廉节操、喜欢礼仪的士人不来归附；然而大王能够舍得给人爵位、食邑，那些只喜欢钱财、不顾廉耻的士人，又多归附汉王。如果各方中谁能够去除两方的短处，吸收两方的长处，那他只要挥一挥手，天下就可安定了。然而大王喜欢任意欺侮人，得不到讲清廉节操的士人。但楚国方面有着可以扰乱的地方。项王身边刚直的臣子像亚父、钟离昧、龙且、周殷之辈，不过几个人罢了。大王如果能够拿出几万斤金子，用反间的计策，离间他们君臣，使他们心生隔阂，项王为人猜忌多疑，听信谗言，这样他们内部一定会互相残杀。趁此机会，汉军发兵攻打他们，必定打败楚国。”汉王听到这话，很以为然，便拿出金子四万斤，交给陈平，听凭他使用，不去问金子出入的情况。

陈平用了许多金子在楚军中进行离间活动，公开散布留言，说楚将钟离昧等人做项王的将军，功劳很大，却得不到项王的割地封王，现在想要和汉军结成联盟，消灭项王，分割楚国的土地，各自称王。项王听到这话，果然不相信钟离昧等人了。项王既已怀疑他们，派使者到汉王那里去。汉王便准备了丰盛的菜肴，让人端来。见是楚国的使者，故意装着惊异的样子，说道：“我还以为是亚父的使者，原来是项王的使者。”吩咐把丰盛的菜肴端了回去，换上粗劣的饭菜，端给楚王的使者。楚国的使者回去后，便把这种情形告诉了项王，项王果然大大怀疑亚父。亚父想赶紧把荥阳攻下，项王不相信他的话，所以不听他的计划。亚父听说项王怀疑他，就发怒道：“天下的大事，大半已经定了，君王自己干罢！请求把这老骨头赐给我回家去。”他回家还没有到达彭城，背上生了一疽，就死在路上。陈平于是趁着黑夜让两千名妇女出荥阳城东门，楚军便发动进攻。陈平便和汉王当夜从荥阳西门逃出。汉王随即进入关中，收聚离散的士兵再向东进军。

五七、陈平计擒韩信

欲写伪游云梦之策，先委曲述陈平疑难高帝；足见欲擒韩信者，舍此莫由。深文曲笔，变化自如，末以陈平不背本作结，尤得要领。

淮阴侯[1]破齐，自立为齐王，使使言之汉王。汉王大怒而骂，陈平蹑[2]汉王。汉王亦悟，乃厚遇齐使，使张子房[3]卒立信为齐王。封平以户牖乡[4]。用其奇计策，卒灭楚。常以护军中尉从定燕王臧荼[5]。

汉六年，人有上书告楚王韩信反。高帝问诸将，诸将曰："亟发兵坑竖子[6]耳。"高帝默然。问陈平，平固辞谢，曰："诸将云何？"上具告之。陈平曰："人之上书言信反，有知之者乎？"曰："未有。"曰："信知之乎？"曰："不知。"陈平曰："陛下精兵孰与楚？"上曰："不能过。"平曰："陛下将用兵有能过韩信者乎？"上曰："莫及也。"平曰："今兵不如楚精，而将不能及，而举兵攻之，是趣之战也，窃为陛下危之。"上曰："为之奈何？"平曰："古者天子巡狩[7]，会诸侯。南方有云梦[8]，陛下第出伪游云梦，会诸侯于陈[9]。陈，楚之西界，信闻天子以好出游，其势必无事而郊迎谒。谒，而陛下因禽之，此特一力士之事耳。"高帝以为然，乃发使告诸侯会陈："吾将南游云梦。"上因随以行。行未至陈，楚王信果郊迎道中。高帝豫具武士，见信至，即执缚之，载后车。信呼曰："天下已定，我固当烹！"高帝顾谓信曰："若毋声！而反明矣！"武士反接[10]之。遂会诸侯于陈，尽定楚地。还至洛阳[11]，赦信以为淮阴侯，而与功臣剖符定封。

于是与平剖符[12]，世世勿绝，为户牖侯。平辞曰："此非臣之功也。"上曰："吾用先生谋计，战胜剋敌，非功而何？"平曰："非魏无知[13]臣安得进？"上曰："若子可谓不背本矣。"乃复赏魏无知。

——节《陈丞相世家》

[1] 淮阴侯：韩信佐高祖定天下，封为淮阴侯。 [2] 蹑：音聂，踏

也。［3］张子房：张良字子房，封留侯。［4］户牖乡：地名，在今河南兰封县东北。［5］臧荼：故燕将，从项羽入关，羽析燕为二，以燕王广为辽东王，荼为燕王都蓟。荼之国，逐广之辽东。广弗听，荼复攻杀广，并其地，后荼反，为高祖所掳。［6］竖子：贱人之称。［7］巡狩：与巡守同。（《孟子》）天子适诸侯曰巡狩。巡狩者，巡所守也。［8］云梦：泽名，在今湖北安陆县南。［9］陈：地名，今河南淮阳县。［10］反接：反缚其两手也。［11］洛阳：即洛阳。［12］剖符：符，符节也。剖，谓分其半以与之也。［13］魏无知：汉人，尝荐平于汉王。绛灌谗平盗嫂，受诸将金。汉王让无知，无知对曰："臣所言者能也，上所问者行也。今有尾生孝已之行，无益于成败之数，陛下何暇用之乎？"帝善之。

淮阴侯打破齐国，自立为齐王，派使者通报汉王，汉王大怒，斥骂韩信。陈平暗暗地踩汉王的脚。汉王也有所悟，便优待齐国使者，派张子房去立韩信为齐王。汉王把户牖乡的土地封给陈平。汉王用了陈平的奇计异策，最终灭掉楚国。陈平曾以护军中尉的身份跟随汉王平定了燕王臧荼。

汉六年，有人写了一封信给汉王，说韩信要造反。高帝询问诸将。诸将道："赶紧发兵活埋这小子。"高帝默然不语。又问陈平，陈平一再推辞，说道："诸将怎么说？"皇上便把诸将的话告诉他。陈平道："有人上书说韩信谋反，还有其他人知道吗？"皇上道："没有。"陈平道："韩信自己知道吗？"皇上道："不知道。"陈平道："陛下的精兵跟楚国比哪个强？"皇上道："不能超过它。"陈平道："陛下的将领用兵才能有超过韩信的吗？"皇上道："没有谁赶得上。"陈平道："既然陛下的兵不如楚国的兵精，将领的才干又不及韩信，却要发兵去打，这是促使他同我们作战，我私下认为陛下这样做很危险。"皇上道："这该怎么样办呢？”陈平道：“古代天子巡游各地，会见诸侯。南方有个云梦泽，陛下故意到云梦泽去巡游，在陈县会见诸侯。陈县是楚国西边的疆界，韩信听说天子怀着善意出游，以为这种形势必然没有什么变故。因而会到郊外迎接拜见陛下。拜见时，陛下趁机捉住他，这只是一个力士就能办到的事。”高帝觉得他的主意不错，便派使者通告各诸侯到陈县聚会，说“我将南游云梦”。皇上随即启程。还没有到陈县，楚王韩信果然在城外路中迎接。高帝已预先准备了武士，看见韩信到了，立刻把他捉住捆绑起来，装在后面的车子里。韩信大叫道：“天下已安定了，我本来该当烹杀了。”高帝回转头，对韩信说道：“你不要叫喊！你谋反，已经很明显了！”武士把韩信的两手反绑在后。于是高帝在陈县会见诸侯，全部平定了楚地。回到洛阳后，赦免了韩信，封他为淮阴侯，又和其他功臣剖分符券确定封地。

当时给陈平剖符，世代相传而不断绝，封为户牖侯。陈平辞谢道：“这不是我的功劳。”皇上道：“我用了先生的计谋，打了胜仗，杀戮敌人，这不是功劳是什么？”陈平道：“不是魏无知推荐，臣怎么能够到陛下这里来呢？”皇上道：“先生可说是不忘本了。”于是又赏赐了魏无知。

五八、汉文帝细柳劳军

军法森严，不以君故而扰其法也，足以御敌。文以霸上棘门作宾，细柳军作主。觉宾主分说，波澜横生。末后归重主位，文情便觉动目。条侯兵法，史公佳文，可称双绝。

文帝之后六年，匈奴[1]大入边。乃以宗正刘礼[2]为将军，军霸上[3]；祝兹侯徐厉为将军，军棘门[4]；以河内守亚夫[5]为将军，军细柳[6]：以备胡。上自劳军。至霸上及棘门军，直驰入，将以下骑送迎。已而之细柳军，军士吏被甲，锐兵刃，彀弓弩，持满。天子先驱[7]至，不得入。先驱曰："天子且至！"军门都尉[8]曰："将军令曰'军中闻将军令，不闻天子之诏'。"居无何，上至，又不得入。于是上乃使使持节诏将军："吾欲入劳军。"亚夫乃传言开壁门。壁门士吏谓从属车骑曰："将军约，军中不得驱驰。"于是天子乃按辔徐行。至营，将军亚夫持兵揖曰："介胄[9]之士不拜，请以军礼见。"天子为动，改容式车[10]。使人称谢："皇帝敬劳将军。"成礼而去。既出军门，群臣皆惊。文帝曰："嗟乎，此真将军矣！曩者[11]霸上、棘门军，若儿戏耳，其将固可袭而虏也。至于亚夫，可得而犯邪！"称善者久之。月余，三军皆罢。乃拜亚夫为中尉[12]。

孝文且崩时，诫太子曰："即有缓急，周亚夫真可任将兵。"文帝崩，拜亚夫为车骑将军。

——节《绛侯周勃世家》

[1]匈奴：北狄之一族，领有今内外蒙古之地，亦谓之胡人。 [2]宗正刘礼：宗正，官名，掌皇族之事。时刘礼为宗正官。 [3]霸上：地名，即白鹿原。在陕西长安县东，接蓝田县界。 [4]棘门：地名，在今陕西咸阳县东北。 [5]亚夫：姓周，勃之子，封条侯。景帝时，吴楚反，亚夫击破之，官丞相。帝欲废太子，固争不得，帝由是疏之，因谢病免相。其后帝卒信谗言，召诣廷尉，不食呕血而死。 [6]细柳：在陕西咸阳县西南。 [7]先驱：前锋之军也。 [8]都尉：官名，多武职，主军事者。 [9]介胄：军服也，甲谓之介，兜鍪谓之胄。 [10]式车：式与轼同，车前横木。有

所敬，则俯身而凭之。［11］曩者：与昔者同。［12］中尉：官名，掌徼巡京师。

文帝后元六年，匈奴大举入侵边境。文帝于是派宗正刘礼做将军，驻扎在霸上；祝兹侯徐厉做将军，驻扎在棘门；河内郡守周亚夫做将军，驻扎在细柳：以防备匈奴。文帝亲到军营中去慰劳士兵。到达霸上和棘门的军营时，骑马直驱军营，将军以下的骑兵都来迎接送行。接着来到细柳军营，军中的将士都穿着盔甲，拿了快刀，张满弓弩。天子的前导首先到来，不得直入营中。前导道："天子快要到军门了。"军门都尉道："将军命令说'军中只听将军的命令，不听天子的诏令'。"过了没多时，文帝到了，也不能进营。于是文帝派使者手持符节给将军下诏令："我要进入军营中慰劳士兵。"周亚夫才发出号令，开了营门。守在营门的军官对文帝管车马的随从交代道："将军规定：军营中车马不准奔跑。"于是，文帝就拉住马疆绳，慢慢行进。到了营中，周亚夫手执兵器，向天子拱手道："穿戴盔甲的武士不行跪拜礼，请允许我用军中礼节参见。"文帝深受感动，马上变得面容庄重，俯在车前的横木上向将士致意。派人向周亚夫致谢："皇帝特来慰劳将军。"劳军仪式结束后离去。等走出营门，随从的臣子们都大大吃惊，文帝道："啊！这才是真正的将军呢！之前到霸上和棘门的军营去，看他们就像小孩子玩耍一般。若是有人去偷袭他们，便要被人擒去。至于像周亚夫，怎么可能去侵犯他呢！"文帝不停的称赞周亚夫。过了一个多月，三支军队都撤防了。文帝便任命周亚夫做中尉。

后来文帝临终之时，告诫太子道："若国家有了急难，周亚夫真正可以担当带兵的重任。"文帝去世后，景帝任命周亚夫做车骑将军。

五九、梁孝王世家

“千秋万岁后传于王”一句，为此篇关键；未置太子，立太子，废太子，又立太子等句，其眼光皆注射于此，总见梁王始觊觎而终怨望之意；孝王贵侈一段，描写如画，尤有神采。

梁王之初王梁，孝文帝之十二年也。梁王自初王通历已十一年矣[1]。梁王十四年，入朝。十七年，十八年，比年入朝，留，其明年，乃之国。二十一年，入朝。二十二年，孝文帝崩。二十四年，入朝。二十五年，复入朝。是时上未置太子也。上与梁王燕饮，尝从容言曰：“千秋万岁后传于王。”王辞谢。虽知非至言，然心内喜。太后亦然。

其春，吴、楚、齐、赵七国反。吴、楚先击梁棘壁[2]，杀数万人。梁孝王城守睢阳[3]，而使韩安国[4]、张羽[5]等为大将军，以距吴、楚。吴、楚以梁为限，不敢过而西，与太尉亚夫[6]等相距三月。吴、楚破，而梁所破杀虏略与汉中分[7]。明年，汉立太子。其后梁最亲，有功，又为大国，居天下膏腴地[8]。地北界泰山[9]，西至高阳[10]，四十余城，皆多大县。

孝王，窦太后[11]少子也，爱之，赏赐不可胜道。于是孝王筑[12]东苑，方三百余里。广睢阳城七十里。大治宫室，为复道[13]，自宫连属于平台[14]三十余里。得赐天子旌旗，出从千乘万骑。东西驰猎，拟于天子。出言跸，入言警[15]。招延四方豪杰，自山以东游说之士，莫不毕至，齐人羊胜、公孙诡、邹阳之属。公孙诡多奇邪计，初见王，赐千金，官至中尉，梁号之曰“公孙将军”。梁多作兵器弩弓矛数十万，而府库金钱且百巨万，珠玉宝器多于京师。

二十九年十月，梁孝王入朝。景帝使使持节乘舆驷马，迎梁王于关下[16]。既朝，上疏因留，以太后亲故。王入则侍景帝同辇，出则同车游猎，射禽兽上林[17]中。梁之侍中、郎、谒者著籍引出入天子殿门。与汉宦官无异。

十一月，上废栗太子，窦太后心欲以孝王为后嗣。大臣及袁盎[18]等有所关说[19]于景帝，窦太后义格[20]，亦遂不复言以梁王为嗣事由此。以事秘，世莫知。乃辞归国。

其夏四月，上立胶东王为太子。梁王怨袁盎及议臣，乃与羊胜、公孙诡之属阴使人刺杀袁盎及他议臣十余人。逐其贼，未得也。于是天子意梁王[21]。逐贼，果梁使之。乃遣使冠盖相望[22]于道，覆按梁，捕公孙诡、羊胜。公孙诡、羊胜匿王后宫。使者责二千石[23]急，梁相轩丘豹[24]及内史韩安国进谏王，王乃令胜、诡皆自杀，出之。上由此怨望于梁王。梁王恐，乃使韩安国因长公主谢罪太后，然后得释。

上怒稍解，因上书请朝，既至关，茅兰[25]说王，使乘布车[26]从两骑入，匿于长公主园。汉使使迎王，王已入关，车骑尽居外，不知王处。太后泣曰：“帝杀吾子！”景帝忧恐。于是梁王伏斧质[27]于阙下谢罪，然后太后、景帝大喜，相泣，复如故。悉召王从官入关。然景帝益疏王，不同车辇矣。

三十五年冬，复朝，上疏欲留，上弗许。归国，意忽忽不乐。北猎良山[28]，有献牛，足出背上，孝王恶之[29]。六月中，病热，六日卒，谥曰孝王。

孝王慈孝，每闻太后病，口不能食，居不安寝，常欲留长安侍太后。太后亦爱之。及闻梁王薨，窦太后哭极哀，不食，曰：“帝果杀吾子！”景帝哀惧，不知所为。与长公主计之，乃分梁为五国[30]，尽立孝王男五人为王，女五人皆食汤沐邑。于是奏之太后，太后乃说，为帝加壹餐。

——节《梁孝王世家》

[1]梁王之初二句：谓梁王自文帝二年初封代，后徙淮阳，又徙梁。通数文帝二年至十二年徙梁，为十一年也。 [2]棘壁：在今河南宁陵县西南。 [3]睢阳：故城在今河南商丘县南。 [4]韩安国：汉睢阳人，字长孺，累官御史大夫，徙材官将军。 [5]张羽：汉文帝将。 [6]亚夫：周勃子，见《汉文帝细柳劳军》篇注。 [7]梁所破杀虏二句：言梁所虏吴楚之众，略与汉等。 [8]膏腴之地：言土地之肥美也。 [9]泰山：汉郡名，今山东旧泰安府，及长清、滋阳、宁阳诸地。 [10]高阳：汉县名，今因之，清属直隶保定府。 [11]窦太后：文帝之后，景帝之母也。详见《窦太后幸遇》篇。 [12]筑：建也。（《白虎通》）苑所以东者何，以东方生物故也。 [13]复道：楼阁通行之道也，上下有道，故谓之复道。[14]平台：台名。 [15]言警：汉旧仪云。皇帝辇动称警，出殿则传言，止人清道也。 [16]关下：天子宫阙之下也，于天子不敢直斥，但言阙下也。[17]上林：苑名，在陕西长安县西及盩厔鄠县界。 [18]袁盎：字丝，文帝时为中郎将，数直言极谏，与晁错有隙，会七国反，盎请诛错以谢之。 [19]关说：接事不觌面，相隔而由中人以通达之也。 [20]义格：以孝王为后嗣之议阁置也。 [21]意梁王：谓意疑梁刺之。 [22]冠盖相望：谓使命往来不绝也。 [23]二千石：太守也，因其秩二千石，故云。[24]轩邱豹：姓轩邱，名豹。 [25]茅兰：孝王臣。 [26]布车：谓布素之车，非贵人所乘者。 [27]斧质：质，锧也。古刑置人锧上，斧斫之。

[28] 良山：山名，在今之山东寿张县南。 [29] 献牛二句：足当处下，所以辅身也，今出背上，象孝王背朝以干上也，孝王因以恶之。 [30] 五国：长子买梁共王、子明济川王、子彭离济东王、子定山阳王、子不识济阴王。

梁王开始在梁做王的时候，是文帝十二年。梁王自初封以来已经有十一年了。梁王十四年，进京朝见皇帝。十七年、十八年，两年都来上朝，便住了下来，到第二年，方才回去。二十一年，进京朝见。二十二年，孝文帝去世。二十四年，进京朝见。二十五年，再进京朝见。这时候，景帝还没有确定太子。有一天，景帝和梁王在一起宴饮，曾经在闲谈时道："我寿终了之后，便把帝位传给你。"梁王辞谢，虽然知道他不是真心话，但心里却暗暗欢喜，窦太后也是这样。

这年的春天，吴、楚、齐、赵等七国造反，吴、楚首先来攻打梁国的棘壁，杀了几万人。梁孝王据守睢阳，派韩安国、张羽做大将军，去抵挡吴、楚联军。吴、楚联军因为有梁地阻隔，不敢越过梁国向西进兵，与太尉周亚夫等部相持三个月。吴、楚联军被打破，梁国所斩杀、俘虏的吴、楚士兵，几乎和朝廷一样多。到了第二年，汉朝确立太子。后来梁王因是皇上的亲兄弟，立有大功，又是大国，那国中的土地，算是天下最肥沃的。其封地北面和泰山交界，西边到高阳，总共有四十余城，都是很大的县邑。

孝王是窦太后的小儿子，太后很喜欢他，赏赐的东西不计其数。当时孝王建筑了一个东苑，方圆三百多里，把睢阳的城墙扩充到七十里。大事修建宫室，建造架空通道，从宫殿连接到平台长达三十多里。有天子赐给他的旌旗，外出随从总是千乘万骑。到处驰马狩猎，排场之壮盛类似于天子。不论走出走进，都要清道断绝行人，严加警戒。孝王又召揽四方豪杰，自崤山以东游说之士，没有不到这里来的，如齐国羊胜、公孙诡、邹阳等人，公孙诡多邪谋歪计，初时来见梁孝王，孝王便赐他千金，任命他做中尉，梁国称他为“公孙将军”。梁王又制造许多兵器，像弩、弓、矛有几十万件。府库的金钱近一百万万，珠玉宝器比朝廷还要多。

二十九年十月，梁孝王进京朝见。景帝派使者拿了符节，驾起驷马高车，到关前去迎候。梁王朝见景帝后，又上奏章因而留住京城，因为太后很宠爱孝王的缘故得以获准。梁王入宫则陪侍景帝同乘步辇，外去就同坐一辆车子游猎，到上林苑去射鸟兽，梁国的侍中、郎、谒者等官都登记在名册上，出入天子殿门，和汉朝的宦官没有区别。

十一月，景帝废掉栗太子，窦太后心里想立孝王为继承人，大臣和袁盎等人劝阻景帝，窦太后的动议受阻，从此也就不再说立梁王为继承人的这件事情了。但这件事很秘密，天下没有人知道。梁王于是告别景帝，回到梁国。

这年夏天四月，景帝立胶东王为太子，于是梁王很怨恨袁盎和议嗣的大臣，便和羊胜、公孙诡等人商议，暗地派人刺杀了袁盎和其他议嗣的大臣十多人。朝廷缉捕凶手，没有拿获。于是景帝怀疑是梁王。后来捉到凶手，问了一遍，果然是梁王派他来行刺的。于是景帝派遣使者不断往来于至梁国的路上，到梁国去反复按验，捉拿公孙诡、羊胜。公孙诡、羊胜就躲在孝王的后宫。使者催办梁相等人很急，梁相轩邱豹和内史韩安国到梁王面前来劝谏，梁王便叫公孙诡、羊胜自杀，把他们交给朝廷。景帝因此怨恨梁孝王。孝王恐惧，派韩安国到朝廷去，通过长公主到太后面前去谢罪。

这样一来，景帝的怒火才稍解，梁王就上书请求入朝。已经到了关前，茅兰劝梁王乘坐布车，只带两骑入关，躲在长公主的花园里。梁王便照办了。朝廷听说梁王来了，派使者去迎接。那时梁王已经入关，车子、马匹还尽在关外，使者不知梁王到哪里去了。太后听了这事，哭道：“皇帝杀了我的儿子！”景帝为此忧恐。于是梁王背着刑具伏卧在宫门前，认罪自请处罚，太后和景帝见了梁王大为欢喜，相对哭泣，依旧和从前一样。然后把梁王的随从官员悉召入关。但景帝自此之后，渐渐疏远梁王，不和他同坐一辆车子了。

三十五年冬天，梁王又来进京朝见，上了一通疏，想要留住京城，景帝不许。梁王回国后，心神恍忽不乐。有一天，梁王北上良山去打猎，有人把一头脚生在背上的牛，献给梁王，梁王看见这头牛，觉得兆头不好，很厌恶它。六月中旬，梁王发了热病，过了六天就死了。谥为孝王。

孝王很慈孝。每听太后有病，便忧愁得饭也吃不下，觉也睡不熟，时常想留住在长安，服侍太后。太后也很宠爱他，听到梁王病故，太后恸哭，极为哀伤，连吃也不想吃，说道：“皇帝果然杀了我的儿子！”景帝又是悲痛，又是恐惧，不知怎么才好。当下和长公主商量这件事，就把梁国分为五国，全部赐封孝王的五个儿子为王，孝王的五个女儿都享有汤沐邑。事情办妥后，奏知太后，太后就转忧为喜，特地因景帝的这种处置加了一次餐。

列传

六〇、伯夷列传

开首劈空说起，却虚写全篇。载籍二字、括篇中说者曰、其传曰、及或曰等字、六艺两字、括下引尧舜让位及孔子曰等言，气脉处处贯通，步步回顾，尤妙在杂引经传，若出诸己，纵横变化，不可端倪，真文章绝唱。

夫学者载籍[1]极博，犹考信于六艺。《诗》《书》虽缺[2]，然虞夏之文[3]可知也。尧将逊位，让于虞舜。舜、禹之间，岳牧[4]咸荐，乃试之于位，典职数十年，功用既兴，然后授政。示天下重器，王者大统[5]，传天下若斯之难也。而说者曰尧让天下于许由[6]，许由不受，耻之，逃隐。及夏之时，有卞随、务光[7]者。此何以称焉[8]？

太史公曰：余登箕山[9]，其上盖有许由冢云。孔子序列古之仁圣贤人。如吴太伯[10]、伯夷之伦详矣。余以所闻由、光义至高，其文辞不少概见，何哉？孔子曰：“伯夷、叔齐，不念旧恶，怨是用希。求仁得仁，又何怨乎？”余悲伯夷之意，睹轶诗[11]可异焉。其传曰：

伯夷、叔齐，孤竹[12]君之二子也。父欲立叔齐，及父卒，叔齐让伯夷。伯夷曰：“父命也。”遂逃去。叔齐亦不肯立而逃之。国人立其中子。于是伯夷、叔齐闻西伯昌[13]善养老，盍往归焉。及至，西伯卒，武王载木主[14]，号为文王，东伐纣。伯夷、叔齐叩马[15]而谏曰：“父死不葬，爰及干戈，可谓孝乎？以臣弑君，可谓仁乎？”左右欲兵之。太公[16]曰：“此义人也。”扶而去之。武王已平殷乱，天下宗周[17]，而伯夷、叔齐耻之，义不食周粟，隐于首阳山[18]，采薇而食之。及饿且死，作歌，其辞曰："登彼西山兮，采其薇矣。以暴易暴兮，不知其非矣。神农、虞、夏忽焉没兮，我安适归矣？于嗟徂兮，命之衰矣！"遂饿死于首阳山。

由此观之，怨耶非耶？

或曰："天道无亲，常与善人。"若伯夷、叔齐，可谓善人者非耶？积仁絜[19]行如此而饿死！且七十子[20]之徒，仲尼独荐颜渊为好学。然回也屡空[21]，糟糠[22]不厌，而卒早夭。天之报施善人，其何如哉？盗跖[23]日杀不辜，肝人之肉[24]，暴戾恣睢，聚党数千人横行天下，竟以寿终。是遵何德哉？此其尤大彰明较著者也。若至近世，操行不轨，专犯忌讳，而终身逸乐，富厚累世不绝。或择地而蹈之，时然后出言，行不由径，非公正不发愤，而遇祸灾者，不可胜数也。余甚惑焉，傥所谓天道，是耶非耶？

子曰："道不同不相为谋。"亦各从其志也。故曰："富贵如可求，虽执鞭[25]之士，吾亦为之。如不可求，从吾所好。""岁寒，然后知松柏之后凋。"举世混浊，清士乃见，岂以其重若彼，其轻若此哉？

"君子疾没世而名不称焉。"贾子[26]曰："贪夫徇财，烈士徇名，夸者死权，众庶冯生。""同明相照，同类相求。""云从龙[27]，风从虎[28]，圣人作而万物睹。"伯夷、叔齐虽贤，得夫子而名益彰。颜渊虽笃学，附骥尾[29]而行益显。岩穴之士[30]，趋舍有时若此，类名堙灭而不称，悲夫！闾巷之人，欲砥行[31]立名者，非附青云之士[32]，恶能施于后世哉？

[1]载籍：书籍所以记事，故谓书籍为载籍。 [2]《诗》《书》：孔子删诗三百五篇，今亡其五；删书一百篇，今亡四十二，故云有缺。 [3]虞夏之文：如《书》有《尧典》《舜典》《大禹谟》等篇是也。 [4]岳牧：岳，

四岳也，即羲和之四子，分掌四方之诸侯，故曰四岳。牧，九牧也，即九州之长以养民言之，故曰牧。［5］大统：天子之位也。［6］许由：字武仲，唐尧时之高士，尧以天下让之，不受，乃逃隐于箕山。［7］卞随、务光：二人皆夏时高士，汤放桀以天下让之卞随，不受，让之务光，负石自沉于蓼水。［8］此何以称：言尧舜让位，若斯之难，许由及卞随、务光之不受，或系说者之妄称，未必实有其事也。［9］箕山：在今河南登封县东南。［10］吴太伯：周太王之长子。［11］轶诗：谓散失之诗，即下文采薇之诗也。［12］孤竹：国名，商汤所封，姓墨胎氏。［13］西伯昌：西伯，西方诸侯之长。昌，文王名也。［14］木主：即栗主也，俗言神主。［15］叩马：谓拜于马前也。［16］太公：周初贤臣，姜姓，吕氏，名尚。初钓于谓滨，文王出猎遇之，曰吾太公望之久矣，故称太公望。为武王之师，故又称师尚父。佐武王克殷有功，封于齐。［17］天下宗周：周武王都镐，称镐京为宗周，言王畿之地，为天下所宗也。［18］首阳山：山名，即雷首山，在今山西永济县南。［19］絜：清也。［20］七十子：孔门弟子，身通六艺者七十七人，或又作七十二人此言七十子，举成数也。［21］屡空：谓数至空匮也。［22］糟糠：贫者所食也。［23］盗跖：亦作盗蹠，柳下惠之弟，古之大盗。［24］肝人之肉：谓盗跖，脍人肝而脯之。［25］执鞭：御者也，言不以执鞭为辱。［26］贾子：即贾谊，汉洛阳人，以其为长沙王太傅，故世称贾太傅，又称贾生。［27］云从龙：谓云则从龙现而兴也。［28］风从虎：谓风则从虎啸而烈也。［29］附骥尾：苍蝇附骥尾而到致千里，喻后进附先辈而成名。［30］岩穴之士：谓隐于山窟之士也。［31］砥行：谓磨炼其品行也。［32］青云之士：喻有德而负盛名者。

学者们涉猎的书籍是非常广博的，但是仍然要从《六经》中寻求可靠的材料。《毛诗》《尚书》虽有缺失，然而还可以从记载虞、夏两代的文字中考察清楚。唐尧打算退位，让给虞舜。舜、禹之际，四岳九牧一致荐举的人，这才把他放在一定的职位上加以考察试用。待从事政务几十年，功绩卓著以后，才委以大政。这是表示天下是极贵重的宝器，帝王是极重要的统绪，帝王把天下传给别人，原是这样的郑重其事。但是有人说，尧把天下让给许由，许由不肯收受，反以为这是很羞耻的事情，就逃到箕山隐居去了。到了夏朝,又出现了不接受商汤让位的卞随、务光。这又如何颂扬他们呢？

太史公道：我曾登上箕山，山上还有许由的墓。孔子依次论列古代的仁人、圣人、贤人，像吴太伯、伯夷这些人，都很详细。我认为所听到的许由、务光的德行是最高尚的了，但是他们的事迹在经传里连一点大略的记载也见不到，这是为什么呢？孔子道：“伯夷、叔齐这两个人，不记以往的仇恨，所以怨恨就少。”“求仁德，便得到仁德，还有什么怨恨的呢？”我叹服伯夷的用意，看到他们散失的诗文，又感到很诧异。有关他们的传记上道：

伯夷、叔齐是孤竹国君的两个儿子。父亲想立叔齐做国君，到了父亲去世，叔齐把君位让给哥哥伯夷。伯夷道：“这是父亲的遗命，怎可让给我呢？”就逃走了。叔齐也不肯接受君位而出逃了。孤竹国的人只好立孤竹君的次子。这个时候，伯夷、叔齐听说西伯昌能够很好地赡养老人，便想何不到他那里去呢？可是等到了那里，西伯却已死了。他的儿子武王追尊西伯昌为文王，并把他的木制灵牌载在兵车上，向东去讨伐商纣。伯夷、叔齐当下跪在武王的马前，进谏道：“父亲死了还没有出殡，就发动战争，可算得上是孝子吗？臣子去杀君主，可算得上是忠臣吗？”武王的随从人员要杀掉他们。姜太公道：“这是两个讲道义的人啊！”于是扶起来让他们走了。武王平定了殷朝的祸乱，天下的百姓都归附了周朝，而伯夷、叔齐却认为这是耻辱的事情，立志不吃周朝的粮食，逃到首阳山去隐居，摘些薇草来充饥。到快要饿死了，作了一首歌。歌词道：“登上那西山啊，去采摘薇草。用暴虐来换暴虐啊，这是自己不知道自己的过失。神农、虞、夏的朝代转瞬即逝啊，让我到哪里去归附？唉！我将死去啊，命运为何这样地衰薄！”于是饿死在首阳山。

照这样看来，他是有怨恨呢？还是没有怨恨呢？

有人说：“天道大公无私，它经常帮助好人。”伯夷、叔齐可算得是好人呢？或不该说是好人呢？他们如此地积累仁德，保持高洁的品行，却终于饿死！再说，孔子七十名得意的门徒中，只有颜渊被推荐为最好学。然而颜渊时常陷入穷困，就是连糟糠都吃不饱，早早的死去。上天对好人的报答，究竟是这样的吗？盗跖天天杀死没有罪过的人，烤人的心肝当肉吃，横暴凶恶，聚焦几千党徒横行天下，这样恶的人，却反能安享天年。这是遵循的什么德行呢？这些不过是格外明白显著的例子。至于说到近代，那些品行不端、专门违法犯禁的人，却是一生安逸快乐，富裕优厚，子子孙孙代代不断。有的人选好地方才迈步，遇到应该开口的才开口，不走歪门邪路，不是公正的事情决不发愤去做，像这种人却要碰到祸灾，数也数不清。我心里很是疑惑。倘说有所谓的天道，那么这是天道呢？还不是天道呢？

孔夫子道：“道不同不相为谋”，也只有各人按着自己的主张行事。所以孔子又说：“富贵若是可以求到的话，就是做个拿马鞭子的卑贱人，我也情愿去做；若是求不到，那还是做我喜欢做的事！”“到了寒冷季节，才知松树是最后才凋零的。”整个社会混浊不清，高洁的士子才显现出来。这难道不是因为有的人那样重视富贵逸乐，才显得另一些人却这样轻视富贵逸乐吗？

孔子道：“做君子的人最怕死后没有名誉留在世上。”贾子道：“贪财的人为财而死；重义轻生的人为名节而献身；矜夸而贪恋权势的人为为权位而丧命；平民百姓则则贪生而恶死。”《易经》上道：“同是明亮的灯火，自然互相映照。同是一类的事物，自然互相感应。”“云随着龙吟而飞腾，风随着虎啸而兴起，圣人述作，才使万物本来的面目显露出来。”伯夷、叔齐虽有贤德，只有得到孔子的称道，名誉才越发彰著；颜渊虽是笃学，也只有追随孔子，就像苍蝇附在良马的尾巴上，自然能致千里，德行才格外显明。岩居穴处的隐士，出世和退藏都有一定的时机。像这一类人，名誉堙灭而不被称道，多么可悲啊！那些素不贵显的普通人，渴望砥砺品行，树立名声，如果不是去依附德高望重的贤人，怎么能够扬名于后世呢？

六一、管子列传

管仲一生事业，略写数语；两述管仲自言，而叙事即在其中。此太史公传记之一法也。篇中极写鲍叔处，正是极写管仲处，是文之旁衬法。

管仲夷吾者，颍上[1]人也。少时常与鲍叔牙[2]游，鲍叔知其贤。管仲贫困，常欺鲍叔，鲍叔终善遇之，不以为言。已而鲍叔事齐公子小白[3]，管仲事公子纠[4]。及小白立为桓公，公子纠死，管仲囚焉。鲍叔遂进管仲[5]。

管仲既用，任政于齐，齐桓公以霸，九合[6]诸侯，一匡天下，管仲之谋也。

管仲口：“吾始困时，尝与鲍叔贾，分财利多自与。鲍叔不以我为贪，知我贫也。吾尝为鲍叔谋事而更穷困。鲍叔不以我为愚，知时有利不利也。吾尝三仕三见逐于君，鲍叔不以我为不肖，知我不遭时也。吾尝三战三走，鲍叔不以我为怯，知我有老母也。公子纠败，召忽死之，吾幽囚受辱，鲍叔不以我为无耻，知我不羞小节而耻功名不显于天下也。生我者父母，知我者鲍子也。"

鲍叔既进管仲，以身下之。子孙世禄[7]于齐，有封邑者十余世，常为名大夫。天下不多管仲之贤而多鲍叔能知人也。

管仲既任政相齐，以区区之齐在海滨，通货积财，富国强兵，与俗同好恶。故其称曰："仓廪实而知礼节，衣食足而知荣辱，上服度[8]则六亲[9]固。四维[10]不张，国乃灭亡。下令如流水之原，令顺民心。"故论卑而易行。俗之所欲，因而予之；俗之所否，因而去之。

其为政也，善因祸而为福，转败而为功。贵轻重，慎权衡[11]。桓公实怒少姬[12]，南袭蔡，管仲因而伐楚，责包茅不入贡于周室[13]。桓公实北征山戎[14]，而管仲因而令燕修召公之政[15]。于柯之会[16]，桓公欲背曹沫[17]之约，管仲因而信之，诸侯由是归齐。故曰："知与之为取，政之宝也。"

管仲富拟于公室，有三归[18]、反坫[19]，齐人不以为侈。管仲卒，齐国遵其政，常强于诸侯。后百余年而有晏子焉。

[1]颍上：在今安徽颍上县南。 [2]鲍叔牙：齐大夫。 [3]小白：桓公名。 [4]公子纠：桓公之兄。 [5]鲍叔遂进管仲：谓鲍叔言管仲于桓公。以为相也。 [6]九合：谓兵车之会三，乘车之会六也。 [7]世禄：谓世代食禄也。[8]上服度：谓上之服御物，有制度也。[9]六亲：父、母、妻、子、兄、弟也。 [10]四维：礼、义、廉、耻也。 [11]轻重句：轻重谓耻辱也，权衡谓得失也。有耻辱甚贵重之，有得失甚戒慎之。 [12]少姬：

桓公夫人，即蔡姬也。桓公与少姬乘舟于囿，蔡姬荡舟戏公，公惧变色，禁之不可。公怒而归之，未绝之也，蔡人嫁之，故伐蔡。［13］包茅句：包裹也。茅，菁茅也，禹贡。荆州贡菁茅，此言裹束之菁茅，不贡入也。［14］山戎：亦曰北戎，在今河北迁安县境，常为齐燕之患，山戎伐燕，桓公因救燕而征之。［15］燕修句：周武王封召公奭于蓟，是为北燕，即今河北大兴县。按奭文王庶子，子孙除就封者外，世为周之卿士。［16］柯之会：齐桓公伐鲁，庄公请成，会于柯。曹沫以匕首劫桓公，求反鲁之侵地。［17］曹沫：鲁人，或即《左传》中之曹刿。［18］三归：三姓女也，妇人谓嫁曰归，或曰，三归，台名。［19］反坫：反爵之坫也。筑土为之，在两楹之间，饮酒行献酬之礼毕，则反爵于其上，此诸侯之礼也。

管仲，名夷吾，颍上人。他年轻时常常和鲍叔牙交游，鲍叔牙知道他是有才德的人。那时管仲很穷，经常占鲍叔的便宜，鲍叔牙终是友好地待他，不因为这些事而有什么怨言。后来鲍叔牙侍奉齐国的公子小白，管仲服侍公子纠。到了小白立为齐桓公的时候，齐桓公让鲁国杀了公子纠，管仲被囚禁。鲍叔牙就向齐桓公荐举了管仲。

管仲被任用以后，在齐国执政，齐桓公因此成就了霸业。九次会合各国的诸侯，做出一番匡正天下的事业，都是管仲的计策。

管仲说："我从前穷的时候，曾经和鲍叔牙合做生意，分起钱财来，往往自己多拿些，鲍叔也不说我贪财，是他知道我贫穷的缘故；我曾经替鲍叔谋划事情，反而使他更加艰难，鲍叔也不说我愚笨，是他知道时运有顺有不顺的缘故；我曾经做了几次官，几次都被君主驱逐出去，鲍叔不说我没出息，是他知道我是不遇时机的缘故；我曾经打了几次仗，几次都逃跑了，鲍叔不说我懦怯，是他知道我家里有老母的缘故；公子纠失败，召忽也死去了，我坐在囚车里，受了多少耻辱，鲍叔不说我没廉耻，是他知道我不以小节有亏为羞耻，而是以功名不显于天下为耻辱的缘故。生养我的是爹娘，了解我的是鲍叔呀！”

鲍叔举荐管仲后，自己却做了管仲手下的官。子孙代代吃齐国的俸禄，受主上封邑的有十多代，多为有名的大夫。天下的人，不称赞管仲的才德，而都称赞鲍叔能够识人。

管仲出任齐相执政以后，能够把小小的位于海滨的齐国，流通货物，积聚钱财，使得国富兵强，与百姓同好恶。所以他道：“仓库充实，百姓才懂得礼节；衣食丰裕，百姓才知道羞耻。国君的作为合乎法度，上下左右就团结一致。如果礼义廉耻得不到发扬，国家就会灭亡。颁布的政令好像流水的源头，要使它顺应民心。”所以政令平易简明，百姓容易实行。百姓所要的，就给他们；百姓所不赞成的，就替他们废除。

管仲执政的时候，善于化祸乱为吉祥来，变失败为成功。注重耻辱，戒慎得失。齐桓公实际上是怨恨少姬改嫁而向南袭击蔡国，管仲便趁这机会去伐楚国，谴责它不把包茅进贡周朝。齐桓公实际上是向北出兵攻打山戎，管仲便趁这机会让燕国整顿召公的政治。在柯地会盟，齐桓公本想违背曹沫逼迫他订立的盟约，管仲却劝齐桓公不要背约，各国诸侯因此都归附齐国。所以说：“懂得给予正是为了取得这个道理，这是治理国家的法宝。”

管仲的富有与国君相似，拥有三房家室和国君的宴饮器具，齐人也不说他奢华。管仲死了，齐国遵循他的治国政策，常常比各国强盛。过了一百年，齐国又出了个晏婴。

六二、晏子列传

越石与其御，皆非晏子之友，而延为上客，荐为大夫，所难在晏子。太史公详此而略他事，赞以执鞭相随，盖自伤不遇晏子，无能为赎腐刑，借以发慨耳。意深语远，天然隽妙。

晏平仲婴者，莱[1]之夷维[2]人也。事齐灵公、庄公、景公，以节俭力行重于齐。既相齐，食不重肉，妾不衣帛。其在朝，君语及之，即危言[3]；语不及之，即危行。国有道，即顺命[4]；无道，即衡命[5]。以此三世[6]显名于诸侯。

越石父[7]贤，在缧绁[8]中。晏子出，遭之涂，解左骖[9]赎之，载归。弗谢，入闺。久之，越石父请绝[10]。晏子戄然[11]，摄衣冠谢曰："婴虽不仁，免子于厄，何子求绝之速也？"石父曰："不然。吾闻君子诎于不知己而信于知己者[12]。方吾在缧绁中，彼不知我也。夫子既已感寤而赎我，是知己；知己而无礼[13]，固不如在缧绁之中。"晏子于是延入为上客。

晏子为齐相，出，其御之妻从门间而窥其夫。其夫为相御，拥大盖[14]，策驷马[15]，意气扬扬，甚自得也。既而归，其妻请去。夫问其故。妻曰："晏子长不满六尺，身相齐国，名显诸侯。今者妾观其出，志念深矣，常有以自下[16]者。今子长八尺，乃为人仆御，然子之意自以为足，妾是以求去也。"其后夫自抑损。晏子怪而问之，御以实对。晏子荐以为大夫。

太史公曰：吾读管氏《牧民》《山高》《乘马》《轻重》《九府》[17]及《晏子春秋》，详哉其言之也。既见其著书，欲观其行事，故次其传。至其书，世多有之，是以不论，论其轶事。

管仲世所谓贤臣，然孔子小之[18]。岂以为周道衰微，桓公既贤，而不勉之至王，乃称霸哉？语曰：“将顺其美。匡救其恶。故上下能相亲也[19]。”岂管仲之谓乎？

方晏子伏庄公尸[20]哭之，成礼然后去，岂所谓“见义不为无勇”者邪？至其谏说，犯君之颜，此所谓“进思尽忠，退思补过”者哉！假令晏子而在，余虽为之执鞭[21]，所忻慕焉。

[1]莱：即莱州，今山东掖县，其旧治也。 [2]夷维：莱之邑名。 [3]危言：谓高其言行也。 [4]顺命：谓直道而行也。 [5]衡命：谓权衡度量而行也。 [6]三世：谓灵公、庄公、景公也。 [7]越石父：齐之贤人也。 [8]缧绁：黑索也，所以系罪人。 [9]左骖：驾车之马在两旁者。左曰骖，右曰騑。 [10]请绝：请绝交也。 [11]戄然：惊异貌。戄，读若攫。 [12]而信于知己者：信读曰申。周礼皆然，申于知己，谓以彼知我，而我志获申。 [13]无礼：谓晏子入闺久之，不待以敬礼也。 [14]大盖：车盖也，可以御雨而蔽日者，俗称谓伞。 [15]驷马：即四马也。古人驾车，皆用四马两服两骖，求其迅速也。 [16]自下：谓谦而自居人下也。 [17]《牧民》《山高》《乘马》《轻重》《九府》：皆管子篇名。 [18]小之：（《论语》）管仲之器小哉，言其狭隘也。 [19]将顺三句：将顺谓顺而行之也。匡救谓救而正之也。语出《孝经》。 [20]伏庄公尸：崔子弑庄公，晏婴枕尸股而哭之。语见《左传》。 [21]执鞭：御者之事，言仰其德而愿为之执鞭也。

晏平仲，名婴，莱州夷维人，服侍过齐灵公、齐庄公、齐景公。他以节省俭朴、尽力做事的德行而被齐国人看重。他做了齐国宰相，吃饭不用两样的肉食，姬妾不穿绸缎的衣服。在朝廷上，齐君有话问，他便很慎重地对答；没有话问他，便很慎重地做事。国君有法度，便顺着他的命令去做；国君没有法度，便对命令斟酌着去办。所以他服侍了灵公、庄公、景公三代，名声传扬于各国诸侯。

齐国有个人，名叫越石父，品行很端正，正在囚禁之中。晏子外出，在路上碰到他，用自己车子左边的马去赎他的罪，让他同坐一辆车子回来。晏子没有向越石父告辞，就走进内室。过了好久没出来，越石父就请求与晏子绝交。晏子听到这话很惊讶，急忙端正衣帽，道歉道："婴虽然不见得仁厚，却也免除你的困厄，为什么你这样快就要求绝交呢？"越石父道："不是这样的，我听说，君子在不了解自己的人那里受到委屈而在知己面前扬眉吐气。从前我在囚禁之中，那些人不了解我，我也不去怪他们。你既然已经受到感悟而赎买了我，就是我的知己了；是我的知己却不以礼节待我，还不如在囚禁之中呢。"晏子于是便请他进来，当作上等的宾客。

晏子做齐国宰相的时候，有一天外来，他车夫的妻子在门缝里偷看她的丈夫，见他替宰相做车夫，头上遮着车盖，挥鞭赶着四匹马，趾高气昂，十分得意。后来车夫回到家，他的妻子请求离去。丈夫就问她为什么缘故。妻子道："晏子的身材不到六尺长，他做了齐国宰相，名声传扬于各国诸侯。今天我看他出来，却是神态深沉，总有那么自谦的风度。而你的身材有八尺长，仅替别人做个车夫，却得意扬扬，自以为挺满足，我所以请求离去。"这一来，他的丈夫便谦虚恭谨起来。晏子觉得奇怪，便问他，车夫便把他妻子的话如实说了一遍。晏子便荐他做了大夫。

太史公道：我读了管氏的《山高》《牧民》《乘马》《轻重》《九府》等篇和《晏子春秋》，真是详细啊！记载他们说的话。看过他们著的书，还要看他们做的事情，所以依次编写了他们的传记。至于他们著的书，世上多有了，所以不再论述，只记载他们的轶事。

管仲是世人所说的贤臣，但是孔子说他器量狭隘，难道是因为周朝政治衰败，齐桓公既然是个贤君，管仲却不勉励他实行王道，而辅助他只称霸主吗？俗语道："要顺势助成君主的美德，匡正挽救他的过失。因此上下就能够亲近。"难道这是说管仲的吗？

当时晏子伏在庄公的尸体上痛哭，尽到礼节然后离去，难道这就是孔子说的"遇到大义的事不去做就是没有勇气"的人吗？至于他的进谏，触犯了君王的颜面，这不是所说的"在朝想要尽忠，在野想要补过"的人吗？假使晏子到今天还活着，我就是替他做个车夫，也是我很欢喜的！

六三、老子列传

老子清净无为，本无事迹可考。是传只据其语孔子、与孔子语、令尹喜语以作叙事，是为无中生有法。而莫知其所终一句，伏下几层疑词，反应犹龙。老子无为清净之本旨，于末后结出，便有万钧之力。文能错综变化，不可端倪，真亦犹龙哉！

老子者，楚苦县[1]厉乡[2]曲仁里[3]人也，姓李氏，名耳，字聃，周守藏室之史[4]也。

孔子适周，将问礼于老子。老子曰："子所言者，其人与骨皆已朽矣，独其言在耳。且君子得其时则驾，不得其时则蓬累[5]而行。吾闻之，良贾[6]深藏[7]若虚，君子盛德，容貌若愚[8]。去子之骄气与多欲，态色[9]与淫志[10]，是皆无益于子之身。吾所以告子，若是而已。”

孔子去，谓弟子曰：“鸟，吾知其能飞；鱼，吾知其能游；兽，吾知其能走。走者可以为罔，游者可以为纶，飞者可以为矰[11]。至于龙，吾不能知，其乘风云而上天？吾今日见老子，其犹龙[12]邪！”

老子修道德，其学以自隐无名为务。居周久之，见周之衰，乃遂去。至关[13]，关令尹喜[14]曰：“子将隐矣，强为我著书。”于是老子乃著书上下篇，言道德之意五千余言，而去，莫知其所终。

或曰老莱子[15]亦楚人也，著书十五篇，言道家之用，与孔子同时云。

盖老子百有六十余岁，或言二百余岁，以其修道而养寿也。

自孔子死之后百二十九年，而史记周太史儋见秦献公曰：“始秦与周合，合五百岁而离，离七十岁而霸王者出焉。”或曰儋即老子，或曰非也，世莫知其然否。老子，隐君子也。

老子之子名宗，宗为魏将，封于段干[16]，宗子注，注子宫，宫玄孙假。假仕于汉孝文帝。而假之子解为胶西王卬太傅，因家于齐焉。

世之学老子者则绌[17]儒学，儒学亦绌老子。“道不同不相为谋”，岂谓是邪？李耳无为自化，清静自正。

［1］苦县：在今河南鹿邑县东。［2］厉乡：乡名，厉一作赖。［3］曲仁里：里名。［4］藏室之史：周藏书室之史也。［5］蓬累：头戴物而两手扶之而行，谓之蓬累。言不遭时，则自覆盖，相携随而去也。［6］良贾：谓善货贾之人。［7］深藏：谓隐其宝货，不令人见。［8］容貌若愚：其容貌谦退，有若愚鲁之人。［9］态色：姿态之容色也。［10］淫志：淫欲之志也。［11］矰：音增，以生丝系矢以射鸟雀者也。［12］犹龙：

喻其人道德之高，不可捉摸也。［13］关：或云函谷关，或云散关，未知孰是。［14］关令尹喜：周大夫，时人莫知老子西游，喜先见其气，知真人当过，候物色而迹之，果得老子。老子亦知其奇，乃著书，喜亦著书九篇，名《关尹子》。［15］老莱子：性至孝，行年七十，作婴儿戏，著五彩衣，以娱其亲。楚王闻其贤，以为辅，弃去，止于江南。［16］段干：魏邑名。［17］绌：言黜退而后之也。

老子是楚国苦县厉乡曲仁里人，姓李，名耳，字聃，他是周朝掌管藏书室的史官。

孔子到了周都，向老子问礼制。老子道："你所谈的礼，制定它的人早已死了，只是这几句话存在世上罢了。况且做君子的遇到明君就出仕，遇不到明君就隐居起来。我听说，善于做买卖的人，把货物隐藏起来，看去好像什么也没有，君子具有高尚的的德行，而表面上却好像愚钝。除去你的骄气和过多的欲望，除去你雍容华贵的风度和过大的志向吧！这些对你都没有好处。我能告诉你的，不过就这些罢了。"

孔子离开后，对自己的学生们道："鸟，我知道它会飞；鱼，我知道它会游；兽，我知道它会跑。会跑的可以用网来捉它，会游的可以用纶来钓它，会飞的可以用箭来射它。至于龙，我就无法知道了，它是乘着风云上天的。我今天见了老子，莫非就像见到了龙吗？"

老子研究道德的学问，他的学说以隐匿声迹，不求闻达为宗旨。他留居周朝很久，看见周朝的政治衰败，于是就离开了。到了函谷关，关令尹喜对老子道："你要隐身了，请勉为其难为我写本书吧！"于是老子便给他写了一部书，分上篇、下篇，阐述了道德的本意，共有五千多字。书写成后便离开了，没有人知道他到哪里去了。

有人说："老莱子也是楚国人，著书十五篇，阐述的是道家思想的作用，和孔子是同一个时代的人。”

大概老子活了一百六十多岁，有人说是二百多岁，这是因为他能修道养生而长寿的。

从孔子死后一百二十九年，据史书记载，周太史儋来见秦献公道：“从前秦国和周朝合为一体，五百年后就分开了，分开七十年之后，成就霸业的王者就会出现。”有人说太史儋就是老子，有人说不是，世人没有人知道谁对谁错。老子是一个隐士。

老子的儿子叫李宗，做过魏国的将军，魏国把段干封给他。李宗的儿子叫李注，李注的儿子叫李宫，李宫的玄孙叫李假，李假在汉孝文帝时作官。李假的儿子叫李解，是胶西王刘卬的太傅，于是就住在齐国。

世上人学老子学说的，每每就看轻儒学，学儒学也便看轻老子学说。“道不同不相为谋”，难道讲的是这种情况吗？李耳主张清静无为，认为这样百姓就自然会变得正直。

六四、庄子列传

是传前幅叙其学，后幅叙其事，笔意旷达，逍遥自在，始终不离要本归于老子一言。传文以肖其人，于兹益信。

庄子者，蒙[1]人也，名周。周尝为蒙漆园[2]吏，与梁惠王、齐宣王同时。其学无所不窥，然其要本归于老子之言。故其著书十余万言，大抵[3]率[4]寓言也。作《渔父》《盗跖》《胠箧》[5]，以诋訿[6]孔子之徒，以明老子之术。《畏累虚》《亢桑子》[7]之属，皆空语无事实。然善属书离辞[8]，指事类情，用剽剥[9]儒、墨[10]，虽当世宿学[11]不能自解免也。其言洸洋[12]自恣以适己，故自王公大人不能器之。

楚威王闻庄周贤，使使厚币迎之，许以为相。庄周笑谓楚使者曰："千金，重利；卿相，尊位也。子独不见郊祭之牺牛乎？养食之数岁，衣以文绣，以入大庙。当是之时，虽欲为孤豚，岂可得乎？子亟去，无污我。我宁游戏污渎[13]之中自快，无为有国者所羁。终身不仕，以快吾志焉。"

［1］蒙：即蒙泽，今河南商丘县东北蒙县，故城是在故汳水之南。乃庄周之本邑也。 ［2］漆园：地名，故城在今山东河泽县北。 ［3］大抵：犹言大略。 ［4］率：犹类也。 ［5］《渔父》《盗跖》《胠箧》：《庄子》三篇名。皆诬毁自古圣君贤臣孔子之徒营求名誉。咸以丧身。非抱素任真之道也。 ［6］诋訿：诬毁也。 ［7］《畏累虚》《亢桑子》：《庄子》一书的篇名。 ［8］离辞：犹言力折其辞句。 ［9］剽剥：言攻击也。 ［10］儒、墨：儒家宗孔子，墨家宗墨子。 ［11］宿学：谓积学之人。 ［12］洸洋：言夸漫也。 ［13］污渎：潢污之小渠也。

庄子，蒙泽人，名周。曾经做过蒙地漆园的小吏，与梁惠王、齐宣王是同一时代的人。他的学问无所不包，但是他的学说要旨总以老子的思想为归宿。他写了十多万字的书，大多数是寓言。他写了《渔父》《盗跖》《胠箧》，是用来诋毁孔子学派的人，阐明老子的学说。像《畏累虚》《亢桑子》一类的文章，都是空泛的议论，没有事实根据。但是庄子善于行文措辞，描摹事物的情状，用来攻击和驳斥儒家、墨家，即使是当世学识渊博的人，也难免受到他的攻击。他的语言汪洋恣肆，随心而发，所以那些当权者都无法重用他。

楚威王听说庄周贤能，便派使者送来许多东西，请他做宰相。庄周笑了一笑，对楚使说道："千金是重利，卿相是尊位。你难道没有看见祭祀时所用的牛吗？饲养它好几年，然后给它穿上绣着花纹的衣服，送入太庙。这个时候，这头牛即使想变成一个孤独的小猪，难道还可以吗？你赶紧去罢，不要玷污了我！我宁可在污水沟中游玩，自己寻些快乐，也不愿自己被当权者束缚。我终身不出来做官，让自己的心志畅快。"

六五、伍胥出亡

伍奢之谏，适与无忌相反。忠言每以取祸，然无忌罪不容诛，于奢何过乎？当奢就死之日度员能复仇，奢虽死亦瞑目矣。文写伍奢为傅之忠，知子之明，上半用费无忌反衬，下半用伍员之言对照，遂觉栩栩有生气。

伍子胥者，楚人也，名员。员父曰伍奢。员兄曰伍尚。其先曰伍举[1]，以直谏事楚庄王，有显，故其后世有名于楚。

楚平王有太子名曰建，使伍奢为太傅，费无忌[2]为少傅。无忌不忠于太子建。平王使无忌为太子取妇于秦，秦女好，无忌驰归报平王曰："秦女绝美，王可自取，而更为太子取妇。"平王遂自取秦女而绝爱幸之，生子轸。更为太子取妇。

无忌既以秦女自媚于平王，因去太子而事平王。恐一旦平王卒而太子立，杀己，乃因谗太子建。建母，蔡女也，无宠于平王。平王稍益疏建，使建守城父[3]，备边兵。

顷之，无忌又日夜言太子短于王曰：“太子以秦女之故，不能无怨望[4]，愿王少自备也。自太子居城父，将兵，外交诸侯，且欲入为乱矣。”平王乃召其太傅伍奢考问之。伍奢知无忌谗太子于平王，因曰：“王独奈何以谗贼小臣疏骨肉之亲乎？”无忌曰：“王今不制，其事成矣。王且见禽。”于是平王怒，囚伍奢，而使城父司马奋扬往杀太子。行未至，奋扬使人先告太子：“太子急去，不然将诛。”太子建亡奔宋。

无忌言于平王曰：“伍奢有二子，皆贤，不诛且为楚忧。可以其父质而召之，不然且为楚患。”王使使谓伍奢曰：“能致汝二子则生，不能则死。”伍奢曰：“尚为人仁，呼必来。员为人刚戾忍询[5]，能成大事，彼见来之并禽，其势必不来。”王不听，使人召二子曰：“来，吾生汝父；不来，今杀奢也。”伍尚欲往，员曰：“楚之召我兄弟，非欲以生我父也，恐有脱者[6]后生患，故以父为质，诈召二子。二子到，则父子俱死。何益父之死？往而令仇不得报耳。不如奔他国，借力以雪父之耻，俱灭，无为也。”伍尚曰：“我知往终不能全父命。然恨父召我以求生而不往，后不能雪耻，终为天下笑耳。”谓员：“可去矣！汝能报杀父之仇，我将归死。”尚既就执，使者捕伍胥。伍胥贯[7]弓执矢向使者，使者不敢进，伍胥遂亡。闻太子建之在宋，往从之。奢闻子胥之亡也，曰：“楚国君臣且苦兵矣。”伍尚至楚，楚并杀奢与尚也。

——节《伍子胥列传》

[1]伍举：楚大夫，邑于椒，亦曰椒举。　[2]费无忌：左氏作无极，好谗，后为囊瓦所杀，灭其族。　[3]城父：楚邑，故城在今河南宝丰县。　[4]怨望：怨恨冀望之意。　[5]询：与诟同。骂也，耻辱也。　[6]恐有

脱者：言恐其有脱亡也。　［7］贯：音弯，谓满张弓也。

伍子胥，是楚国人，名员。伍员的父亲名叫伍奢，伍员的哥哥叫伍尚，他的祖先名叫伍举。因为侍奉楚庄王时刚直谏诤而显贵，所以他的后代在楚国很有声誉。

楚平王有个太子叫建，派伍奢做他的太傅，费无忌做他的少傅，费无忌对于太子建很不忠心。平王曾派费无忌到秦国去给太子娶亲。因秦女的相貌很美丽，费无忌当下便赶回来，报告平王道："这是个绝色美女，还是大王自己娶了罢，太子可以另外替他再娶。"平王便自己娶了秦女，非常宠爱她，生了个儿子叫轸，再另外替太子娶亲。

费无忌用秦女来谄媚平王以后，于是就离开太子去服侍平王，但怕平王万一死了，太子立做国君，不免杀害自己，于是常到平王面前说太子建的坏话。太子建的母亲是蔡国的女子，本没有得到平王的宠爱，平王便慢慢疏远了太子建。派建出去驻守城父，防备各国来寇边。

后来费无忌又天天在平王面前说建的坏话，道："太子为了秦女的缘故，心里总免不掉怨恨大王，大王还是留心着他罢。自从太子住在城父，做了将军，和各国诸侯交好，现在他想进入都城作乱了。"平王听到这话，便唤伍奢来，细细地考察盘问他。伍奢知道费无忌在平王那里说了太子的坏话，便说道："大王怎么能仅凭搬弄是非的小臣的坏话，就疏远骨肉的亲情呢？"后来费无忌又对平王道："大王现在不去抑制他，他的阴谋就要成功了，而且大王还要被他擒去呢。"于是平王大怒，把伍奢拘留起来。又派城父的司马奋扬去杀太子。奋扬去了，还没有到城父，便先派人去通知太子："太子赶紧逃走，若是不逃，就要被杀害。"太子建当下便逃到了宋国。

费无忌对平王说道："伍奢有两个儿子，都很有才干，不把他们杀掉，将成为楚国的祸害。可以把他们的父亲作人质，把他们召来，不这样，将成为楚国的后患。”平王便派使者对伍奢道：“能够招来你的两个儿子，你就能活；倘招不来，你便只有死。”伍奢道：“伍尚做人有仁德，招他就会来的。伍员做人刚强，忍得耻辱，能够成大事业，他料定到这里来，便要统统被捉去，他必不肯来的。”平王不听他，便派人去招他的两个儿子，对他们说道：“你们来，我便不杀你们的父亲；不来，现在就杀死伍奢。”伍尚想去。伍员道：“楚国来招我们兄弟俩，并不是不杀我们的父亲，只是怕我们逃走，以生后患，所以特地把我们父亲作人质，来骗我们两人。我们两人去了，那么父子三人就会被一起杀掉，怎能免得父亲不死呢？况且去了，这仇就永远不能报了，还不如逃到他国去的好，利用他们的力量来报父亲的仇，若大家一齐去死，没有意义呀。”伍尚道：“我也知道我们去了，终究是不能保全父亲的性命的。但是，这是一件恨事啊！父亲喊我们去，希望万一有条活路，我们却不去，以后又不能报仇雪恨，终究被天下人所耻笑。”对伍员说：“你走吧！你能够报杀父之仇，我将回去受死。”伍尚接受逮捕后，使者又来捉伍子胥。伍子胥便张起弓，拿了箭，对着使者，使者就不敢前来抓捕，伍子胥因此逃走。听说太子建在宋国，就逃到他那里。伍奢听到子胥逃走了，便道：“楚国的君臣，从此要苦于兵祸了。”伍尚到了楚国京城，楚王把伍奢和伍尚一起杀死了。

六六、伍胥借吴报怨

忽说吴事，又忽转楚事，运掉不羁，笔端若神。遂尔写得伍胥遭难，

栩栩如生，足令人悲咽流涕，非太史公不能有此。

伍胥既至宋，宋有华氏之乱[1]，乃与太子建俱奔于郑。郑人甚善之。太子建又适晋，晋顷公曰："太子既善郑，郑信太子。太子能为我内应，而我攻其外，灭郑必矣。灭郑而封太子。"太子乃还郑。事未会[2]，会自私欲杀其从者，从者知其谋，乃告之于郑。郑定公与子产[3]诛杀太子建。建有子名胜。伍胥惧，乃与胜俱奔吴。到昭关[4]，昭关欲执之。伍胥遂与胜独身步走，几不得脱。追者在后，至江，江上有一渔父乘船，知伍胥之急，乃渡伍胥。伍胥既渡，解其剑曰："此剑直百金，以与父。"父曰："楚国之法，得伍胥者赐粟五万石，爵执珪，岂徒百金剑邪！"不受。伍胥未至吴而疾，止中道，乞食。至于吴，吴王僚方用事，公子光为将，伍胥乃因公子光[5]以求见吴王。

久之，楚平王以其边邑钟离[6]与吴边邑卑梁[7]氏俱蚕，两女子争桑相攻，乃大怒，至于两国举兵相伐。吴使公子光伐楚，拔其钟离、居巢[8]而归。伍子胥说吴王僚曰："楚可破也。愿复遣公子光。"公子光谓吴王曰："彼伍胥父兄为戮于楚，而劝王伐楚者，欲以自报其仇耳。伐楚，未可破也。"伍胥知公子光有内志，欲杀王而自立，未可说以外事，乃进专诸于公子光，退而与太子建之子胜耕于野。

五年而楚平王卒。初，平王所夺太子建秦女生子轸，及平王卒，轸竟立为后，是为昭王。吴王僚因楚丧，使二公子[9]将兵往袭楚。楚发兵绝吴兵之后，不得归。吴国内空[10]，而公子光乃令专诸袭刺吴王[11]僚而自立，是为吴王阖庐。阖庐既立，得志，乃召伍员以为行人[12]，而与谋国事。

楚诛其大臣郤宛、伯州犁[13]。伯州犁之孙伯嚭亡奔吴，吴亦以嚭为大夫。前王僚所遣二公子将兵伐楚者，道绝不得归。后闻阖庐弑王僚自立，遂以其兵降楚，楚封之于舒[14]。

阖庐立三年，乃兴师与伍胥、伯嚭伐楚，拔舒，遂禽故吴反二将军。因欲至郢[15]，将军孙武[16]曰："民劳，未可，且待之。"乃归。

四年，吴伐楚，取六[17]与灊[18]。五年，伐越，败之。六年，楚昭王使公子囊瓦[19]将兵伐吴。吴使伍员迎击，大破楚军于豫章[20]，取楚之居巢。

九年，吴王阖庐谓伍子胥、孙武曰："始子言郢未可入，今果何如？"二子对曰："楚将囊瓦贪，而唐、蔡皆怨之。王必欲大伐之，必先得唐、蔡乃可。"阖庐听之，悉兴师与唐、蔡伐楚，与楚夹汉水而陈。吴王之弟夫概将兵请从，王不听，遂以其属五千人击楚将子常[21]。子常败走，奔郑。于是吴乘胜而前，五战，遂至郢。己卯，楚昭王出奔。庚辰，吴王入郢。

昭王出亡。伍子胥求昭王，既不得，乃掘楚平王墓，出其尸，鞭之三百，然后已。

——节《伍子胥列传》

[1]华氏之乱：春秋昭二十年，宋华亥、向宁华定，与君争而出奔是也。 [2]事未会：谓事未得了当也。 [3]子产：春秋郑大夫，公孙侨也，子产其字。居于东里，又称东里子产，博学多闻，长于政治。自郑简公时当国，历定公、献公、声公，凡四十余年，皆有政声。 [4]昭关：山名，在今安徽含山县北。春秋时吴楚之界，因山为关，乃往来之冲。 [5]公子光：吴王阖庐名。 [6]钟离：故城在今安徽凤阳县。 [7]卑梁：吴邑，与钟离接境。 [8]居巢：故城在今安徽巢县。 [9]二公子：公子烛庸及盖余也。 [10]吴国内空：言吴国内无兵士也。 [11]袭刺吴王：公子

光欲刺吴王，乃伏甲窟室以享王。使专诸匿匕首鱼腹中刺之，诸亦为王左右所杀，公子光出其伏甲格杀左右，遂自立为王。［12］行人：官名，掌朝觐聘问之事。［13］郤宛、伯州犁：沈蛟门云：伯州犁者，晋伯宗之子也。伯州犁之子曰郤宛，郤宛之子曰伯嚭，宛亦姓伯。［14］舒：楚地名，故城在今安徽舒城县。［15］郢：楚都，在今湖北江陵县东北。［16］孙武：春秋齐人，以兵法见吴王阖庐。王出宫中美人八百使武教之战，孙子分为二队，以王宠姬为队长，皆令持戟，令而鼓之。妇人大笑，斩二队长以徇。复鼓之，妇人左右前后跪起，皆中规矩绳墨。吴王用为将，西破强楚，北威齐晋，显名诸侯。著有兵法十三篇。［17］六：古国名，在今安徽六安县。［18］灊：春秋楚地，在今安徽潜山县。［19］囊瓦：春秋楚庄王子子囊后，字子常，仕平王为令尹。平王卒，昭王立。蔡昭侯有佩与裘，唐成公有两肃爽马，二君如楚。囊瓦欲之，弗与，皆止之。及唐人献马，蔡人献佩，马归蔡君侯，后二君从吴伐楚。囊瓦三战不克，遂奔郑，吴人入郢。［20］豫章：地名，在淮南江北之界，后徙其名于江南也。［21］子常：囊瓦字。

伍子胥逃到宋国后，恰巧宋国出了华氏的乱子，就和太子建一同逃到郑国，郑国待他很好。太子建却又跑到晋国，晋顷公对太子建道：“太子既然得到了郑国的优待，郑国必定很相信太子。太子若能替我到郑国去暗中活动，作为内应，我从外面攻打，那么郑国必定能够被消灭掉。郑国灭掉了，那么我一定把郑国封赏给太子。”太子建于是又回到郑国。事情还没有部署妥当，恰巧太子因为个人私事，打算杀掉一个跟随他的人。这个人却已知道太子的计划，就把他的密谋告诉了郑国。郑定公和子产当下便杀了太子建。太子建有个儿子叫胜。伍子胥害怕了，便和胜一同逃往吴国。到了昭关，昭关的人要捉他。伍子胥便和胜步行逃走，几乎不能逃脱，追的人还在后面。伍子胥逃到江边，江上恰好有个渔父划了一只小船，知道伍子胥危急得很，便渡伍子胥过江。伍子胥过了江后，把剑解下，对渔父道："这把剑可值百金，送给你罢。"渔父道："楚国的法律，凡捉到伍子胥的，赏给粮食五万石，封给执珪的爵位，哪里只值百金的剑呢？我倘要钱便不渡你过江了。"不肯接受。伍子胥还没有到吴国，就又生起病来，在路上讨些食物来充饥。等到了吴国，吴王僚刚刚当权执政，公子光做将军。伍子胥通过公子光做介绍，求见了吴王。

过了很久，因楚国的边邑钟离和吴国的边邑卑梁氏两地的百姓都养蚕，有两个女子为争抢桑叶，互相殴打，楚平王大怒，为了这些小事，竟弄得两国兵戎相见。吴国派公子光去攻打楚国，占领了楚国的钟离、居巢就回去了。伍子胥对吴王僚道："楚国是可以攻破的。希望再派公子光去。"公子光对吴王道："伍子胥的父兄是被楚国无辜杀死的。他劝大王去伐楚国，是想借此报他自己的冤仇。我们这时去伐楚，怕未必能打败它吧？"伍子胥知道公子光心里的意思，是想杀了吴王自立，这时还不是可以和他说伐楚的时机，便荐举专诸到公子光那里，自己离开朝廷，和太子建的儿子胜到乡下去种田。

过了五年，楚平王死了。从前平王夺娶太子建的秦女，生了一个儿子叫轸，平王死后，轸便立做楚王，这就是昭王。吴王僚因为楚国有丧事，派烛庸、盖余二公子领兵袭击楚国。楚国发兵截住吴兵的后路，吴兵不能退回。吴国国内空虚，公子光派专诸刺死吴王僚，自立为吴王，就是吴王阖庐。阖庐做了王，愿望实现了，便召伍子胥来，任命他为行人，和他商量国事。

这时楚国杀了大臣郤宛和伯州犁，伯州犁的孙子叫伯嚭，也逃到吴国。吴国用伯嚭做大夫。从前吴王僚派两个公子带兵去伐楚国，因为后路被截住，不能回国。后来又听说阖庐杀了吴王自立为王，就带着他们的士兵一同投降了楚国，楚国把舒地封给他们。

阖庐三年，吴便兴兵和伍子胥、伯嚭一同去伐楚国。攻破了舒地，生擒了投降楚国的吴国两个公子。阖庐想趁势一直打到郢都。将军孙武道：“百姓太疲惫了，不可以，姑且等一等罢。”

阖庐四年，吴国又去伐楚国，夺了六地和灊地。第五年又去伐越国，打败了该国。第六年，楚昭王派公子囊瓦带兵来伐吴国，吴派伍员去迎击，在豫章大破楚军，夺了楚国的居巢城。

阖庐九年，吴王阖庐对伍子胥、孙武道：“从前你们说还未可攻打郢都，现在究竟怎么样了？”两人答道：“楚将囊瓦很贪财，唐、蔡二国都非常恨他，大王一定要大举进攻楚国的话，必定先要去邀唐、蔡来才可做得到。”阖庐听从了他们的意见，出动了全部军队，联合了唐、蔡两国，一齐去攻打楚国。同楚军在汉水两岸排开阵势。吴王的弟弟叫夫概，带领军队请求相随出征，吴王不答应。他便带了自己管的五千人，去打楚将子常。子常被他们打败，逃到郑国。于是吴兵乘胜前进，一连打了五仗，打到了郢都。己卯日，楚昭王逃了出去。庚辰日，吴王进了郢都。

昭王逃走了。伍子胥搜寻昭王，没有找到，就掘开楚平王的墓，拖出他的尸体，一连鞭了三百下，方才罢休。

六七、伍胥谏毋轻越

吴王轻越重齐，伍胥轻齐重越，君臣已成枘凿。文故连下吴王不听，作为通篇眼目。末写伍胥忿恚处，激昂尽致，千载之下，犹想见其英风伟概，龙门笔墨何等神通！

后五年，伐越。越王勾践迎击，败吴于姑苏[1]，伤阖庐指，军却。阖庐病创将死，谓太子夫差曰："尔忘勾践杀尔父乎？"夫差对曰："不敢忘。"是夕，阖庐死。夫差既立为王，以伯嚭为太宰，习战射。二年后伐越，败越于夫湫[2]。越王勾践乃以余兵五千人栖于会稽[3]之上，使大夫种[4]厚币遗吴太宰嚭以请和，求委国为臣妾[5]。吴王将许之。伍子胥谏曰："越王为人能辛苦。今王不灭，后必悔之。"吴王不听，用太宰嚭计，与越平。

其后五年，而吴王闻齐景公死而大臣争宠，新君弱，乃兴师北伐齐。伍子胥谏曰："勾践食不重味，吊死问疾，且欲有所用之也。此人不死，必为吴患。今吴之有越，犹人之有腹心疾也。而王不先越而乃务齐，不亦谬乎！"吴王不听，伐齐，大败齐师于艾陵[6]，遂威邹、鲁[7]之君以归。益疏子胥之谋。

其后四年，吴王将北伐齐，越王勾践用子贡[8]之谋，乃率其众以助吴，而重宝以献遗太宰嚭。太宰嚭既数受越赂，其爱信越殊甚，日夜为言于吴王。吴王信用嚭之计。伍子胥谏曰："夫越，腹心之病，今信其浮辞诈伪[9]而贪齐，破齐，譬犹石田[10]，无所用之。且《盘庚[11]之诰》曰：'有颠越不恭，劓殄灭之，俾无遗育，无使易种于兹邑。'此商之所以兴。愿王释齐而先越；若不然，后将悔之无及。"而吴王不听。使子胥于齐。子胥临行，谓其子曰："吾数谏王，王不用，吾今见吴之亡矣。汝与吴俱亡，无益也。"乃属其子于齐鲍牧，而还报吴。

吴太宰嚭既与子胥有隙，因谗曰："子胥为人刚暴少恩，猜贼，其怨望恐为深祸也。前日王欲伐齐，子胥以为不可，王卒伐之而有大功。子胥耻其计谋不用，乃反怨望。而今王又复伐齐，子胥专愎[12]强谏，沮毁[13]用事，徒幸吴之败以自胜其计谋耳。今王自行，悉国中武力以伐齐，而子胥谏不用，因辍谢，详病不行。王不可不备，此起祸不难。且嚭使人微伺之，其使于齐也，乃属其子于齐之鲍氏。夫为人臣，内不得意，外倚诸侯，自以为先王之谋臣，今不见用，常鞅鞅[14]怨望。愿王早图之。”吴王曰：“微子之言，吾亦疑之。”乃使使赐伍子胥属镂[15]之剑，曰：“子以此死。”伍子胥仰天叹曰：“嗟乎！谗臣嚭为乱矣，王乃反诛我。我令若父霸，自若未立时，诸公子争立，我以死争之于先王，几不得立。若既得立，欲分吴国予我，我顾不敢望也。然今若听谀臣言以杀长者！”乃告其舍人曰：“必树吾墓上以梓，令可以为器[16]；而抉吾眼县吴东门之上，以观越寇之入灭吴也。”乃自刭死。吴王闻之大怒，乃取子胥尸盛以鸱夷[17]革，浮之江中。吴人怜之，为立祠于江上，因命曰胥山[18]。

——节《伍子胥列传》

[1]姑苏：在今之江苏吴县。 [2]夫湫：山名，在今江苏吴县西太湖中。湫，音椒。 [3]会稽：春秋越都，在今浙江绍县。 [4]种：文种也。越之谋臣，勾践灭吴，种谋为多，功成，范蠡劝之去，种不听，被杀。 [5]委国为臣妾：谓以越事吴，如臣妾之礼。 [6]艾陵：春秋齐地，在今山东泰安县博望县故城南。 [7]邹、鲁：二国名，邹今山东邹县，鲁今山东曲阜县。 [8]子贡：姓端木，名赐，孔子弟子。 [9]浮词诈伪：谓言辞虚伪而不核实也。 [10]石田：不可耕种，喻无用也。 [11]盘庚：商王名，商都河北已久，宫室奢侈，民居蛰隘，水泉泻卤不可行政化。王欲徙成汤故都，臣民安土重迁，咸相怨望。乃作书告谕，即《尚书·盘庚》三篇是也。渡河而南，复居于亳。 [12]专愎：很戾也，意气自用，故与人反对之谓。 [13]沮毁：谓沮败毁谤也。 [14]鞅鞅：犹怏怏志不满也。 [15]属镂：

剑名。［16］器：棺也，言吴必亡也。［17］鸱夷：革囊也。［18］胥山：在江苏吴县西南。

又过了五年，吴国兴兵攻打越国。越王勾践迎击，在姑苏打败吴兵，射伤阖庐的大手指，吴兵败退。阖庐伤得很厉害，临死前对太子夫差道："你会忘记勾践杀死了你的父亲吗？"夫差答道："不敢忘掉。"这天夜里，阖庐死了，夫差继位。夫差做了吴王后，就用伯嚭做太宰，操练士兵。过了二年，吴国再去攻打越国，在夫湫打败越兵。越王勾践带着五千残兵躲避到会稽山上，同时派大夫文种拿了重礼送给太宰嚭，请求讲和，情愿用臣妾的礼来服侍吴国。吴王正要应许他，伍子胥前来谏道："越王做人，能够忍耐辛苦，大王今天不趁胜灭了他，日后必定要后悔的呀。"吴王不听，竟用太宰嚭的计划，和越国讲了和。

和越国议和过了五年，吴王听说齐景公死了，大臣们都在争宠，新立的君主很懦弱，便兴兵向北去伐齐。伍子胥进谏道："勾践吃饭不用两样荤菜，吊慰死者，问候病者，他所以这样做，是一定有利用他们的地方。这个人不死，必为吴国的祸患。现在吴国对于越国，好像就是一个人有了腹心的毛病一样。大王不先去对付越国，却去打齐国的注意，这不是大错特错的吗？"吴王不听，便去伐齐，在艾陵大破齐兵，顺便向邹、鲁两国宣示了武力后回到吴国。从此，就更加不听伍子胥的计策了。

此后四年，吴王将要向北去伐齐，越王勾践用子贡的计策，就带领越国的兵去帮吴国，又拿宝贵的东西送给太宰嚭。太宰嚭屡次受了越国的贿赂，便对越国深信不疑，天天在吴王面前说越国的好话，吴王也很相信太宰嚭的计策。伍子胥进谏道："越国是吴国的心腹大患，现在却相信越国的花言巧语，贪图齐国。打破齐国，好比是得了一块石田一样，没有用处。况且《盘庚之诰》上道：'有颠倒礼法、不恭王命的，就劓除、灭绝他们，使他们不能够传宗接代，不要让他们在这城邑里留种。’这就是商朝所以能兴起的缘故。我希望放弃齐国，先去对付越国罢；若不是这样，怕日后就是懊悔也来不及了。”吴王不听，却派伍子胥出使齐国。伍子胥要动身的时候，对他的儿子道：“我屡次劝谏吴王，吴王只是不听，我现在看到吴国的末日了，你和吴国一同灭亡，没有好处。”于是让儿子到齐国鲍牧家里去，托鲍牧照管，自己返回将齐国的情况报告吴王。

太宰嚭因与伍子胥不和，就到吴王那里进谗言道：“伍子胥做人，很是刚暴，又少恩情，更是疑忌害人，他有了不满意，恐怕会成为大祸。从前不是大王要去伐齐国吗？伍子胥认为不行，大王去伐它终究得了大功。伍子胥因为大王不用他的计策，觉得很失面子，反而来怨恨大王。大王现在又去伐齐，伍子胥一意强谏，阻碍大王要办的事业，只是希望吴国打败仗，使得自己的计策显得不错。现在大王亲率吴国全部兵马去伐齐，伍子胥因为大王不用他的计策，便特地说自己有病，不肯去了。大王不可不防备他，他要生起祸端是没有什么难的。并且我曾经派人暗暗探查他的举动，发现他出使到齐国的时候，竟把自己的儿子送到齐国鲍牧那里，托他照管。凡是做臣子的，不应该因国内不得意，就到外面去倚靠诸侯。他自认为是先王的谋臣，现在大王不用他，便不开心，所以怨恨大王，希望大王趁早设法对付他。”吴王道：“就是你不说起，我也疑心他了。”就派一使者赐给伍子胥一把属镂剑，并且对他说道：“你用这把剑自杀！”伍子胥仰天叹道：“啊！这是谗臣伯嚭要作乱，王反而要杀我！我帮你的父亲成就了霸业。当初你还没有立为太子的时候，诸公子争立，我拼命地到先王那里去争，假使没有我，你是几乎不能立的。你被立为太子后，想把吴国的土地分一部分给我，我不敢奢望。然而现在你竟听了恭维你的臣子的话，来杀我这个长辈了。”于是告诉他的门客道：“我死了之后，你们一定要把梓树种在我的坟墓上，将来可给吴王做棺材；挖出我的两只眼睛，把它挂在吴国的东门上，让我看得见越寇进来灭吴国。”说罢，便自杀了。吴王听到他这番话，大怒，就把伍子胥的尸体装在皮制的袋子里，漂浮在江中。吴国人怜悯他，替他在江边设立祠堂，给此地命名叫胥山。

六八、子贡列传

子贡历说五国，天花乱坠，令人应接不暇，说客风度，自是不凡，此实开战国策士先声。太史公连缀成文，运掉灵警，却又质直，尤妙在前后对照生姿，末乃以五国事一笔收括，自有万钧之力，决非常人所能学步。

田常[1]欲作乱于齐，惮高、国、鲍、晏[2]，故移其兵欲以伐鲁。孔子闻之，谓门弟子曰：“夫鲁，坟墓所处，父母之国，国危如此，二三子何为莫出？”子路[3]请出，孔子止之。子张[4]、子石[5]请行，孔子弗许。子贡[6]请行，孔子许之。

遂行，至齐，说田常曰：“君之伐鲁过矣。夫鲁，难伐之国，其城薄以卑，其地狭以泄，其君愚而不仁，大臣伪而无用，其士民又恶甲兵之事，此不可与战。君不如伐吴。夫吴，城高以厚，地广以深，甲坚以新，士选以饱，重器精兵尽在其中，又使明大夫守之，此易伐也。”田常忿然作色曰：“子之所难，人之所易；子之所易，人之所难。而以教常，何也？”子贡曰：“臣闻之，忧在内者攻强，忧在外者攻弱。今君忧在内。吾闻君三封而三不成者，大臣有不听者也。今君破鲁以广齐，战胜以骄主，破国以尊臣，而君之功不与焉，则交日疏于主。

是君上骄主心，下恣群臣，求以成大事，难矣。夫上骄则恣，臣骄则争，是君上与主有郤，下与大臣交争也。如此，则君之立于齐危矣。故曰不如伐吴。伐吴不胜，民人外死，大臣内空，是君上无强臣之敌，下无民人之过，孤主制齐者唯君也。”田常曰：“善。虽然，吾兵已加鲁矣，去而之吴，大臣疑我，奈何？”子贡曰：“君按兵无伐，臣请往使吴王，令之救鲁而伐齐，君因以兵迎之。”

田常许之，使子贡南见吴王。说曰：“臣闻之，王者不绝世，霸者无强敌，千钧之重加铢两[7]而移。今以万乘之齐而私千乘之鲁，与吴争强，窃为王危之。且夫救鲁，显名也；伐齐，大利也。以抚泗上[8]诸侯，诛暴齐以服强晋，利莫大焉。名存亡鲁，实困强齐。智者不疑也。”吴王曰：“善。虽然，吾尝与越战，栖之会稽[9]。越王苦身养士，有报我心。子待我伐越而听子。”子贡曰：“越之劲不过鲁，吴之强不过齐，王置齐而伐越，则齐已平鲁矣。且王方以存亡继绝为名，夫伐小越而畏强齐，非勇也。夫勇者不避难，仁者不穷约，智者不失时，王者不绝世，以立其义。今存越示诸侯以仁，救鲁伐齐，威加晋国，诸侯必相率而朝吴，霸业成矣。且王必恶越，臣请东见越王，令出兵以从，此实空越，名从诸侯以伐也。”

吴王大说，乃使子贡之越。越王除道郊迎，身御至舍而问曰：“此蛮夷之国，大夫何以俨然[10]辱而临之？”子贡曰：“今者吾说吴王以救鲁伐齐，其志欲之而畏越，曰‘待我伐越乃可’。如此，破越必矣。且夫无报人之志而令人疑之，拙也；有报人之志，使人知之，殆也；事未发而先闻，危也。三者举事之大患。”勾践顿首再拜曰：“孤尝不料力，乃与吴战，困于会稽，痛入于骨髓，日夜焦唇干舌，徒欲与吴王接踵而死，孤之愿也。”遂问子贡。子贡曰：“吴王为人猛暴，群臣不堪；国家敝以数战，士卒弗忍；百姓怨上，人臣内变；子胥以谏死[11]，太宰嚭用事，顺君之过以安其私。是残国之治也。今王诚发士卒佐之徼其志[12]，重宝以说其心，卑辞以尊其礼，其伐齐必也。彼战不胜，王之福矣。战胜，必以兵临晋，臣请北见晋君，令共攻之，弱吴必矣。其锐兵尽于齐，重甲困于晋，而王制其敝，此灭吴必矣。”越王大说，许诺。送子贡金百镒，剑一，良矛二。子贡不受。

遂行，报吴王曰：“臣敬以大王之言告越王，越王大恐，曰：‘孤不幸，少失先人，内不自量，抵罪于吴，军败身辱，栖于会稽，国为虚莽，赖大王之赐，使得奉俎豆而修祭祀，死不敢忘，何谋之敢虑！’”后五日，越使大夫种顿首言于吴王曰：“东海役臣孤勾践使者臣种，敢修下吏问于左右。今窃闻大王将兴大义，诛强救弱，困暴齐而抚周室，请悉起境内士卒三千人，孤请自被坚执锐，以先受矢石。因越贱臣种奉先人藏器，甲二十领，铁屈卢[13]之矛，步光[14]之剑，以贺军吏。”吴王大说，以告子贡曰：“越王欲身从寡人伐齐，可乎？”子贡曰：“不可，夫空人之国，悉人之众，又从其君，不义。君受其币，许其师，而辞其君。”吴王许诺，乃谢越王。于是吴王乃遂发九郡兵伐齐。

子贡因去之晋，谓晋君曰：“臣闻之，虑不先定不可以应卒[15]，兵不先辨不可以胜敌。今夫齐与吴将战，彼战而不胜，越乱之必矣；与齐战而胜，必以其兵临晋。”晋君大恐，曰：“为之奈何？”子贡曰：“修兵休卒以待之。”晋君许诺。

子贡去而之鲁。吴王果与齐人战于艾陵[16]，大破齐师，获七将军之兵，而不归，果以兵临晋，与晋人相遇黄池[17]之上。吴、晋争强。晋人击之，大败吴师。越王闻之，涉江袭吴，去城七里而军。吴王闻之，去晋而归，与越战于五湖[18]。三战不胜，城门不守，越遂围王宫，杀夫差而戮其相。破吴三年，东向而霸。

故子贡一出，存鲁，乱齐，破吴，强晋而霸越。子贡一使，使势相破，十年之中，五国[19]各有变。

——节《仲尼弟子列传》

[1] 田常：《左传》作陈恒。与阚止俱事齐简公，阚止有宠，欲尽逐陈氏，陈豹以告，恒遂杀阚止，并弑简公而立平公，卒谥武子。 [2] 高、国、鲍、晏：谓高昭子、国惠子、鲍牧、晏圉也。 [3] 子路：姓仲，名由，孔子弟子。 [4] 子张：姓颛孙，名师，孔子弟子。 [5] 子石：公孙龙也，亦孔子弟子。 [6] 子贡：姓端木，名赐，孔子弟子。 [7] 铢两：甚言其微也。 [8] 泗上：泗水之上也。 [9] 会稽：今浙江绍县。 [10] 俨然：矜庄貌。 [11] 子胥以谏死：详见上《伍胥谏毋轻越》篇。 [12] 以徼其志：徼结尧射其志也。 [13] 铁屈卢：屈卢，矛名。 [14] 步光：剑名。 [15] 虑不先定二句：卒，谓急卒也。言计虑不先定，不可以应卒有非常之事。 [16] 艾陵：在今山东泰安县博望县故城南。 [17] 黄池：在今河南封丘县西南。 [18] 五湖：太湖之别名。 [19] 五国：谓鲁、齐、晋、吴、越也。

田常想在齐国作乱，却怕高昭子、国惠子、鲍牧、晏圉的势力，所以把作乱的兵移到别处去，想要攻打鲁国。孔子听到这件事，对自己的学生道："鲁国是我们祖宗坟墓所在的地方，父母所生的国度。现在国家危险到这个地步，你们怎么不出去帮忙呢？"子路便来要求，情愿出去帮忙，孔子拦住他，不让他去。子张、子石也来要求去，孔子都不应许。接着子贡要求去，孔子应许了他。

于是子贡去了齐国，对田常道："你要攻打鲁国，那是错了，鲁国是很难攻打的。因为它的城很薄很低，它的地很狭很浅，它的国君愚昧不仁，它的大臣虚伪无用，它的百姓又厌恶打仗这件事情，这吴国的城很高很厚，它的地很广很深，兵器都是新造的，士卒也是新选的，重器精兵尽在里头，又派贤明的大夫守城，这是容易打破的。”田常听了，怒道：“你说难的，倒是一般人认为容易做的；你说容易的，倒是一般人觉着难的，你拿这话来指教我，到底是什么意思？”子贡道：“我听说，忧患在国内的，要去攻打强大的国家；忧患在国外的，要去攻打弱小的国家。如今你的忧患来自国内。我听说要封你三次，三次都不成功，那是因为大臣们和你作对。现在你去打鲁国，扩充齐国的土地，如果打了胜仗，你的国君就更骄纵，占领了鲁国土地，你国的大臣就会更尊贵，可是你的功劳却不在这里头。那你和国君的交情，就一天疏远一天。这是你上使国君产生骄傲的心理，下使大臣们无所顾忌，这样要成大事，太困难啦。国君骄傲了便要为所欲为，臣子骄傲了便要争权夺利。这是你上和国君产生隔阂，下和群臣相互争夺。这样你在齐国就很危险了。所以我说不如去伐吴。伐吴不得胜，百姓死在国外，大臣率兵作战国内势力空虚。这是你在上没有强臣的反对，在下没有百姓的非难，孤立国君、控制齐国的只有你了。”田常道：“很好！很好！但是我的兵已经出发到鲁国了，现在离开鲁国又去伐吴！大臣必要疑心我，怎么好呢？”子贡道：“这个容易，你只按兵不动，我替你出使到吴国，劝吴王出兵解救鲁国，攻打齐国，你趁这个机会迎击它便是了。”

子贡得到田常的应许，便南下去见吴王。子贡对吴王道：“我听说王者不使诸侯属国灭绝，霸王不能让天下出现强敌，千钧之重加些极微的力就要移动。今有万乘的强齐再占有千乘的弱鲁，与吴国争强，我私下替大王感到危险。并且大王若去解救鲁国，能显扬名声；攻打齐国，能获取大利。镇抚泗上的诸侯，诛戮蛮横的齐国，镇服强盛的晋国，利益再没有这样大的了。名义上是保存要亡的鲁国，实际上是困厄了强盛的齐国，这个道理，智者是不会怀疑的。”吴王道：“很好！很好！但是我曾经和越国打过仗，越王躲避在会稽山上。他刻苦律己，优待士卒，总想报仇。你且等我攻打了越国之后，再听从你的计策吧。”子贡道:“越国的实力不如鲁国，吴国的强盛不及齐国，现在大王抛开齐国，却去攻打越国，只怕打下越国时，齐国已经平定鲁国了。况且大王正打着使即将灭亡之国复存，使正要断绝之嗣延续的旗号，那么攻伐小小的越国，却害怕强盛的齐国，这不是勇敢的表现。勇者不会回避艰难，仁者不使他人陷入困境，智者不会错失机会，施行王道的人不会让一个国家灭绝，借此可树立他们的道义。如今保存越国，就是向诸侯宣示自己的仁道，解救鲁国，攻打齐国，对晋国施加威勇，各国诸侯必定会竞相来吴国朝见，霸业也就成功了。况且大王果真畏忌越国，我请求东去会见越王，让他出兵来跟随大王，这实际上是使越国空虚，名义上是跟着诸侯讨伐齐国。”吴王听到这话非常高兴，便派子贡到越国去。

越王清扫道路，到郊外迎接子贡，亲自驾车到官舍，问子贡道:“越国是偏远落后的国家，大夫怎么屈辱自己庄重的身份来到这里？”子贡道:“现在我叫吴王解救鲁国，攻伐齐国，吴王也是这样意思，但畏惧越国，他说‘等我攻打越国之后，才可照这样去做’，依了这话，那么越国被他打破，是一定的了。凡是没有报复仇人的志向，却使仇人怀疑，这是笨拙的；有报复仇人的意思，却被仇人知道，这是不安全的；事情还没有发动，却被仇人先知道，这是危险的。这三件是办事的大忌。”勾践叩头拜了两拜，说道:“孤曾不自量力，去和吴国打仗，被围困在会稽。这个痛苦真是深入骨髓，日夜唇焦舌燥，只是想跟随吴王一齐拼死，这是孤很甘愿的。”于是问子贡越国应该怎么办？子贡道:“吴王做人十分凶狠暴戾，大臣们都忍受不了；国家屡次打仗，疲劳得很，士兵也不能忍耐；百姓怨恨国君，大臣有了内乱；子胥因进谏而死，太宰嚭用事，顺着吴王的过错以图个人安逸：这是残害国家的做法。现在大王如果能够出兵辅佐吴王，激发他的志向，拿丰厚的财宝送给他，使他心里高兴，话要说得客气，用礼来尊敬他，那吴国必定去攻打齐国。他如果战不得胜，就是大王的福气。如果他战胜了，必定带兵到晋国去，我请求北上会见晋国国君，让他共同攻打它，那么削弱吴国是必然的了。他的精兵尽到齐国去了，重甲又困在晋国，大王便趁它疲惫去打它，那吴国必定灭亡。”越王非常高兴，应允了。送子贡黄金百镒，宝剑一把，良矛两支，子贡不肯收受，就走了。

子贡回到吴国，报告吴王道：“我不敢怠慢，已经把大王的话告诉越王了，越王听后，非常害怕，他说道：‘我时运不好，从小就没有父亲，我自己不量力，得罪了吴国，兵被打败，身受侮辱，困在会稽，国家荒芜。靠着大王的恩赐，才得拿了祭品去祭祀祖宗，到死也不敢忘记，怎么敢打算去报仇呢？’”过了五天，越国果然派大夫文种来见吴王，大夫文种头磕到地下对吴王说道：“东海役使之臣勾践谨派使者文种，来修好大王的属下近臣，托他向大王问候。现在私下听说大王将要兴起义兵，诛伐强暴，扶救弱小，围困暴戾的齐国，安抚周室，请求出动越国全部军队三千人，勾践请求身披铠甲、拿着武器，甘愿在前面去冒箭石的危险。因此越国派下臣文种进献先人珍藏的宝器，铠甲二十件，斧、屈卢矛、步光剑，作为向军吏的贺礼。”吴王高兴万分，便告诉子贡道：“越王想亲自跟我去伐齐，可以应许他吗？”子贡道：“这是不可以的！使人家国内空虚，把他的士兵统统调来，又要它的国君跟从，这是不道义的。大王接受他的礼物，应许他的兵跟从，辞却它的国君随行。”吴王答应了，就辞谢了越王。于是吴王就率领九个郡的兵去伐齐。

子贡于是便到晋国去，对晋国国君说道：“我听说，计策不预先定好，不可以应付危急的事情；军队不预先准备好，不可以战胜敌人。现在齐国和吴国将要开战，吴国如果打不了胜仗，越国必要去扰乱它；吴国如果打了胜仗，吴王一定会带他的军队逼近晋国边境。”晋君听了很恐慌，说：“那怎么办呢？”子贡道：“大王只需训练士兵等它来就是了。”晋君答应了。

子贡便离开晋国到鲁国去了。吴王果然在艾陵和齐人打了一仗，大败齐军，俘虏了齐国的七个将军的兵马，却还不肯回国，果真带兵逼近晋国边境，和晋人在黄池相遇。吴、晋相争。晋人发起攻击，大败吴军。越人听了，便渡过钱塘江袭击吴国，驻扎在和吴国都城相距七里的地方。吴王听到这消息，就马上离晋赶回，和越军在五湖一连打了三仗。吴军都不能得胜，城门也守不住了，越军便围住吴国的王宫，杀死夫差和他的相国。越国打败吴国以后的第三年，越国称霸东方。

所以子贡一次出行，保全了鲁国，扰乱了齐国，打破了吴国，晋国得以强盛，越国得以称霸。子贡一次出使，使各国形势发生了变化，十年中，鲁、齐、吴、晋、越五国都各自有了变更。

六九、子游为武城宰

言偃，吴[1]人，字子游，少孔子四十五岁。子游既已受业，为武城[2]宰。孔子过，闻弦歌之声。孔子莞尔[3]而笑曰：“割鸡焉用牛刀[4]？”子游曰：“昔者偃闻诸夫子曰，君子学道则爱人，小人学道[5]则易使。”孔子曰：“二三子[6]，偃之言是也。前言戏之耳。”孔子以为子游习于文学。

——节《仲尼弟子列传》

[1]吴：在今江苏省境。 [2]武城：春秋鲁邑，在今山东费县西南。[3]莞尔：小笑貌。 [4]割鸡焉用牛刀：言治小何须用大也。 [5]学道：谓礼乐。 [6]二三子：谓从行者。

言偃，吴人，字子游，小孔子四十五岁。子游在孔子那里读书毕业后，做了武城长官。孔子路过武城，听见弦歌的声音，就微笑着道："杀鸡何必用牛刀！"子游道："从前我听夫子道：'君子学道以后，就能爱人；普通人学了礼乐，就会谨守法规，容易使唤。'"孔子道："学生们！言偃的话很不错，我刚才说的那句话不过是开玩笑罢了。"因此孔子认定子游熟悉古代文献。

七〇、商鞅变法

通篇以法字作骨，曰鞅欲变法，曰卒定变法之令，曰于是太子犯法，曰将法太子，步步回顾，处处贯串。且叙事有体，转换有法，关锁处亦极严谨。凡作论，可取以为法，慎勿作寻常叙事文看。

孝公既用卫鞅[1]，鞅欲变法，恐天下议己。卫鞅曰："疑行无名，疑事无功。且夫有高人之行者，固见非[2]于世；有独知之虑者，必见敖于民[3]。愚者闇于成事，知者见于未萌。民不可与虑始而可与乐成。论至德者不和于俗，成大功者不谋于众。是以圣人苟可以强国，不法其故[4]；苟可以利民，不循其礼。"孝公曰："善。"甘龙[5]曰："不然。圣人不易民而教，知者不变法而治。因民而教，不劳而成功；

缘法而治者，吏习而民安之。”卫鞅曰：“龙之所言，世俗之言也。常人安于故俗，学者溺于所闻。以此两者居官守法可也，非所与论于法之外也。三代不同礼而王，五伯不同法而霸。智者作法，愚者制焉；贤者更礼，不肖者拘焉[6]。”杜挚[7]曰：“利不百，不变法；功不十，不易器。法古无过，循礼无邪。”卫鞅曰：“治世不一道，便国不法古。故汤、武不循古[8]而王，夏、殷[9]不易礼而亡。反古者不可非，而循礼者不足多。”孝公曰：“善。”以卫鞅为左庶长，卒定变法之令。

令民为什五[10]，而相牧司连坐[11]。不告奸者腰斩，告奸者与斩敌首同赏，匿奸者与降敌同罚。民有二男以上不分异[12]者，倍其赋[13]。有军功者，各以率受上爵；为私斗者，各以轻重被刑大小。僇力本业，耕织致粟帛多者复其身。事末利[14]及怠而贫者，举以为收孥[15]。宗室非有军功论不得为属籍[16]。明尊卑爵秩等级，各以差次名田宅，臣妾衣服以家次[17]。有功者显荣，无功者虽富无所芬华[18]。

令既具，未布，恐民之不信，已乃立三丈之木于国都市南门，募民有能徙置北门者予十金。民怪之，莫敢徙。复曰：“能徙者予五十金。”有一人徙之，辄予五十金，以明不欺。卒下令。

令行于民期年，秦民之国都言初令[19]之不便者以千数。于是太子犯法。卫鞅曰：“法之不行，自上犯之。”将法太子。太子，君嗣也，不可施刑，刑其傅公子虔，黥[20]其师公孙贾。明日，秦人皆趋令。行之十年，秦民大说，道不拾遗，山无盗贼，家给人足。民勇于公战，怯于私斗，乡邑大治。秦民初言令不便者有来言令便者，卫鞅曰：“此皆乱化之民也。”尽迁之于边城。其后民莫敢议令。

——节《商君列传》

［1］卫鞅：卫之诸庶孽公子，名鞅，姓公孙氏，秦封于商，亦称商君。［2］非：商君书作负。［3］见敖于民：商君书作必见訾于人也，敖五到反。［4］不法其故：言救弊为政之术，苟可以强国，不必取法故事也。［5］甘龙：孝公之臣，甘姓，名龙也。甘氏出春秋时甘昭公子带之后。［6］贤者更礼二句：言贤智之人，作法更礼；而愚不肖者，不明变通而辄拘制不使之行，斯亦信然矣。［7］杜挚：亦孝公之臣。［8］循古：商君书作修古。［9］夏、殷：指夏桀、殷纣也。［10］什五：五家为保，十家相连也。［11］牧司连坐：牧司谓相纠以法也。一家有罪，而九家相连举发。若不纠举，则什家连坐。［12］分异：别为生活也。［13］倍其赋：言一人出两课也。［14］末利：谓工商也。［15］及怠而贫二句：言懈怠不事事之人而贫者，既纠举而收录其妻子，没为官奴婢。［16］不得为属籍：谓宗室若无军功，则不得入属籍，谓除其籍，则虽无功不及爵秩也。［17］以家次：谓各随其家爵秩之班次，亦不得使僭侈踰等。［18］芬华：奢侈也。［19］初令：谓鞅新变之法令。为初令也。［20］黥：古墨刑，犹前清之刺字。

秦孝公任用卫鞅不久，打算变更法度，又怕天下的人议论自己。卫鞅道："在行动上迟疑不决便不能成名，在事业上犹豫不决便不能成功。凡是品行超出常人的，必定要受世俗的议论；见解独到的人，必定要受常人的嘲笑。愚蠢的人事成之后都弄不明白，聪明的人事先就能预见将要发生的事情。百姓在事业开始的时候不能和他商讨，只可等事业成功以后和他同乐。探讨最高道德的人不与世俗合流，成就大事业的人必定不和众人商量。所以做圣人的只要能强国，就不必效法陈规。只要利于百姓，就不必遵循旧的礼制。"孝公道："很好。"甘龙道："不是这样。圣人不改变民俗而施以教化，聪明的人不改变法度而治理国家。只须照百姓本来的风俗去教导他，便可不必劳苦，自然就会成功了；沿袭成法而治理国家，官吏习惯，百姓相安。”卫鞅道：“甘龙的话完全是世俗的话。一般人安于旧有的习俗，而读书人拘泥于书本上的见闻。这两种人叫他奉公守法，那是可以的，至于法外的用意，他们便不知道了。须知三代的礼制各不相同，大家都可称王天下；五霸的法度互有差异，大家都可以成功霸业。聪明的人能够创立法度，愚蠢的人却被法度制约；有才干的人能够更改礼制，平庸的人被它所拘束。”杜挚道：“没有百倍的利益，不可改变法度，没有十倍的功效，就不能更换旧器。仿效成法没有过失，遵循旧礼不会出偏差。”卫鞅道：“治理国家没有一成不变的方法，对国家有利，就不必遵守古法。所以商汤、周武不遵循古法，却统一了天下；夏桀、殷纣不更改旧礼，反而失去了天下。反对古法的人不能非难，而沿袭旧礼的人不值得称赞。”孝公道：“很好！”就任命卫鞅做左庶长。

卫鞅当下制订变法的命令。按照新法，把百姓十家编成一什，五家编成一伍，互相监视检举，一家犯法，十家连坐。不告发奸事的处以拦腰斩断的刑罚，告发奸事的与斩敌首级受同样的奖赏，藏匿奸人的与投降敌人处同样的惩罚。百姓家有两个以上的成年男子不分居的，赋税加倍。有军功的人，各按标准升爵受赏；为私事斗殴的，就各按轻重治罪。致力于农事、纺织，让粮食丰收、布帛增产的免除自身的劳役或赋税。因从事工商业及懒惰而贫穷的，把他们的妻子充入官府中做奴婢。国君亲属宗族中没有军功的，不能列入谱牒。明确尊卑爵位等级，各按等级差别占有土地、房屋，男女奴婢的数量，衣着的质地样式，按各家爵位等级决定。有军功的显赫荣耀，没有军功的即使很富有也没有地方显示他的尊荣。

新法准备就绪后，还没有颁布，担心百姓不相信，于是就拿了三丈长的木头，竖在国都的南门，招募百姓有能把这木头搬到北门去的，赏他十金。百姓都很奇怪，没有人敢去搬。卫鞅又下命令道："能够搬到北门去的，赏他五十金。"有一人把木头搬去了，就赏他五十金，以此表明令出必行，决不欺骗。接着颁布了新法。

新法实行了一年，秦国百姓到国都说新法不方便的人数以千计。正在这时，太子触犯了新法。卫鞅道："新法不能通行，就是居上位的人先触犯它。"将依法惩办太子。太子是国君的继承人，不可实施刑罚，于是太傅公子虔被处罚，太师公孙贾被处以墨刑。到了第二天，秦国的百姓都奉行新法了。新法实施了十年，秦国百姓非常高兴，路不拾遗，山里也没有盗贼了！家家富裕，人人暖饱。百姓勇于为国家作战，不敢为私利争斗，乡村、城市社会持续安定。秦国百姓当初说新法不方便，现在又来说新法的好处。卫鞅道："这都是扰乱教化的人。"于是把这些百姓统统迁到边境。这样一来，百姓再也不敢议论新法了。

七一、赵良谏商君

陈商君罪过处，烟波千里；劝商君避位处，弄丸掌中。得心应手，持论确正，商君闻之，能不为之寒心乎？然至死不悟。其写五羖大夫之功德，言言郑重。迄今读赵良书，犹令人尝心百里子。

商君相秦十年，宗室贵戚多怨望者。赵良见商君。商君曰："鞅之得见也，从孟兰皋[1]，今鞅请得交，可乎？"赵良曰："仆弗敢愿也。孔丘有言曰：'推贤而戴者进，聚不肖而王者退。'仆不肖，故不敢受命。仆闻之曰：'非其位而居之曰贪位，非其名而有之曰贪名。’仆听君之义，则恐仆贪位贪名也。故不敢闻命。”商君曰：“子不说吾治秦与？”赵良曰：“反听之谓聪，内视之谓明，自胜[2]之谓强。虞舜有言曰：‘自卑也尚矣。’君不若道虞舜之道，无为问仆矣。”商君曰：“始秦戎翟之教，父子无别，同室而居。今我更制其教，而为其男女之别，大筑冀阙[3]，营如鲁卫矣。子观我治秦也，孰与五羖大夫[4]贤？”赵良曰：“千羊之皮，不如一狐之掖；千人之诺诺[5]，不如一士之谔谔[6]。武王谔谔以昌，殷纣墨墨[7]以亡。君若不非武王乎，则仆请终日正言[8]而无诛，可乎？”商君曰：“语有之矣，貌言[9]华也，至言[10]实也，苦言[11]药也，甘言[12]疾也。夫子果肯终日正言，鞅之药也。鞅将事子，子又何辞焉！”赵良曰：“夫五羖大夫，荆[13]之鄙人也。闻秦缪公之贤而愿望见，行而无资，自粥于秦客，被褐食牛。期年，缪公知之，举之牛口之下，而加之百姓之上，秦国莫敢望焉。相秦六七年，而东伐郑，三置晋国之君[14]，一救荆国之祸[15]。发教封内[16]，而巴人致贡；施德诸侯，而八戎来服。由余[17]闻之，款[18]关请见。五羖大夫之相秦也，劳不坐乘，暑不张盖，行于国中，不从车乘，不操干戈，功名藏于府库，德行施于后世。五羖大夫死，秦国男女流涕，童子不歌谣，舂者不相杵[19]，此五羖大夫之德也。今君之见秦王也，因嬖人景监[20]以为主，非所以为名也。相秦不以百姓为事，而大筑冀阙，非所以为功也。刑黥太子之师傅[21]，残伤民以骏刑，是积怨畜祸也。教之化民也深于命[22]，民之效上也捷于令[23]。今君又左建外易[24]，非所以为教也。君又南面而称寡人，日绳秦之贵公子。《诗》曰：‘相鼠[25]有体，人而无礼；人而无礼，何不遄死。’以《诗》观之，非所以为寿也。公子虔杜门不出已八年矣，君又杀祝欢而黥公孙贾。《诗》曰：‘得人者兴，失人者崩。’此数事者，非所以得人也。君之出也，后车十数，从车载甲，多力而骈胁[26]者为骖乘[27]，持矛而操闟戟[28]者旁车而趋。此一物不具，君固不出。《书》曰：‘恃德者昌，恃力者亡。’君之危若朝露[29]，尚将欲延年益寿乎？则何不归十五都[30]，灌园于鄙，劝秦王显岩穴之士，养老存孤，敬父兄，序有功，尊有德，可以少安。君尚将贪商、於[31]之富，宠秦国之教，畜百姓之怨，秦王一旦捐宾客而不立朝，秦国之所以收君者，岂其微哉[32]？亡可翘足而待。”商君弗从。

后五月而秦孝公卒，太子立。公子虔之徒告商君欲反，发吏捕商君。商君亡至关下，欲舍客舍。客人不知其是商君也，曰：“商君之法，舍人无验者坐之。”商君喟然叹曰：“嗟乎，为法之敝一至此哉！”去之魏。魏人怨其欺公子卬[33]而破魏师，弗受。商君欲之他国。魏人曰：“商君，秦之贼。秦强而贼入魏，弗归，不可。”遂内秦。商君既复入秦，走商邑[34]，与其徒属发邑兵北出击郑。秦发兵攻商君，杀之于郑黾池[35]。秦惠王车裂[36]商君以徇，曰：“莫如商鞅反者！”遂灭商君之家。

——节《商君列传》

[1]鞅之得见二句：孟兰皋，人姓名也。言鞅前因兰皋得与赵良相见也。 [2]自胜：谓守谦敬人，自伏其罪也。 [3]冀阙：阙，门也，亦谓之象魏，所以记列教令也。冀，记也。 [4]五羖大夫：谓百里傒也。傒为楚人所执，缪公以五羖羊皮赎之，授之国政，因号五羖大夫。 [5]诺诺：唯唯而顺从也。 [6]谔谔：争辩也。 [7]墨墨：与默默同，窈冥昏默皆了无言也。 [8]正言：正直之言也。 [9]貌言：无实之言也。 [10]至言：至善之言也。 [11]苦言：逆耳之言也。 [12]甘言：甜蜜之言也。 [13]荆：百里奚南阳宛人，属楚，故云荆。 [14]三置句：谓立晋惠公、怀公、文公也。 [15]一救句：缪公二十八年，

会晋救楚朝周。［16］发教封内：谓发教令于境内也。［17］由余：其先本晋人，亡入戎，能晋言，戎王闻缪公贤，故使由余观秦。［18］款：叩也。［19］相杵：相谓送杵声，以音声自劝也。［20］景监：阉人也，商君尝因景监得见孝公。［21］刑黥太子师傅：见上篇本文。［22］教之化民也深于命：教谓商鞅之令也，命谓秦君之命也，言人畏鞅甚于秦君。［23］民之效上也捷于令：上谓商鞅之处分，令谓秦君之教令。［24］左建外易：左建谓以左道建立威权也，外易谓在外革易君命也。［25］相鼠：有一种鼠，风人则交其前足而拱，谓之礼鼠，亦或谓之拱鼠。相，视也。［26］骈胁：言壮健之人，肌肉丰满不复见肋骨之条痕也。［27］骖乘：古乘车在车右之人，亦作陪乘。［28］闟戟：古兵器名。［29］朝露：朝露见晶日则干，喻不能久也。［30］十五都：卫鞅封“商於”十五邑，故云十五都。［31］商、於：二地名。商，今陕西商县。於，今河南内乡县西古于村是。［32］秦国之所以二句：谓鞅于秦无仁恩，故秦国之所以将收录鞅者，其效甚明，故云岂其微哉。［33］公子卬：魏惠王子。卫鞅将兵伐魏，魏使公子卬将而击之。军既相距，卫鞅遗魏将公子卬书曰：“吾始与公子卬，今俱为二国将，不忍相攻，可与公子而相见盟，乐饮而罢兵，以安秦魏。”魏公子卬以为然。会盟，已饮，而卫伏甲士而袭虏魏公子卬，因攻其军，尽破之，故为魏人所怨。［34］商邑：今陕西商县。［35］黾池：地名，今河南渑池县治。［36］车裂：以四体及首系于五马，鞭之使走，裂其尸为五。

商君做秦国的宰相已有十年，宗室贵戚都怨恨他。当时有个叫赵良人去见商君。商君道：“我从前和你相见，是孟兰皋介绍的。我们交个朋友，你答应我吗？”赵良道：“我不敢答应，从前孔丘道：‘推荐贤能之人，爱民而有才能的人就会前来；聚集不肖之徒，即使能辅佐王业的人也会退隐。’我不贤，所以不敢从命。我听有人说：‘不是他所应有的位置，偏要占据，这叫贪位；不是他所应得的名誉，偏要骗取，这叫贪名。’我要是接受了你的情谊，恐怕我便是贪位贪名了，所以不敢从命。”商君道：“你不满意我对秦国的治理吗？”赵良道：“能够反躬自问叫做聪，能够自我省察叫做明，能够自我克制叫做强。虞舜有话道：‘自我谦虚的人被人尊重。’你若是不说虞舜的道理，便无须来问我了。”商君道：“从前秦国的教化，是依照戎翟的方法，父亲和儿子没有分别，同住在一间房内。我现在改变秦国的教化，使他们男女有别，分居而住，大筑宫廷城阙，把秦国营建的像鲁国、魏国一样。你看我治理秦国，与五羖大夫比，哪一个能干？赵良道：“一千只羊的皮不值一领狐腋贵重；一千个随声附合的人反不如一人的正色直言。周武王因为多直言谏诤的臣子而昌盛，殷纣因为没有同他争论的群臣而灭亡。你如果不反对武王的做法，那么我就整天和你说正直的话，你可不要见怪，你答应我吗？”商君道：“俗话说，表面动听的话好比是花；出自内心的话好比是果实；苦口逆耳的话是药石；甜言蜜语的话是疾病。你果真肯整天跟我说正直的话，那便是我的药石了。我将拜你为师，你为什么又拒绝和我交朋友呢！”赵良道：“五羖大夫本是楚国的一个乡下人，因听到秦缪公是个贤君，就打算去见他，但是没有路费，就把自己卖给秦国人，穿着粗布短衣，替主人喂牛。过了一年，缪公知道他有才干，便从牛嘴下把他提拔起来，凌驾于百官之上，秦国人没有谁不满意。他一连做了秦国的宰相六七年，向东去攻打郑国，又立了晋国的三个君主，救了一次楚国的祸事。在国内施行教化，巴人前来纳贡；在各国诸侯中间推行他的恩德，八戎前来服从。由余听到秦国有这种人才，叩关来投。五羖大夫做秦国宰相，劳倦了也不坐车，酷暑炎热也不打伞；在都城里行走，不带跟从的车辆，不带防卫的兵器。他的功名载于史册，藏于府库，德行传到后代。五羖大夫死时，秦国无论男女都痛哭流涕，小孩不唱歌谣，舂米的人也因悲哀而发不出喊声。

这就是五羖大夫的恩德啊！如今你得以见秦王，是通过嬖人景监的介绍，这就谈不上什么名声了。你做了秦国的宰相，不以百姓的利益为重，却去大筑宫阙，这就谈不上建立功业了。惩治太子的师傅，用极重的刑罚来伤残百姓，这是积怨蓄祸呢。你的教化影响百姓比秦君的命令还要深刻，百姓听从你的号召比秦君的命令还要迅速。如今你又用诈术建立威权，自作主张改变君命，这就谈不上施行教化了。你占据高位，自比国君，还天天用新法去纠正秦国的贵族。《诗经》道：‘看那老鼠还有礼仪，做人怎可没有礼仪呢？做人没有礼仪，为什么不去死掉呢？’照这诗看起来，实在是不能祝福你了。公子虔自从受你的刑罚以后，闭门不出已有八年了。你又杀了祝欢，对公孙贾处以黥刑。《诗经》道：‘得人心的就能够兴起，失人心的就要失败。’你做的这几件事，并不是什么得人心的呢。你一出门，后面跟随的车子数以十计，车上都载着武士，用壮健的人做车夫，持矛操戟的人护卫着你的车子奔跑。这些东西有一件不完备，你就不敢出门。《尚书》道：‘凭借仁德就会昌盛，依仗武力就要灭亡。’你的危险像早上的露水一般，还想能延年益寿吗？你何不把商、於十五邑封地 概退还秦国，自己到偏僻荒远的地方耕种田园，劝秦王启用隐居山林的贤人，赡养老人，优抚孤儿，敬重父兄，依功授爵，尊敬有德之士，这样你才可以稍保平安。你如果还贪图商、於的富有，以独揽秦国的政教为荣宠，积蓄百姓的怨恨。有朝一日秦王抛弃人世而不在位了，秦国要收捕你的人难道会少吗？你的灭亡只要一跷脚的时间就会到来。”但商君没有听从赵良的劝告。

过了五个月，秦孝公死了，太子继立，公子虔这班人就来告发说商君要造反，秦惠王当下派官吏去捉商君。商君逃到边境的关口，想住客栈。客栈的主人不知道他就是商君，说道：“商君的法律规定，凡留宿没有证件的人，店主要连带判罪。”商君听到这话，叹了一口气，说道：

“唉！变法的弊端，竟到了这个地步啊！”就离开这里，来到魏国。魏国人恨他欺骗公子卬，打破魏国的兵，因此不肯收留他。商君就想到别国去。魏人道：“商君是秦国的逃犯，秦是强国，它的逃犯逃到魏国来，不送他回去是不行的。”就把商君送回秦国。商君回到秦国后，又逃到商邑，和自己的部属发动邑中的兵，向北去打郑国。秦国发兵去攻商君，把商君杀死在郑国的黾池。秦惠王把商君五马分尸给众人看，说道：“你们切不可像商君这样造反！”就灭绝了商君全家。

七二、苏秦说齐归燕十城

通篇以譬喻作格，前幅引饥不食乌喙为譬，而归燕十城；后幅引曾参、伯夷、尾生作喻，又衬以妻毒夫，而复就故官。喻言动人远胜直言，此说客策士袭用之，故智也；然而行文得之逾金玉矣！

秦惠王以其女为燕太子妇。是岁，文侯卒，太子立，是为燕易王。易王初立，齐宣王因燕丧伐燕，取十城。易王谓苏秦[1]曰：“往日先生至燕，而先王资先生见赵，遂约六国从。今齐先伐赵，次至燕，以先生之故为天下笑。先生能为燕得侵地乎？”苏秦大惭，曰：“请为王取之。”

苏秦见齐王，再拜，俯而庆，仰而吊。齐王曰：“是何庆吊相随之速也？”苏秦曰：“臣闻饥人所以饥而不食乌喙[2]者，为其愈充腹而与饿死同患也[3]。今燕虽弱小，即秦王之少婿也。大王利其十城而长与强秦为仇。今使弱燕为雁行而强秦敝其后，以招天下之精兵，是食乌喙之类也。”齐王愀然变色曰：“然则奈何？”苏秦曰：“臣闻古之善制事者，转祸为福，因败为功。大王诚能听臣计，即归燕之十城，燕无故而得十城，必喜；秦王知以己之故而归燕之十城，亦必喜。此所谓弃仇雠而得石交[4]者也。夫燕、秦俱事齐，则大王号令天下，莫敢不听。是王以虚辞附秦，以十城取天下，此霸王之业也。”王曰：“善。”于是乃归燕之十城。

人有毁苏秦者曰：“左右卖国反覆之臣也，将作乱。”苏秦恐得罪归而燕王不复官也，苏秦见燕王曰：“臣东周[5]之鄙人也，无有分寸之功，而王亲拜之于庙而礼之于廷。今臣为王却齐之兵而得十城，宜以益亲。今来而王不官臣者，人必有以不信伤臣于王者。臣之不信，王之福也。臣闻忠信者，所以自为也；进取者，所以为人也。且臣之说齐王，曾非欺之也。臣弃老母于东周，固去自为而行进取也。今有孝如曾参[6]，廉如伯夷[7]，信如尾生[8]。得此三人者以事大王，何若？”王曰：“足矣。”苏秦曰：“孝如曾参，义不离其亲一宿于外，王又安能使之步行千里而事弱燕之危王哉？廉如伯夷，义不为孤竹君之嗣[9]，不肯为武王臣，不受封侯而饿死首阳[10]山下。有廉如此，王又安能使之步行千里而事行进取于齐哉？信如尾生，与女子期于梁下，女子不来，水至不去，抱柱而死。有信如此，王又安能使之步行千里却齐之强兵哉？臣所谓以忠信得罪于上者也。”燕王曰：“若不忠信耳，岂有以忠信而得罪者乎？”苏秦曰：“不然。臣闻客有远为吏而其妻私于人者，其夫将来，其私者忧之，妻曰：‘勿忧，吾已作药酒待之矣’。居三日，其夫果至，妻使妾举药酒进之。妾欲言酒之有药，则恐其逐主母也；欲勿言乎，则恐其杀主父也。于是乎详僵[11]而弃酒。主父大怒，笞之五十。故妾一僵而覆酒，上存主父，下存主母，然而不免于笞，恶在乎忠信之无罪也？夫臣之过，不幸而类是乎！”燕王曰：“先生复就故官。”益厚遇之。

——节《苏秦列传》

［1］苏秦：战国时之纵横家，洛阳人，合六国之纵，同盟拒秦，苏秦为合纵之长，后纵约为张仪所破。 ［2］乌喙：有毒植物，乌头之别名。一岁为侧子，二岁为乌喙，三岁为附子，四岁为乌头，五岁为天雄。 ［3］为其愈充腹句：谓饥人食乌则愈益充腹，少时毒发而毙，亦与饥死同患也。 ［4］石交：言交谊之坚也。 ［5］东周句：秦为洛阳人，属西周。此云东周者盖敬王以子朝之乱，从王城东迁洛阳，乃号东周。 ［6］曾参：字子舆，南武城人，性至孝。 ［7］伯夷：孤竹君长子。（《孟子》）闻伯夷之风者顽夫廉，懦夫有立志。 ［8］尾生：古之信士，或云即微生高。 ［9］不为孤竹君之嗣：伯夷为孤竹君之长子，父欲立次子叔齐。父卒，伯夷遂逃去。孤竹在今河北卢龙县西。 ［10］首阳：即雷首山，在今山西永济县东南。 ［11］僵：音姜，仆也。

秦惠王把他的女儿嫁给燕太子为妻。这年燕文侯死了，太子继立，这就是燕易王。易王方才继立，齐宣王趁着燕国有丧，起兵攻打燕国，夺去了十城。易王对苏秦道：“从前先生到燕国来，先王资助先生路费到赵国去，于是才约定六国合纵拒秦。现在齐国先攻打赵国，再攻打燕国，因为先生的缘故被天下人耻笑。先生能够替燕国想办法，把齐国夺去的地方收复吗？”苏秦听到这话，十分惭愧，说道：“我去替大王拿回来。”

苏秦来到齐国，和齐王相见，拜了两拜，低着头向齐王表示庆贺，又仰起头向齐王表示哀悼。齐王道：“为什么庆贺后又哀悼相随得这样快呢？”苏秦道：“我听说肚子饿着的人，凭他饿得如何难受，终不去吃乌头，原是因为乌头只可暂时充腹，过了一会儿，毒性发作，和饿死一样，终归是要死的。现在燕国虽然很弱小，然而却是秦王的小女婿。大王为了十城的利益，却长久和强秦做仇敌。现在若是弱小的燕国做先锋，而强秦跟在它后面做掩护，从而招来天下的精兵来攻击齐国，那就像吃了乌头一样了。”齐王听到这话，顿然害怕的变了脸色，说道：“那该怎样好呢？”苏秦道：“我听说从前善于处理事情的人，能够变灾祸成吉祥，变失败为成功。大王果真能听从我的计策，就索性把十城归还燕国，燕国凭空得了十城，必定很高兴；秦王知道大王因为他的缘故，归还燕国的十城，也必定很高兴，这就是所谓抛弃了仇敌，得到了牢固的友谊。燕国、秦国都来服侍齐国，那么大王的号令传出，天下就没有人敢不听从。这就是说，大王只需空口表示依附秦国，实际上却用十城的代价得到天下，这真是霸王的功业啊！”齐王道：“很好！”于是就把从燕国夺来的十城归还燕国。

这时有人到燕王那里说苏秦的坏话，道：“苏秦是个左右摇摆、出卖国家、反复无常的臣子，他将要作乱了。”苏秦害怕获罪，回来后，燕王并没有给他什么官职。苏秦去和燕王相见，说道：“我本是东周的乡下人，没有一点儿功劳，然而大王亲自在宗庙里授予我官职，并在朝堂上以礼相待。现在我替大王说退了齐国的兵，收回了十城，照理说，大王应该和我越发亲近。现在我回来，大王并不给我官做，这其间必有人以不忠实的罪名到大王面前说我坏话，使大王不相信我。其实，我的不忠实，正是大王的福气。我听说，忠心诚实的人，总是为自己考虑；向上进取的人，总是为别人考虑。并且我游说齐王，并没有欺骗他。我把老母抛在东周，本来就不打算为自己树立忠信的名声，而一心帮助别人求进取。假如现在找到像曾参一样孝顺，像伯夷一样廉洁，像尾生一样诚信的三个人来服侍人王，大王认为怎样？”燕王道：“那就足够了。”

苏秦道："像曾参一样孝顺，从不肯离开母亲在外面住宿一夜，那么大王又怎能叫他走千里路，服侍很危弱的燕国呢？像伯夷一样廉洁，不肯接受孤竹国的君位，不肯做武王的臣子，不愿受封侯，却饿死在首阳山。他这样的廉洁，大王又怎能叫他走千里路，替大王到齐国去拿回十城呢？像尾生一样信义，和女子订定约期在桥梁下相会，女子没有来，尾生只是等着，洪水冲来也不逃走，竟抱着桥柱子死掉。他这样的信义，大王又怎能叫他走千里路，替大王说退齐国的强兵呢？老实说，我正是因为忠心信义而得罪大王的！"燕王道："你自己不忠心信义罢了，难道有因为忠心信义而获罪的吗？"苏秦道："不是这样的。我听说有人到远地去做官。他的妻子和别人私通，丈夫将要回来了，和她私通的人很担忧，妻子道：'你不要担忧，我已做好毒酒等他了。'过了三天，她的丈夫回到家里，妻子便让妾拿了毒酒给他喝。妾想说出酒里掺有毒药，却又怕主母把她赶出去；想不说出来，又怕主父被她杀死。于是假装摔了一跤，把酒泼在地上。主父当下便大怒，打了她五十竹板。所以妾一跌倒而泼掉毒酒，对上能保全主父，对下能成全主母。但是自己终免不掉挨打，怎么能说忠心信义的人就不能获罪呢？现在我时运不好，也和妾的遭遇一样啊！"燕王道："先生仍担任原来的官职吧。"从此以后，燕王便越发优待他。

七三、苏秦感怒张仪

士不见辱，则不能激发。张仪入秦，正为见辱而激发也。然苏秦素与张仪为友，不当弄此玄虚。诈术如此，宜其不终也。是文描写意态，细腻入微，当为叙事能手。

张仪者，魏人也。始尝与苏秦俱事鬼谷先生[1]学术。苏秦自以不及张仪。

张仪已学而游说诸侯。尝从楚相饮，已而楚相亡璧，门下意张仪，曰："仪贫无行，必此盗相君之璧。"共执张仪，掠笞数百，不服，醳[2]之。其妻曰："嘻！子毋读书游说，安得此辱乎？"张仪谓其妻曰："视吾舌尚在不？"其妻笑曰："舌在也。"仪曰："足矣。"

苏秦已说赵王而得相约从亲，然恐秦之攻诸侯，败约后负，念莫可使用于秦者，乃使人微感张仪曰："子始与苏秦善，今秦已当路[3]，子何不往游，以求通子之愿？"张仪于是之赵，上谒求见苏秦。苏秦乃诫门下人不为通，又使不得去者数日。已而见之，坐之堂下，赐仆妾之食。因而数让[4]之曰："以子之材能，乃自令困辱至此。吾宁不能言而富贵子，子不足收也。"谢去之。张仪之来也，自以为故人，求益，反见辱，怒，念诸侯莫可事，独秦能苦赵，乃遂入秦。

苏秦已而告其舍人曰："张仪，天下贤士，吾殆弗如也。今吾幸先用，而能用秦柄者，独张仪可耳。然贫，无因以进。吾恐其乐小利而不遂，故召辱之，以激其意。子为我阴奉之。"乃言赵王，发金币车马，使人微随张仪，与同宿舍，稍稍近就之，奉以车马金钱，所欲用，为取给，而弗告[5]。张仪遂得以见秦惠王。惠王以为客卿[6]，与谋伐诸侯。

苏秦之舍人乃辞去。张仪曰："赖子得显，方且报德，何故去也？"舍人曰："臣非知君，知君乃苏君。苏君忧秦伐赵败从约[7]，以为非君莫能得秦柄，故感怒君，使臣阴奉给君资，尽苏君之计谋。今君已用，请归报。"张仪曰："嗟乎，此在吾术中而不悟，吾不及苏君明矣！吾又新用，安能谋赵乎？为吾谢苏君，苏君之时，仪何敢言。且苏君在，仪宁渠能乎！”张仪既相秦，为文檄[8]告楚相曰：“始吾从若饮，我不盗而[9]璧，若笞我。若善守汝国，我顾且盗而城！”

——节《张仪列传》

[1]鬼谷先生：纵横家之祖。相传为楚人，无乡族氏名字，因其所居，称曰鬼谷先生。著有《鬼谷子》一卷。 [2]醳：与释同。 [3]当路：居要路而用事，谓执政柄者也。 [4]数让：责之也。 [5]弗告：言弗告其出于苏秦之谋也。 [6]客卿：以他国之人为官也。 [7]从约：六国立约共拒秦，谓之从约。 [8]檄：音如亦，古之官文书，用木简，长尺二寸，征召晓谕诘责等皆用之。 [9]而：汝也。

张仪是魏国人，从前和苏秦一道服侍鬼谷先生，学习游说之术。苏秦认为自己比不上张仪。

张仪学成后，到各国游说。他曾经和楚国的宰相一同喝酒，席间，楚相遗失了一块璧。楚相的手下人都疑心是张仪偷的，说道：“张仪很穷，品行不好，楚相的璧，必定是他偷的。”于是大家捉住张仪，把他打了几百下。张仪不承认，就放了他。张仪回到家里，他的妻子道：“唉！你若不去读书游说，怎会受这等侮辱呢？”张仪对妻子道：“你看！我的舌头还在吗？”他的妻子笑了一笑，说道：“舌头还存在呢！”张仪道：“那就够了！”

当时苏秦已经说动赵王与六国订立了合纵的盟约，只怕秦国出来攻打诸侯，破坏了纵约，又考虑到没有可以派去受到秦国重用的人，想来想去，就派人暗中启发张仪道：“你从前和苏秦很要好，现在苏秦已经当权，你为何不到他那里去结交他，以实现你飞黄腾达的愿望呢？”于是张仪来到赵国，呈上名帖，求见苏秦。苏秦叮嘱守门的人不给他通报，又不放他走。一连等了好几天，苏秦才接见了他，却安排他坐在堂下，把奴仆吃的东西给他吃，还几次责备张仪道："像你这样的才能，却穷困潦倒到这个地步。我现在难道不能替你说说，让你富贵吗？只是你实在不中用，不配我的收留。"就回绝了张仪，把他打发走了。张仪到苏秦这里来，本以为是从前的老朋友，想求些好处，哪里知道反而被羞辱了一场，张仪非常生气。想到诸侯中没有值得服侍的，只有秦国能够困扰赵国，于是就来到秦国。

后来苏秦告诉自己的家臣道："张仪是天下最有才干的人，我真不及他呀。现在幸亏我先当权了，但是能够执掌秦国权柄的人，只有张仪可以。不过张仪很穷，没有钱可以进见秦王，我只怕他贪些小利，办不到这件事，所以把他叫来羞辱了一番，以激发他的意志。你替我私下把这些钱送给他。"苏秦便禀告赵王，发给金币、财物和车马，派人跟着张仪一同餐宿，慢慢和他亲近起来，把车马、金钱任凭张仪使用，也不告诉他这是苏秦的计策。张仪才有机会拜见了秦惠王，惠王用他为客卿，和他商量攻打诸侯的事情。

苏秦的家臣这时来见张仪，说要离去了。张仪道："我靠你得到发达，正想报答你的恩德，你怎么就去呢？"家臣道："我不是先生的知己，先生的知己是苏先生。苏先生担心秦国要攻打赵国，破坏了他的纵约，认为除了先生没有谁能执掌秦国的大权，所以激怒先生，派我暗中送给先生钱财，这都是苏先生的计谋。现在先生已经掌权，我要回去报告他了。"张仪道："哎哟，我中了他的计策，还没有觉悟呢。我不及苏先生是明摆着的呀！我刚刚掌权，怎么能谋算赵国呢？请替我谢谢苏先生，在苏先生当权的期间，我敢说些什么。况且有苏先生在位，我还有什么才干可以施展呢？"张仪做了秦国的宰相后，写信警告楚国宰相道："从前我和你一同喝酒，我并没有偷你的璧，你竟鞭打我。现在你好好地守住你的国度吧，我倒要来偷你的城池了。”

七四、孟子列传

此叙孟子，而以邹衍作陪；邹衍之见用，正见孔孟之不合于时；孔孟之不肯阿世苟容，正见邹衍之得志于诸侯。反复辩论，曲尽变化。尤妙在倘有牛鼎一句，含蓄不尽，令人悠然意远，大有丰神，可称逸响。

孟轲[1]，邹[2]人也。受业子思[3]之门人。道既通，游事齐宣王，宣王不能用。适梁，梁惠王不果所言，则见以为迂远[4]而阔于事情。当是之时，秦用商君[5]，富国强兵；楚、魏用吴起[6]，战胜弱敌；齐威王、宣王用孙子[7]、田忌[8]之徒，而诸侯东面朝齐。天下方务于合从[9]连衡[10]，以攻伐为贤，而孟轲乃述唐、虞、三代之德，是以所如者不合。退而与万章[11]之徒序《诗》《书》，述仲尼之意，作《孟子》七篇。其后有邹子之属。

齐有三邹子。其前邹忌，以鼓琴干威王，因及国政，封为成侯而受相印，先孟子。其次邹衍，后孟子。

邹衍睹有国者益淫侈，不能尚德，若《大雅》[12]整之于身，施及黎庶[13]矣。乃深观阴阳消息而作怪迂之变，《终始》《大圣》之篇十余万言。其语闳大不经，必先验小物，推而大之，至于无垠[14]。先序今以上至黄帝，学者所共术，大并世盛衰[15]，因载其机祥度制，推而远之，至天地未生，窈冥[16]不可考而原也。先列中国名山大川，通谷禽兽，水土所殖，物类所珍，因而推之，及海外人之所不能睹。称引天地剖判以来，五德[17]转移，治各有宜，而符应[18]若兹。以为儒者所谓中国者，于天下乃八十一分居其一分耳。中国名曰赤县神州。赤县神州内自有九州，禹之序九州[19]是也，不得为州数。中国外如赤县神州者九，乃所谓九州也。于是有裨海[20]环之，人民禽兽莫能相通者，如一区中者，乃为一州。如此者九，乃有大瀛海[21]环其外，天地之际焉。其术皆此类也。然要其归，必止乎仁义节俭，君臣上下六亲之施，始也滥耳[22]。

王公大人初见其术，惧然顾化[23]，其后不能行之。

是以邹子重于齐。适梁，惠王郊迎，执宾主之礼。适赵，平原君[24]侧行襒席[25]。如燕，昭王拥彗先驱[26]，请列弟子之座而受业，筑碣石宫[27]，身亲往师之。作《主运》[28]。其游诸侯见尊礼如此，岂与仲尼菜色陈、蔡[29]，孟轲困于齐、梁同乎哉！故武王以仁义伐纣而王，伯夷饿不食周粟；卫灵公问陈，而孔子不答[30]；梁惠王谋欲攻赵，孟轲称大王去邠[31]。此岂有意阿世俗苟合而已哉！持方枘欲内圆凿，其能入乎[32]？或曰，伊尹负鼎[33]而勉汤以王，百里奚饭牛[34]车下而缪公用霸，作先合，然后引之大道。邹衍其言虽不轨，倘亦有牛鼎之意乎？

自邹衍与齐之稷下先生[35]，如淳于髡[36]、慎到、环渊、接子、田骈[37]、邹奭[38]之徒，各著书言治乱之事，以干世主，岂可胜道哉！

——节《孟子荀卿列传》

[1]孟轲：字子舆，战国时人。后世称亚圣，言亚于孔子也。 [2]邹：今山东邹县。 [3]子思：姓孔名伋，孔子之孙。 [4]迂远：谓不切事情也。 [5]商君：卫鞅封于商，故号商君，尝变法强秦。 [6]吴起：卫人，尝

学于曾子，善用兵，后为楚所杀。［7］孙子：名武，齐人，善用兵。著有《孙子》十三篇，为兵家所祖。［8］田忌：齐将，尝救韩赵以击魏，大败之。［9］合从：合南北之谓也，一作合纵。苏秦以合从之策说诸侯，使燕、赵、韩、魏、齐、楚同盟拒秦，谓之合从。［10］连衡：连合六国以事秦，谓之连衡。与合从相反，一作连横。［11］万章：孟子弟子。［12］《大雅》：（诗序）雅者正也，言王政所由兴废也。正有大小，故有《小雅》焉，故有《大雅》焉。［13］黎庶：百姓也。［14］无垠：犹无限也，垠读银。

［15］大并世盛衰：言主其大体随代盛衰，观时而说事。［16］窈冥：谓深远之事理也。［17］五德：以五行之德，为王者受命之运。如少昊以金德，伏羲以木德，颛顼以水德，尧以火德，黄帝以土德等。［18］符应：谓符命来降，与人事相应也。此实古帝王借征兆为掩人耳目之举，不足信。［19］禹之序九州：即兖、冀、青、徐、豫、荆、扬、雍、梁也。［20］裨海：小海也。［21］大瀛海：大洋海也。［22］滥耳：言其说怪诞不经，滥漫于耳，即所谓怪迂不经也。［23］惧然顾化：谓衍之术，皆动人心，见者莫不惧然驻想，又内心留顾而已化之，欲从其术也。［24］平原君：赵武灵王子，名胜，封于平原，故号平原君。［25］侧行襒席：襒，拂也。谓侧行而衣拂席为敬。［26］拥彗先驱：彗，帚也。谓为之扫地，以衣袂拥帚而却行，恐尘埃之及长者。［27］碣石宫：宫名，故址在今河北省蓟县西。［28］《主运》：邹子书有主运篇。［29］仲尼菜色陈、蔡：孔子迁蔡三岁，吴伐陈，楚救陈，军于城父。闻孔子在陈蔡之间，楚使人聘孔子。陈、蔡恐孔子用于楚，乃相与发役围孔子于野，不得行，绝粮。从者病，莫能兴。［30］灵公问陈句：灵公问陈于孔子。孔子曰：“俎豆之事，则尝闻之；军旅之事，未之学也。”［31］邠：今陕西邠县。［32］持方枘二句：方枘，是榫也。圆凿，其孔也。谓工人断木以为方榫而枘之孔圆，不可入也。谓战国时孔孟以仁义说世主，犹方枘入圆凿然。［33］伊尹负

鼎：伊尹名阿衡，欲干汤而无由，乃为有莘氏媵臣，负鼎俎，以滋味说汤，后卒致于王道。［34］百里奚饭牛：百里奚初事虞公，知其将亡，去而之秦。自卖其身，得五羖羊之皮，为人养牛。其后秦缪公用之为相，七年而霸。［35］稷下先生：稷，齐地名，在今山东临淄县北。谓齐之学士，集于稷门之下也。［36］淳于髡：齐人，滑稽多辩。［37］慎到、环渊、接子、田骈：慎到，赵人。田骈、接子，齐人。环渊，楚人。皆学黄老道德之术，因发明序其指意，故慎到著十二论，环渊著上下篇，而田骈、接子皆有所论焉。［38］邹奭：齐诸驺子，亦颇采邹衍之术以纪文，齐王嘉之。

孟轲，是邹国人，他曾受业于子思的弟子。学问通达后，便到齐宣王那里去游说，宣王不用他，他来到梁国，梁惠王不但没有听信他的话，反而说他的话迂曲、空阔，不切实际。当时，秦国用了商君，国家因而富足，兵力因而强盛；楚、魏两国用了吴起，打了胜仗，削弱了敌国；齐威王、宣王用了孙膑、田忌等人，各国诸侯便都到齐国去朝见。天下正在专讲合纵连衡，以攻伐为能事的时候。而孟轲偏偏称述唐、虞三代的德政，所以他所到的国家都不合他的意。于是他回到家乡和自己的学生万章等人编订《诗经》《尚书》，阐发孔丘的主张，写成《孟子》一书，共七篇。在他之后，出现了学者邹子等人。

齐国有三个邹子，在前的叫邹忌，借弹琴的技艺得以求见齐威王，因而参与国政，被封为成侯，接受了齐国的相印，他出生在孟子以前。第二个叫做邹衍，生在孟子之后。

邹衍看到国君越来越荒淫奢侈，不能崇尚德政，不象《大雅》所要求的那样用高尚的德行来规范自己，再推行到百姓之中。他于是深入观察天地阴阳的发展变化，记述怪异玄虚的变幻，他的《终始》《大圣》等篇共十余万字。那些话宏大广阔、不合情理，必定是先验证细小的事物，然后推广到大的事物，以至于无边无际。先从当今说起再上溯至黄帝时代，都是学者们所共同谈论的。然后再大体上依着世代的盛衰变化，记载下那些消灾求福、趋吉避凶的方法，推而远之，直到天地尚未形成的时候，甚至更加久远，以至不可考究的混沌状态，深幽玄妙而无从稽考和追究它的本源。书中首先记述中国的名山大川，深谷中的禽兽，水中、地上所生殖的，物类中最珍贵的，一概俱全，照此推广开去，因而推论到远方异域，人们所看不到的东西。他称述开天辟地以来，五行相生相克，循环周转，每个朝代应根据它的德运采取相应的措施，天命和人事是互相感应的。他认为儒家所说的中国，只不过是天下的八十一分之一罢了。中国名叫赤县神州。赤县神州内有九州，这九州就是夏禹所序列的九州，但这种州不能算做州。在中国之外，像赤县神州这样大的地方还有九个，这才是所说的九州了。这里有小海环绕着，人和禽兽不能与其他州相通，像是一个特定的区域，这才算是一州。像这样的州有九个，有大海环绕在外面，这就是天地交接的地方了。邹衍的学说都是这一类述说。但是他的要旨，必定要归到仁义、节俭上，并在君主上下和六亲之间的施行，不过开始的述说的确泛滥无节了。

那些王公大人初次见了他的学说，感到惊异而引起思考，受到感化，但过后却不能实行它。

因此邹衍在齐国受到重视。他到了梁国，梁惠王亲到城外去迎接；到了赵国，平原君侧身陪行，竟拿衣袖拂去席子上的尘埃；到了燕国，燕昭王拿着扫帚清洁道路为他作先导，并请求坐在弟子的座位上向他学习，还为他修建了碣石宫，亲自去拜他为老师。这时他写了《主运》篇。他周游各国受到如此尊敬，这跟孔丘在陈国、蔡国遭受饥饿，孟轲在齐国、魏国遇到困厄可以同日而语吗！所以武王用仁义来伐纣就称王天下，伯夷宁肯饿死不吃周朝的粮食；卫灵公问作战的方阵，孔子却不予回答；

梁惠王打算攻伐赵国，孟轲却称颂周太王离开邠地的事迹。所有这些，难道有半点心意去奉承世俗、苟且求合吗？拿着方形的榫头却想放进圆形的卯眼里，哪能放得进呢？有人说，伊尹背着鼎去勉励商汤成就王业，百里傒在车下喂牛，秦缪公依靠他成就了霸业。他们的做法都是先投合人主的意愿，然后慢慢地引导人主走到正大的道路上去。邹衍的言论，虽然不合常理常情，或许也有伊尹负鼎、百里傒饭牛的用意吧？

从邹衍和齐国的稷下诸先生，像淳于髡、慎到、环渊、接子、田骈、邹奭这些人，都各自著书，论述国家治乱的大事，用以求见当时的国君，这些怎能记述得尽！

七五、荀卿列传

将诸子之异端，错综成文，则荀卿之守道不变，跃然纸上。盖太史公欲进荀卿与孟子同列之意也。方法森然，笔力遒劲。

荀卿[1]，赵人。年五十始来游学于齐。驺衍[2]之术迂大而闳辩，奭[3]也文具难施，淳于髡[4]久与处，时有得善言。故齐人颂曰：“谈天衍[5]，雕龙奭[6]，炙毂过髡[7]。”田骈[8]之属皆已死。齐襄王时，而荀卿最为老师。齐尚修列大夫之缺，而荀卿三为祭酒[9]焉。齐人或谗荀卿，荀卿乃适楚，而春申君[10]以为兰陵[11]令。春申君死而荀卿废，因家兰陵。李斯[12]尝为弟子，已而相秦。荀卿嫉浊世之政，亡国乱君相属，不遂大道而营于巫祝，信禨祥[13]，鄙儒小拘，如庄周[14]等又猾稽乱俗。于是推儒、墨、道德之行事兴坏，序列著数万言而卒。因葬兰陵。

而赵亦有公孙龙为坚白同异之辩[15]，剧子[16]之言；魏有李悝[17]，尽地力[18]之教。楚有尸子[19]、长卢[20]；阿[21]之吁子焉[22]。

自如孟子至于吁子，世多有其书，故不论其传云。

盖墨翟[23]，宋之大夫，善守御[24]，为节用。或曰并孔子时，或曰在其后。

——节《孟子荀卿列传》

[1]荀卿：名况，卿者，时人相尊，号之为卿。著书数万言，其学以孔子为标准，但倡性恶之说。谓人性皆恶，不以礼义矫正之，则不能为善。其旨与孟子异，有《荀子》传于世。 [2]驺衍：见上篇本文。 [3]奭：驺奭也，见上篇注。 [4]淳于髡：见上篇注。 [5]谈天衍：驺衍言五德终始，天地广大，其书言天事，故曰谈天。 [6]雕龙奭：驺奭修衍之文，饰若雕镂龙文，故曰雕龙。 [7]炙毂过髡：言辞不穷之意。过作輠，輠者，车之盛膏器也。炙之虽尽，犹有余流也。言淳于髡智不尽，如炙輠也。 [8]田骈：见上篇注。 [9]祭酒：古时会食燕飨，必尊长先用酒以祭，故凡同列中以齿德相推者曰祭酒。 [10]春申君：楚相黄歇之封号也。 [11]兰陵：楚地名，故城在今山东峄县东五十里。[12]李斯：秦始皇之相，变苍颉籀文为小篆。二世时，赵高诬斯子与盗通，腰斩咸阳市。 [13]信禨祥：好事鬼神以求福之意。 [14]庄周：战国蒙人。其学无所不窥，然其要本归于老子之言。故其著书十余万言，大率皆寓言也。[15]公孙龙句：公孙龙，战国赵人。著《守白》一书行于世。坚白即守白也，言坚执其说，如墨子墨守之义。自坚白之论起，辩者互执是非，不胜异说。公孙龙能合众异而为同，故谓之同异。 [16]剧子：著书之人，姓剧氏而称子也。 [17]李悝：事魏文侯，富国强兵，著有《李子》三十二篇。

[18] 地力：土地发育之能力也。 [19] 尸子：周时鲁人，名佼，秦相商鞅师之，鞅死逃入蜀。著书二十篇，凡六万余言。卒因葬蜀。 [20] 长卢：楚人，著书九篇。 [21] 阿：今山东东阿。 [22] 吁子：名婴，齐人，著书十八篇。 [23] 墨翟：战国宋人，倡兼爱之说，流行颇盛。当时与儒家并称，孟子斥为无父，力辟其说，其学遂衰。 [24] 善守御：公输般攻宋，九设攻城之机变，墨子九拒之，公输般之攻械尽，墨子之守固有余。

荀卿，是赵国人，五十岁时才来到齐国游学。邹衍的学说迂曲、深远，富于辩驳。邹奭的文章虽很完备，不过不容易施行。淳于髡这个人，若与他相处日久，时常可学到一些精辟的言论。所以齐国人称赞他们道："高谈阔论的是邹衍，精雕细刻的是邹奭，智多善辩，智慧无穷的是淳于髡。"当时，田骈这些人都已死了。齐襄王时，荀卿算是地位最高的宗师了。这时齐国还在补充列大夫的缺额，所以荀卿曾经三次担任稷下学士的祭酒。后来齐国有人毁谤荀卿，荀卿就到了楚国，楚相春申君任命他为兰陵令，春申君死后，荀卿被罢官，于是就住在兰陵。李斯曾经到他那里求学，后来做了秦国的宰相。荀卿憎恶当时的政治混浊，被灭亡之国和昏乱之君一个接着一个，他们不遵循常理正道，专去学习巫祝，相信机祥，鄙陋的儒生拘束小节，像庄周等又巧言善辩，败坏风俗，于是推究儒家、墨家、道家所作所为的成功和失败，整理写成几万字的文章便去世了。死后就葬在兰陵。

赵国也有公孙龙展开了"坚白同异"的辩论，又有剧子的言论。魏国有李悝提出鼓励耕作以尽地力的主张。楚国有尸子、长卢；阿地有吁子。

从孟子到吁子他们都有书传世，所以不详叙它们的内容了。

墨翟，是宋国的大夫，很善于守城御敌，竭力提倡节约用度。有人说他和孔子同时，也有人说他在孔子之后。

七六、孟尝君立薛

孟尝君与父之语，语语着紧，步步逼进，使父不能措词，诚词令能品。通篇侧重“勿举也”三字，下文许多议论，皆伏于此。叙事明晰，笔势遒劲，有百读不厌之妙。

初，田婴[1]有子四十余人。其贱妾有子名文，文以五月五日生。婴告其母曰：“勿举[2]也。”其母窃举生之。及长，其母因兄弟而见其子文于田婴。田婴怒其母曰：“吾令若去此子，而敢生之，何也？”文顿首，因曰：“君所以不举五月子者，何故？”婴曰：“五月子者，长与户齐[3]，将不利其父母[4]。”文曰：“人生受命于天乎？将受命于户邪？”婴默然。文曰：“必受命于天，君何忧焉？必受命于户，则可高其户耳，谁能至者！”婴曰：“子休矣。”

久之，文承间问其父婴曰：“子之子为何？”曰：“为孙。”“孙之孙为何？”曰：“为玄孙。”“玄孙之孙为何？”曰：“不能知也。”文曰：“君用事相齐，至今三王矣，齐不加广而君私家富累万金，门下不见一贤者。文闻将门必有将，相门必有相。今君后宫蹈绮縠[5]而士不得短褐[6]，仆妾余粱肉[7]而士不厌糟糠[8]。今君又尚厚积余藏，欲以遗所不知何人[9]，而忘公家之事日损，文窃怪之。”于是婴乃礼文，使主家待宾客。宾客日进，名声闻于诸侯。诸侯皆使人请薛公田婴以文为太子，婴许之。婴卒，谥为靖郭君。而文果代立于薛，是为孟尝君。

——节《孟尝君列传》

［1］田婴：齐威王少子，封于薛，号靖郭君。［2］勿举：谓弃其儿，不长养之也。［3］长与户齐：言人长与户相等。［4］不利其父母：风俗通云：俗说五月五日生子，男害父，女害母也。［5］绮縠：绮，文缯也。纱之绉襞促缩者，即今之绉纱。［6］短褐：贫者之服也。［7］粱肉：富贵人饭粱食肉也。［8］糟糠：贫者之所食。［9］欲以遗句：犹言不知欲以遗与何人也。

起初，田婴有四十多个儿子。他的小妾有个儿子叫田文，田文是五月五日生的。田婴吩咐田文的母亲道："不要抚养他。"可是他的母亲还是偷偷养活了他。等到他长大了，他的母亲让田文的兄弟带着田文来见田婴。田婴对田文的母亲板起面孔，骂道："我让你丢掉这个儿子，你却瞒着我养活了他，这是为什么呢？"田文便对田婴磕了一个头，说道："君所以不愿抚养五月五日生的孩子，到底是什么缘故呢？"田婴道："五月五日生的孩子，长得和门户一样高时，会不利于他的父母。"田文道："人的命运是由上天来安排呢？还是由门户来安排呢？"田婴闭着口不做声。田文道："如果是由上天来安排，那么君担忧什么呢？如果是由门户来安排，那么君只须把门户做高些就是了，谁还能长到那么高呢！"田婴道："你不要多说了！"

过了好久，田文趁着机会又去问他的父亲道："儿子的儿子叫什么？"田婴道："叫孙子。"田文又问："孙子的孙子叫什么？"田婴道："叫玄孙。"田文又问："玄孙的孙子叫什么？"田婴道："不知道了。"田文道："君做齐国的宰相，到如今已经历三代国君了，齐国的土地并不见广大起来，君自己的家私倒积累了几万金，门下也看不到一位贤能的人。我听说，将军之家必出将军，宰相之家必出宰相。现在君的姬妾践踏着绸缎，而士人却连粗布短衣也穿不上。君的奴婢鱼肉吃不完，而士人却连糠菜也吃不饱。现在君还要多多积累家私，想留给连称呼都叫不上来的人，却忘记国家在诸侯中一天天在削弱，我私下感到奇怪。”这时田婴才看重田文，让他主持家务，款待宾客。自田文主持家务后，宾客一天多似一天，名声传扬到各国。各国国君都派人到田婴这里来，建议薛公田婴立田文为太子，田婴答应下来。田婴去世后，追谥靖郭君。田文果然在薛邑继承了田婴的爵位。这就是孟尝君。

七七、孟尝君好客

孟尝君待客，一以平等为主，客以故归之，在战国当为第一流人物。王荆公斥其鸡鸣狗盗之雄，得毋贬之甚乎？通篇以宾客作骨，首言孟尝君之待遇宾客，末言养客之效。前呼后应，精力弥满，极得心应手之妙。

孟尝君在薛[1]，招致诸侯宾客，及亡人有罪者，皆归孟尝君。孟尝君舍业[2]厚遇之，以故倾天下之士。食客数千人，无贵贱一与文等。孟尝君待客坐语，而屏风[3]后常有侍史，主记君所与客语，问亲戚居处。客去，孟尝君以使使存问[4]，献遗其亲戚。孟尝君曾待客夜食，有一人蔽火光。客怒，以饭不等，辍食辞去。孟尝君起，自持其饭比之。客惭，自刭。士以此多归孟尝君。孟尝君客无所择，皆善遇之。人人各自以为孟尝君亲己。

秦昭王闻其贤，乃先使泾阳君[5]为质于齐，以求见孟尝君。孟尝君将入秦，宾客莫欲其行，谏，不听。苏代[6]谓曰:“今旦代从外来，见木禺人与土禺人相与语[7]。木禺人曰：‘天雨，子将败矣。’土禺人曰：‘我生于土，败则归土。今天雨，流子而行，未知所止息也。’今秦，虎狼之国也，而君欲往，如有不得还，君得无为土禺人所笑乎？”孟尝君乃止。

齐湣王二十五年，复卒使孟尝君入秦，昭王即以孟尝君为秦相。人或说秦昭王曰:“孟尝君贤，而又齐族也，今相秦，必先齐而后秦，秦其危矣。”于是秦昭王乃止。囚孟尝君，谋欲杀之，孟尝君使人抵[8]昭王幸姬求解。幸姬曰：“妾愿得君狐白裘[9]。”此时孟尝君有一狐白裘，直千金，天下无双，入秦献之昭王，更无他裘。孟尝君患之，遍问客，莫能对。最下坐有能为狗盗者，曰：“臣能得狐白裘。”乃夜为狗，以入秦宫臧中，取所献狐白裘至，以献秦王幸姬。幸姬为言昭王，昭王释孟尝君。孟尝君得出，即驰去，更封传[10]，变名姓以出关。夜半至函谷关[11]。秦昭王后悔出孟尝君，求之，已去，即使人驰传逐之。孟尝君至关，关法鸡鸣而出客，孟尝君恐追至，客之居下坐者有能为鸡鸣，而鸡齐鸣，遂发传出。出如食顷，秦追果至关，已后孟尝君出，乃还。始孟尝君列此二人于宾客，宾客尽羞之，及孟尝君有秦难，卒此二人拔之。自是之后，客皆服。

——节《孟尝君列传》

[1]薛：在今山东滕县南。 [2]舍业：舍弃其家产，而厚事宾客也。[3]屏风：陈饰兼隔内外之具。 [4]存问：遣使往候问曰存问。 [5]泾阳君：秦昭王母弟封号也。 [6]苏代：苏秦弟，亦习纵横家言。 [7]见木禺人句：禺音遇。谓以土木为之禺，类于人也。苏代以土禺比泾阳君，木禺比孟尝君。 [8]抵：谓触冒而求之也。 [9]狐白裘：以白狐之皮

为裘也。 ［10］更封传：改更封传，不言是孟尝君也。封传犹驿券也。［11］函谷关：关名，在今河南灵宝县南。

孟尝君在薛邑招揽各诸侯国的宾客以及逃亡有罪的人，他们都来归附他。孟尝君不惜家业优待他们，因此使天下的贤士无不倾心向往。他的食客有几千人，待遇不分贵贱一律与田文相同。孟尝君每当接待宾客，与宾客坐下谈话时，便派侍史躲在屏风后面，记录孟尝君和宾客所谈的话，以及所问宾客亲属的住处。宾客走后，孟尝君便派人去问候他的亲属，并且拿财物送给他。孟尝君曾有一次款待宾客吃晚饭，有一人被遮住烛光。那个宾客便很不高兴，以为自己吃的饭和孟尝君不一样，就不吃了，要辞别而去。孟尝君马上站了起来，亲自端着自己的饭食与他的相比。那个宾客惭愧极了，就以刎颈自杀表示谢罪。于是士子多来归附孟尝君。孟尝君对宾客不挑拣，都同样热情相待。宾客们个个都认为孟尝君和自己很亲近。

秦昭王听说孟尝君很有本领，就先派自己的弟弟泾阳君到齐国做人质，并请求见到孟尝君。孟尝君打算到秦国去，宾客都不赞成，劝谏他，他不听。苏代对孟尝君道："今天早晨，我从外面来，听见木偶和土偶在一起谈话，木偶道：'天一下雨，你就坍毁了。'土偶道：'我原是从泥土里产生，就是坍毁，也仍旧是回到泥土里。如果天下雨，你却要在水上飘流，不知要飘到哪里为止呢。'现在的秦国，狠毒得像虎狼一般，而君却要到那里去，如果不能回来，那君不是要被土偶嘲笑了吗？"孟尝君才作罢。

齐愍王二十五年，终于又派孟尝君到了秦国，昭王立即用孟尝君做秦国的宰相。有人对昭王道："孟尝君是个很能干的人，又是齐国的王族。现在做了秦国的宰相，必定是先帮齐国，然后才会帮秦国，秦国可要危险了。”于是昭王罢了他的相，又把孟尝君囚禁起来，打算要杀死他。孟尝君派人冒昧地去见昭王的宠姬请求解救。宠姬道：“我希望得到孟尝君的白狐皮裘。”当时孟尝君有一件白狐皮裘，价值千金，天下无双，但他初到秦国的时候，就把白狐皮裘献给昭王了，所以再没有别的白狐皮裘可献给宠姬了。孟尝君很担忧，问遍所有的宾客，有没有什么法子。谁也想不出办法。有一位能力差但会披狗皮盗东西的人道：“我能弄到白狐皮裘。”于是当夜化装成狗，潜入秦宫中的仓库，偷出孟尝君献给昭王的那件白狐皮裘，孟尝君便去奉送给昭王的宠姬。宠姬当下便到昭王面前说情，昭王释放了孟尝君。孟尝君得以脱身，便飞也似的返回齐国，更改了出境证件，改了姓名逃出城关。到了半夜来到函谷关。昭王后来又后悔放了孟尝君，想再找他，他已走了，立刻派人骑快马追赶他。孟尝君到了函谷关。关防法令规定：鸡叫才能打开关门放人进出。孟尝君恐怕追兵赶到万分着急。宾客中有个能力较差的人会学鸡叫。他一叫出来，附近的鸡也都一齐叫了起来，便立即出示了证件逃出函谷关。出关后大约一顿饭的工夫，秦国追赶的人果然来到函谷关，但已落在孟尝君的后面，便回去了。从前孟尝君把会狗盗鸡鸣的两人安排在宾客的行列中，宾客都感到羞耻。到了孟尝君有了秦国的急难，终究靠这两人才得脱出。从这以后，宾客都佩服了。

七八、冯驩客孟尝君

孟尝君贪人也，冯驩干之，便有怀其短而补以善声之意。迨至收债，燔券书，为孟尝君大显善声，孟尝君之贪，一变而为义矣。三番弹铗，作三样写法，文便灵巧雅丽，磊落有致。

初，冯驩[1]闻孟尝君[2]好客，蹑屩[3]而见之。孟尝君曰："先生远辱，何以教文也？"冯驩曰："闻君好士，以贫身归于君。"孟尝君置传舍[4]十日，孟尝君问传舍长曰："客何所为？"答曰："冯先生甚贫，犹有一剑耳，又蒯[5]缑[6]。弹其剑而歌曰'长铗[7]归来乎，食无鱼'。"孟尝君迁之幸舍，食有鱼矣。五日，又问传舍长。答曰："客复弹剑而歌曰'长铗归来乎，出无舆'。"孟尝君迁之代舍，出入乘舆车矣。五日，孟尝君复问传舍长。舍长答曰："先生又尝弹剑而歌曰'长铗归来乎，无以为家'。"孟尝君不悦。

居期年，冯驩无所言。孟尝君时相齐，封万户于薛。其食客三千人。邑入不足以奉客，使人出钱于薛[8]。岁余不入，贷钱者多不能与其息[9]，客奉将不给。孟尝君忧之，问左右："何人可使收债于薛者？"传舍长曰："代舍客冯公形容状貌甚辩，长者，无他伎[10]能，宜可令收债。"孟尝君乃进冯驩而请之曰："宾客不知文不肖，幸临文者三千余人，邑入不足以奉宾客，故出息钱于薛。薛岁不入，民颇不与其息。今客食恐不给，愿先生责之。"冯驩曰："诺。"辞行，至薛，召取孟尝君钱者皆会。得息钱十万。乃多酿酒，买肥牛，召诸取钱者，能与息者皆来，不能与息者亦来，皆持取钱之券书[11]合之。齐为会，日杀牛置酒。酒酣，乃持券如前合之，能与息者，与为期；贫不能与息者，取其券而烧之。曰："孟尝君所以贷钱者，为民之无者以为本业也；所以求息者，为无以奉客也。今富给者以要期，贫穷者燔[12]券书以捐之。诸君强饮食。有君如此，岂可负哉！"坐者皆起，再拜。

孟尝君闻冯驩烧券书，怒而使使召驩。驩至，孟尝君曰："文食客三千人，故贷钱于薛。文奉邑少[13]，而民尚多不以时与其息，客食恐不足，故请先生收责之。闻先生得钱，即以多具牛酒而烧券书，何？”冯驩曰：“然。不多具牛酒即不能毕会，无以知其有余不足。有余者，为要期。不足者，虽守而责之十年，息愈多，急，即以逃亡自捐之。若急，终无以偿，上则为君好利不爱士民，下则有离上抵负之名，非所以厉士民彰君声也。焚无用虚债之券，捐不可得之虚计，令薛民亲君而彰君之善声也，君有何疑焉！”孟尝君乃拊手而谢之。

——节《孟尝君列传》

[1]冯驩：一作冯煖，孟尝君门下客也。驩和煖，均音萱。 [2]孟尝君：田婴子名文，孟尝君其封号也。 [3]蹑屩：谓着草履远行也。屩，音九。草履也。 [4]传舍：传舍幸舍及代舍，并当上中下三等之客所舍之名耳。[5]蒯：茅之类可为绳，言其剑把无物可装，以小绳缠之也。 [6]缑：音侯，亦作侯，谓把剑之处。 [7]长铗：剑也，铗音荚。 [8]薛：在今山东滕县南。 [9]息：犹利也。 [10]伎：亦作技。 [11]券书：如今之合同，彼此各藏其半，以为凭信者也。 [12]燔：音烦，烧也。[13]文奉邑少：言文之奉邑少，故令出息于薛也。

起初，冯驩因为听说孟尝君很喜欢宾客，就穿了草鞋，很远地跑来见孟尝君，孟尝君道：“先生很远地跑到这里来，有什么见教呢？”冯驩道：“我听说君很喜欢士子，便把我这贫贱之身归附与君。”孟尝君就叫他住在下等食客的住所里。过了十天，孟尝君问传舍长道：“那个客人做些什么事？”传舍长答道：“那位冯先生很穷，只有一把剑，剑把用草绳缠着。他闲来没有事，就弹着他的剑，唱道：‘长剑！咱们回去罢！这里又没有鱼吃。'”孟尝君就让冯驩搬到中等食客的住所，也有鱼吃了。过了五天，孟尝君又问起传舍长，传舍长答道:“那客人又弹着他的剑，唱道:‘长剑!咱们回去罢！出门没有车子坐。'”孟尝君就让他搬到上等食客的住所里，进出可以坐车子了。过了五天，孟尝君又问起传舍长，传舍长答道:“那位先生又弹着他的剑，唱道:‘长剑！咱们回去罢！没有东西用来养家。'”到了这时，孟尝君便不喜欢他。

过了整一年，冯驩也不说什么话。孟尝君当时做齐国的宰相，在薛邑受封一万户。他的食客有三千多人，封邑上收入的赋税不够用来供给食客，因此便派人到薛邑去放债。年岁没有收成，借债的人多数不能偿付利息，食客的供给快要不够了。孟尝君很忧虑，问左右的人，那个可以到薛邑去收债。传舍长道：“上等食客住所里的客人冯先生的形状相貌很像能说会道，人又老成忠厚，没有别的本领，派他去收债该是可以的吧。”孟尝君便唤冯驩进来，对他道：“宾客们不知道我无德无能，光临我的门下有三千多人。如今封邑的收入不够用来供给宾客，所以又想法到薛邑去放债生息。但是现在薛邑的年成不好，没有什么收入，百姓多数不能偿付利息。现在宾客的食用只怕不够，所以想请先生替我去讨些债来。”冯驩答应了一声“好”，就告别而去。到了薛邑，就叫来那些借了孟尝君钱的人，都聚会在一处，冯驩因而收得利息十万钱。于是酿了许多酒，买了肥壮的牛，让借钱的人，能够拿出利钱的都来，拿不出利钱的也来，大家都要带上借钱的契据来核对，他要求大家一起会集。这天杀牛摆酒，酒喝得高兴了，冯驩就拿着契据走到席前一一核对。能够拿出利钱的人，就和他约定偿付日期；贫穷的拿不出利钱的人，就把他的契据烧掉，对他们道：“孟尝君所以要借钱给你们，是因为你们贫穷，可以借了他的钱从事些农业生产；至于要收你们的利息，是因为没有法子供给宾客了。他吩咐让你们家里富足的，先和我约个期限，随后再来缴纳。贫穷的就把你们的契据烧掉，把债务全部免除。请各位开怀畅饮吧。有了这种好债主，怎么可以辜负了他呢？”坐在那里的人都站立起来，连续两次行跪拜大礼。

孟尝君听说冯驩烧掉契据，便大怒。立刻派使者去唤冯驩回来，冯驩到后，孟尝君问他道：“我的食客有三千多人，因为我的俸邑很少，所以在薛邑放债。百姓还有很多不按时交来利息，宾客的食用恐怕不能供给，所以请先生去讨债。听说先生收了些利钱，就多买了牛酒，烧掉了契据。这究竟为什么呢？”冯驩道：“是的，不是多买了牛酒，就不能叫他们一齐会集，不会集，便不知道他们哪个富裕，哪个贫穷。富裕的，便和他约定期限再来缴纳。贫穷的，即使监守着催讨十年也还不上债，时间越长，利息越多，百姓无可奈何，就逃亡去了。如果逼得急，他们终究没有钱来偿还，而且上面会认为君贪财好利，不爱惜平民百姓，下面则会落得背离和触犯国君的罪名，这可不是勉励平民百姓、显扬君的名声的做法。我烧掉无用的空头契据，放弃收不到的空头债务，使得薛邑的百姓从此和君亲附，又显扬了君的好名声，何等上算，何等便宜，君心里还疑心什么呢？”孟尝君便拍着手连声道谢。

七九、平原君杀笑躄者

美人一笑躄，岂关于士之去就哉！然意向之轻重，在心甚微，而士之去就因之。篇中前后将“稍稍”二字相照应，见得士之去就，自有本末。一面重士之身份，一面见平原公子好客之不虚。灵光四射，煞有风神。

平原君[1]家楼临民家。民家有躄[2]者，槃散[3]行汲。平原君美人居楼上，临见，大笑之。明日，躄者至平原君门，请曰："臣闻君之喜士，士不远千里而至者，以君能贵士而贱妾也。臣不幸有罢癃[4]之病，而君之后宫临而笑臣，臣愿得笑臣者头。"平原君笑应曰："诺。"躄者去，平原君笑曰："观此竖子[5]，乃欲以一笑之故杀吾美人，不亦甚乎！"终不杀。居岁余，宾客门下舍人稍稍引去者过半。平原君怪之，曰："胜所以待诸君者未尝敢失礼，而去者何多也？"门下一人前对曰："以君之不杀笑躄者，以君为爱色而贱士，士即去耳。"于是平原君乃斩笑躄者美人头，自造门进躄者，因谢焉。其后门下乃复稍稍来。

——节《平原君虞卿列传》

[1]平原君：即赵胜，赵之诸公子，平原君其封号也。 [2]躄：音辟，足跛也。 [3]槃散：蹇行貌。 [4]罢癃：罢，音皮。癃，背疾也。罢癃，言腰曲而背隆高，即俗言驼背也。 [5]竖子：贱人之称。

平原君家有高楼，向下面可看到百姓家。一户百姓家有个跛子，总是一步高一步低地走去打水。平原君有个美丽的妾住在楼上，有一次从楼上看见了，不知不觉地哈哈大笑。第二天，跛子来到平原君家，对平原君请求道："我听说君很欢喜士人，士人不远千里的来投奔，这是因为你看重士人，看轻姬妾的缘故。我不幸患有残疾，君后宫中的姬妾在楼上看见了就讥笑我，我希望得到讥笑我的那个人的头。"平原君笑了一笑，答应他一声："好！"跛子便走了。平原君笑道："这个贱人，他竟想为了笑他一笑的缘故，要杀了我美人，这不是太过分了吗？"终归没有杀美人。过了一年多，超过一半的宾客和家臣都陆续走了。平原君感到奇怪，问道："我款待他们并没有失礼的地方，为什么走的人这么多呢？”一个门客上前回答道：“这是因为君不肯杀那个讥笑跛子的人，认为君爱好女色，看轻士人，所以士人就离开了。”于是平原君就杀了那个讥笑跛子的爱妾，把她的头割下来，亲自送到跛子的家里，当面赔不是。这样一来，门客又渐渐地回来了。

八〇、毛遂自荐

曰先生留，曰相与目笑之，想见豪士沦落，不器于人久矣。比其对答楚王，语语惊人，句句动魄，沦落之士，遂尔顿增势色。毛先生亦蔺相如之流亚欤！篇中叠用先生字，毛先生字，想见人情前后不同，才能之不可无，竟有如是，中含无限感慨。

秦之围邯郸[1]，赵使平原君[2]求救，合从[3]于楚，约与食客门下有勇力文武备具者二十人偕。平原君曰：“使文能取胜，则善矣。文不能取胜，则歃血于华屋之下，必得定从而还。士不外索，取于食客门下足矣。”得十九人，余无可取者，无以满二十人。门下有毛遂者，前，自赞于平原君曰：“遂闻君将合从于楚，约与食客门下二十人偕，不外索。今少一人，愿君即以遂备员[4]而行矣。”平原君曰：“先生处胜之门下几年于此矣？”毛遂曰：“三年于此矣。”平原君曰：“夫贤士之处世也，譬若锥之处囊中，其末立见[5]。今先生处胜之门下三年于此矣，左右未有所称诵，胜未有所闻，是先生无所有也。先生不能，先生留。”毛遂曰：“臣乃今日请处囊中耳。使遂蚤得处囊中，乃颖脱而出[6]，非特其末见而已。”平原君竟与毛遂偕。十九人相与目笑之而未发也[7]。

毛遂比至楚，与十九人论议，十九人皆服。平原君与楚合从，言其利害，日出而言之，日中不决。十九人谓毛遂曰："先生上。"毛遂按剑历阶而上，谓平原君曰："从之利害，两言而决耳。今日出而言从，日中不决，何也？"楚王谓平原君曰："客何为者也？"平原君曰："是胜之舍人也。"楚王叱曰："胡不下！吾乃与而君言，汝何为者也！"毛遂按剑而前曰："王之所以叱遂者，以楚国之众也。今十步之内，王不得恃楚国之众也，王之命县于遂手。吾君在前，叱者何也？且遂闻汤以七十里之地王天下，文王以百里之壤而臣诸侯，岂其士卒众多哉！诚能据其势而奋其威。今楚地方五千里，持戟百万，此霸王之资也。以楚之强，天下弗能当。白起[8]，小竖子耳，率数万之众，兴师以与楚战，一战而举鄢、郢[9]，再战而烧夷陵[10]，三战而辱王之先人。此百世之怨，而赵之所羞，而王弗知恶焉。合从者为楚，非为赵也。吾君在前，叱者何也？"楚王曰："唯唯[11]，诚若先生之言，谨奉社稷而以从。"毛遂曰："从定乎？"楚王曰："定矣。"毛遂谓楚王之左右曰："取鸡狗马之血来。"毛遂奉铜槃而跪进之楚王曰："王当歃血[12]而定从，次者吾君，次者遂。"遂定从于殿上。毛遂左手持槃血而右手招十九人曰："公相与歃此血于堂下。公等录录[13]，所谓因人成事者也。"

平原君已定从而归，归至于赵，曰："胜不敢复相士。胜相士多者千人，寡者百数，自以为不失天下之士，今乃于毛先生而失之也。毛先生一至楚，而使赵重于九鼎大吕[14]。毛先生以三寸之舌，强于百万之师。胜不敢复相士。"遂以为上客[15]。

——节《平原君虞卿列传》

［1］邯郸：战国赵都，今河北邯郸县治。［2］平原君：赵胜，赵之诸公子，平原君其封号也。［3］合从：合南北之谓也，一作合纵。［4］备员：言以备充补人数之不足，谦词也。［5］譬若二句：锥末甚利，故置之囊中，则其末立刻出见，以比贤士处世。有诸中者，必形于外。［6］颖脱而出：颖，锥末也。言其末全体脱出，非止微见。喻能自显其才也。［7］相与目笑一句：发一作废。言皆目视而轻笑之。未能即废弃之也。［8］白起：战国秦郿人，善用兵，事昭王，封武安君。［9］鄢、郢：楚二地名。鄢在今湖北宣城县境。郢在今湖北江陵县北。［10］夷陵：县名，本楚先王墓名，后为县，在今湖北宜昌县东。［11］唯唯：恭应之辞。［12］歃血：盟者以血，涂口旁之称。［13］录录：随从之貌也。［14］九鼎大吕：国之宝器，言毛遂至楚，使赵重于九鼎大吕。九鼎，禹铸，以象百怪，古视为传国之器。大吕，钟名，言谓天子所重也。［15］上客：上等之客也。

秦国兴兵围住邯郸，赵国派平原君出去求救，当时拟推楚国为盟主，订立合纵盟约联兵抗秦。平原君准备选门下食客中有胆量、有力气，文武兼备的二十人一同去。平原君道："假使用了和平的方法能够得胜，那是最好了，如果使用文的方法不能取胜，我只有用武力和楚国在华屋下歃血为盟，必定要订成了合纵的盟约才能回来。跟随的人员也不必到外面去挑选，只在我的门下食客中选几个就够了。"经过挑选，从中选了十九人，其余的都不合适，还不能凑满二十人。门下有个叫做毛遂的，他自己来到平原君面前，声明自己可以录用。他对平原君道："我听说君将要到楚国去订立合纵盟约，要带二十个宾客同去，并不到外面去挑选，现在还少一个人，希望君让我补这个缺一同去吧。"平原君道："先生在我门下已经有几年了？"毛遂道："已有三年了。"平原君道："有才干的人生活在世上，好像锥子放在布袋里，它的锋尖马上就会显露出来。现在先生在我的门下，已经三年了，左右的人从没有称赞和推荐先生的，我也没有听说过，可见先生是没有什么本领的。先生不能同去，还是留下吧。”毛遂道：“我是今天才请求放到布袋里，假使我早就在布袋里，就会整个锥子都显露出来，恐怕还不止露出它的尖头呢。”平原君终于带了毛遂一同去。那十九人都把眼睛瞪着笑他，以为他终究是不中用的。

毛遂到了楚国，和那十九人议论大事。那十九人都很佩服他。后来平原君与楚王商议订立合纵盟约的事，把利害讲给楚王听，从早晨一直说到正午还没有决定。那十九人对毛遂道：“先生上去吧。”毛遂便拿了剑，从台阶上一步步地走上去，对平原君道：“合纵是利是害，只要二句话就可决定，今天从早晨说到正午还没有决定，这是为什么呢？”楚王对平原君道：“这个客人是谁？”平原君道：“他是我的家臣。”楚王便呵叱毛遂道：“怎么还不退下去！我和你的主人在谈话，你来干什么？”毛遂拿了剑走上前去道：“大王所以敢呵叱我，不过是以为楚国的人多。但现在我与大王相距只有十步，在这十步之内，大王就不能依仗楚国的人多了，大王的性命操在我手里。我的主人就在面前，呵叱什么？而且我听说，从前商汤只有纵横七十里土地，却能称王天下，周文王只有纵横一百里土地，却能使各国诸侯做他的臣子，难道他们是靠着士卒的众多，才能够这样的吗？不是的，实在是由于他们能够掌握当时的形势而发扬威力。现在楚国的土地纵横五千里，士卒有百万之多，这正是大王成就霸业的资本。凭着楚国的强大，天下不能抵挡。秦国的白起，不过是个毛孩子罢了，他只带了几万兵，出兵来与楚国交战，一战就攻克了鄢郢，二战就烧毁了夷陵，三战就侮辱了大王的先祖。这是楚国百代的仇恨，连赵国都觉得羞耻，可是大王却不觉得羞愧。何况合纵是为了楚国，并不是为了赵国。我的主人就在面前，呵叱什么？”楚王道：“好！好！真像先生所说的那样，我愿倾全国的力量来订立合纵盟约。”毛遂道：“合纵决定了吗？”楚王道：“已经决定了。”毛遂便对楚王的左右道：“拿鸡、狗、马血来。”血拿来后，毛遂捧着铜盘，跪着把它呈献给楚王道：“大王当即歃血定下合纵盟约！其次是我的主人歃血，最后是我歃血。”就在殿上定了合纵盟约。然后毛遂左手拿着铜盘，右手招呼十九人道：“各位相继在堂下歃血。你们平庸无能，可也算完成了任务，这就是所说的依赖别人，坐享成果吧。”

平原君与楚国订立了合纵盟约后，回到赵国，说道：“我从此以后不敢再观察天下的人才了。我观察人才，多说上千，少说几百，自认为不会漏掉天下的贤才，现在竟把毛先生漏掉了。毛先生一到楚国，使得赵国的威望比九鼎、大吕还要受人尊重。毛先生凭着三寸之舌，竟比百万大军的威力还要强大。我从此以后不敢再观察天下的人才了。”于是就把毛遂当作最上等的宾客看待。

八一、虞卿说赵王（上）

予城以媾，秦必以赵可欺，复来攻赵，虞卿以此持论，揣摩殆尽，盖深于长短之术者。通篇翻来覆去，婉转委曲，只归结到“予弗予”三字。节奏铿锵，文势峭拔，虽篇中多用复笔，妙在有变化，故不觉其重累。

秦既解邯郸[1]围，而赵王入朝，使赵郝[2]约事于秦，割六县而媾。虞卿[3]谓赵王曰：“秦之攻王也，倦而归乎？王以其力尚能进，爱王而弗攻乎？”王曰：“秦之攻我也，不遗余力矣，必以倦而归也。”

虞卿曰："秦以其力攻其所不能取，倦而归，王又以其力之所不能取以送之，是助秦自攻也。来年秦复攻王，王无救矣。"王以虞卿之言告赵郝，赵郝曰："虞卿诚能尽秦力之所至乎？诚知秦力之所不能进，此弹丸[4]之地弗予，令秦来年复攻王，王得无割其内而媾乎？"王曰："请听子割矣。子能必使来年秦之不复攻我乎？"赵郝对曰："此非臣之所敢任也。他日三晋[5]之交于秦，相善也。今秦善韩、魏而攻王，王之所以事秦必不如韩、魏也。今臣为足下解负亲之攻[6]，开关通币，齐交韩、魏。至来年而王独取攻于秦，此王之所以事秦必在韩、魏之后也。此非臣之所敢任也。"

王以告虞卿，虞卿对曰："郝言'不媾，来年秦复攻王，王得无割其内而媾乎'。今媾，郝又以不能必秦之不复攻也，今虽割六城何益！来年复攻，又割其力之所不能取而媾，此自尽之术也，不如无媾。秦虽善攻，不能取六县；赵虽不能守，终不失六城。秦倦而归，兵必罢。我以六城收天下以攻罢秦，是我失之于天下而取偿于秦也，吾国尚利，孰与坐而割地自弱以强秦哉？今郝曰'秦善韩、魏而攻赵者，必王之事秦不如韩、魏也'，是使王岁以六城事秦也，即坐而城尽。来年秦复求割地，王将与之乎？弗与，是弃前功而挑秦祸也；与之，则无地而给之。语曰：'强者善攻，弱者不能守'。今坐而听秦，秦兵不弊而多得地，是强秦而弱赵也。以益强之秦而割愈弱之赵，其计故不止矣。且王之地有尽而秦之求无已，以有尽之地而给无已之求，其势必无赵矣。"

——节《平原君虞卿列传》

[1] 邯郸：战国赵都，今河北邯郸县治。秦围邯郸，平原君率敢死之士三千击之，秦遂罢兵。 [2] 赵郝：赵人，一作赵赦。 [3] 虞卿：赵人，

善游说，蹑蹻担簦，说赵孝成王。一见赐黄金百镒，白璧一双；再见为赵上卿。故号为虞卿。［4］弹丸：极言其地之狭小，仅容弹丸也。［5］三晋：春秋时赵、魏、韩三氏仕晋为卿，其后分晋，各立为国，是为三晋。［6］解负亲之攻：解其负担，而亲自攻之也。一说赵尝亲秦，今负之，故秦攻赵。犹言解其所负亲近人之攻也。

秦国解除了对邯郸的包围后，赵王上朝，派赵郝去订约服从秦国，割六城与秦国讲和。虞卿对赵王道："秦国攻打赵国，是因兵力疲倦，才撤走的呢？还是他的力量尚能进攻，只因怜惜大王才罢兵停战的呢？"赵王道："秦国进攻打赵国，是尽着全力，不留一些余力的，现在它解围回去，必定是兵力疲惫了吧。"虞卿道："秦国竭力来攻打夺不到的地方，因为兵力疲惫了才撤回，大王又将秦国兵力所夺不到的地方送给它，这是帮助秦国来攻打自己呀！明年，秦国又来攻打大王，大王就没法解救了。"赵王把虞卿的话告诉赵郝，赵郝道："虞卿真能摸清秦国兵力的底细吗？就是确实了解它的兵力不能攻破赵国，这小小的地方不给它，那么它明年再来攻打大王，那时大王岂不是要割让腹地而求和吗？"赵王道："我听取你割让六城的意见，但你一定能让秦国明年不再来攻打我吗？"赵郝答道："这不是我所能担保的。从前韩、赵、魏三国和秦国结交，互相亲善。现在秦国和韩、魏两国亲善，却来攻打大王，一定是大王服侍秦国不如韩、魏两国的缘故。现在我替大王解除了秦国的攻击，开启关卡，互通贸易，同秦国修好的程度，与韩、魏两国一样。若到了明年，大王仍旧单独被秦国攻打，那么大王服侍秦国必定是落在韩、魏后头的缘故，这不是臣所敢担保的。"

赵王又把赵郝的话告诉虞卿，虞卿答道："赵郝说'不讲和，明年秦国又来攻打大王，那时大王岂不是要割让腹地而求和么'。现在大王和它讲和了，赵郝又认为不能保证秦国不再来攻打大王。那么现在即使割让六城，又有什么益处呢？到了明年，秦国再来攻打大王，大王又把秦国兵力夺不到的地方割给它讲和，这是自取灭亡的办法。依我看来，还不如不和它讲和的好，秦国虽然善于攻打，终不能一口气夺了赵国的六城；赵国虽然不会守城，终不会一连失掉六城。秦国疲惫而撤回，士兵必定疲乏无力。到那时，我国只须用六城来拉拢东方各国，去攻打疲乏无力的秦兵，这是我国失掉六城给东方各国，却到秦国那里去拿回来。我国还可以得到好处，与凭空割地给秦国，削弱自己而加强秦国相比较，哪一种做法好呢？现在赵郝说'秦国和韩、魏两国亲善，却来攻打大王，一定是大王服侍秦国不如韩、魏两国的缘故'，这无异是要使大王每年割六城去服侍秦国，这就是平白的断送全部国土。到了明年，秦国如果又要大王割地给它，大王仍旧给它吗？不给它，那么这是丢掉以前的奉献之功，而挑起秦国又来进攻的祸端；给它，就没有土地可以给了。俗语说：'强者善于攻打，弱者不能防守。'现在任凭秦国摆布，秦兵不用苦战就可多得土地，这分明是使秦国强大起来，赵国弱小下去。秦国本来已很强盛，现在再使它越发强盛；赵国本来已很衰弱，现在再割了土地，使它越发衰弱，这分明是使赵国弱小到没有止境的计策。况且赵国的土地是有限的，秦国的要求是无底的，拿有限的土地去满足没完没了的要求，那势必不会再有赵国了。"

八二、虞卿说赵王（下）

楼缓主媾秦，虞卿主不与秦媾。两相辩论，句句针锋相对。两提楼缓闻之、虞卿闻之，此是篇中过脉。末段虞卿欲坚赵王合从之志，故为疑言以动其听。笔致更婉转通灵，有层出不穷之妙。

赵王计未定，楼缓从秦来，赵王与楼缓计之，曰："予秦地如毋予，孰吉？"缓辞让曰："此非臣之所能知也。"王曰："虽然，试言公之私[1]。"楼缓对曰："王亦闻夫公甫文伯母[2]乎？公甫文伯仕于鲁，病死，女子为自杀于房中者二人。其母闻之，弗哭也。其相室[3]曰：'焉有子死而弗哭者乎？'其母曰：'孔子，贤人也，逐于鲁，而是人不随也。今死而妇人为之自杀者二人，若是者必其于长者薄而于妇人厚也。'故从母言之，是为贤母；从妻言之，是必不免为妒妻。故其言一也，言者异则人心变矣。今臣新从秦来而言勿予，则非计也；言予之，恐王以臣为为秦也。故不敢对。使臣得为大王计，不如予之。"王曰："诺。"

虞卿闻之，入见王曰："此饰说也，王慎[4]勿予！"楼缓闻之，往见王。王又以虞卿之言告楼缓。楼缓对曰："不然，虞卿得其一，不得其二。夫秦赵构难而天下皆说，何也？曰：'吾且因强而乘弱矣。'今赵兵困于秦，天下之贺战胜者则必尽在于秦矣。故不如亟割地为和，以疑天下而慰秦之心。不然，天下将因秦之怒，乘赵之弊，瓜分之。赵且亡，何秦之图乎？故曰虞卿得其一，不得其二。愿王以此决之，勿复计也。"

虞卿闻之，往见王曰："危哉楼子之所以为秦者！是愈疑天下，而何慰秦之心哉？独不言其示天下弱乎？且臣言勿予者，非固勿予而已也。秦索六城于王，而王以六城赂齐。齐，秦之深仇也，得王之六城，并力西击秦，齐之听王，不待辞之毕也。则是王失之于齐而取偿于秦也，而齐、赵之深仇可以报矣，而示天下有能为也。王以此发声，兵未窥于境，臣见秦之重赂至赵而反媾于王也。从秦为媾，韩、魏闻之，必尽重王；重王，必出重宝以先于王。则是王一举而结三国之亲，而与秦易道[5]也。”赵王曰：“善。”则使虞卿东见齐王，与之谋秦。虞卿未返，秦使者已在赵矣。楼缓闻之，亡去。赵于是封虞卿以一城。

居顷之，而魏请为从。赵孝成王召虞卿谋。过平原君[6]，平原君曰：“愿卿之论从也。”虞卿入见王。王曰：“魏请为从。”对曰：“魏过。”王曰：“寡人固未之许。”对曰：“王过。”王曰：“魏请从，卿曰魏过，寡人未之许，又曰寡人过，然则从终不可乎？”对曰：“臣闻小国之与大国从事也，有利则大国受其福，有败则小国受其祸，今魏以小国请其祸，而王以大国辞其福，臣故曰王过。魏亦过。窃以为从便。”王曰：“善。”乃合魏为从。

——节《平原君虞卿列传》

[1] 私：谓私心也。 [2] 公甫文伯母：季康子从祖母，文伯名歜。康子，从父昆弟也。 [3] 相室：傅姆之类也。 [4] 慎：谨慎也。 [5] 易道：前取秦攻，今得赂是易道也。易，音亦。 [6] 平原君：赵胜也。

赵王没有拿定主意，楼缓从秦国回来，赵王就和楼缓商量这件事，说道：“把土地给秦国和不给秦国，比较起来，哪一种好些？”楼缓推辞道：“这个不是我所能知道的。”赵王道：“虽然你不知道，也不妨把你的想法说来听听。”楼缓便答道：“大王听说过公甫文伯母亲的事吗？公甫文伯到鲁国去做官，病死后，有两个姬妾在他的房内自杀了。可他的母亲听到儿子病死的消息没有哭。有个管家对她道：‘怎么儿子死了，母亲不哭？’他的母亲道：‘孔子是个贤人，他从鲁国被赶出来，我的儿子却不跟着他走。现在死了，倒有两个姬妾为他自杀，这定是我的儿子对有德行的人感情淡薄，而对姬妾感情深厚。所以我不哭他。’所以由母亲说出这样的话，这是个贤良的母亲，若由妻子说出这样的话，那免不了是个妒忌的妻子。所以说的话是一样的，由于说的人不同，人的心理就改变了。现在我刚从秦国回来，如果说不给，那不是好计策；如果说给它，只怕大王又认为我是帮着秦国：所以我不敢回答。假使我能为大王考虑的话，不如给它的好。”赵王答应了一声：“诺。”

虞卿听到这些话，进宫拜见赵王，道：“这是虚伪、造作的话，大王千万谨慎不要割让土地！”楼缓听到虞卿的话，来见赵王。赵王又把虞卿的话告诉楼缓。楼缓答道：“不是这样说的。虞卿只知其一，不知其二。秦国和赵国打仗，其余各国都高兴，为什么呢？他们说：‘我们依靠强国来欺侮弱国。’现在赵军被秦军围困，天下诸侯祝贺获胜的必定都在秦国一方了，所以不如赶紧割地讲和，使各国揣测秦、赵两国已经交好而又能抚慰秦国。不这样做的话，那么各国将借着秦国的愤怒，趁着赵国疲惫的时候，瓜分赵国。赵国将要灭亡，还谈什么图谋秦国呢？所以我说虞卿只知其一，却不知其二。希望大王就这样定下来，不要再考虑了。”

虞卿听到这些话，进见赵王道：“好危险呀！楼先生这样帮助秦国。这将使各国更加怀疑秦、赵两国的交好，哪能满足秦国的贪心呢？他为什么偏偏不说这么做就是向各国昭示赵国软弱可欺呢？况且我所说不把地给秦国，不是仅仅不给它就算了。秦国向大王索取六城，大王不妨把这六城送给齐国。齐国是秦国的大敌，得了大王的六城，便可和大王合力向西攻打秦国，齐王听从大王的话，不等大王话说完就会同意的。这便是大王失去送给齐国的土地，却从秦国得到补偿。而且齐、赵两国的深仇大恨都可以趁机报复了，还可以昭示天下，使各国知道赵国还是有能力、有作为的。大王把齐、赵两国交好的消息宣布出去，齐、赵两国的军队恐怕还没有到秦国的边境，我料定秦国必定拿着大量财礼送到赵国，反而要和大王讲和了。等到秦国和大王讲了和，韩、魏两国听到这消息，必定都尊重大王；尊重大王，必定会拿出贵重的宝物争先来恭维大王。这样，大王一个举动就与韩、魏、齐三国亲善，和从前专门巴结秦国的情形就颠倒过来了。”赵王道：“很好。”就派虞卿向东去见齐王，和他商量一同去打秦国。虞卿还没有回国，秦国的使者早已到赵国来了。楼缓听到这消息，便一溜烟地逃走了。赵王便把一个城邑赐封虞卿。

过了没多久，魏国请求与赵国订立合纵盟约。赵孝成王叫来虞卿商量。虞卿去拜访了平原君，平原君道：“希望你说说合纵的好处。”虞卿入宫拜见赵王，赵王道：“魏国请求订立合纵盟约。”虞卿道：“这是魏国错了。”赵王道：“我还没有应许它。”虞卿道：“这是大王错了。”赵王道：“魏国请求订立合纵盟约，你说它错了；我没有应许它，你又说我错了。那么合纵盟约终归是不可以订立的吗？”虞卿答道：“我听说小国和大国一同做事，有好处就由大国享用成果，有坏处就由小国承担灾祸。现在魏国是小国，到赵国来请求订立合纵盟约，这无异是来求祸；大王之国是大国，不应许它请求订立合纵盟约，这无异是推掉好处。所以我说：大王错了，魏国也错了。我私下认为合纵对赵国是有利的。”赵王道：“很好。”于是就同魏国订立了合纵盟约。

八三、信陵君列传（上）

公子一时得意，尽泄阴事于魏王前，遂触魏王之忌。处事之难，有如是哉。末叙侯生用种种方法，试验公子，宛若在吾人眼前，此自是史公本色。

因谓一段文字，是缴明上文“欲以观公子”“微察公子”两段，如此结束，越显精彩。

魏公子无忌者，魏昭王少子而魏安釐王异母弟也。昭王薨，安釐王即位，封公子为信陵君。是时范雎[1]亡魏相秦，以怨魏齐[2]故，秦兵围大梁[3]，破魏华阳[4]下军，走芒卯[5]。魏王及公子患之。

公子为人仁而下士，士无贤不肖皆谦而礼交之，不敢以其富贵骄士。士以此方数千里争往归之，致食客三千人。当是时，诸侯以公子贤，多客，不敢加兵谋魏十余年。

公子与魏王博[6]，而北境传举烽[7]，言“赵寇至，且入界”。魏王释博，欲召大臣谋。公子止王曰：“赵王田猎耳，非为寇也。”复博如故。王恐，心不在博。居顷，复从北方来传言曰：“赵王猎耳，非为寇也。”魏王大惊曰：“公子何以知之？”公子曰：“臣之客有能探得赵王阴事者，赵王所为，客辄以报臣，臣以此知之。”是后魏王畏公子之贤能，不敢任公子以国政。

魏有隐士曰侯嬴，年七十，家贫，为大梁夷门[8]监者。公子闻之，往请，欲厚遗之。不肯受，曰：“臣修身洁行数十年，终不以监门困故而受公子财。”公子于是乃置酒大会宾客。坐定，公子从车骑，虚左[9]，自迎夷门侯生。侯生摄敝衣冠，直上载公子上坐，不让，欲以观公子。公子执辔愈恭。侯生又谓公子曰：“臣有客在市屠中，愿枉车骑过之。”公子引车入市，侯生下见其客朱亥[10]，俾倪[11]，故久立与其客语，微察公子。公子颜色愈和。当是时，魏将相宗室宾客满堂，待公子举酒。市人皆观公子执辔，从骑皆窃骂侯生。侯生视公子色终不变，乃谢客就车。至家，公子引侯生坐上坐，遍赞宾客[12]，宾客皆惊。酒酣，公子起，为寿侯生前。侯生因谓公子曰：

“今日嬴之为公子亦足矣。嬴乃夷门抱关[13]者也，而公子亲枉车骑，自迎嬴于众人广坐之中，不宜有所过，今公子故过之[14]。然嬴欲就公子之名，故久立公子车骑市中，过客以观公子，公子愈恭。市人皆以嬴为小人，而以公子为长者能下士也。”于是罢酒，侯生遂为上客。

侯生谓公子曰：“臣所过屠者朱亥，此子贤者，世莫能知，故隐屠间耳。”公子往数请之，朱亥故不复谢，公子怪之。

［1］范雎：魏人，字叔，游说诸侯。欲事魏王，家贫无以自资。乃先事中大夫须贾，从贾使齐，齐襄王闻有辨，赐雎金及牛酒。贾意雎持魏阴事告齐，故得此馈，以告相魏齐。齐笞击雎，折胁摺齿，雎佯死得出。入秦，乃易姓名张禄，说秦王以远交近攻之策，秦以为相。 ［2］魏齐：魏之诸公子，相昭王。 ［3］大梁：魏地，今河南开封县治。 ［4］华阳：在今陕西南郑县。 ［5］芒卯：齐人，一作孟卯，为相有贤名。 ［6］博：博局戏，以五木为骰，有枭卢雉鸡犊塞。五者之采，枭为最胜。 ［7］烽：即烽燧，古时用以告警者也。 ［8］夷门：大梁城之东门。 ［9］虚左：车中以左位为尊，言公子虚左位以待侯生也。 ［10］朱亥：大梁人，有勇力，侯嬴荐之于公子无忌。 ［11］俾倪：或作睥睨，不正视也。 ［12］遍赞宾客：谓以侯生遍告宾客也。 ［13］抱关：守门者。 ［14］过之：谓待己之礼过厚也。

魏公子无忌，是魏昭王的小儿子，魏安釐王同父异母的弟弟。昭王死后，安釐王即位，便封公子为信陵君。当时，范雎逃出魏国，到秦国做了宰相，因为恨魏齐笞他的缘故，就发秦兵包围了大梁，打败了魏国在华阳的军队，魏将芒卯逃走，魏王和公子对这件事很担忧。

公子做人，很有仁德，尊重士人，凡是士人不论他有才干或没有才干，他都很客气地以礼相待，从不敢因为自己富贵而去对士人骄傲。因此，方圆几千里的士人都争先恐后地去投奔他。招来食客三千人。在这一时期，各国诸侯因为公子很有才干，食客很多，一连十几年不敢出兵侵犯魏国。

一天，公子和魏王正在赌棋，从北方边境传来警报，说“赵寇到了，快要进入魏界”。魏王听到这消息，就停止赌棋，想叫大臣来商量商量。公子止住他道：“这是赵王在打猎，并不是来寇掠的。”依旧赌棋和从前一般。魏王倒是很惊恐，心思已不在赌棋上。过了一会儿，又从北边传来消息说：“是赵王在打猎，并不是来寇掠的。”魏王十分诧异，问道：“公子怎么知道这种情况？”公子道：“我的食客有能够探得赵王隐秘事情的，赵王所做的事情，他就马上来报告我，我所以知道的。”从此以后，魏王却妒忌公子的贤能，就不敢把国政让公子担任了。

魏国有个隐士，名叫侯嬴，年纪七十岁了，家里很穷，在大梁夷门看城门。公子听到他有才干，就去聘请他，拿了许多东西送给他。侯嬴却不肯收受，说道：“我几十年来修养身心，纯洁操守。终究不能因为看守城门贫穷的缘故，就轻易收受公子的财物。”公子于是摆设酒席，大请宾客。客人都已坐定了，公子却带了跟随，驾着车马，空着左边的位置，亲自到夷门去接侯生。侯生穿了破衣，戴了破帽，径直登上车子，坐在车上最尊的位置，一点也不谦虚，想借此观察公子。公子拿着马缰，越发恭敬了。侯生又对公子道：“我有一个朋友在街市上做屠夫，希望委屈一下车马载我去拜访他。”公子驾了车子，来到街市，侯生走下车子和他的朋友朱亥相见，眼睛瞟看公子，故意久久地站着和他的朋友谈话，暗中观察公子。公子的脸色更加谦和。这时候，那些魏国的将相宗室早已坐满了一堂，只等公子到来开宴。街市上的人都看到公子拿着马缰绳做车夫，跟从人员都暗地里咒骂侯生。侯生看公子的脸色，始终没有改变，才告别了朋友登上车子。来到公子家里，公子让侯生坐了上座，把宾客一个个介绍给他。宾客都很惊异。酒喝得高兴时，公子站起来，走到侯生面前敬酒。侯生便对公子道：“今天我为公子尽力也够了。我不过是夷门的看门人，公子却亲自驾着车马，在大庭广众之中来迎接我，本不应该去拜访朋友，却要公子特意陪我去拜访他。然而我想成就公子的美名，所以故意让公子的车骑在街市上停留很久，借拜访朋友，以观察公子，公子却是愈加恭敬。街市上的人都认为我是小人，而认为公子是个有德行的人，能够谦恭地对待士人。”宴会散了后，侯先生于是成了公子的上宾。

侯生对公子道：“我拜访的那个屠夫，名叫朱亥，这个人很有才干，世上的人都不知道他，所以隐没在屠夫中罢了。”公子于是就屡次去问候他，朱亥故意不答谢，不回拜，公子对此感到诧异。

八四、信陵君列传（中）

侯生于公子盗兵符事，虑之极周；而于战事，未置一词。一若兵符到手，定可操胜算。不爽毫厘者，则以魏兵之训练有素，堪赴沙场，与公子之能将，令读者自于言外得之，此太公详略得当之处。至侯生以一监门，平居留心国事，逆料人情，如烛照数计，的非常人，不虚公子之优遇。而如此一叙，于公子之识人，公子功名之由来均已透澈万分。此可谓兴会淋漓，笔酣墨舞。

魏安釐王二十年，秦昭王已破赵长平[1]军，又进兵围邯郸[2]。

公子姊为赵惠文王弟平原君[3]夫人，数遗魏王及公子书，请救于魏。魏王使将军晋鄙[4]将十万众救赵。秦王使使者告魏王曰："吾攻赵旦暮[5]且下，而诸侯敢救者，已拔赵，必移兵先击之。"魏王恐，使人止晋鄙，留军壁邺[6]，名为救赵，实持两端以观望[7]。平原君使者冠盖相属[8]于魏，让魏公子曰："胜所以自附为婚姻者，以公子之高义，为能急人之困。今邯郸旦暮降秦而魏救不至，安在公子能急人之困也！且公子纵轻胜，弃之降秦，独不怜公子姊耶？"公子患之，数请魏王，及宾客辩士说王万端。魏王畏秦，终不听公子。公子自度终不能得之于王，计不独生而令赵亡，乃请宾客，约车骑百余乘，欲以客往赴秦军，与赵俱死。

行过夷门，见侯生，具告所以欲死秦军状，辞决而行，侯生曰："公子勉之矣，老臣不能从。"公子行数里，心不快，曰："吾所以待侯生者备矣，天下莫不闻，今吾且死而侯生曾无一言半辞送我，我岂有所失哉？"复引车还，问侯生。侯生笑曰："臣固知公子之还也。"曰："公子喜士，名闻天下。今有难，无他端而欲赴秦军，譬若以肉投馁虎[9]，何功之有哉？尚安事客？然公子遇臣厚，公子往而臣不送，以是知公子恨之复返也。"公子再拜，因问。侯生乃屏人间语[10]，曰："嬴闻晋鄙之兵符常在王卧内，而如姬[11]最幸，出入王卧内，力能窃之。嬴闻如姬父为人所杀，如姬资[12]之三年，自王以下欲求报其父仇，莫能得。如姬为公子泣，公子使客斩其仇头，敬进如姬。如姬之欲为公子死无所辞，顾未有路耳。公子诚一开口请如姬，如姬必许诺，则得虎符[13]夺晋鄙军，北救赵而西却秦，此五霸之伐也。"公子从其计，请如姬。如姬果盗晋鄙兵符与公子。

公子行，侯生曰："将在外，主令有所不受，以便国家。公子即合符，而晋鄙不授公子兵而复请之，事必危矣。臣客屠者朱亥可与俱，此人力士。晋鄙听，大善；不听，可使击之。”于是公子泣。侯生曰：“公子畏死邪？何泣也？”公子曰：“晋鄙嚄唶[14]宿将[15]，往恐不听，必当杀之。是以泣耳，岂畏死哉？”于是公子请朱亥。朱亥笑曰：“臣乃市井鼓刀[16]屠者，而公子亲数存之，所以不报谢者，以为小礼无所用。今公子有急，此乃臣效命之秋也。”遂与公子俱。公子过谢侯生。侯生曰：“臣宜从，老不能。请数公子行日，以至晋鄙军之日，北乡自刭，以送公子。”公子遂行。

至邺，矫魏王令代晋鄙。晋鄙合符，疑之，举手视公子曰：“今吾拥十万之众，屯于境上，国之重任，今单车来代之，何如哉？”欲无听。朱亥袖四十斤铁椎，椎杀晋鄙，公子遂将晋鄙军。勒兵下令军中曰：“父子俱在军中，父归；兄弟俱在军中，兄归；独子无兄弟，归养。”得选兵八万人，进兵击秦军。秦军解去，遂救邯郸，存赵。赵王及平原君自迎公子于界，平原君负韊[17]矢为公子先引。赵王再拜曰：“自古贤人未有及公子者也。”当此之时，平原君不敢自比于人。公子与侯生决，至军，侯生果北乡自刭。

魏王怒公子之盗其兵符矫杀晋鄙，公子亦自知也。已却秦存赵，使将将其军归魏，而公子独与客留赵。

[1] 长平：战国赵邑，故城在今山西高平县西北。 [2] 邯郸：赵都，今河北邯郸县治。 [3] 平原君：即赵胜也。 [4] 晋鄙：魏将名。 [5] 旦暮：犹朝夕，言其时之迅也。 [6] 邺：在今河南临漳县。 [7] 持两端以观望：兵不遽进，亦不遽退，欲候适当时机行事，故曰持两端以观望。[8] 冠盖相属：谓使命往来不绝也。 [9] 馁虎：饥饿之虎也。 [10] 间语：静语也。 [11] 如姬：魏王之宠姬也。 [12] 资：蓄也，谓如姬欲为父报仇之资蓄于心，已得三年也。 [13] 虎符：兵符也，所以为信。

［14］嚄唶：大笑为嚄，大呼为唶。嚄音获，唶，音早。［15］宿将：犹言老将也。［16］鼓刀：谓屠牲畜者。［17］韊：音兰。盛弩矢也。

魏安釐王二十年，秦国在长平打败赵国，又发兵围住了赵都邯郸。公子的姐姐是赵惠文王弟弟平原君的夫人，屡次写信给魏王和公子，请求魏国去解救。魏王便派晋鄙带领了十万兵去救赵国。这时秦王派使者警告魏王道："我进攻赵国，不久就要攻下，诸侯国哪个敢来救援的，那么等我打败了赵国以后，就必定要调兵去攻打它。"魏王害怕了，就派人让晋鄙停止前进，晋鄙把兵驻扎在邺地，名义上说是救赵，实际上却是看他们两方怎么情形，再作计较。这时，平原君的使者络绎不绝地来到魏国，责备魏公子道："我所以要和公子结成亲戚，是因为公子有高尚的情谊，能够救人于困厄啊！现在邯郸就要投降秦国了，魏国却还不来援救，还怎么可说公子能救他人于困厄呢！况且公子就是看不起我，任凭我去投降秦国，公子难道不可怜自己的姐姐吗？"公子对于这件事本已很担忧，屡次到魏王面前去请求，并派宾客辩士去劝说魏王，说了千言万语，魏王只是怕秦国，始终不肯听公子的主张。公子估计终不能够得魏王的许可，便决计不图自己的苟活而让赵国灭亡，于是请宾客凑集了战车一百多辆，打算率宾客去和秦军拼命，跟赵国人一同去死。

公子预备妥当，正要走了，经过夷门，和侯生相见，告诉他要和秦军拼命的意思。说完就要告别侯生动身了，侯生道："公子，好好努力吧！老臣不能随行了。"公子走了没有几里，心里很不痛快，自言自语道："我对待侯先生算是够周到的了，这事天下没有不知道的，如今我将要去死，侯先生却没有一言半句送我，难道我对他还有不够周到的地方吗？"便又驾车返回，想问问侯生。侯生笑了一笑，说道："我料定公子必要回来的。"又接着说："公子的好客名声，是天下皆知的。今天公子有了急难，没有别的法子，想去和秦军拼命，这就像拿了一块肉投给饿虎，有什么益处呢？还要宾客做什么用呢？公子待我情深意厚，公子去死，我却送都不来送，因此知道公子会恨我，会再返回来的。”公子拜了两拜，问侯生有什么法子。侯生让旁人走开，悄悄地对公子道：“我听说晋鄙的兵符是在魏王的寝室里，如姬最受魏王宠爱，能在魏王寝室里走出走进，只有她能偷到兵符。我听说如姬的父亲，曾经被人杀死，如姬报仇雪恨的心志积蓄了三年之久。从魏王以下都想找寻杀她父亲的仇人替她报仇，终没有找到。如姬对公子哭诉，公子派食客去斩了她仇人的头，恭敬地献给如姬。如姬感激万分，就是替公子死也是甘心的，只是没处可以报答公子的恩罢了。公子如果开口请求如姬，如姬必定会应许，那么公子就得到了虎符。公子得到了虎符，就可去夺取晋鄙的军队，然后北面去救赵国，西面去打退秦国的兵，这就是五霸一样的功业啊！”公子便依他的计策，到如姬那里去请求。如姬果然偷了晋鄙的兵符，交给了公子。

公子正要动身，侯生道：“将军在外，就是君主的命令也可不接受，以有利于国家。现在公子就是拿了虎符，和晋鄙对合上了，可是晋鄙不肯把兵权交给公子，公子再去请求，这件事便危险了。我的朋友做屠夫的朱亥，他可以和公子同去，这人是个力士。晋鄙能够听从，当然最好；倘不能听从，便可以叫朱亥击杀他。”于是公子哭了起来，侯生道：“公子怕死吗？公子哭什么呢？”公子道：“晋鄙是位叱咤风云、声名赫赫的老将，我去，只怕他不听，那就必定要杀死他了，所以我哭起来。我难道怕死吗？”于是公子请求朱亥同行，朱亥笑了一笑，说道：“我是市场里屠宰牲畜的屠夫，公子却多次亲自来问候我。我所以不答谢，不回拜，只是因为我认为那是一些小礼节，没有什么用处。现在公子有了危急，正是我拼命替公子出力的时候了。”就和公子一同去。公子去向侯生辞行，侯生道：“我本应该跟公子同去的，只因年老不能去了。请允许我计算公子的行程，公子到达晋鄙军营的那一天，我就面北自刎，为公子送行。”公子急得没法，也动身去了。

到了邺地，假传了魏王的命令，来接替晋鄙。晋鄙合了兵符，心里很是疑心，便用手指着军营给公子看，说道：“现在我带了十万兵，驻扎在国境上，这是国家的重任。现在公子只坐了一辆车子就来接替我，这是怎么回事呢？”晋鄙正想不听从公子，旁边的朱亥却早已拿出四十斤重的铁椎，一椎打死了晋鄙。公子于是就统帅了晋鄙的军队，便发出号令道：“父子同在军营的，做父亲的回家去；兄弟同在军营里的，做兄的回家去；只有一个儿子，没有兄弟的，回家去奉养父母。”总共选得士兵八万人，当下便发兵去打秦军。秦军听到立刻解围退去。公子于是救了邯郸，保全了赵国。赵王和平原君亲自到郊外来迎接公子，平原君替公子背负箭袋在前面引路。赵王向公子接连两次拜揖，道：“自古以来的贤人没有赶得上公子的。”这个时候，平原君不敢把自己和别人相较。公子和侯生分别后，到达军营时，侯生果真面北自刎了。

魏王恼怒公子偷了他的兵符，又假造命令杀了晋鄙，公子也明白这一点。在打退了秦兵，保全了赵国之后，就派个部将带着军队返回魏国，公子和门客就留在赵国。

八五、信陵君列传（下）

传曰：善人能受尽言。信陵得客说，立谦下不敢自以为功；得毛、薛二公言，立归救魏。在己毫无成见，从善如流，改过不吝，而其识人之眼力亦迥异寻常,好客之真挚,亦绝非务为名高者比。食客闻平原君轻视毛公、薛公，则去之；闻公子贤，则归之。太史公盖尽情描写，极力挑露。于诸公子中，殆有取于信陵者深矣。

赵孝成王德公子之矫夺晋鄙兵而存赵，乃与平原君计，以五城封公子。公子闻之，意骄矜而有自功之色。客有说公子曰:“物有不可忘,或有不可不忘。夫人有德于公子,公子不可忘也;公子有德于人,愿公子忘之也。且矫魏王令夺晋鄙兵以救赵，于赵则有功矣，于魏则未为忠臣也。公子乃自骄而功之，窃为公子不取也。”于是公子立自责，似若无所容者。赵王埽除自迎，执主人之礼，引公子就西阶；公子侧行辞让，从东阶上。自言罪过，以负于魏，无功于赵。赵王侍酒至暮，口不忍献五城，以公子退让也。公子竟留赵。赵王以鄗[1]为公子汤沐邑，魏亦复以信陵[2]奉公子。公子留赵。

公子闻赵有处士毛公藏于博徒[3]，薛公藏于卖浆家[4]，公子欲见两人，两人自匿，不肯见公子。公子闻所在，乃间步往从此两人游，甚欢。平原君闻之，谓其夫人曰:“始吾闻夫人弟公子天下无双，今吾闻之，乃妄从博徒卖浆者游。公子妄人耳。”夫人以告公子。公子乃谢夫人去，曰:“始吾闻平原君贤，故负魏王而救赵，以称平原君。平原君之游,徒豪举[5]耳,不求士也。无忌自在大梁时,常闻此两人贤,至赵,恐不得见。以无忌从之游,尚恐其不我欲也,今平原君乃以为羞,其不足从游。”乃装为去。夫人具以语平原君。平原君乃免冠谢，固留公子。平原君门下闻之，半去平原君归公子，天下士复往归公子。公子倾平原君客。

公子留赵十年不归。秦闻公子在赵,日夜出兵东伐魏。魏王患之,使使往请公子。公子恐其怒之[6],乃诫门下:“有敢为魏王使通者,死。”

宾客皆背魏之赵，莫敢劝公子归。毛公、薛公两人往见公子曰：“公子所以重于赵，名闻诸侯者，徒以有魏也。今秦攻魏，魏急而公子不恤，使秦破大梁而夷先王之宗庙，公子当何面目立天下乎？”语未及卒，公子立变色，告车趣驾归救魏。

魏王见公子，相与泣，而以上将军印授公子，公子遂将。魏安釐王三十年，公子使使遍告诸侯。诸侯闻公子将，各遣将将兵救魏。公子率五国之兵破秦军于河外[7]，走蒙骜[8]。遂乘胜逐秦军至函谷关[9]，抑[10]秦兵，秦兵不敢出。当是时，公子威振天下，诸侯之客进兵法，公子皆名之，故世俗称《魏公子兵法》[11]。

秦王患之，乃行金万斤于魏，求晋鄙客，令毁公子于魏王曰：“公子亡在外十年矣，今为魏将，诸侯将皆属，诸侯徒闻魏公子，不闻魏王。公子亦欲因此时定南面而王，诸侯畏公子之威，方欲共立之。”秦数使反间，伪贺公子得立为魏王未也。魏王日闻其毁，不能不信，后果使人代公子将。公子自知再以毁废，乃谢病不朝，与宾客为长夜饮，饮醇酒[12]，多近妇女。日夜为乐饮者四岁，竟病酒而卒。其岁，魏安釐王亦薨。

秦闻公子死，使蒙骜攻魏，拔二十城，初置东郡[13]。其后秦稍蚕食[14]魏，十八岁而虏魏王，屠大梁。

高祖始微少时，数闻公子贤。及即天子位，每过大梁，常祠公子。高祖十二年，从击黥布[15]还，为公子置守冢五家，世世岁以四时奉祠公子。

太史公曰：吾过大梁之墟[16]，求问其所谓夷门。夷门者，城之东门也。天下诸公子亦有喜士者矣，然信陵君之接岩穴隐者，不耻下交，有以也。名冠诸侯，不虚耳。高祖每过之而令民奉祠不绝也。

[1] 鄗：音霍，地名，在今河北柏乡县。 [2] 信陵：故城，在今河南宁陵县。 [3] 博徒：谓赌徒也。 [4] 卖浆家：谓卖酒家。 [5] 豪举：谓豪者之举。 [6] 怒之：恐魏王之终怒己，而或害己也。 [7] 河外：大河以南，总谓之河外。 [8] 蒙骜：齐人，事秦昭王，官至上卿，后为将军，累伐韩、赵、魏有功。 [9] 函谷关：秦关名，在今河南灵宝县南。 [10] 抑：音忆，谓以兵蹙之。 [11]《魏公子兵法》：二十一篇，图七卷，今皆失传。 [12] 醇酒：厚酒也。 [13] 东郡：旧直隶大名府、山东东昌府及长清县以西皆是。 [14] 蚕食：谓侵夺土地，如蚕之食叶也。 [15] 黥布：即英布，以其坐法黥，故云。 [16] 墟：大丘荒地也。

赵孝成王因为感激魏公子假传魏王的命令，夺了晋鄙的兵，保全了赵国，就和平原君商量，想以五城封给公子。公子听到这个消息，产生了骄傲自大的情绪，露出居功自满的神色。有个门客对公子道："事情有不可忘记的，也有不可不忘记的。他人对公子如有恩德，公子万不可忘记。公子如有恩德于他人，希望公子能够忘记。并且公子假传了魏王命令，夺得晋鄙的兵权，来救赵国，对于赵国算是有功的了，但对于魏国，却不算是忠臣。公子竟因此认为有功而骄傲起来，我私下认为公子不应该这样。"公子听后，立刻责备自己，好像无地自容似的。赵王打扫台阶，亲自来迎接，用恭待主人的礼节，引公子从西阶上去，公子只是侧行谦让，从东阶走上去。还说自己有罪，有负于魏国，对赵国也无功劳可言。赵王陪公子喝酒直到傍晚，口里竟说不出要把五城献给公子的话，因为公子总是谦让自责。公子终于留在赵国。赵王把鄗邑作为公子的汤沐邑，魏国也再把信陵还给公子。公子留居赵国。

公子听说赵国有两个隐士，名叫毛公、薛公，毛公藏身于赌徒中，薛公藏身于酒肆里。公子想和这两人相见，可是两人却躲避着，不肯和公子相见。公子打听到他们住的地方，便悄悄地去拜访他们，和他们结交为朋友，很是要好。平原君听到这个消息，便对他的夫人道："从前我听说夫人的弟弟魏公子天下没有第二个，现在我听说他竟胡乱和那些赌徒和卖酒的人交往，公子不过是个荒唐人罢了！"平原君的夫人就把这话告诉公子。公子就辞别他的姐姐，准备离开，并道："从前我听说平原君是个有才干的人，所以违背了魏王，来救赵国，以顺遂平原君的心愿。不料平原君与人交往，只是显示富贵的豪放举动罢了，并不是真心寻求贤士。我从前在大梁的时候，时常听说毛公、薛公这两人很有才干。我到了赵国，只怕他们还不肯和我相见呢！我既然和他们结交了，还怕他们不喜欢我呢。现在平原君倒以为是件有失面子的事情，像他这种人，恐怕不值得交往！"公子便整理行装，想要走，不愿再住在赵国。夫人又把公子的话一五一十地告诉了平原君，平原君脱帽向他谢罪，一定要挽留公子。平原君的门下听到这事，早已有一大半离开了平原君，来归附公子，天下的士人又前去归附公子。公子的门客大大超过了平原君。

公子在赵国已经十年了，还没有回去的念头。秦国听说公子留在赵国，便天天发兵向东去攻打魏国，魏王很是担忧，便派使者叫公子回去。公子怕魏王害他，就警告门客："哪个敢替魏王使者通报的，处死罪！"那些宾客都是背弃魏国来到赵国的，没有哪个敢劝公子回去。这时毛公、薛公两人就一同来见公子，说道："公子所以能被赵国尊重，声名流传各国，只是因为有魏国存在呢！现在秦国攻打魏国，魏国危险得很，公子却不回去拯救，假使秦国攻破了大梁，烧掉先王的宗庙，那么公子还有什么面目立于天下呢？"话还没有说完，公子便立刻变了脸色，吩咐车夫赶紧套车回去解救魏国。

公子回到魏国，魏王见了公子，两人不禁相对落泪。魏王当下便把上将军的印交给公子，公子于是就任统帅。魏安釐王三十年，公子派使者通告诸侯，诸侯听说公子做了上将军，各派将领带兵一同来救魏国。公子统帅五国的军队，大破秦军于河外，秦将蒙骜败逃。于是趁势追赶秦军到函谷关，堵住秦兵，秦兵不敢出关。此时，公子的威名振动了天下，各国来的宾客进献兵法，公子便题了自己的姓名在上面，所以世上俗称《魏公子兵法》。

秦王见公子这样厉害，很是担忧，就拿了万斤黄金，送给魏国晋鄙的宾客，让他们到魏王面前说公子的坏话，道："公子流亡在外国已经十年了，现在他做了魏国的大将，各国将军都归附了他。诸侯只知道魏国有魏公子，不知道有魏王。公子也想趁这机会自立为王。诸侯惧怕公子的威勇，大家正想共同拥立他。"秦国又屡次用反间的计策，假装来道贺公子，探听公子立做魏王没有。魏王天天听到这些毁谤公子的话，不能不相信，后来果然另派了将军去替代公子担任上将军。公子知道魏王又听了坏话，不相信他了，就托词有病，不去朝见，只是和宾客一天到晚的喝酒。喝酒又要喝烈酒，又多近妇女，日夜喝酒寻乐，过了四年，终于因饮酒过多患病死去。这一年，魏安釐王也死了。

秦国听说公子已死，就再派蒙骜去攻打魏国，一连打破了二十个城池，开始设立东郡。此后，秦国像蚕吃桑叶般侵夺魏国的土地，过了十八年，俘虏了魏王，毁灭了大梁。

高祖年轻穷苦的时候，便听人说公子是个贤人。到做了皇帝，每次经过大梁，就要去祭祀公子。高祖十二年，从击败黥布回来，又安置五户人家看守公子坟墓，世世代代每年按四季祭祀公子。

太史公道：我经过大梁的旧址，寻访了那个夷门。原来夷门就是大梁城的东门。天下的几位公子也算是喜爱士人的了，但只有信陵君能亲近民间隐士，不以交结平民为耻辱，有道理呀。他的声誉超过各国君王，实在不是虚的！高祖每次经过大梁，就要令百姓永远地祭祀他。

八六、春申君说秦昭王

是书详尽当时之形势，说破各国之兴亡。慨切激荡，词旨悲惋，然其要归于莫善事楚一语，遂使秦王不能一词。说客风度自是不凡，文亦虚神荡漾，无限徘徊，极可资为模仿。

春申君者，楚人也，名歇，姓黄氏。游学博闻，事楚顷襄王。顷襄王以歇为辩，使于秦。秦昭王使白起[1]攻韩、魏，败之于华阳[2]，禽魏将芒卯[3]，韩、魏服而事秦。秦昭王方令白起与韩、魏共伐楚，未行，而楚使黄歇适至于秦，闻秦之计。当是之时，秦已前使白起攻楚，取巫[4]、黔中[5]之郡，拔鄢[6]、郢[7]，东至竟陵[8]，楚顷襄王东徙治于陈县[9]。黄歇见楚怀王之为秦所诱而入朝，遂见欺，留死于秦。顷襄王，其子也，秦轻之。恐壹举兵而灭楚。歇乃上书说秦昭王曰：

天下莫强于秦、楚。今闻大王欲伐楚，此犹两虎相与斗。两虎相与斗而驽犬受其弊[10]，不如善楚。臣请言其说：

臣闻物至则反，冬夏[11]是也；致至则危，累棋是也。今大国之地，遍天下有其二垂[12]，此从生民已来，万乘之地未尝有也。先帝文王、庄王之身，三世不妄接地于齐，以绝从亲之要[13]。今王使盛桥守事于韩，盛桥以其地入秦，是王不用甲，不信威，而得百里之地。王可谓能矣。王又举甲而攻魏，杜大梁[14]之门，举河内[15]，拔燕[16]、酸枣[17]、虚[18]、桃[19]，入邢[20]，魏之兵云翔而不敢救。王之功亦多矣。

王休甲息众，二年而后复之；又并蒲[21]、衍[22]、首、垣[23]，以临仁[24]、平丘[25]，黄[26]、济阳[27]、婴城[28]而魏氏服。王又割濮、磨之北[29]，注齐、秦之要，绝楚、赵之脊，天下五合六聚而不敢救。王之威亦单[30]矣。

王若能持功守威，绌攻取之心而肥仁义之地，使无后患，三王不足四，五伯不足六也。王若负人徒之众，仗兵革之强，乘毁魏之威，而欲以力臣天下之主，臣恐其有后患也。《诗》曰："靡不有初，鲜克有终。"《易》曰："狐涉水，濡其尾[31]。"此言始之易，终之难也。何以知其然也？昔智氏[32]见伐赵之利而不知榆次[33]之祸，吴见伐齐之便而不知干隧[34]之败。此二国者，非无大功也，没利于前而易患于后也。吴之信越也，从而伐齐，既胜齐人于艾陵[35]，还为越王禽三渚之浦[36]。智氏之信韩、魏也，从而伐赵，攻晋阳城，胜有日矣，韩、魏叛之，杀智伯瑶于凿台[37]之下。今王妒楚之不毁也，而忘毁楚之强韩、魏也，臣为王虑而不取也。《诗》曰："大武远宅而不涉[38]。"从此观之，楚国，援也；邻国，敌也。《诗》云："趯趯毚兔，遇犬获之[39]。他人有心，余忖度之。"今王中道而信韩、魏之善王也，此正吴之信越也。臣闻之，敌不可假，时不可失。臣恐韩、魏卑辞除患而实欲欺大国[40]也。何则？王无重世之德于韩、魏，而有累世之怨焉。夫韩、魏父子兄弟接踵而死于秦者将十世矣。本国残，社稷坏，宗庙毁。刳腹绝肠，折颈摺颐[41]，首身分离，暴骸骨于草泽，头颅僵仆，相望于境，父子老弱系脰[42]束手为群虏者，相及于路。鬼神孤伤，无所血食。人民不聊生，族类离散，流亡为仆妾者，盈满海内矣。故韩、魏之不亡，秦社稷之忧也，今王资之与攻楚，不亦过乎！

且王攻楚将恶出兵？王将借路于仇雠之韩、魏乎？兵出之日而王忧其不返也！是王以兵资于仇雠之韩、魏也。王若不借路于仇雠之韩、魏，必攻随水右壤。随水右壤，此皆广川大水，山林溪谷，不食之地[43]也，王虽有之，不为得地。是王有毁楚之名而无得地之实也。

且王攻楚之日，四国必悉起兵以应王。秦、楚之兵构而不离，魏氏将出而攻留[44]、方与[45]、铚、湖陵[46]、砀[47]、萧[48]、相[49]，故宋必尽。齐人南面攻楚，泗上必举。此皆平原四达，膏腴之地，而使独攻。王破楚以肥韩、魏于中国而劲齐。韩、魏之强，足以校于秦。齐南以泗水[50]为境，东负海，北倚河，而无后患，天下之国莫强于齐、魏，齐、魏得地葆利而详事下吏，一年之后，为帝未能，其于禁王之为帝有余矣[51]。

夫以王壤土之博，人徒之众，兵革之强，壹举事而树怨于楚，迟令韩、魏归帝重于齐，是王失计也。臣为王虑，莫若善楚。秦、楚合而为一以临韩，韩必敛手。王施以东山之险，带以曲河之利，韩必为关内之侯。若是而王以十万戍郑，梁氏寒心，许、鄢陵[52]婴城，而上蔡[53]、召陵[54]不往来也，如此而魏亦关内侯矣。王壹善楚，而关内两万乘之主注地于齐，齐右壤[55]可拱手而取也。王之地一经两海[56]，要约天下，是燕、赵无齐、楚，齐、楚无燕、赵也。然后危动燕、赵，直摇齐、楚，此四国者不待痛而服矣。

昭王曰:“善。”于是乃止白起而谢韩、魏。发使赂楚，约为与国。

——节《春申君列传》

[1]白起：秦郿人，善用兵。事昭王，封武安君，战胜攻取，凡七十余城。后与范雎有隙，因赐死。 [2]华阳：地名，今商州之地。 [3]芒卯：战国齐人，为魏将，有贤名。 [4]巫：战国楚郡名，今四川巫山县有故城，即楚巫郡治。 [5]黔中：亦楚地，故城在今湖南沅陵县西。 [6]鄢：

楚地名，在今湖北宜城县。［7］郢：楚都，在今湖北江陵县。［8］竟陵：楚地，故城在今湖北天门县。［9］陈县：今河南淮阳县。［10］两虎相与斗二句：谓两虎相斗乃受弊于犬。刘氏云：受，犹承也。［11］冬夏：冬至阴之极，夏至阳之极。冬至生，夏至熟。故曰反也。［12］二垂：言极东西。

［13］要：同腰，以言山东合从，韩、魏是其腰。［14］大梁：战国魏郡，今河南开封县。［15］河内：今河南河北道。［16］燕：南燕，故城在今河南延津县。［17］酸枣：故城在今延津县北。［18］虚：邑名，即殷墟，故城在今河南安阳县。［19］桃：即桃城，在今河南延津县北。

［20］邢：即今河南温县平皋故城。［21］蒲：故蒲城，即今河北长垣县治。［22］衍：故衍城，在今河南郑县。［23］首、垣：故城在今长县。［24］仁：一作任，今山东济宁县古任县。［25］平丘：故城在今河北长垣县。［26］黄：《国策》作小黄，在今河南陈留县。［27］济阳：故城在今河南兰封县。［28］婴城：防守之意。［29］濮、磨之北：今山东聊城县，河北大名县等地。［30］单：尽也。［31］狐涉水，濡其尾：言狐惜其尾，每涉水举尾不令湿，比至极困，则濡之。譬不可力臣之也。

［32］智氏：即智伯，伐赵败于榆次。［33］榆次：今山西榆次县。

［34］干隧：今江苏吴县西北万安山。［35］艾陵：艾陵亭，在山东莱芜县。

［36］三渚之浦：三渚，指娄江、松江、东江也。言越王由三渚入破吴王于姑共轭，败干隧也。［37］凿台：台名，在今山西榆次县南。［38］大武句：言大军不远跋涉攻伐。［39］趯趯二句：趯趯，往来貌。言毚兔往来逃匿其迹，有时犬得之。［40］大国：谓秦也。［41］摺颐：摺，断也。颐，面颊也。［42］脰：音豆，颈项也。［43］不食之地：言地不产粮食也。

［44］留：故宋邑，故城在今江苏沛县。［45］方与：宋邑，故城在今山东鱼台县北。［46］湖陵：宋邑，故城在今江苏沛县北。［47］砀：宋邑，今江苏砀山县。［48］萧：古萧国，故城在今江苏萧县东北。［49］相：

宋邑，在今安徽宿迁县西北。［50］泗水：在山东，源出泗水县之陪尾山。

［51］其于禁王句：言齐一年之后，未即能为帝而禁秦，为帝之力有余矣。

［52］许、鄢陵：许故城，在今河南许昌县东。鄢陵故城，在今河南鄢陵县东南。［53］上蔡：故城在今河南上蔡县西南。［54］召陵：故城在今河南郾师县东。［55］右壤：谓平陆，平陆故城，在今山东汶上县北。

［56］一经两海：东西为经，取齐右壤，则自西海至东海经，皆为秦地，故曰一经。

春申君是楚国人，名歇，姓黄，周游各地，学问渊深，见闻广博，侍奉楚顷襄王。顷襄王因他很有口才，便派他到秦国去。这时秦昭王派白起攻伐韩国、魏国，在华阳把韩国、魏国打败，俘虏魏国的将军芒卯，韩国、魏国归服侍奉秦国。秦昭王正想派白起和韩国、魏国一同去伐楚，还没有出发，楚使黄歇正好到了秦国，听到了秦国这样的计划。这时，秦已经先派白起去攻伐楚国了，夺得楚国的巫郡、黔中郡，攻克了鄢郢，向东一直打到竟陵。顷襄王向东迁都到陈县。黄歇因从前楚怀王被秦骗去，到了秦廷，因被欺侮，竟死在秦国。顷襄王是楚怀王的儿子，秦国很轻视他，恐怕发兵一举灭掉楚国。黄歇便上书秦昭王：

现在天下的强国，没有谁比得上秦国、楚国。现在听说大王要伐楚，这好像两虎相斗。两虎既然相斗，无用的狗就也有机会可趁了，不如和楚国亲善。请允许我陈述我的看法：

我听说不管什么东西，到了极点必要走向反面，这就是冬夏变化的道理；事情积累到极高处就危险，堆叠棋子就是这样。当今贵国的土地占着天下西、北两大边，这是从有人类以来，即使天子的领地也不曾有这样的宽广。从先帝文王、武王以及大王，三代没有忘记夺取土地同齐国连接起来，借以切断各国合纵结盟的纽带。现在大王只派盛桥到韩国驻守任职，盛桥便把他管辖的土地交给秦国，这是大王不用兵甲，不用威严，就能得到百里土地。大王可说是能干啦。大王又趁势出兵伐魏，守住大梁的要害，夺得河内，攻克燕、酸枣、虚地、桃地，进而攻入邢地。魏国的兵像云一般的多也不敢来救，大王的武功也算多了。大王停止征战，休整部队，两年之后再次发兵；又连得蒲地、衍地、首地、垣地，进而兵临仁地、平丘，包围黄地、济阳，降服了魏国；大王又割取濮地、磿地以北的土地，打通齐国、秦国的通道，断绝楚国、赵国的联系，天下经过五次联合而相集的六国诸侯，不敢互相援救。大王的威势可说是达到顶点了。

现在大王若能保住武功，守定威严，稍稍减少些攻取的思想，多用仁义来优待百姓，使将来没有后患，真可以与三王、五霸相媲美。大王如果凭借人口的众多，依仗兵力的盛强，趁着灭魏的威势，而想用武力臣服天下诸侯，我恐怕一定有后患呢！《诗经》道：“开始做事没有一个不好的，却没有一个能一直做到底。”《易经》也道：“狐狸渡河，举起尾巴，是预防沾湿，后来尾巴还是沾湿了。”这是说开始总容易，到了后来便难了。为什么知道是这样的呢？从前智氏只看见伐赵的利益，却没有预料榆次的灾祸；吴国只看见伐齐的好处，却没有预知干隧的失败。这两个国家，不是没有建树过巨大功绩，只因贪图眼前的利益，就换来以后的灾难。吴国相信越国，因而就同去伐齐，在艾陵战胜了齐人，回来在三渚的水边被越王擒获；智氏相信了韩国、魏国，因而就同去伐赵，攻打晋阳城，胜利在望了，想不到韩国、魏国会背叛，竟杀死智伯瑶在凿台之下。现在大王嫉恨楚国不毁灭，却忘掉楚国毁灭之后，韩国、魏国就要强大起来了。我替大王考虑，认为不能这样做。《诗经》道：“大军不远离根据地长途跋涉。”照这样看来，楚国应该是帮手，邻国却是敌人了。《诗经》又道：“狡兔又蹦又跳，遇到猎犬跑不掉；别人的心思，我能揣摩到。”现在大王中途去相信韩国、魏国与秦国亲善，这正像吴国相信越国一样。我听说，仇敌不可宽待，机会不可错掉，我只怕韩国、魏国话说得好听，说是替大王铲除祸患，实际上是欺骗秦国。为什么这么说呢？大王又没有再世的恩德给韩国、魏国，反之，却有好几代的怨仇。韩国、魏国的父子兄弟接连被秦国杀死的将有十代了。他们国土残缺，社稷废坏，宗庙焚毁。上至将领下至士卒，剖开肚子，断绝肠子，折断颈项，砍伤两颐，身首分离，枯骨抛在草泽，头颅僵挺，横尸遍野，父子老弱被捆着脖子绑着手，成为一队队的俘虏，接连走在路上。鬼神孤苦悲伤，没有谁来祭祀。百姓无依无靠，家族离散逃亡，沦落为男仆女奴的，四海之内到处都有。所以韩国、魏国不灭亡，就是秦国最大的忧患。现在大王靠他们帮忙，一同来攻伐楚国，不是错了吗？并且大王要伐楚国，将要从哪里出兵呢？大王将向仇敌韩国、魏国去借路吗？出兵那天我恐怕大王就要担心一去不返了。这是大王拿部队帮助仇敌韩国、魏国呢。大王若不向仇敌韩国、魏国去借路，那么必定要攻随水右边的地区。而随水右边的地区都是些广川大水，山林溪谷，不出产粮食的地方，大王即使占领了它，也不能算是得到了土地。这样大王有了灭楚的名声，却没有得到土地的实惠。

而且大王攻楚那天，韩、赵、魏、齐四国必定统统出兵响应大王，秦国、楚国军队交锋，形成拉锯战，魏国就要出兵攻打留地、方与、铚地、湖陵、砀地、萧地、相地，故宋这些地方都要被它占有了。齐国向南来攻楚国，泗上必定被它拿去。这都是四通八达的平原，膏腴之地，却被他们独得。大王攻打楚国，这无异是使韩国、魏国在中原地区壮大起来，又使齐国更加强劲。韩国、魏国强起来，是能够和秦国争强的。齐国南面以泗水为界，东面背靠大海，北面依恃黄河，没有后患。那么天下的国家再没有比齐、魏更强的了。齐国、魏国得了土地，保住既得利益，进而让下级官吏审慎治理，一年之后，虽不能称帝，但阻止大王称帝的力量却是绰绰有余的。

有了像大王这样广大的土地，这么众多的百姓，这样强大的兵器，一旦发兵而与楚国结下怨仇，就会使韩国、魏国送帝号给齐国，重视齐国，这是大王的的失策。在我想来，大王不如和楚国亲善。秦、楚两国联合起来，统一行动，去攻打韩国，韩国必定没有办法可想。大王有了东山的险固，凭借河曲的利益，韩国必定成为大王的关内侯了。如果形成这种态势大王再用十万人镇守郑地，魏国恐惧，许地、鄢陵闭城自守，上蔡、召陵不相往来。那么魏国也就成为大王的关内侯了。大王一经和楚国亲善，驱使关内两个大国国王去向齐国索取土地，齐国右边的广大土地可以拱手取得。大王的土地横贯东、西两海，占据着天下要害之地，这样就使燕国、赵国不能依靠齐国、楚国，齐国、楚国不能依靠燕国、赵国了。然后再去震慑燕国、赵国，摇撼齐国、楚国，这四国不须痛击就会服从了。

秦昭王读了春申君的上书后，说道："很好！"就停止了白起出兵，又辞谢了韩国、魏国。另派使者送钱财给楚国，订立条约，结成盟国。

八七、春申君归楚太子

歇为太子谋，若是之忠，洵为难得。妙在先说应侯，故其后得免于患。叙事圆明简净，风韵悠然，淡而隽永，是为绝调之文。

黄歇受约归楚，楚使歇与太子完入质于秦，秦留之数年。楚顷襄王病，太子不得归。而楚太子与秦相应侯[1]善，于是黄歇乃说应侯曰："相国诚善楚太子乎？"应侯曰："然。"歇曰："今楚王恐不起疾，秦不如归其太子。太子得立，其事秦必重而德相国无穷，是亲与国而得储万乘也。若不归，则咸阳[2]一布衣[3]耳；楚更立太子，必不事秦。夫失与国而绝万乘之和，非计也。愿相国孰虑之。”应侯以闻秦王。秦王曰：“令楚太子之傅先往问楚王之疾，返而后图之。”黄歇为楚太子计曰：“秦之留太子也，欲以求利也。今太子力未能有以利秦也，歇忧之甚。而阳文君子二人在中，王若卒大命，太子不在，阳文君子必立为后，太子不得奉宗庙矣。不如亡秦，与使者俱出。臣请止，以死当之。”楚太子因变衣服为楚使者御以出关，而黄歇守舍，常为谢病。度太子已远，秦不能追，歇乃自言秦昭王曰：“楚太子已归，出远矣。歇当死，愿赐死。”昭王大怒，欲听其自杀也。应侯曰：“歇为人臣，出身以徇[4]其主。太子立，必用歇，故不如无罪而归之，以亲楚。”秦因遣黄歇。

歇至楚三月，楚顷襄王卒，太子完立，是为考烈王。

——节《春申君列传》

[1]应侯：范雎为秦相号曰应侯。 [2]咸阳：秦都，今陕西长安县。东有渭城故城，即秦所都也。 [3]布衣：庶人也。 [4]徇：与殉通。

黄歇和秦国订了条约，回到楚国，楚国派黄歇送太子到秦国去做人质。秦国留下太子完好几年。楚顷襄王病了，太子却不能回国。太子和秦国宰相应侯要好，于是黄歇对应侯道：“相国真的和楚太子要好吗？”应侯道：“是的。”黄歇道：“现在楚王有了病，不能起床，恐怕活不成了，秦国不如叫楚太子回去，太子能继立为王，日后服侍秦国必定很优厚，感激相国的恩德将永不竭尽，这是亲近了盟国，又扶植了国君。若不放太子回归楚国，那么太子不过是咸阳的一个平民；而楚国另立了太子，必定不会服侍秦国。失去了盟国，断绝与国君的友谊，不是好计策。希望相国仔细想想！”应侯就把这件事告诉秦王。秦王道：“先派太子的师傅到楚国去，探问一下楚王的病情，等他回来再作计议。”黄歇替楚太子谋划了一番，对楚太子道：“秦国留太子在这里，不肯放太子回去，无非是想得些好处罢了。现在太子没有力量使秦国得到好处，我忧虑得很。阳文君有两个儿子在国内，若是国王寿终，太子不在，必是阳文君的儿子继立王位，太子就不能继承王统了。在我想来，太子不如逃回去，和使者一齐走；我可一个人留在这里，拼着命担当一切！”楚太子于是就换了衣服，扮成楚国使者的车夫，一同出关而去。黄歇守在客舍中，常常假托太子有病谢绝宾客。料定楚太子逃去已远，秦国追不到他了，黄歇才对秦昭王说道：“楚太子已经回去，走出很远了。我当死罪，愿大王赐我一死！”昭王听说太子逃走，大怒，要准予黄歇自杀。应侯道：“黄歇作为臣子，愿意献出生命忠于他的主上。太子继位，必先重用他的，不如免他死罪，叫他回去，来表示对楚国的亲善。”秦国于是就叫黄歇回国。黄歇回到楚国三个月，楚顷襄王去世，太子完继位，这就是考烈王。

八八、范雎相秦

作文贵能描神，神足则气自畅。是文写范雎之落魄处，千磨万折，令人不胜抱怨，不胜惋惜；写范雎得意处，扬鞭就道，无往不利。一否一泰，形容有致，令读者趣味盎然，真是白描高手。能读此文者，须知怨毒之于人甚矣哉，不可结也！

范雎者，魏人也，字叔。游说诸侯，欲事魏王，家贫无以自资，乃先事魏中大夫须贾[1]。

须贾为魏昭王使于齐，范雎从。留数月，未得报。齐襄王闻雎辩口，乃使人赐雎金十斤及牛酒，雎辞谢不敢受。须贾知之，大怒，以为雎持魏国阴事告齐，故得此馈，令雎受其牛酒，还其金。既归，心怒雎，以告魏相。魏相，魏之诸公子，曰魏齐。魏齐大怒，使舍人笞击雎，折胁摺[2]齿。雎详死，即卷以箦[3]，置厕中。宾客饮者醉，更溺雎，故僇[4]辱以惩后，令无妄言者。雎从箦中谓守者曰："公能出我，我必厚谢公。"守者乃请出弃箦中死人。魏齐醉，曰："可矣。"范雎得出。后魏齐悔，复召求之。魏人郑安平闻之，乃遂操范雎亡，伏匿，更名姓曰张禄。

当此时，秦昭王使谒者王稽[5]于魏。郑安平诈为卒，侍王稽。王稽问："魏有贤人可与俱西游者乎？"郑安平曰："臣里中有张禄先生，欲见君，言天下事。其人有仇，不敢昼见。"王稽曰："夜与俱来。"郑安平夜与张禄见王稽。语未究，王稽知范雎贤，谓曰："先生待我于三亭[6]之南。"与私约而去。

王稽辞魏去，过载范雎入秦。至湖关[7]，望见车骑从西来。范雎曰："彼来者为谁？"王稽曰："秦相穰侯[8]东行县邑。"范雎曰："吾闻穰侯专秦权，恶内诸侯客，此恐辱我，我宁且匿车中。"有顷，穰侯果至，劳王稽，因立车而语曰："关东有何变？"曰："无有。"又谓王稽曰："谒君得无与诸侯客子俱来乎？无益，徒乱人国耳。"王稽曰："不敢。"即别去。范雎曰："吾闻穰侯智士也，其见事迟，乡者疑车中有人，忘索之。"于是范雎下车走，曰："此必悔之。"行十余里，果使骑还索车中，无客，乃已。王稽遂与范雎入咸阳。

……

范雎既相秦，秦号曰张禄，而魏不知，以为范雎已死久矣。魏闻秦且东伐韩、魏，魏使须贾于秦。范雎闻之，为微行，敝衣间步之邸[9]，见须贾。须贾见之而惊曰："范叔固无恙乎！"范雎曰："然。"须贾笑曰："范叔有说于秦邪？"曰："不也。前日得过于魏相，故亡逃至此，安敢说乎？"须贾曰："今叔何事？"范雎曰："臣为人庸赁。"须贾意哀之，留与坐饮食，曰："范叔一寒如此哉！"乃取其一绨袍[10]以赐之。须贾因问曰："秦相张君，公知之乎？吾闻幸于王，天下之事皆决于相君。今吾事之去留在张君。孺子岂有客习于相君者哉？"范雎曰："主人翁习知之。唯雎亦得谒,请为见君于张君。"须贾曰："吾马病，车轴折，非大车驷马，吾固不出。"范雎曰："愿为君借大车驷马于主人翁。"

范雎归取大车驷马，为须贾御之，入秦相府。府中望见，有识者皆避匿。须贾怪之。至相舍门，谓须贾曰："待我，我为君先入通于相君。"须贾待门下，持车良久，问门下曰："范叔不出，何也？"门下曰："无范叔。"须贾曰："乡者与我载而入者。"门下曰："乃吾相张君也。"须贾大惊，自知见卖[11]，乃肉袒[12]膝行，因门下人谢罪。于是范雎盛帷帐，待者甚众，见之。须贾顿首言死罪，曰："贾不意君能自致于青云[13]之上，贾不敢复读天下之书，不敢复与天下之事。贾有汤镬[14]之罪，请自屏于胡貉之地，唯君死生之！"范雎曰："汝罪有几？"曰："擢贾之发以续贾之罪，尚未足。"范雎曰："汝罪有三耳。昔者楚昭王时而申包胥[15]为楚却吴军，楚王封之以荆五千户，包胥辞不受，为丘墓之寄制于荆也。今雎之先人丘墓亦在魏，公前以雎为有外心于齐而恶雎于魏齐，公之罪一也。当魏齐辱我于厕中，公不止，罪二也。更醉而溺我，公其何忍乎？罪三矣。然公之所以得无死者，以绨袍恋恋，有故人之意，故释公。"乃谢罢。入言之昭王，罢归须贾。

须贾辞于范雎，范雎大供具，尽请诸侯使，与坐堂上，食饮甚设。而坐须贾于堂下，置莝豆[16]其前，令两黥徒夹而马食之，数曰："为我告魏王，急持魏齐头来！不然者，我且屠大梁[17]。"须贾归，以告魏齐。魏齐恐，亡走赵，匿平原君[18]所。

……

秦昭王闻魏齐在平原君所，欲为范雎必报其仇，乃详为好书遗平原君曰："寡人闻君之高义，愿与君为布衣之友，君幸过寡人，寡人愿与君为十日之饮。"平原君畏秦，且以为然，而入秦见昭王。昭王与平原君饮数日，昭王谓平原君曰："昔周文王得吕尚以为太公，齐桓公得管夷吾以为仲父，今范君亦寡人之叔父也。范君之仇在君之家，愿使人归取其头来；不然，吾不出君于关。"平原君曰："贵而为交者，为贱也；富而为交者，为贫也。夫魏齐者，胜之友也，在，固不出也；今又不在臣所。"昭王乃遗赵王书曰："王之弟在秦，范君之仇魏齐在平原君之家。王使人疾持其头来；不然，吾举兵而伐赵，又不出王之弟于关。"赵孝成王乃发卒围平原君家，急，魏齐夜亡出，见赵相虞卿[19]。虞卿度赵王终不可说，乃解其相印，与魏齐亡，间行[20]，念诸侯莫可以急抵者，乃复走大梁，欲因信陵君[21]以走楚。信陵君闻之，畏秦，犹豫[22]未肯见，曰："虞卿何如人也？"时侯嬴[23]在旁，曰："人固未易知，知人亦未易也。夫虞卿蹑屩[24]檐簦[25]，一见赵王，赐白璧一双，黄金百镒；再见，拜为上卿；三见，卒受相印，封万户侯[26]。当此之时，天下争知之。夫魏齐穷困过虞卿，虞卿不敢重爵禄之尊，解相印，捐万户侯而间行。急士之穷而归公子，公子曰'何如人'。人固不易知，知人亦未易也！"信陵君大惭，驾如野迎之。魏齐闻信陵君之初难见之，怒而自刭。赵王闻之，卒取其头予秦，秦昭王乃出平原君归赵。

——节《范雎蔡泽列传》

[1]须贾：密须氏之后。 [2]摺：拉折也。 [3]箦：读责，谓苇荻之薄也，用之以裹其尸。 [4]僇：音六，辱也。 [5]王稽：秦谒者令，时使魏还，挈雎入秦。 [6]三亭：亭名，在魏境之边道亭也。 [7]湖关：关名。 [8]穰侯：姓魏名冉，战国秦昭王母宣太后之异父弟，封于穰，后益封陶，号曰穰侯。 [9]邸：音底，客舍也。 [10]绨袍：厚缯滑泽之袍也。 [11]自知见卖：言自知其落范雎圈套也。 [12]肉袒：谓袒衣露肉也。 [13]青云：喻在高位也。 [14]汤镬：古酷刑，所以烹人者也。 [15]申包胥：春秋楚大夫，与伍员善，员以吴师伐楚。入郢，世胥入秦乞秦师，依庭墙而哭者七日，秦伯乃遣将定其国难。昭王返国赏功，逃而不受。 [16]莝豆：将豆，藁研碎也。 [17]大梁：战国魏郡，今河南开封县。 [18]平原君：即赵胜，赵之诸公子也。 [19]虞卿：战国游说之士，为赵上卿，后与魏齐去赵。困于梁，穷愁著书，以自见于后世。 [20]间行：投间隙私行也。 [21]信陵君：战国魏昭王之少子，名无忌，信陵君其号也。 [22]犹豫：二兽名，多疑。故以喻疑而不决者。 [23]侯嬴：战国魏隐士，年七十。家贫，为大梁夷门监者，信陵君甚器重之。 [24]屩：草履也。 [25]簦：音登，笠有柄者谓之簦。 [26]万户侯：食邑万户之侯也。

范雎是魏国人，字叔。曾到各国去游说，想在魏王手下谋个官职，只因家里贫穷，没有活动资金，就先到魏国中大夫须贾门下做事。

当时，魏昭王派须贾出使齐国，范雎也跟着去了，留在齐国好几个月，没有得到答复。齐襄王听说范雎很有口才，就派人赐给范雎金子十斤和一些牛酒，范雎辞谢，不敢收受。须贾知道了这件事，大发其怒，以为范雎把魏国秘密事情告诉了齐国，所以才会得到这些赠品，于是只准范雎收受他的牛酒，退还了金子。从齐国回到魏国后，须贾心里很不喜欢范雎，就把这件事告诉了魏相。魏相是魏国的诸公子，名叫魏齐。魏齐怒不可遏，便派家臣打范雎。打得胸肋骨折断，牙齿也脱落了。范雎假装死了，家臣就把范雎用苇席裹起，丢在茅坑里。宾客喝醉了酒，又向范雎撒尿，故意污辱他，意思是告诫后来的人，使不敢泄露秘密的国事。过了一会，范雎从苇席里对看守的人道："你放我出去，我必定重重酬谢你。"看守的人就到魏齐那里，请求把苇席里的死人丢掉。这时魏齐酒喝醉了，就道："可以。"范雎这才能够出来。后来魏齐觉得懊悔，再派人去四处寻找。魏人郑安平听说这件事，当下偷带了范雎一同逃走，躲藏了起来。范雎改名换姓，叫做张禄。

当时，秦昭王正派谒者王稽到魏国来，郑安平就扮了一个小卒，服侍王稽。王稽问郑安平："魏国有没有贤人可和我一同到西边去游历的？"郑安平道："我同村有个人叫做张禄先生，想和君相见，谈谈天下的事情。但是这个人有仇人，不敢白天出来与君相见。"王稽道："那么你就同他夜里来吧。"郑安平就在夜里和张禄去见王稽，话还没有多说，王稽已经知道范雎是个贤人了，便对他道："先生请到三亭的南面去等着我。"范雎就和王稽暗中约定好后就回去了。

后来王稽告别魏国，就载上范雎同车进入了秦国。到了湖地，看见一辆车子从西边来，范雎道："前面来的是哪一个？"王稽道："是秦国的宰相穰侯，他到东边去查视县邑的。"范雎道："我听说穰侯独揽秦国的大权，他素来不喜欢人家收留诸侯的宾客，这人恐怕要侮辱我？我暂且躲到车子里。"过了一会，穰侯到来，慰劳了王稽几句，就立在车子上问道："关东有没有什么变动？"王稽道："没有。"又对王稽道："谒君没有和各国的说客同来吧？这种人一点好处也没有，徒然扰乱国家罢了。"王稽道："不敢。"说罢，就分别而去。范雎道："我听说穰侯是个聪明人，但他遇到事情反应慢，刚才他像疑心车中有人，却忘掉搜查一下。"于是范雎便从车子里跳下来，自己步行，说道："他必定会后悔的。"走了十多里路，穰侯果然又派骑兵回来搜查，向车子里搜了一遍，没有外人，也就罢了。王稽就和范雎直到咸阳。

……

范雎后来做了秦国的宰相，秦国叫他张禄，所以魏国不知道他，以为范雎已经死去很长时间了。魏国听说秦国要向东来攻打韩国、魏国，魏国便派须贾到秦国去。范雎听说须贾来了，就隐瞒自己的身份，穿着破衣，从偏僻的小路走到客馆，和须贾相见。须贾看见了他，吓了一跳，说道："范叔原来没有遭难啊！"范雎道："是的。"须贾笑了一笑说道："范叔来秦国是游说的吗？"范雎道："不是。我从前得罪了魏相，所以逃到这里的，怎敢再去游说？"须贾道："范叔现在做什么事？"范雎道："我替别人当雇工。"须贾心里怜悯他，就留他同坐喝酒，说道："范叔怎么竟贫困到这个样子！"就拿了一件厚缎袍子送给他。须贾趁便问道："秦国的宰相张君，你知道吗？我听说他很得秦王的宠幸，凡有关天下的事情，都由他决断。现在我的事情，或去或留，都在张君手里，你小子有没有朋友和张君要好的呢？"范雎道："我的主人和他很熟悉，就是我也能求见，我替君做介绍，同去见张君吧？"须贾道："我的马有病，车轴又折掉了，不是大车驷马，我是不能出门的。"范雎道："我愿意替君向我的主人借来大车驷马。"

范雎就回去赶了大车驷马来，叫须贾坐上，自己却替他赶着车子，一直赶到秦国的相府。府中人看见了，有认识他的都向旁边避开。须贾很是诧异。到了相府的门口，范雎对须贾道："在这里等候我，我替君先去通报相君。”须贾在门口等候，停车好久，还不见范雎出来，于是向守门的人问道：“范叔为什么还不出来呢？”守门的人道：“这里没有什么范叔。”须贾道：“啊！刚才和我同车子来，先走进去的那个人！”守门的人道：“那是我们的宰相张君呢。”须贾听罢大吃一惊，知道落入范雎的圈套了，于是就袒衣露肉跪下去走，通过守门的人向范雎谢罪。于是范雎坐在富丽堂皇的帐幔中，侍从很多，让须贾上堂来见。须贾磕头谢罪，说道：“我想不到君靠自己的能力达到这么高的尊位。我再也不敢读天下的书，也再不敢谈天下的事情。我犯了该烹的大罪，愿把自己放逐到蛮夷的地方去，或生或死，都听君的发落。”范雎道：“你的罪过共有三条：从前楚昭王时，申包胥替楚国打退吴兵，楚王封他荆地五千户，申包胥辞谢不肯收受，因为他的祖先安葬在荆地。现在我先人的坟墓也在魏国，你从前认为我有叛变的意图，说我私通齐国，到魏齐面前说我的坏话，这是你的第一条罪过。当魏齐侮辱我时，把我放在茅坑里，你却不去拦阻他，这是你的第二条罪过。你酒喝醉了，还向我身上撒尿，你怎么这么狠心呀！这是你的第三条罪过。但是你今天所以能不死，就是因为你赠我一件袍子，我知你心里还有老朋友的依依不舍之情，所以我饶恕你。”于是礼貌地结束了接见仪式。范雎进宫对昭王说了这件事，叫须贾回去。

须贾去向范雎告辞。范雎大摆筵席，把各国的使者统统请来，安排他们坐在大堂上，好酒美菜，不知多少。却让须贾坐在大堂下，放了一盆的马料豆在他的面前，叫两个囚徒夹住他，像喂马一样地喂他吃。范雎责令他道：“你回去替我告诉魏王，赶紧拿魏齐的头来！不然的话，我就要来屠戮大梁。”须贾回去，把这件事告诉了魏齐。魏齐不由得害怕起来，就逃到赵国，躲在平原君的家里。

……

秦昭王听说魏齐躲在平原君家，打算一定要替范雎报仇，便写了一封信给平原君，故意说得非常客气，道："寡人听说君情谊很高，很愿意和君结为朋友，君肯到寡人这里来谈谈吗？寡人要和君喝十天酒哩。"平原君本来是怕秦国的，且见秦王说得这样客气，谅必不会和他为难，就到秦国去见昭王。昭王请平原君喝酒，一连喝了好几天。昭王对平原君道："从前周文王得到吕尚，尊他为太公，齐桓公得到管仲，尊他为仲父，现在范君也是我的叔父呢。范君的仇人在君家里，希望君派人回去拿了他的头来；若不是这样，我便不放君出关。"平原君道："尊贵了还要交低贱的朋友，是为了不忘低贱时的情谊；豪富了还要交贫困的朋友，是为了不忘贫困时的友情。魏齐是我的朋友，就是他在我家里，我也不肯放他出来，况且现在又不在我家里。"昭王就写了一封信给赵王道："大王的弟弟在秦国，范君的仇人魏齐在平原君家里。大王赶紧派人拿他的头来；若不然，我就发兵攻打赵国，并且不放大王的弟弟出关。"赵孝成王接得这信，便发兵围住平原君的家，情况紧急，魏齐连夜逃走，去见赵国的宰相虞卿。虞卿估计赵王终究不可能说服，就解下相印，和魏齐一同从小路逃走了，可是想来想去，各国中没有因急难可以去投靠的人，就又跑到大梁，想靠信陵君的关系逃到楚国去。信陵君听到这消息，害怕秦国，有些犹豫不肯接见，问道："虞卿是怎样一个人？"这时恰巧侯嬴在旁，插嘴道："人固然很难被别人了解，可了解别人也不是件容易的事。虞卿脚穿草鞋，肩背斗笠去见赵王，第一次见面，赵王便赐白璧一双，黄金百镒；第二次见赵王，赵王便拜他做上卿；第三次见赵王，最后请他做宰相，封他为万户侯。在那时候，天下的人哪个不知道他的名声。魏齐急难中没处去，逃到虞卿那里，虞卿不顾爵禄的尊荣，竟解下相印，抛了万户侯，一概不要，私下同他一起逃走。他关切士人的穷困，逃到公子这里来，公子却问：'是怎样一个人？'人固然很难被别人了解，可了解别人也不是件容易的事。”信陵君听他这话，觉得十分难为情，就驾车到郊外去迎接。魏齐听说信陵君起初表示为难，没有立刻接见自己，一时怒气冲天，便自杀而死。赵王听说魏齐已死，终于拿了他的头献给秦国，秦昭王才放平原君回来。

八九、蔺相如完璧归赵

秦王欲得赵璧，诡计多端，层出不穷。而相如手腕灵敏，始终不为秦所屈，烈丈夫英风伟概，令人千载兴起。文能错综变化，磊落有致，曲曲传出神情，史笔之妙，恰与事称。

蔺相如者，赵人也，为赵宦者令缪贤舍人。

赵惠文王时，得楚和氏璧[1]。秦昭王闻之，使人遗赵王书，愿以十五城请易璧。赵王与大将军廉颇[2]诸大臣谋：欲予秦，秦城恐不可得，徒见欺；欲勿予，即患秦兵之来。计未定，求人可使报秦者，未得。宦者令缪贤曰：“臣舍人蔺相如可使。”王问：“何以知之？”对曰：“臣尝有罪，窃计欲亡走燕，臣舍人相如止臣，曰：‘君何以知燕王？’臣语曰：‘臣尝从大王与燕王会境上，燕王私握臣手，曰：“愿结友。”以此知之，故欲往。’相如谓臣曰：‘夫赵强而燕弱，而君幸于赵王，故燕王欲结于君。今君乃亡赵走燕，燕畏赵，其势必不敢留君，而束君归赵矣。君不如肉袒[3]。伏斧质[4]请罪，则幸得脱矣。’臣从其计，大王亦幸赦臣。臣窃以为其人勇士，有智谋，宜可使。”

于是王召见，问蔺相如曰：“秦王以十五城请易寡人之璧，可予不？”相如曰：“秦强而赵弱，不可不许。”王曰：“取吾璧，不予我城，奈何？”相如曰：“秦以城求璧而赵不许，曲在赵。赵予璧而秦不予赵城，曲在秦。均之二策，宁许以负秦曲。”王曰：“谁可使者？”相如曰：“王必无人，臣愿奉璧往使。城入赵而璧留秦；城不入，臣请完璧归赵。”赵王于是遂遣相如奉璧西入秦。

秦王坐章台见相如，相如奉璧奏秦王。秦王大喜，传以示美人及左右，左右皆呼万岁。相如视秦王无意偿赵城，乃前曰：“璧有瑕[5]，请指示王。”王授璧，相如因持璧却立，倚柱，怒发上冲冠，谓秦王曰：“大王欲得璧，使人发书至赵王，赵王悉召群臣议，皆曰‘秦贪，负其强，以空言求璧，偿城恐不可得’。议不欲予秦璧。臣以为布衣之交尚不相欺，况大国乎！且以一璧之故逆强秦之欢，不可。于是赵王乃斋戒五日，使臣奉璧，拜送书于庭。何者？严大国之威。以修敬也。今臣至，大王见臣列观，礼节甚倨[6]；得璧，传之美人，以戏弄臣。臣观大王无意偿赵王城邑，故臣复取璧。大王必欲急臣，臣头今与璧俱碎于柱矣！”相如持其璧睨[7]柱，欲以击柱。秦王恐其破璧，乃辞谢，固请，召有司案图，指从此以往十五都予赵。相如度秦王特以诈详为予赵城，实不可得，乃谓秦王曰：“和氏璧，天下所共传宝也，赵王恐，不敢不献。赵王送璧时，斋戒五日，今大王亦宜斋戒五日，设九宾[8]于廷，臣乃敢上璧。”秦王度之，终不可强夺，遂许斋五日，舍相如广成传舍[9]。相如度秦王虽斋，决负约不偿城，乃使其从者衣褐，怀其璧，从径道亡，归璧于赵。

秦王斋五日后，乃设九宾礼于廷，引赵使者蔺相如。相如至，谓秦王曰：“秦自缪公以来二十余君，未尝有坚明约束者也。臣诚恐见欺于王而负赵，故令人持璧归，间至赵矣。且秦强而赵弱，大王遣一介之使至赵，赵立奉璧来。今以秦之强而先割十五都予赵，赵岂敢留璧而得罪于大王乎？臣知欺大王之罪当诛，臣请就汤镬[10]，唯大王与群臣孰计议之。”秦王与群臣相视而嘻[11]。左右或欲引相如去，秦王因曰：“今杀相如，终不能得璧也，而绝秦赵之欢，不如因而厚遇之，使归赵，赵王岂以一璧之故欺秦耶！”卒廷见相如，毕礼而归之。

相如既归，赵王以为贤大夫，使不辱于诸侯，拜相如为上大夫。秦亦不以城予赵，赵亦终不予秦璧。

——节《廉蔺列传》

[1] 和氏璧：（《韩非子》）楚人和氏，得玉璞楚山中。献之厉王，玉人相之，曰石也。王以为诳，刖其左足。复献于武王，玉人相之，又曰石也，王以刖其右足。文王即位，和抱其璞而哭于楚山之下。三日三夜，泪尽，继之以血。王使人问之，和曰：“吾非悲刖也，悲夫宝玉而题之以石，贞士而名之以诳。此吾所以悲也。”王乃使人理其璞，而得宝焉，遂命曰和氏之璧。

[2] 廉颇：赵之良将也。赵惠文王十六年，廉颇为赵将伐齐，大破之，取晋阳，拜为上卿，以勇气闻于诸侯。 [3] 肉袒：袒衣露肉也。 [4] 斧质：质，锧也。古刑，置人锧上，以斧砍之也。 [5] 有瑕：有玷也。 [6] 倨：骄慢不逊也。 [7] 睨：音诣，斜视也。 [8] 宾：即周礼九仪也，谓公、侯、伯、子、男、孤、卿、大夫、士也。一说宾为传摈之摈。九摈，摈者九人也。

[9] 广成传舍：广成是传舍之名。传舍者，驿站所设之房舍，以便行人休息者也。 [10] 汤镬：古酷刑，所以烹人者。 [11] 嘻：惊且怒之辞也。

蔺相如是赵国人，是赵国宦者令缪贤的家臣。

赵惠文王时，得到了楚国的和氏璧。秦昭王听到这件事，就写了一封信给赵王，说愿意拿十五座城换和氏璧。赵王便和大将军廉颇等许多大臣商议：把和氏璧给秦国，只怕秦国不肯拿出城来，白白地被欺骗；但若不把和氏璧给秦国，又怕秦国发兵来攻打。计策还没有决定，想找一个能派到秦国去回复的使者，没有找到。宦者令缪贤说道："我的家臣蔺相如可以派去。"赵王问他："君怎么知道他可以呢？"缪贤答道："我从前犯了罪，私下定了计策想逃到燕国去，蔺相如阻止住我说：'你怎么认得燕王？'我对他道：'我曾经跟大王在边境上会见燕王。燕王私下握着我的手，说道"愿意交个朋友"。我因此了解他，所以我要逃到燕国去。'蔺相如对我道：'那时赵国强，燕国弱，而君得到赵王的宠幸，所以燕王愿和君做朋友。现在君在赵国犯了罪，逃到燕国去，燕国很怕赵国，从形势说来，必定不敢收留君，而且要把君缚着送还赵国。君不如脱掉上衣，露出肩背，伏在刑具上，向大王请罪，或许还可以免罪。'我便依他的计策，到大王这里来请罪，大王也开恩赦免了我。我私下认为他是勇士，也很有智谋，派他去秦国是合适的。"

于是赵王接见蔺相如，问蔺相如道："秦王拿了十五座城来换寡人的和氏璧，可不可以给他？"蔺相如道："秦国强，赵国弱，不能不答应。"赵王道："如果秦王拿了寡人的和氏璧，不把城给寡人，那么怎么办呢？"蔺相如道："秦国拿城来求和氏璧，而赵国不答应，这是错在赵国；赵国给了和氏璧，秦国不给赵国城邑，这是错在秦国了。照这两种计策看来，宁可给秦国和氏璧，使得错在秦国。"赵王道："哪一个可以派去当使者？"蔺相如道："大王果真没有旁的人可派，我愿捧着和氏璧去走一趟。城邑给了赵国，我便把和氏璧留在秦国；要是不给赵国城邑，我保证这块和氏璧完整地归还赵国。"于是赵王便派蔺相如捧着和氏璧向西到秦国去。

蔺相如到了秦国，秦王坐在章台上接见蔺相如，蔺相如捧着和氏璧献给秦王。秦王十分高兴，把和氏璧传给嫔妃和侍从观看，侍从都高呼

“万岁”。蔺相如看见秦王没有把城邑给赵国的意思，就走上前去说道：“这和氏璧有些小斑点，我指给大王看。”秦王把和氏璧给了他。蔺相如拿了和氏璧，倒退了几步，靠在庭柱上，怒发冲冠，对秦王道：“大王想得到这块和氏璧，写信给赵王，赵王把群臣统统召来商议这件事情，群臣都道‘秦国贪婪，依仗它国力强大，想用一句空话得到和氏璧，但恐怕不能得到秦国的城邑’。大家商议不想把和氏璧给秦国。我认为寻常百姓结个朋友，还不肯互相欺骗，何况是堂堂的大国呢！而且为了一块和氏璧，却惹得强大的秦国不高兴，这是不可以的。于是赵王便斋戒了五天，让我捧着和氏璧，在殿堂上恭敬地拜送国书。为什么要这样呢？是为尊崇大国的威望，表明敬意。现在我到了，大王在一般的宫殿里接见我，态度傲慢，不讲礼节；得了和氏璧，传给嫔妃观看，有意在戏弄我。我看大王没有把城邑给赵国的诚心，所以又把和氏璧收回来。大王如果一定要强逼我，我的头今天就和这和氏璧一同碎在这柱子上了。”蔺相如拿着和氏璧，斜看着庭柱，想向柱子击去。秦王怕撞破和氏璧，就连忙道歉，坚决请求他不要如此，并叫来负责图籍的官员查看地图，指着从这里到那里的十五座城都送给赵国。蔺相如料定秦王不过是假装要给赵国城邑，其实是得不到的，便对秦王道：“和氏璧是天下公认的宝玉啊！赵王惧怕贵国，不敢不奉献出来。赵王送出和氏璧的时候，曾经斋戒了五天，现在大王也应该斋戒五天，在朝堂上安排九宾大典，我才敢把这和氏璧献上。”秦王仔细想了一想，终究不能强夺，就答应他斋戒五天，安置蔺相如住在广成馆舍。蔺相如料秦王虽然斋戒，必定违约不肯给赵国城邑，便叫跟来的人，穿了粗布衣，胸藏和氏璧，从小路逃回去，把和氏璧送回赵国。

秦王斋戒了五天之后，在朝堂上安排九宾大典，引见赵国使者蔺相如。蔺相如到后，对秦王道：“秦国自从缪公以来，共有二十多位君主，却从来没有坚守盟约的。我只怕受大王的欺骗，辜负了赵国，所以派人拿着和氏璧，现在已从小道回到赵国了。秦国强，赵国弱，大王真的要和氏璧，也很容易，只需派一个使者到赵国，赵国就能立刻把和氏璧送来。现在秦国这样强大，果真肯先割十五座城给赵国，赵国哪敢留和氏璧，而得罪大王呢？我知道欺骗大王应当处死罪，我情愿下油锅被烹，望大王和群臣仔细商量一下这件事。”秦王与群臣面面相觑，发出惊呼之声，有几个侍从想要把蔺相如拉下去处死。秦王趁机道：“今天就是把蔺相如杀死，也终究得不到和氏璧，却断绝了秦国与赵国的友好往来，不如趁此好好款待他，叫他回赵国去，赵王难道会为了一块和氏璧，来欺骗秦国吗？”最终在朝堂上接见了蔺相如，完成大礼后，送他回国了。

蔺相如回到赵国，赵王认为他很能干，出使外国，能不受侮辱，任命蔺相如担任上大夫。后来秦国没有把城邑给赵国，赵国也没有给秦国和氏璧。

九〇、蔺相如权制秦王廉颇

渑池之会，相如有如赴汤蹈火而不顾；然见廉颇辄引车避匿，怯不可言。盖不甘受侮，不甘弱国。故一以威胁，一以柔制。相如当日之英风伟概，千载下，犹相见之。非史公笔，孰能如此尽情？

秦伐赵，拔石城[1]。明年，复攻赵，杀二万人。

秦王使使者告赵王，欲与王为好会于西河外渑池[2]。赵王畏秦，欲毋行。廉颇、蔺相如计曰：“王不行，示赵弱且怯也。”赵王遂行，相如从。廉颇送至境，与王诀曰："王行，度道里会遇之礼毕，还，不过三十日。三十日不还，则请立太子为王。以绝秦望。"王许之，遂与秦王会渑池。秦王饮酒酣，曰："寡人窃闻赵王好音，请奏瑟。"赵王鼓瑟。秦御史前书曰："某年月日，秦王与赵王会饮，令赵王鼓瑟。"蔺相如前曰："赵王窃闻秦王善为秦声，请奏盆缻[3]秦王，以相娱乐。"秦王怒，不许。于是相如前进缻，因跪请秦王。秦王不肯击缻。相如曰："五步之内，相如请得以颈血溅大王矣！"左右欲刃相如，相如张目叱之，左右皆靡[4]。于是秦王不怿[5]，为一击缻。相如顾召赵御史书曰："某年月日，秦王为赵王击缻。"秦之群臣曰："请以赵十五城为秦王寿。"蔺相如亦曰："请以秦之咸阳[6]为赵王寿。"秦王竟酒，终不能加胜于赵。赵亦盛设兵以待秦，秦不敢动。

既罢归国，以相如功大，拜为上卿，位在廉颇之右[7]。廉颇曰："我为赵将，有攻城野战之大功，而蔺相如徒以口舌为劳，而位居我上。且相如素贱人，吾羞，不忍为之下。"宣言曰："我见相如，必辱之。"相如闻，不肯与会。相如每朝时，常称病，不欲与廉颇争列。已而相如出，望见廉颇，相如引车避匿。于是舍人相与谏曰："臣所以去亲戚而事君者，徒慕君之高义也。今君与廉颇同列，廉君宣恶言而君畏匿之，恐惧殊甚，且庸人尚羞之，况于将相乎！臣等不肖，请辞去。"蔺相如固止之，曰："公之视廉将军孰与秦王？"曰："不若也。"相如曰："夫以秦王之威，而相如廷叱之，辱其群臣，相如虽驽，独畏廉将军哉？顾吾念之，强秦之所以不敢加兵于赵者，徒以吾两人在也。今两虎共斗，其势不俱生。吾所以为此者，以先国家之急而后私仇也。"廉颇闻之，肉袒[8]负荆[9]，因宾客至蔺相如门谢罪，曰："鄙贱之人，不知将军宽之至此也。"卒相与欢，为刎颈之交[10]。

——节《廉颇蔺相如列传》

［1］石城：地名，今湖北钟祥县治。［2］渑池：地名，今河南河洛道县。［3］缻：音否，瓦器。所以盛酒浆，秦人鼓之以节歌也。［4］靡：偃也，披靡也。［5］不怿：不悦也。［6］咸阳：秦都，今陕西长安县。［7］右：上也，王邵按董勋答礼曰：职高者名录在上，于人为右。［8］肉袒：见上篇注。［9］负荆：荆，楚也。可以为鞭也，言负荆而受刑也。［10］刎颈之交：言以性命相许也。

秦国攻打赵国，夺取了石城。到了第二年，又来攻赵，杀死两万人。

秦王派使者告诉赵王，打算和赵王在西河外的渑池进行友好的会见。赵王怕秦国，打算不去。廉颇、蔺相如商议道："赵王若不肯去，便是表示赵国软弱和胆小了。"赵王不得已，就只好去。蔺相如跟随同去。廉颇送到赵国边境，和赵王作别道："大王这次去，估计在路上行走到会见礼节完毕，来回不过三十天工夫。若是三十天不回来，请大王允许我们拥立太子为王，以断绝秦王要挟的念头。"赵王当即答应了他，就和秦王在渑池会见。秦王酒喝得有些醉了，便道："我听说赵王喜欢音乐，今天要请赵王弹弹瑟。"赵王弹起瑟来。秦国的史官走上前来写道："某年某月某日，秦王与赵王会饮，令赵王鼓瑟。"蔺相如也走上前来，说道："赵王听说秦王喜欢秦地音乐，今天要请秦王敲敲盆缻，助助兴。"秦王发怒，不答应。这时蔺相如捧着瓦缶走上前，跪在秦王目前，请他敲，秦王不肯敲缻。蔺相如道："在这五步之内，我蔺相如就要把头颈里的血溅到大王身上。"秦王的侍从要杀蔺相如。蔺相如圆睁双眼，呵叱他们，侍从都吓得后退了几步。当时秦王很不高兴，勉强敲了一下瓦缶。蔺相如回头让赵国的史官写道："某年某月某日，秦王为赵王击缶。"秦国的群臣说道："请赵国把十五个城献给秦王做寿礼。"蔺相如也道："请秦国把咸阳献给赵王做寿礼。”秦王直到酒筵结束，始终也未能压倒赵国。赵国也部署了许多兵马防备秦国，秦国不敢轻举妄动。

会见结束后，赵王因为蔺相如很有功劳，就拜他做上卿，爵位比廉颇还高。廉颇道：“我做赵国的将军，有攻城野战的大功，那蔺相如只是劳些口舌，爵位却在我之上，况且蔺相如本是个卑贱的人，我羞于与他为伍。”就对众人说：“我如果碰见蔺相如，必定要羞辱他一番。”蔺相如听到了，不肯和他相见。每次朝会，蔺相如总推说有病，不愿和廉颇争位次的先后。有一天，蔺相如外出，远远看见廉颇来了，连忙把车子避开，躲到旁边。为了这个缘故，蔺相如的家臣都来进谏道：“我们所以肯离开亲人来服侍君，是因为羡慕君的高义。现在君和廉颇都是一样大小的朝官，只因廉君口出恶言，君就怕他躲避他，怕的也太过分了。就是寻常人也会感到难为情，何况君还是堂堂的一个国相？我们实在没有用，请允许我们就此告辞吧。”蔺相如坚决挽留他们，说道：“各位，廉将军和秦王相比哪个厉害些？”家臣们道：“那自然不及秦王。”蔺相如道：“像那秦王的威势算厉害的了，然而我在朝堂里呵叱他，羞辱他的群臣，我即便没有什么本领，难道独怕廉将军吗？但我这样想，秦国现在所以不敢发兵攻打我们赵国，不过是因为我们两人在呢。现在我要是和他闹起来，就像两只老虎在那里相斗，势必不能同时生存。现在我所以这么做，是以国家的急难为先，把私人的恩怨放在后头呢。”廉颇听到这些话，就脱去上衣，露出上身，背上荆条，通过他的宾客到蔺相如家里来请罪，道：“我真是一个粗野卑贱的人，想不到将军是如此的宽厚啊！”两人终于和好，结成了生死与共的好友。

九一、李牧破匈奴

首段叙李牧收保不战，为末段伏案；中叙代将出战不利，正以见李牧守边之能，是文之反衬法；末叙战处，有声有色，如自观兵阵形势然，笔意何等灵活！

李牧者，赵之北边良将也。常居代雁门[1]，备匈奴。以便宜置吏，市租皆输入莫府[2]，为士卒费。日击数牛飨士，习射骑，谨烽火[3]，多间谍[4]，厚遇战士。为约曰："匈奴即入盗，急入收保，有敢捕虏者斩。"匈奴每入，烽火谨，辄入收保，不敢战。如是数岁，亦不亡失。然匈奴以李牧为怯，虽赵边兵亦以为吾将怯。赵王让[5]李牧，李牧如故。赵王怒，召之，使他人代将。

岁余，匈奴每来，出战。出战，数不利，失亡多，边不得田畜。复请李牧。牧杜门不出，固称疾。赵王乃复强起使将兵。牧曰："王必用臣，臣如前，乃敢奉令。"王许之。

李牧至，如故约。匈奴数岁无所得。终以为怯。边士日得赏赐而不用，皆愿一战。于是乃具选车得千三百乘，选骑得万三千匹，百金之士[6]五万人，彀者[7]十万人，悉勒习战。大纵畜牧，人民满野。匈奴小入，佯北[8]不胜，以数千人委之。单于[9]闻之，大率众来入。李牧多为奇陈，张左右翼击之，大破杀匈奴十余万骑。灭襜褴[10]，破东胡[11]，降林胡[12]，单于奔走。其后十余岁，匈奴不敢近赵边城。

——节《廉颇蔺相如列传》

［1］雁门：郡名，今山西旧代州、宁武之北部及朔平南部、大同东部北部皆其境。［2］莫府：将军征行，无常处所在为治。故言莫府，莫大也。［3］烽火：古人戍守作高土台，台上作桔皋，桔皋头有兜零，以薪草置其中，常低之，有寇则燃火举以相告。［4］间谍：伺敌间隙，以反报其主，谓之间谍。［5］让：责也。［6］百金之士：能破敌擒将者赏百金，故曰百金之士。［7］彀者：能射之人也。［8］佯北：假败也。［9］单于：匈奴帝号，如汉之天子也。［10］襜褴：音丹蓝，胡地名。［11］东胡：种族名，乌丸之祖，其别为鲜卑，在匈奴东故名。今种通古其族。［12］林胡：东胡地名。

李牧是赵国镇守北部边疆的良将，经常驻扎在代郡、雁门郡防备匈奴。这些地方的官吏都由李牧任用，所有的租税一概都归入军营，作为军队的经费。李牧每天总要杀几头牛犒赏士兵，又教士兵练习射箭骑马，留心远处的烽火。多派侦查人员去打探，优待士兵。作出规定道："匈奴若是来侵犯，应立即退入营垒固守，有擅自捕捉俘虏的斩首。"所以匈奴每次入侵，士兵们就举烽火报警，随即退入营垒防守，不敢应战。这样过了好几年，也没有什么伤亡损失。但是匈奴见李牧不出战，都认为他是胆子小，就是赵国守边的士兵，也认为自己的将军胆子小，赵王为此而责备李牧，李牧却依旧和从前一样，没有丝毫改变。赵王怒了，把他召回，另外派人去替代。

过了一年多，匈奴每次来侵犯，新将领便领兵出战。每次出战，都是打败仗，损失伤亡很多，边地的百姓竟弄得不能够种田、放牧了。于是赵王又去请李牧。李牧闭门不出，坚持说自己有病。赵王就一再强使李牧出来，让他领兵。李牧道："大王必定要用我，那我仍旧要照从前一样的办法做，我才敢接受命令。"赵王答应了。

李牧到了边境，按照原来的规约办事。于是匈奴一连几年得不到什么，但是终究认为李牧是胆子小。士兵们天天得着赏赐，却不见让他们去打仗，都很希望出去一战。于是李牧便挑选战车一千三百辆，又精选了战马一万三千匹，曾经获得百金奖赏的勇士五万人，善射士兵十万人，全部组织起来训练作战。同时让大批牲畜到处放牧，让百姓布满原野。匈奴小股人马入侵，李牧故意退回，装做打败的样子，丢下几千人给匈奴。单于听到这种情况，就率大军入侵。李牧多多排下奇阵，从左右包抄反击匈奴，大败匈奴，杀死匈奴十余万兵马。接着灭掉襜褴，打败了东胡，降伏了林胡，单于远远逃走。后来的十多年，匈奴不敢再走近赵国的边城。

九二、田单列传

田单二次反间，以怒齐人，而懈于燕。其即墨之战，想入非非，计固奇矣！太史公叙其事，精光四射，神气生动，千载下来，如亲见其牛触燕军而披靡者，此真白描圣手！

田单者，齐诸田疏属也。湣王时，单为临淄[1]市掾[2]，不见知。及燕使乐毅[3]伐破齐，齐湣王出奔，已而保莒城[4]。燕师长驱平齐，而田单走安平[5]，令其宗人尽断其车轴[6]末而傅铁笼。已而燕军攻安平，城坏，齐人走，争涂，以轊[7]折车败，为燕所虏，唯田单宗人以铁笼故得脱，东保即墨[8]。

燕既尽降齐城，唯独莒、即墨不下。燕军闻齐王在莒，并兵攻之。淖齿[9]既杀湣王于莒，因坚守，距燕军，数年不下。燕引兵东围即墨，即墨大夫出与战，败死。城中相与推田单，曰：“安平之战，田单宗人以铁笼得全，习兵。”立以为将军，以即墨拒燕。

顷之，燕昭王卒，惠王立，与乐毅有隙。田单闻之，乃纵反间[10]于燕，宣言曰：“齐王已死，城之不拔者二耳。乐毅畏诛而不敢归，以伐齐为名，实欲连兵南面而王齐。齐人未附，故且缓攻即墨以待其事。齐人所惧，唯恐他将之来，即墨残矣。”燕王以为然，使骑劫[11]代乐毅。

乐毅因归赵，燕人士卒忿。而田单乃令城中人食必祭其先祖于庭，飞鸟悉翔舞城中下食。燕人怪之。田单因宣言曰：“神来下教我。”乃令城中人曰：“当有神人为我师。”有一卒曰：“臣可以为师乎？”因反走。田单乃起，引还，东乡坐，师事之。卒曰：“臣欺君，诚无能也。”田单曰：“子勿言也！”因师之。每出约束，必称神师。乃宣言曰：“吾唯惧燕军之劓[12]所得齐卒，置之前行，与我战，即墨败矣。”燕人闻之，如其言。城中人见齐诸降者尽劓，皆怒，坚守，唯恐见得。单又纵反间曰：“吾惧燕人掘吾城外冢墓，僇先人，可为寒心。”燕军尽掘垄墓，烧死人。即墨人从城上望见，皆涕泣，俱欲出战，怒自十倍。

田单知士卒之可用，乃身操版插[13]，与士卒分功，妻妾编于行伍之间，尽散饮食飨士。令甲卒皆伏，使老弱女子乘城，遣使约降于燕，燕军皆呼万岁。田单又收民金，得千溢[14]，令即墨富豪遗燕将，曰：“即墨即降，愿无虏掠吾族家妻妾，令安堵。”燕将大喜，许之。燕军由此益懈。

田单乃收城中得千余牛，为绛缯衣[15]，画以五彩龙文，束兵刃于其角，而灌脂束苇于尾，烧其端。凿城数十穴，夜纵牛，壮士五千人随其后。牛尾热，怒而奔燕军，燕军夜大惊。牛尾炬火光明炫耀，燕军视之皆龙文，所触尽死伤。五千人因衔枚[16]击之，而城中鼓噪从之，老弱皆击铜器为声，声动天地。燕军大骇，败走。齐人遂夷杀其将骑劫。燕军扰乱奔走，齐人追亡逐北，所过城邑皆畔燕而归田单，兵日益多，乘胜，燕日败亡，卒至河上[17]，而齐七十余城皆复为齐。乃迎襄王于莒，入临淄而听政。襄王封田单，号曰安平君。

太史公曰：兵以正合，以奇胜。善之者，出奇无穷。奇正还相生，如环之无端。夫始如处女，适开户[18]；后如脱兔，适不及距[19]；其田单之谓邪！

——节《田单列传》

[1]临淄：古地名，今县属山东省。 [2]市掾：官名。 [3]乐毅：乐羊后，贤而好兵。自魏使燕，昭王以为亚卿，后拜上将军。伐齐有功，封昌国，号昌国君。昭王死，惠王使骑劫伐之，乐毅降赵，赵封之于观津，号观望诸君。 [4]莒城：古地名，今山东莒县治。 [5]安平：古地名，在今山东临淄县东。 [6]尽断其车轴：断其轴，恐长相拨也，以铁裹轴头，坚而易进也。传者截其轴与毂齐，以铁鍱附轴末，施辖于铁中，以制毂也。 [7]轊：音卫，车轴突出头也。 [8]即墨：齐县名，故城在今山东平度县东南。 [9]淖齿：齐人。 [10]反间：敌有间来窥我，我必先知之，或厚赂诱之，反为我用；或佯为不觉，示以伪情而纵之。则敌人之间，反我所用也。故曰反间。 [11]骑劫：齐将。 [12]劓：古刑名，割鼻也。 [13]版插：军中掘土之具。 [14]溢：与镒通。 [15]绛缯衣：赤色绸衣也。 [16]衔枚：枚形如箸，横衔口中，行军时用以禁喧哗也。 [17]河上：齐之北境地。 [18]始如处女二句：言始如处女之软弱，则敌人轻侮开户不加备。 [19]后如脱兔二句：克捷之后，卷甲而趋，有如兔之得脱而疾走也。敌不及距者，若脱兔忽过而在敌忘所距也。

田单是齐国田氏王族的旁支亲属。齐湣王时，田单在临淄担任佐理市政的小官,那时没有人知道他的本领。直到燕国派乐毅伐齐,打败齐国,齐湣王出逃，不久又退守莒城。燕兵长驱直入，平定了齐国。田单逃到安平，叫他同族的人统统把车轴截短，在轴头上安着铁箍。不久，燕兵直攻安平，城防被攻破，齐人争相逃命，撞断了车轴，车子坏了，被燕军俘虏。只有田单的族人,因为轴头安着铁箍,得以逃脱,向东退守即墨。

燕军已经把齐国的城邑都降服了，只有莒和即墨两城没有攻下。燕军听说齐王在莒城，就调集了许多兵力来攻打。大臣淖齿在莒地杀了齐湣王，坚守城池，抵挡燕兵，一连攻了几年，还是不能攻下。燕兵便引兵向东围住即墨，即墨的长官出城交战，被燕兵杀死。即墨的军民都推举田单为首领，说道："安平那次打仗，田单的族人因为车轴头包着铁箍，所以得到保全，可见他很会用兵。"于是，大家就拥立田单为将军，据守即墨，抵抗燕军。

没多时，燕昭王死了，燕惠王继立。他和乐毅有些不和。田单听到这个情况，就派人到燕国去行使反间计，扬言道："齐湣王已经死了，齐国不降的地方只有两个城池了。乐毅怕被杀不敢回来，他以讨伐齐国为名，实际上是想和齐兵联合，在齐国称王。只因齐人还没有归附他，所以特意慢慢地攻打即墨，等候着机会。齐人所担心的，只是怕别的将军来，那即墨就不能守住了。"燕王信以为真，就派骑劫去代替乐毅。

乐毅于是到了赵国，燕国的士兵都为此忿忿不平。田单就命令城里的人，每到吃饭的时候，必须先在天井中祭祀自己的先祖，使得众多的野鸟都在城里飞来飞去，再飞下天井来啄东西吃。燕人看了，觉得奇怪。田单又扬言道："有神人下来教我了。"并对城里的人道："必有一个神人下来做我的军师。"有一士兵道："我可以做你的军师吗？"说完转身就跑。田单就站起来，召他回来，叫他面向东坐下，用军师的礼节来服侍他。那个士兵道：“我是骗君的，实在没有本领。”田单道：“你不要说啊。”便尊他为神师。每次发号施令，必说是神师的主意。又扬言道：“我们最怕燕兵捉了齐人，把鼻子割去，排在前列来和我们打仗，那么即墨必定要被攻破了。”燕军听了，果然照田单说的去做。城里的人看见齐人被燕军捉去的，一概把鼻子割去，便都感到愤怒，更加全力防守，只怕被燕兵捉去割了鼻子。田单又用反间的计策，说道：“我们最怕燕兵掘了城外的祖坟，侮辱我们的祖先，这真是最寒心的事！”燕军便掘了齐人的坟墓，把尸骨拿出用火焚烧。即墨人在城墙上望见，都流着眼泪痛哭，怒气冲天地要出来决战，这时候齐人的勇气，已经涨了十倍。

田单见士卒有了这样的勇气，知道可以打仗了，就亲自拿了夹板铲锹，和士卒一起修筑工事；把自己的妻妾编在队伍里头；拿出自己的食物全部分发给士兵吃。命令披甲士兵都隐匿起来，又让老弱女子上城防守。派使者去和燕军约定投降，燕兵高呼万岁。田单又收集百姓的金子，共得一千镒，派即墨的富豪送到燕将那里，请求道：“即墨就要投降了，希望不要虏掠我们的妻妾，让我们得到安全。”燕将听到这话，高兴极了，当下应许。燕军以为即墨就要投降，因此越发松懈。

田单于是收集了城里的千余头牛，给它们穿上赤色的绸衣，并画着五颜六色的龙纹，在牛角上缚着锋利的刀，在牛尾巴上缚着芦柴，芦柴里面灌满了油脂，用火烧起芦柴的一头。把城墙凿穿几十个洞穴，乘夜把这些牛从洞穴里赶出，派壮士五千人跟在牛的后头。那些牛的尾巴烧的发热，狂怒地冲入燕军。燕军在夜里不知是什么东西，吓得不知所措。牛尾巴的火把倒是十分明亮，燕军见了，又都是些龙纹，被牛触着的，不死就是伤。五千壮士又随后悄然无声地杀来。接着城里又擂起鼓来，老的弱的也敲起铜器，各种的声音，一齐喧闹起来，真是轰动了天地。燕军骤然受了这种打击，非常惊骇，逃之不迭。齐人在乱军之中杀死了他们的主将骑劫。燕军扰乱无序，溃散逃命，齐人紧紧追杀，所经过的城邑都背叛燕军归附田单。士兵也一天比一天多了，乘着战胜的军威，一路追击，燕国一天天败退逃跑，直退到黄河边上，齐国先前被燕国夺去的七十多城都被夺回。田单到莒城去迎接齐襄王，回到临淄处理政事。齐襄王封赏田单，赐爵号为安平君。

太史公说：用兵作战要一面和敌人正面交锋，一面用奇兵突袭制胜。善于用兵的人，那战术的变化是层出不穷的。奇正循环，相互转化，就像圆环没有接头可寻。凡是用兵，起初要如处女那样的沉静、柔弱，诱使敌人敞开门户，毫不戒备；然后像脱逃的野兔一般快速、敏捷，使敌人不及抵挡。田单用兵，正合乎这个原则吧！

九三、屈原列传

太史公作屈原传，其文便似《离骚》。婉折凄怆，令人读之，无限感慨。要之身当其境，而发为文章，尤为佳绝，盖史公与屈子实有同心。宜其忧思唱叹，徘徊不置也！

屈原者，名平，楚之同姓也。为楚怀王左徒[1]。博闻强志，明于治乱，娴[2]于辞令[3]。入则与王图议国事，以出号令；出则接遇宾客，应对诸侯。王甚任之。

上官大夫[4]与之同列，争宠而心害其能。怀王使屈原造为宪令[5]，屈平属草槁未定。上官大夫见而欲夺之，屈平不与。因谗之曰："王使屈平为令，众莫不知，每一令出，平伐其功，以为'非我莫能为也'。"王怒而疏屈平。

屈平疾王听之不聪也，谗谄之蔽明也，邪曲之害公也，方正之不容也，故忧愁幽思而作《离骚》[6]。离骚者，犹离忧[7]也。夫天者，人之始也；父母者，人之本也。人穷则反本，故劳苦倦极，未尝不呼天也；疾痛惨怛[8]，未尝不呼父母也。屈平正道直行，竭忠尽智以事其君，谗人间之，可谓穷矣。信而见疑，忠而被谤，能无怨乎？屈平之作《离骚》，盖自怨生也。《国风》好色而不淫，《小雅》怨诽而不乱。若《离骚》者，可谓兼之矣。上称帝喾，下道齐桓，中述汤武，以刺世事。明道德之广崇[9]，治乱之条贯[10]，靡不毕见。其文约[11]，其辞微，其志洁，其行廉，其称文小而其指极大，举类迩而见义远。其志洁，故其称物芳。其行廉，故死而不容。自疏濯淖污泥之中，蝉蜕[12]于浊秽，以浮游尘埃之外，不获世之滋垢，皭然[13]泥而不滓者也。推此志也，虽与日月争光可也。

屈平既绌[14]，其后秦欲伐齐，齐与楚从亲，惠王患之，乃令张仪[15]详去秦，厚币委质事楚，曰："秦甚憎齐，齐与楚从亲，楚诚能绝齐，秦愿献商、於[16]之地六百里。"楚怀王贪而信张仪，遂绝齐，使使如秦受地。张仪诈之曰："仪与王约六里，不闻六百里。"楚使怒去，归告怀王。怀王怒，大兴师伐秦。秦发兵击之，大破楚师于丹、淅[17]，斩首八万，虏楚将屈匄[18]，遂取楚之汉中[19]地。怀王乃悉发国中兵以深入击秦，战于蓝田[20]。魏闻之，袭楚至邓[21]。楚兵惧，自秦归。而齐竟怒不救楚，楚大困。

明年，秦割汉中地与楚以和。楚王曰："不愿得地，愿得张仪而甘心焉。"张仪闻，乃曰："以一仪而当汉中地，臣请往如楚。"如楚，又因厚币用事者臣靳尚，而设诡辩于怀王之宠姬郑袖[22]。怀王竟听郑袖，复释去张仪。是时屈平既疏，不复在位，使于齐，顾反，谏怀王曰：“何不杀张仪？”怀王悔，追张仪，不及。

其后诸侯共击楚，大破之，杀其将唐昧[23]。

时秦昭王与楚婚，欲与怀王会。怀王欲行，屈平曰：“秦，虎狼之国，不可信，不如毋行。”怀王稚子子兰[24]劝王行：“奈何绝秦欢！”怀王卒行。入武关[25]，秦伏兵绝其后，因留怀王，以求割地。怀王怒，不听。亡走赵，赵不内。复之秦，竟死于秦而归葬。

长子顷襄王立，以其弟子兰为令尹[26]。楚人既咎子兰以劝怀王入秦而不反也。

屈平既嫉之，虽放流[27]，睠顾[28]楚国，系心怀王，不忘欲反，冀幸君之一悟，俗之一改也。其存君兴国而欲反覆之，一篇之中三致志焉。然终无可奈何，故不可以反，卒以此见怀王之终不悟也。人君无愚智贤不肖，莫不欲求忠以自为，举贤以自佐，然亡国破家相随属，而圣君治国累世而不见者，其所谓忠者不忠，而所谓贤者不贤也。怀王以不知忠臣之分，故内惑于郑袖，外欺于张仪，疏屈平而信上官大夫、令尹子兰。兵挫地削，亡其六郡，身客死于秦，为天下笑。此不知人之祸也。《易》曰：“井泄[29]不食，为我心恻[30]，可以汲。王明，并受其福[31]。”王之不明，岂足福哉[32]！令尹子兰闻之大怒，卒使上官大夫短屈原于顷襄王，顷襄王怒而迁之。

屈原至于江滨，被发行吟泽畔。颜色憔悴，形容枯槁。渔父[33]见而问之曰：“子非三闾大夫[34]欤？何故而至此？”屈原曰：“举世混浊而我独清，众人皆醉而我独醒，是以见放。”渔父曰：“夫圣人者，不凝滞于物而能与世推移。举世混浊，何不随其流而扬其波？众人皆醉，何不餔其糟而啜其醨？何故怀瑾握瑜[35]而自令见放为？”屈原曰："吾闻之，新沐者必弹冠[36]，新浴者必振衣，人又谁能以身之察察[37]，受物之汶汶[38]者乎！宁赴常流而葬乎江鱼腹中耳，又安能以皓皓[39]之白而蒙世俗之温蠖[40]乎！"

乃作《怀沙》之赋。其云云。于是怀石遂自沉汨罗[41]以死。

屈原既死之后，楚有宋玉[42]、唐勒[43]、景差[44]之徒者，皆好辞而以赋见称。然皆祖屈原之从容辞令，终莫敢直谏。其后楚日以削，数十年竟为秦所灭。

自屈原沉汨罗后百有余年，汉有贾生[45]，为长沙王太傅，过湘水[46]，投书以吊屈原。

……

太史公曰：余读《离骚》《天问》《招魂》《哀郢》[47]，悲其志。适长沙，观屈原所自沉渊，未尝不垂涕，想见其为人。及见贾生吊之，又怪屈原以彼其材，游诸侯，何国不容，而自令若是。读《鹏鸟赋》[48]，同死生，轻去就，又爽然[49]自失矣。

——节《屈原贾生列传》

[1]左徒：官名，即左右拾遗之类。 [2]娴：习也。 [3]辞令：应对之言也。 [4]上官大夫：姓靳，名尚，楚怀王之宠臣。 [5]宪令：法令也。 [6]《离骚》：书名。 [7]离忧：言所遭皆忧愁之事也。 [8]惨怛：悲伤之极也。 [9]广崇：言广博而崇尚也。 [10]条贯：言条达而贯穿也。 [11]约：简也。 [12]蝉蜕：蝉所解之皮，以喻人解脱也。蜕音退。 [13]皭然：疏静之貌。 [14]绌：与黜同。 [15]张仪：战国魏人，相秦惠王，以连横之策说六国，使背从约而事秦。惠王卒，六国复合从，仪出相魏卒。 [16]商、於：地名，在今河南淅川县西。 [17]丹、淅：皆地名，在今河南洛阳以西。 [18]屈匄：楚之将兵者。 [19]汉中：

战国楚地，今陕西汉中兴安及湖北郧阳县。［20］蓝田：地名，即今陕西蓝田县。［21］邓：地名，即今河南邓县。［22］郑袖：郑国之女，美而善舞，怀王册封为南后。［23］唐眛：楚之将兵者。［24］子兰：怀王幼子名。［25］武关：地名，为秦之南关，在今陕西商县东。［26］令尹：官名，楚执政者之称。［27］放流：言放逐于远地也。［28］睠顾：谓思念也。［29］泄：浚治去泥浊也。［30］心恻：言可为然，伤道未行也。［31］王明，并受其福：言如有王者之明，汲而用之，则上下并受其福矣。［32］岂足神福哉：言楚王不明忠臣，岂是受福，故屈原怀沙自沉。［33］父：音甫。［34］三闾大夫：官名，闾者，聚族而居之义。因其职掌王族三姓曰昭屈景，故名。［35］怀瑾握瑜：皆美玉也。［36］弹冠：言整洁其官也。［37］察察：明净也。［38］汶汶：污辱之意。［39］皓皓：洁白貌。［40］温蠖：犹言昏愦也。［41］汨、罗：二水名。合流处曰汨罗江，在今湖南湘阴县北，后又谓屈潭。汨音觅。［42］宋玉：屈原弟子。［43］唐勒：楚人。［44］景差：与宋玉同时，以赋见称。［45］贾生：即贾谊，汉洛阳人。以其为长沙王太傅，故世称之贾长活，又称贾太傅。［46］湘水：一名湘江，湖南巨川也。［47］《天问》《招魂》《哀郢》：皆《离骚》篇名。［48］《鹏鸟赋》：楚人命鹗曰鹏，贾生作此赋以自伤其志。［49］爽然：惊悟貌。

屈原名平，是楚王的同族人。他担任楚怀王的左徒。学问深博，记忆力强，通晓国家治乱的道理，擅长外交辞令。一入朝堂就和楚王商议国事，发出号令；一走出朝堂，就招待宾客，应对诸侯，楚王很信任他。

有个上官大夫和屈原职位相同，为了争得宠信，而妒忌屈原的才能。怀王曾经派屈原制订法令，屈原正在那里起草稿，还没有修改好，上官大夫看见了，打算夺过来，屈原不肯给他。他就向楚怀王进谗言道：“大王派屈原制订法令，众人没有一个不知道，每一号令出来，屈平必定称赞自己的功劳道‘这件事非我不能办’。”楚王听了很生气，就对屈原疏远了。

屈原痛心怀王听闻这样闭塞，谗谄之徒的遮蔽使他见事不明，致使邪恶伤害了公道，方正的人不能被容纳，所以觉得很忧闷，就写下了《离骚》。所谓“离骚”，就是遭遇忧患之意。天是人的原始；父母是人的根本。人在处境窘迫的时候，就要回返到根本，所以劳苦疲倦到极点了，没有不呼叫上天的；极度痛苦悲伤了，没有不呼唤父母的。屈原做人正道直行，竭力忠心，尽着智能去服侍君主，却遭到谗人的离间，可算是极端困窘了。诚信的人反受猜疑，忠直的人反受诽谤，受了这样的痛苦，心里怎能没有怨恨呢？屈原的写作《离骚》，就是这种怨恨心情的抒发。《诗经·国风》里的诗歌虽有对美色的爱慕，却不淫乱；《小雅》里的篇章虽有怨恨讥讽，但不主张暴乱。像《离骚》这部长诗，可算得兼而有之的了。这首诗上从帝喾说起，下面说到齐桓公，中间叙述商汤、周武，用来讥刺现在的事情。阐明道德内容的广博崇尚，治乱兴衰的因果必然，条达贯穿，无不详细体现。它的文字精约，它的语辞深微，它的志向皎洁，它的品行清廉，他的文章虽写的是花鸟草木的细小之物，而它的意旨极其恢弘博大；它的比喻虽然浅近，而体现的意义却很深远。他情志高洁，所以提到的植物多是芳香的；他品行清廉，所以至死也不愿离开楚国。身处污泥之中而能洗濯干净，像蝉从混浊污秽中蜕了皮，飞到没有尘埃的地方，不被世俗的污浊所玷辱，清白高洁，出污泥而不染。推论其高尚情志，即使与日月争比光明，也是很恰当的。

屈原被贬退之后，秦国想攻打齐国，因齐国和楚国订立了合纵盟约，秦惠王很是担忧，就派张仪假装离开秦国，带着丰厚的礼品来投靠服侍楚国，向楚王道：“秦国很憎恨齐国，但齐国却和楚国有合纵的盟约。

楚国如果能和齐国绝交，秦国愿意献出商、於一带六百里的土地。”楚怀王贪图得到土地而听信了张仪的话，当下便和齐国绝交，并派了一个使者到秦国去接受土地。张仪骗使者道：“我和楚王说的是六里，并没有说六百里。”楚国使者发怒离开秦国，回来报告了楚怀王。楚怀王大怒，当下就大规模发兵去攻打秦国，秦国也出兵迎击。在丹水、淅水地带大败楚兵，斩首八万，俘虏楚将屈匄，夺取了楚国的汉中。怀王于是起全国之兵来打秦国，在蓝田大战。魏国听到这个消息，发兵偷袭楚国，到达邓地。楚军恐惧，就从秦国撤退。这时齐国因为痛恨楚国与它绝交，也不去救援楚国，楚国的处境非常艰难。

第二年，秦国割还汉中与楚国讲和。楚王道：“不想得到土地，只要得到张仪就甘心了。”张仪听到这话，便道：“用我一个张仪来抵汉中之地，我愿意到楚国去。”他来到楚国，拿了丰厚的礼物送给掌权的大臣靳尚，并用花言巧语欺骗怀王的宠姬郑袖。怀王竟听信了郑袖的话，放走了张仪。这时，屈原已被疏远，不再担任重要官职，出使到齐国，从齐国回来后，向怀王进谏道：“怎么不把张仪杀掉呢？”怀王后悔，派人去追，张仪已去得很远，追不到了。

此后各诸侯国联合攻打楚国，大败楚军，杀了楚将唐眛。

这时，秦昭王已和楚怀王结为姻亲，邀怀王会见。怀王想去，屈平道：“秦是虎狼一般凶暴的国家，切不可相信，不如不去。”怀王的小儿子子兰却劝怀王要去，说：“怎可断绝秦国的欢心呢？”怀王还是去了。到了武关，秦国的伏兵截断了他的后路，因而就把怀王扣留了，要他割让土地。怀王大怒，不肯依从。逃到赵国，赵国不肯收留他。再回到秦国，最终死在秦国，遗体被运回楚国安葬。

怀王长子顷襄王继位，用他的弟弟子兰做令尹。楚人都归罪于子兰，因为是他劝怀王到秦国去而不得生还。

屈原很痛恨这件事，虽然身遭放逐，但心里还是牵记着楚国，又想念着怀王，一心一意想要回到朝廷，只希望君主能悔悟过来，习俗也能得到改变。他渴望保全君主，复兴国家，扭转衰弱的局势，所以在一篇作品中多次流露这种心情。可是终没有法子可想，所以不能再重回朝中。这也可见怀王始终没有觉悟。凡是君主，不论他是愚蠢还是聪明，是贤能还是无才，没有一个不想寻求忠臣来保卫自己，选拔贤才来辅佐自己，但是亡国破家的还是接二连三，而圣明之君、太平之国却往往好几代都未曾一见，这都是因为君主认为的忠臣并不是忠臣，君主认为的贤才并不是贤才呀。怀王因为不知道忠臣的本质，所以在内被郑袖所迷惑，在外被张仪所欺骗，疏远屈原，信任上官大夫、子兰，结果使军队惨败，国土被侵占，丧失了六郡土地，自己也客死在秦国，被天下人耻笑，这是由于不识人所造成的祸害啊。《易经》道："井已经疏浚干净，却没人来喝水，这是令人难过的事，这是可以汲用的啊。君主如果贤明，大家都可以享他的福。"怀王不是明主，还能有什么福呢？后来令尹子兰听到以上情况便勃然大怒，让上官大夫到顷襄王面前说屈原的坏话，顷襄王发怒，就把屈原放逐了。

屈原来到江边，披着头发在泽边一边走，一边悲愤长吟，面色憔悴，容貌枯槁。有一个渔父看见他这样，就问道："你不是三闾大夫吗？为什么来到了这里？"屈原道："世人都是混浊的，只有我一个人干净；大家都昏沉大醉，只有我一个人清醒，所以遭到放逐。"渔父道："有圣德的人不固执地对待事物，能够顺着时势推移。世人既然都是混浊的，你为什么不在其中随波逐流？大家既然都昏沉大醉，你为什么不在其中吃点残羹剩酒呢？为什么怀抱着美玉般的德操，而自己却落个被放逐的下场呢？"屈原道："我听说，才洗过头的人必要弹弹帽子，才洗过澡的人必要抖抖衣服，人哪个肯把清白之身，去受龌龊的东西呢？宁可跳入常流的江水，葬身鱼肚之中，又怎能把这洁白的品德去蒙受世上的污染呢？”

于是写了一篇《怀沙》赋，在其中叙述了他的这种情感。写完后，便怀抱石头自沉汨罗江而死。

屈原死后，楚国有宋玉、唐勒、景差等人都爱好文学而以擅长辞赋著名。可是他们都只师法屈原文辞的委婉含蓄，而终没有一个人敢去直谏。后来楚国一天一天地削弱，过了几十年，终于被秦国灭掉。

从屈原自沉汨罗江以后的一百多年，汉朝有个贾生，做长沙王太傅，经过湘水时，写了一篇辞赋投入江中，以祭吊屈原。

……

太史公道：我读了《离骚》《天问》《招魂》《哀郢》，很悲痛屈原的志趣。到长沙时，特意去看了屈原投江的地方，没有不流泪感叹，由此更加想见他的为人。后来读了贾生吊屈原的赋，又责怪屈原有那样的才能，如果去游说诸侯，哪国不能容身，却让自己弄到这般境地。读过贾生的《鹏鸟赋》后，对生和死同等看待，对身世浮沉看得很轻，便又恍然惊悟了。

九四、曹沫劫齐桓公

曹沫[1]者，鲁人也，以勇力事鲁庄公。庄公好力。曹沫为鲁将，与齐战，三败北。鲁庄公惧，乃献遂邑[2]之地以和。犹复以为将。

齐桓公许与鲁会于柯[3]而盟。桓公与庄公既盟于坛上，曹沫执匕首[4]劫齐桓公，桓公左右莫敢动，而问曰：“子将何欲？”曹沫曰："齐强鲁弱，而大国侵鲁亦甚矣。今鲁城坏即压齐境[5]，君其图之。"桓公乃许尽归鲁之侵地。既已言，曹沫投其匕首，下坛，北面就群臣之位，颜色不变，辞令如故。桓公怒，欲倍其约[6]。管仲曰："不可。夫贪小利以自快，弃信于诸侯，失天下之援，不如与之。"于是桓公乃遂割鲁侵地，曹沫三战所亡地尽复予鲁。

——节《刺客列传》

[1]曹沫：即《左传》之曹刿。 [2]遂邑：古地名，在今山东肥城县。 [3]柯：春秋鲁邑名，在今山东东阿县西。 [4]匕首：短剑也，古刺客所用。 [5]即压齐境：(《索隐》)齐鲁邻，今齐数侵鲁，鲁之城坏，即压近齐之境也。 [6]倍其约：倍，背也。欲背其归地之约也。

曹沫是鲁国人，凭借勇敢和力气侍奉鲁庄公。庄公喜爱勇武之士。曹沫担任鲁将，同齐国交战，接连打了三次败仗，鲁庄公害怕了，就割献遂邑的土地求和。但仍旧以曹沫为将。

齐桓公答应和鲁庄公在柯地会见，商订盟约。后来桓公和庄公在坛上订约时，曹沫突然拿着短剑上前胁迫桓公。当时桓公的左右侍从都不敢动，就问他道："你要干什么？"曹沫道："齐国强，鲁国弱，以大国侵略小国也太过分了。现在鲁国的城墙如果塌下来，就会压到齐国的边境上，请君斟酌吧！"桓公就答应把从鲁国掠得的土地统统归还。桓公这样说了以后，曹沫便丢掉短剑，走下盟坛，面朝北坐在臣子们的位置上，面色不改，谈吐如旧。桓公很愤怒，想违背自己的诺言，管仲道："这是不可以的。为了贪小利而求自己的快意，就要丧失信用于诸侯，失去天下人的支持，还是给了他吧。"于是就归还了侵占的鲁地。曹沫三次败仗所失掉的土地，全部都还给了鲁国。

九五、聂政列传

是文以“母姊”二字作骨，下文连发辞仲子、从仲子、皮面决眼三层议论，暗伏母姊；末复归重仲子知人，极得要领。文情感愤壮烈，末幅向使以下，一气直贯四长句，赞叹得几于动风雨而泣鬼神，舍史公更无第二手能此！

聂政者，轵深井[1]里人也。杀人避仇，与母、姊如齐，以屠为事。

久之，濮阳[2]严仲子[3]事韩哀侯，与韩相侠累[4]有郤。严仲子恐诛，亡去，游求人可以报侠累者。至齐，齐人或言聂政勇敢士也，避仇隐于屠者之间。严仲子至门请，数反，然后具酒自畅聂政母前。酒酣，严仲子奉黄金百镒[5]，前为聂政母寿。聂政惊怪其厚，固谢严仲子。严仲子固进，而聂政谢曰：“臣幸有老母，家贫，客游以为狗屠[6]，可以旦夕得甘毳[7]以养亲。亲供养备，不敢当仲子之赐。”严仲子辟人，因为聂政言曰：“臣有仇，而行游诸侯众矣；然至齐，窃闻足下义甚高，故进百金者，将用为大人粗粝[8]之费，得以交足下之欢，岂敢以有求望邪！”聂政曰：“臣所以降志辱身居市井屠者，徒幸以养老母；老母在，政身未敢以许人也。”严仲子固让，聂政竟不肯受也。然严仲子卒备宾主之礼而去。

久之，聂政母死。既已葬，除服，聂政曰：“嗟乎！政乃市井[9]之人，鼓刀以屠；而严仲子乃诸侯之卿相也，不远千里，枉车骑而交臣。臣之所以待之，至浅鲜矣，未有大功可以称者，而严仲子奉百金为亲寿，我虽不受，然是者徒深知政也。夫贤者以感忿睚眦[10]之意而亲信穷僻之人，而政独安得嘿然[11]而已乎！且前日要政，政徒以老母；老母今以天年终，政将为知己者用。”乃遂西至濮阳见严仲子曰：“前日所以不许严仲子者，徒以亲在，今不幸而母以天年终。仲子所欲报仇者为谁？请得从事焉！”严仲子具告曰：“臣之仇韩相侠累，侠累又韩君之季父也，宗族盛多，居处兵卫甚设，臣欲使人刺之，终莫能就。今足下幸而不弃，请益其车骑壮士可为足下辅翼者。”聂政曰：“韩之与卫，相去中间不甚远，今杀人之相，相又国君之亲，此其势不可以多人，多人不能无生得失，生得失则语泄，语泄是韩举国而与仲子为仇，岂不殆哉！”遂谢车骑人徒，聂政乃辞独行。

杖剑至韩，韩相侠累方坐府上，持兵戟而卫侍者甚众。聂政直入，上阶刺杀侠累，左右大乱。聂政大呼，所击杀者数十人，因自皮面决眼[12]，自屠出肠，遂以死。

韩取聂政尸暴于市。购问莫知谁子。于是韩县购之[13]。有能言杀相侠累者予千金。久之，莫知也。

政姊荣[14]闻人有刺杀韩相者，贼不得，国不知其名姓，暴其尸而县之千金，乃于邑[15]曰：“其是吾弟与？嗟乎，严仲子知吾弟！”立起，如韩，之市，而死者果政也，伏尸哭极哀，曰：“是轵深井里所谓聂政者也。”市行者诸众人皆曰：“此人暴虐吾国相，王县购其名姓千金，夫人不闻与？何敢来识之也？”荣应之曰：“闻之。然政所以蒙污辱自弃于市贩之间者，为老母幸无恙，妾未嫁也。亲既以天年下世，妾已嫁夫，严仲子乃察举吾弟困污之中而交之，泽厚矣，可奈何！士固为知己者死，今乃以妾尚在之故，重自刑以绝从，妾其奈何畏殁身之诛，终灭贤弟之名！”大惊韩市人。乃大呼天者三，卒于邑悲哀而死政之旁。

晋、楚、齐、卫闻之，皆曰：“非独政能也，乃其姊亦烈女也。乡使政诚知其姊无濡忍[16]之志，不重暴骸之难，必绝险千里以列其名，姊弟俱僇于韩市者，亦未必敢以身许严仲子也。严仲子亦可谓知人能得士矣！”

——节《刺客列传》

[1]轵深井：按《地理志》：河内有轵县，故城在今河南济源县东南十三里。今名轵城镇，深井，轵县之里名也。 [2]濮阳：古地名，今县属河北省。 [3]严仲子：严遂字仲子。 [4]侠累：名傀，傀相韩，严遂重于君，二人相害也。严遂举韩傀之过，韩傀叱之于朝，严遂拔剑趋之以救解，是有却之由也。 [5]镒：古衡名，一镒二十四两也。 [6]狗屠：以屠狗为业者。 [7]甘毳：谓美食也，毳与脆通。 [8]粗粝：食米之不精者，犹俗言糙米也。 [9]市井：古因井为市，故曰市井。犹今之市场也。[10]睚眦：音崖剂。张目忤视曰睚眦。 [11]嘿然：默默无言也。[12]皮面决眼：皮面，谓以刀刺其面皮。决眼，谓出其眼睛。如此者欲令人不识也。 [13]购县之：将头悬之，有认识者予金。如今之赏格。[15]荣：一作嫈。 [15]于邑：烦冤愁苦也。 [16]濡忍：濡，润也。人性温润则能含忍，故曰濡忍。

聂政是轵邑深井里人，因为杀了人，便和母亲、姐姐一同逃到齐国，躲避仇家，以屠宰牲畜为业。

过了好久，濮阳人严仲子在韩哀侯手下为官，因和韩国的宰相侠累结下仇怨，严仲子怕被诛杀，就逃了出来，到处游历，想找个能报复侠累的人。到了齐国，听齐国人说聂政是个很勇敢的人，为躲避仇家，藏身在屠夫中间。严仲子得了这消息，便到他家里去拜访，去了几次之后，然后备办了宴席，亲自捧杯给聂政的母亲敬酒。酒兴正浓，严仲子捧出黄金百镒，为聂政的母亲祝福。聂政为这样的厚礼感到奇怪，坚决辞谢严仲子。严仲子却执意要他收下，聂政婉言推辞道："我幸有老母健在，因家里贫苦，到了异乡以杀猪宰狗为业，早晚之间买些甘甜松脆的东西奉养老母。母亲的供养不缺，不敢接受仲子的赐与。"严仲子避开别人，对聂政说道："我有仇人，因此周游各国想找人报复。虽然找了好久，却没有找到；现在到了齐国，私下听说足下义气很高，所以送黄金百镒，将作为母亲大人一点粗粮的费用，希望能和足下结交，哪里敢有别的索求和指望？"聂政道："我所以使心志卑下，屈辱身分，在市场里做个屠夫，只是为了奉养老母的缘故。老母在一天，我不敢以身相许，为友捐躯呢。"严仲子坚持要赠送，聂政终究不肯收受。但是严仲子终于周到地完成了宾主相见的礼节，才告辞离去。

过了好久,聂政的母亲去世,安葬后,直到丧服期满,聂政道:"唉呀!我是个平民,只会拿着刀屠宰牲畜。而严仲子是诸侯的卿相,却不远千里,屈劳车骑与我结交。我待他的情真是太浅薄、太微不足道了。没有什么大的功劳当得起他如此尊敬的礼遇，他却献上百金为母亲祝福。我虽没有收受，可是这件事说明只有他才特别了解我啊。贤德的人因感愤于怨仇，却来相信我这穷僻地方的人，我怎么可以默不作声，就此完事了呢！况且以前来邀请我，因为老母在，所以没有应许他；现在老母已经寿终，我应当为知己者效力了。"于是向西来到濮阳，见到严仲子，说道："从前我不肯应许仲子，只因老母在，现在不幸老母已经寿终。仲子要报复的仇人是哪一个？请我去办这件事吧。"严仲子当下便原原本本地告诉他，道："我的仇人是韩国的宰相侠累，侠累又是韩王的叔父，宗族旺盛，人丁众多，住的地方防卫严密，我要派人去刺杀他，终于没有成功。如今承蒙足下不嫌弃我，应允下来，请增加车骑壮士作为足下的助手。"

聂政道："韩国和卫国，相距没能多少路，现在要杀死人家的宰相，宰相又是国王的亲族，这种形势下万不可多去人，人多了难免发生意外，发生意外就会走漏消息，消息一走漏，那就是让全部韩国人与仲子为仇，难道不危险吗！"聂政就谢绝了车马人众，辞别严仲子只身去了。

聂政带着宝剑来到韩国都城，韩国的宰相侠累正坐在堂上，持刀荷戟的护卫很多。聂政径直而入，走上台阶刺杀侠累，侍从人员乱作一团。聂政大喊，一连杀死了几十人，又趁势刺破自己的面容，挖出眼珠，剖开肚子，流出肠子，就这样死了。

韩国把聂政的尸体陈列在街市上，问了许多人，都不知道他是哪一个。于是韩国悬赏征求，有能够说出杀宰相侠累的人，赏给千金。赏金虽然出了好久，却还是不知道他是什么人。

聂政的姐姐聂荣听说有人刺杀了韩国的宰相侠累，不知道这个人的姓名，就把他的尸体陈列在街市上，出了千金的悬赏，叫人们辨认，于是抽泣着道："怕是我的弟弟吧？唉呀！严仲子是了解我弟弟的！"便立即启程，前往韩国都城，来到街市，看到死者果然是聂政，便伏尸大哭，极其悲哀，说道："这就是轵邑深井里的聂政啊！"街市上的许多过路人都说道："这个人刺杀了我国的宰相，国王悬赏千金访求他的姓名，夫人难道没有听说吗？怎么敢来认尸呢？"聂荣答应道："我听说了。然而过去聂政所以蒙受羞辱，自己置身于市贩中间，全是为了要奉养老母，我还没有出嫁。现在老母已经寿终，我也出嫁了。严仲子寻到我的弟弟，不嫌我的弟弟出身微贱，结成心腹之交，恩情深厚，可怎么办呢！勇士本来要替知己效死。现在他还因为我还在世上的缘故，又毁坏自己的身体，使人辨认不出，以免牵连别人。我怎能怕遭杀身之祸而永远埋没弟弟的英名呢？"这番话让整个街市上的人都大为震惊。于是聂荣大喊三声："天呀！"终因悲哀过度，死在聂政的身旁。

晋、楚、齐、卫等国的人听了，都道："不仅聂政了不起，就是他的姐姐也是个烈女。假使聂政果真知道他的姐姐没有软弱忍受的性格，又不怕暴尸露骨的苦难，定要越过千里险阻来显扬自己的姓名，情愿姐弟都死在韩国街市上的话，那么恐怕聂政也未必肯把生命许给严仲子了。严仲子也可以说是识人，才能赢得贤士啊！"

九六、高渐离以筑击秦王

高渐离变名姓为人庸保，匿作于宋子[1]。久之，作苦，闻其家堂上客击筑[2]，傍徨不能去。每出言曰："彼有善有不善。"从者以告其主，曰："彼庸乃知音，窃言是非。"家丈人[3]召使前击筑，一坐称善，赐酒。而高渐离念久隐畏约无穷时，乃退，出其装匣中筑与其善衣，更容貌而前。举坐客皆惊，下与抗礼，以为上客。使击筑而歌，客无不流涕而去者。宋子传客之，闻于秦始皇。秦始皇召见，人有识者，乃曰："高渐离也。"秦皇帝惜其善击筑，重赦之，乃矐[4]其目。使击筑，未尝不称善，稍益近之。高渐离乃以铅置筑中[5]，复进得近，举筑朴秦皇帝，不中。于是遂诛高渐离，终身不复近诸侯之人。

——节《刺客列传》

[1]宋子：战国时赵邑，故城有今河北赵县北二十五里。　[2]筑：古乐器，今已失传。格致镜原云：形如琴，十三弦，顶细肩圆，鼓法，以左手扼之，右手竹尺击之，随调应律。　[3]家丈人：谓主人翁也。　[4]矐：音角，使失明也。　[5]以铅置筑中：以铅为挺着筑中，令重以击人也。

高渐离变换了姓名，给人家去做酒保，躲避在宋子这个地方作工。时间久了，觉得作工很辛苦，因听见主人家的堂上有客在击筑，他徘徊着舍不得离去。每每脱口说道："那人击筑，有好的地方，也有不足的地方。"仆从听了高渐离的话，就去告诉主人道："那个庸工还懂得音乐，他在背地里评论击筑的好坏。"家主人听到这话，就把高渐离召到面前，叫他击筑。高渐离击了一回，满座客人，都称赞他击得好，并赐酒给他喝。高渐离觉得隐居于此，已是很久的了，这样畏首畏尾的躲藏，没有个尽头，便退下堂来，拿出自己装在匣中的筑，换上好衣服，又把容貌整饬了一番，再走到堂上，满座的客人都觉得很惊异，连忙下座和他行礼，尊为上宾，请他击筑唱歌。于是高渐离一面击筑，一面唱歌，客人们听了，没有一个不流着眼泪而去。后来高渐离击筑的名声，被宋子当地的人传扬开去，秦始皇知道了，就召令他进见。有认识他的，就告诉秦始皇道："这个就是高渐离呀！"秦始皇因为珍惜他善于击筑，免了他的罪。但终究觉得不放心，便把他的两目弄瞎了，叫他击筑，没有一次不说好的。因此两人渐渐有点亲近了。那时高渐离认为时机已至，就把铅块放进筑中，再进宫击筑靠近时，便举起筑直向秦始皇击去，没有击中。于是秦始皇就杀了高渐离，一辈子不再接近六国的人了。

九七、李斯列传论

文不过百十余字，而神情曲折，摆落千端，令人百读不厌。此太史公简劲凝炼之大手笔。王荆公之孟尝君论，盖胎息于此。

太史公曰：李斯[1]以闾阎[2]历诸侯，入事秦，因以瑕衅[3]，以辅始皇，卒成帝业。斯为三公[4]，可谓尊用矣。斯知《六艺》[5]之归，不务明政以补主上之缺，持爵禄之重，阿顺苟合，严威酷刑，听高[6]邪说，废嫡立庶[7]。诸侯已畔，斯乃欲谏争，不亦末乎！人皆以斯极忠而被五刑[8]死，察其本，乃与俗议之异。不然，斯之功且与周、召[9]列矣。

——节《李斯列传》

［1］李斯：秦始皇之相。本楚上蔡人，从荀卿学帝王之术，西仕于秦始皇。既定天下，斯为丞相，定郡县制，下禁令书，变苍颉籀文为小篆。二世时，赵高诬斯子李由与盗通，腰斩咸阳市。［2］闾阎：时中门也，亦称民间曰闾阎。此言其出身之微贱也。［3］瑕衅：可乘之隙。［4］三公：太师、太傅、太保也。［5］六艺：即“六经”。指《诗》《书》《礼》《乐》《易》《春秋》也。［6］高：赵高也。［7］废嫡立庶：谓废太子扶苏而立庶子胡亥也。［8］五刑：刑法分轻重五等也。［9］周、召：周公、召公也。

太史公说：李斯以一个平民的身份，游历各国，后入关服事秦国，利用种种机会，来辅佐始皇，终于建成统一大业，李斯位居三公，可说的上是得到重用了。但李斯虽然知道《六经》的要旨，却不力求修明政治，来补救皇帝的过失，只是看重爵禄，对上阿谀奉承，随意附合，对下推行酷刑峻法，专听赵高的邪说，废嫡子而立庶子。等得各地反叛了，李斯才想进谏，不也是舍本逐末吗！人们都认为李斯忠于秦国，反受五刑而死，觉得很可怜，但我仔细考察了其根源，却和世人所说的不同。不然的话，那么李斯的功绩，真可以和周公、召公并列了。

九八、养卒说燕归赵王

奇哉！养卒之计。想其为御而归之时，不知何等称快。而史笔开合变化，又足以曲尽形容，是真双绝。

韩广至燕[1]，燕人因立广为燕王。赵王乃与张耳[2]、陈馀[3]北略地燕界。赵王间出，为燕军所得。燕将囚之，欲与分赵地半，乃归王。使者往，燕辄杀之以求地。张耳、陈馀患之。有厮养卒[4]谢其舍中曰：“吾为公说燕，与赵王载归。”舍中皆笑曰：“使者往十余辈，辄死，若何以能得王？”乃走燕壁。燕将见之，问燕将曰：“知臣何欲？”燕将曰：“若欲得赵王耳。”曰：“君知张耳、陈馀何如人也？”燕将曰：“贤人也。”曰：“知其志何欲？”曰：“欲得其王耳。”赵养卒乃笑曰：“君未知此两人所欲也。夫武臣、张耳、陈馀杖马棰[5]下赵数十城，此亦各欲南面[6]而王，岂欲为卿相终已邪？夫臣与主岂可同日而道哉，顾其势初定，未敢参分而王，且以少长先立武臣[7]为王，以持赵心。今赵地已服，此两人亦欲分赵而王，时未可耳。今君乃囚赵王。此两人名为求赵王，实欲燕杀之，此两人分赵自立。夫以一赵尚易燕，况以两贤王左提右挈[8]，而责杀王之罪，灭燕易矣。”燕将以为然，乃归赵王，养卒为御而归。

——节《张耳陈馀列传》

[1]韩广至燕：赵王使广略燕。 [2]张耳：汉大梁人，与陈馀为刎颈交。陈涉起兵，耳馀请奇兵略赵地。后与馀有却，耳走汉。汉遣与韩信击破赵，斩馀泜水上，封耳为赵王。卒谥景。 [3]陈馀：汉大梁人，好儒术。余见上张耳注。 [4]厮养卒：卑贱之役卒也。 [5]杖马棰：言其不用兵革，驱策而已也。 [6]南面：古者人君之位南向，因谓君人者为南面。[7]武臣：秦陈人，陈胜既起兵，令臣徇赵，臣自号武信君，下赵数十城，至邯郸。自立为赵王。寻遣李良略太原。良信秦间，反赵袭邯郸，臣遂为邯郸人所杀。 [8]挈：义与券同。

赵王派韩广攻取燕国，韩广到了那里，燕人就立他做燕王。赵王便和张耳、陈馀向北进攻燕国的地界。赵王在空闲的时候外出，被燕军捉去。燕国的将军把他囚起来，要赵国分给一半土地，才肯把赵王放回。赵国派使者前去交涉，燕军就把他们杀死，要求割地。张耳、陈馀很是担忧，有一个役卒对他同舍的人说道："我如果去燕国游说，赵王必定能和我同车回来。"同舍中的人都嘲笑他，说道："使者到燕国去的有十几个了，都被杀死，你怎能叫赵王回来呢？"役卒不管他们笑不笑，自己跑到燕国军营。燕将看见了他，役卒对燕将道："知道我来干什么？"燕将道："你想要赵王罢了。"役卒道："君知道张耳、陈馀是怎样的人？"燕将道："他们都是贤人罢了。"役卒道："君知道他们的意愿是要什么？"燕将道："想要赵王回国罢了。"役卒这才笑笑说道："君还不知道他们两人的打算。武臣、张耳和陈馀手执马鞭一连降服了赵国的几十座城池，他们也是各各想自己南面称王，难道愿意一生做卿相吗？做臣子与做国君难道可以相提并论吗？只是顾虑到形势初定，还不敢三分土地，自立为王。所以姑且按照年纪大小先立武臣为王，用他暂且维持赵国的人心。现在赵国都已服从，这两人也想分割赵地，自立为王了，只是机会还没有到。现在君把赵王囚禁，这两人名义上是来要赵王，实际上是想燕国杀死他，他们两人就可以分割赵地，自立为王了。仅仅一个赵国还要看轻燕国，更何况两位贤王相互支持，一起来讨伐君杀害赵王的罪行，那么灭掉燕国就很容易了。”燕将听到这番话，很以为然，就把赵王放回。役卒于是驾着车子，与赵王一同回到赵国。

九九、贯高白张王不反

贯高教张王谋逆者忠也，白张王不反者亦忠也，既白张王而仰首绝肮死，尤忠也。如此忠臣，古今未有几人。通篇写来，淋漓酣恣，激昂[illegible]生，能使贯高胸中块磊，一无所掩。贯高其无恨矣！

汉五年，张耳薨，谥为景王。子敖嗣立为赵王。高祖长女鲁元公主为赵王敖后。

汉七年，高祖从平城[1]过赵，赵王朝夕袒鞲[2]蔽，自上食[3]，礼甚卑，有子婿礼。高祖箕倨[4]詈，甚慢易之。赵相贯高、赵午等年六十余，故张耳客也。生平为气[5]，乃怒曰：“吾王孱[6]王也！”说王曰：“夫天下豪杰并起，能者先立。今王事高祖甚恭，而高祖无礼，请为王杀之！”张敖啮其指出血，曰：“君何言之误！且先人亡国，赖高祖得复国[7]，德流子孙，秋毫皆高祖力也。愿君无复出口。”贯高、赵午等十余人皆相谓曰：“乃吾等非也。吾王长者，不倍[8]德。且吾等义不辱，今怨高祖辱我王，故欲杀之，何乃污王为乎？令事成归王，事败独身坐耳[9]。”

汉八年，上从东垣[10]还，过赵，贯高等乃壁人[11]柏人[12]，要之置[13]。上过欲宿，心动，问曰："县名为何？"曰："柏人。""柏人者，迫于人也！"不宿而去。

汉九年，贯高怨家知其谋，乃上变告之。于是上皆并逮捕赵王、贯高等。十余人皆争自刭，贯高独怒骂曰："谁令公为之？今王实无谋，而并捕王；公等皆死，谁白王不反者[14]！"乃槛车胶致[15]，与王脂长安[16]。治张敖之罪。上乃诏赵群臣宾客有敢从王皆族。贯高与客孟舒等十余人，皆自髡钳[17]，为王家奴，从来。贯高至，对狱，曰："独吾属为之，王实不知。"吏治榜笞数千，刺剟[18]，身无可击者，终不复言。吕后[19]数言张王以鲁元公主故，不宜有此。上怒曰："使张敖据天下，岂少而女乎！"不听。廷尉以贯高事辞闻，上曰："壮士！谁知者，以私问之。"中大夫泄公曰："臣之邑子[20]，素知之。此固赵国立名义不侵为然诺[21]者也。"上使泄公持节问之箯舆[22]前。仰视曰："泄公邪？"泄公劳苦如生平欢。与语，问张王果有计谋不。高曰："人情宁不各爱其父母妻子乎？今吾三族皆以论死，岂以王易吾亲哉！顾为王实不反，独吾等为之。"具道本指所以为者王不知状。于是泄公入，具以报，上乃赦赵王。

上贤贯高为人能立然诺，使泄公具告之，曰："张王已出。"因赦贯高。贯高喜曰："吾王审出乎？"泄公曰："然。"泄公曰："上多足下，故赦足下。"贯高曰："所以不死一身无余者，白张王不反也。今王已出，吾责已塞，死不恨矣。且人臣有篡杀之名，何面目复事上哉！纵上不杀我，我不愧于心乎？"乃仰绝肮[23]，遂死。当此之时，名闻天下。

——节《张耳陈馀列传》

[1] 平城：县名，汉置，故城在今山西大同县东。 [2] 鞲：臂捍也。

［3］自上食：言赵王自上小菜也。　［4］箕倨：曲坐两脚，其形如箕也。［5］生平为气：言生平专以志气为重。　［6］孱：弱小貌。　［7］赖高祖得复国：张耳杀赵王歇襄国，汉立张耳为主。　［8］倍：与背通。　［9］独身坐耳：谓自身受罪也。　［10］东垣：县名，秦置，即今河北正定县。［11］壁人：藏人于复壁中欲刺高祖也。　［12］柏人：古地名，今河北唐山县西，有柏人故城。　［13］置：谓供置也。　［14］谁白王不反者：言公等既死，张王不反之罪，谁为表白。　［15］槛车胶致：谓其车上着板，四周如槛形，胶密不得开，送之京师也。　［16］长安：汉都，故城在今陕西长安县西北。　［17］髡钳：剃发曰髡；以铁束颈曰钳。皆古之刑法也。［18］刭：音咄，刺也。　［19］吕后：吕公之女，高祖之后也。名雉，字娥姁。　［20］邑子：谓邑人之子也。　［21］然诺：许诺也。　［22］箯舆：竹编之舆也。箯音骈。　［23］肮：咽喉也。

汉五年，张耳死了，谥号为景王。他的儿子张敖继立为赵王。高祖的大女儿鲁元公主嫁给赵王张敖做了王后。

汉七年，高祖从平城经过赵地。赵王脱去外衣，戴上袖套，亲自给高帝进献食物，态度很谦卑，极尽女婿的礼节。高祖却盘腿坐着，责骂赵王，对他非常傲慢轻视。赵国的宰相贯高、赵午等人年纪都已六十多岁了。他们本来是张耳的门客，生性豪爽，容易动气，当时见高祖这样的不客气，便发怒道："我们的王，真是个软弱无用的王！"当下便劝说赵王道："当初天下豪杰并起，有本领的便自立为王。如今大王服侍高祖很是恭敬，而高祖却傲慢无礼，请让我们替大王杀了他罢！"张敖听到这话，把手指咬破，血都流出来了，发誓道："你们怎么说出这种话！我的先人本要亡国了，依仗着高祖的力量，才得复国，恩德传至我们子子孙孙，没有穷尽。就是一丝一毫都是高祖的功劳。请你们不要再说这种话才是。”贯高、赵午等十几个人都议论着道：“这倒是我们的过错。我们的王真是忠厚长者，不背叛恩德。但是我们的原则是不受侮辱，如今怨恨高祖欺侮我们的王，所以要劝大王杀他，为什么要玷污了我们的王呢？假如事情成功，功劳归王所有；失败了，我们自己去担当就是了。”

汉八年，高祖从东垣经过赵地，贯高等人在柏人县馆舍的夹壁中隐藏武士，想要刺杀高祖。高祖经过那里，正想住下，忽而心中跳动，便问道：“这地方叫什么县？”答道：“柏人。”高祖道：“柏人就是逼人哪！”便不肯在那里过夜就离开了。

汉九年，贯高的仇人知道了他刺杀高祖的谋划，就去告发。于是高祖便把赵王张敖和贯高等人都捉去。贯高一党十几个人都抢着刎颈自杀，只有贯高怒道：“这件事谁叫你们做的？现在大王确实没有参与刺高祖的谋划，却把他也捉来，这个冤枉，你们都死了，哪个再来替大王伸冤，证明他没有反叛呢？”便坐着密封的囚车，跟赵王一同来到长安。朝廷审理张敖的罪。高祖发出诏令，说赵国的群臣宾客有敢跟赵王来的，统统都诛灭他三族！贯高和门客孟舒等十几个人，都自己剃光头发，带上颈箍，作为赵王的家奴跟来。贯高一到，出庭受审，说道：“这件事是我们做的，赵王实在不知情。”狱吏便打了他几千板，又用针刺，身上没有一处是完好的，贯高始终不肯冤枉赵王谋反。吕后几次说张敖因为鲁元公主的缘故，不会有这种事。高祖怒道：“假使张敖有了天下，难道独少你女儿一人吗？”不听她的劝解。廷尉把贯高的情形和供词报告高祖，高祖道：“真是壮士！谁了解他，试着凭私情去探问一下。”中大夫泄公道：“我和他是同县人，向来了解他。这人本是赵国讲究名誉道义，不背弃自己所做诺言的人。”高祖便派泄公拿着符节到舆床前问他。贯高抬头看着泄公说道：“是泄公吗？”泄公便安慰他，像从前要好的时候一般，跟他讲话，问张敖到底有没有参与这个谋划。贯高道：

“依人情而论，谁不爱自己的父母妻子呢？现在连我的三族都要处死，难道会用我亲人的性命去换赵王吗？不过赵王实在没有谋反的心，都是我们做的事情。”他详细地说明了所以要刺杀高祖的本意和赵王不知内情的情况。于是泄公进宫，把他听到的详情报告了高祖，高祖才明白过来，便赦免了赵王。

皇上称赞贯高为人能够说一是一，就派泄公去告诉贯高道：“赵王已经释放了。”因而赦免贯高。贯高很高兴地说道：“我们的王真被放出来了吗？”泄公说：“是。”接着又道：“皇上很称赞足下，所以赦免了足下。”贯高道：“我被打得体无完肤而不死的原因，只是要替赵王伸冤，证明他不曾谋反，如今赵王已经被放出，我的责任已完成，死也没有什么遗恨了。并且做臣子的有了谋杀君主的恶名，还有什么面目再去服侍皇上呢？就是皇上不杀我，我自己心里能够不惭愧吗？”当下仰头卡断喉管而死。那个时候，贯高的名声传遍天下。

一〇〇、随何说英布归汉

英布与项羽互为心腹，欲其背楚归汉，不亦难乎？何以危词惊动，翻来覆去，只是“强弱”二字。至今读之，犹觉天花满目，无怪英布之背楚归汉也！

汉三年，汉王击楚，大战彭城[1]，不利，出梁地，至虞，谓左右曰：“如彼等者，无足与计天下事。”谒者随何[2]进曰：“不审陛下所谓。”汉王曰：“孰能为我使淮南[3]，令之发兵倍楚，留项王于齐数月，我之取天下可以百全。”随何曰：“臣请使之。”乃与二十人俱，使淮南。至，因太宰主之[4]，三日不得见。随何因说太宰曰：“王之不见何，必以楚为强，以汉为弱，此臣之所以为使。使何得见，言之而是邪，是大王所欲闻也；言之而非邪，使何等二十人伏斧质[5]淮南市，以明王倍汉而与楚也。”太宰乃言之王，王见之。随何曰：“汉王使臣敬进书大王御者，窃怪大王与楚何亲也。”淮南王曰：“寡人北乡[6]而臣事之。”随何曰：“大王与项王俱列为诸侯，北乡而臣事之，必以楚为强，可以托国也。项王伐齐，身负板筑[7]，以为士卒先；大王宜悉淮南之众，身自将之，为楚军前锋，今乃发四千人以助楚。夫北面而臣事人者，固若是乎？夫汉王战于彭城，项王未出齐也，大王宜骚[8]淮南之兵渡淮，日夜会战彭城下；大王抚万人之众，无一人渡淮者，垂拱[9]而观其孰胜。夫托国于人者，固若是乎？大王提空名以乡楚，而欲厚自托，臣窃为大王不取也。然而大王不背楚者，以汉为弱也。夫楚兵虽强，天下负之以不义之名，以其背盟约而杀义帝[10]也。然而楚王恃战胜自强，汉王收诸侯，还守成皋[11]、荥阳[12]，下蜀、汉[13]之粟，深沟壁垒，分卒守徼乘塞[14]。楚人还兵，间以梁地，深入敌国八九百里，欲战则不得，攻城则力不能，老弱转粮千里之外；楚兵至荥阳、成皋，汉坚守而不动，进则不得攻，退则不得解。故曰楚兵不足恃也。使楚胜汉，则诸侯自危惧而相救。夫楚之强，适足以致天下之兵耳。故楚不如汉，其势易见也。今大王不与万全之汉而自托于危亡之楚，臣窃为大王惑之。臣非以淮南之兵足以亡楚也。夫大王发兵而倍楚，项王必留；留数月，汉之取天下可以万全。臣请与大王提剑而归汉，汉王必裂地而封大王，又况淮南？淮南必大王有也。故汉王敬使使臣进愚计，愿大王之留意也。”淮南王曰：“请奉命。”阴许畔楚与汉，未敢泄也。

楚使者在，方急责英布[15]发兵，舍传舍，随何直入，坐楚使者上坐，曰："九江王已归汉，楚何以得发兵？"布愕然。楚使者起。何因说布曰："事已构[16]，可遂杀楚使者，无使归，而疾走汉并力。"布曰："如使者教，因起兵而击之耳。"于是杀使者，因起兵而攻楚。楚使项声[17]、龙且[18]攻淮南，项王留而攻下邑[19]。数月，龙且击淮南，破布军。布欲引兵走汉，恐楚王杀之，故间行与何俱归汉。

淮南王至，上方踞床[20]洗，召布入见，布大怒，悔来，欲自杀。出就舍，帐御饮食从官如汉王居，布又大喜过望[21]。于是乃使人入九江。楚已使项伯[22]收九江兵，尽杀布妻子。布使者颇得故人幸臣，将众数千人归汉。汉益分布兵而与俱北，收兵至成皋。四年七月，立布为淮南王，与击项籍。

汉五年，布使人入九江，得数县。六年，布与刘贾[23]入九江，诱大司马周殷，周殷反楚，遂举九江兵与汉击楚，破之垓下[24]。项籍死，天下定。

——节《黥布列传》

[1]彭城：县名，秦置，今江苏铜山县治。 [2]随何：汉初人，高祖既定天下，以何为护军中尉。 [3]淮南：淮水以南之地。今湖北大江以北，汉水以东及江苏、安徽江以北淮以南之地，时黥布为淮南王。 [4]太宰主之：淮南太宰作内主也。 [5]斧质：质，锧也。古刑置人锧上，以斧砍之。 [6]北乡：古人君之位南向，臣朝见人君必北向也。 [7]板筑：筑墙以两板相夹，置土其中，而以杵筑之。 [8]骚：扫也。 [9]垂拱：言垂衣拱手无所事事也。 [10]义帝：楚怀王孙心，在民间，项梁求得之，尊为楚怀王。及项羽入关，遂尊为义帝。 [11]成皋：地名，今河南汜水

县。［12］荥阳：县名，汉置，故城在今河南荥泽县西南。［13］蜀、汉：谓蜀郡、汉中也。［14］守徼乘塞：徼谓边境，常守之也。乘者登也，登塞垣而守之。［15］英布：因受黥刑，又曰黥布。［16］构：成也。［17］项声：项羽将。［18］龙且：项羽将。韩信击齐，楚使龙且救齐，与信夹潍水而陈，信囊杀壅水上流，引兵半渡，阳不胜还走。龙且追之，信决壅囊，水大至，遂击杀龙且。［19］下邑：地名，故城在今江苏砀山县东。［20］踞床：言踞坐床上洗足也。［21］大喜过望：言喜出望外也。［22］项伯：项羽之季父也。［23］刘贾：高帝从父兄，从高帝定天下，立为荆王。黥布反，贾为所杀。［24］垓下：地名，在今安徽灵璧县东南，汉高祖围项羽于此。

汉三年，汉王攻打楚国，大战于彭城，汉兵失利后退出梁地而至虞县。汉王对左右的人道："像你们这班人，不值得一同商议天下大事。"谒者随何上前说道："不懂陛下说的是什么意思？"汉王道："哪个能够替我出使淮南国，叫他发兵背叛楚国，拖住项王于齐地，只须几个月，我夺取天下就可万无一失了。"随何道："我愿意去。"汉王便派了二十多人和他同到淮南国。到达后，通过太宰作介绍，三天没有见到淮南王。随何趁势对太宰说道："大王不肯接见我，必定是认为楚强汉弱，这就是我出使的缘故。假使我得以召见，我说出的话是对的，那正是大王想听的；说的话要是不对，就将我们二十人在淮南街市上处死，表明大王是背弃汉而同楚友好。"太宰便把他的话告诉了淮南王，淮南王才和随何相见，随何道："汉王派我恭敬地上书大王驾前，我私下感到奇怪，大王为什么和楚国那么亲近呢？"淮南王道："我面向北边以臣子的身份侍奉他。"随何道："大王和项王都是同列的诸侯，向他称臣，一定是认为楚国强大，可以把国家托付给他。从前项王攻打齐国的时候，亲自背负筑墙的板，做士卒的先锋。现在大王也应该尽发淮南国的士兵，亲自率领他们，去做楚军的先锋，如今却只打发四千人去帮楚国。面北而侍奉人家的臣子，难道该是这样的吗？汉王在彭城打仗的时候，项王还没有离开齐国，这时大王就应该出动全部淮南国的兵，渡过淮河，昼夜兼程赶到彭城与汉王作战。大王拥有万人之众，却没有一个人渡过淮河，想袖手旁观看看谁能得胜，把国事托付给人家的人，难道是这样的吗？大王挂着依靠楚国的空名，却想完全依靠自己，我私下认为大王这样做是不可取的。然而大王不肯背叛楚国，是认为汉国弱小。可是，楚兵虽然强大，但天下的人都说它不义，因为它违背盟约，杀死了义帝。然而楚王仗着百战百胜，自以为兵强。汉王联合诸侯，回军驻守成皋、荥阳，运来蜀郡、汉中郡的粮食，挖起深沟，筑起营垒，分兵把守着边境要塞。楚国要想撤回军队，中间隔着梁国，深入敌国八九百里，想战不能得手，攻城又没有兵力，老弱残兵要运粮到千里之外；楚兵到了荥阳、成皋，汉兵坚守不出。这样楚兵进不能攻打，退不能脱身，所以说楚兵是靠不住的。如果楚国打败了汉国，各国诸侯必定因为害怕而互相救助。所以楚国一旦强大，恰好会招来天下军队的攻击。所以楚国不如汉国，那是很容易看出的。现在大王不与万无一失的汉国交好，却要依靠危亡的楚国，我私下替大王感到疑惑。我并不是说得了淮南的兵，就可以亡楚。只是大王如能发兵反叛楚国，那么项王必定会被牵制，只要牵制几个月，那么汉国攻取天下就万无一失了。我请求大王提着宝剑归向汉国，汉王将来必定划了土地封赐大王，何况这区区淮南的土地，那有不给大王的呢？大王既然归向了汉国，淮南的土地，必定是归大王所有。这就是汉王派我进献的愚计，只希望大王留意。”淮南王道：“遵命。”暗中答应叛楚归汉，但不敢泄露这个秘密。

楚国的使者在那里，正要求英布赶紧发兵，使者住在馆舍里等着。随何就直入馆舍，坐在楚国使者的上席，对他说道：“九江王已经归向汉国了，楚国怎么还可以叫他发兵呢？”英布听到这话，大吃一惊，楚国使者站起来要走。随何趁机劝英布道：“事情已经决定，就可以立刻杀了楚使，不要放他回去。我们赶快向汉国靠拢，协同作战。”英布道：“就依使者的指教，起兵攻楚就是了。”于是杀了楚使，起兵攻打楚国。楚国派项声、龙且来攻淮南国。项王留在那里攻打下邑。经过了几个月，龙且攻打淮南国，打败英布的军队。英布想带兵到汉国，恐怕楚王截杀他，所以同随何偷偷地从小道逃归汉国。

淮南王到时，汉王正曲着腿，坐在床上洗脚，就叫英布进来相见。英布见汉王这样没有体统，大发怒火，懊悔自己不该来，想要自杀。没想走出来住下，见到帐幔、用器、饮食、侍从官员一如汉王。英布出乎意料，又高兴的不得了。于是英布派人到九江去。哪知楚王已派项伯收编了九江的兵，杀尽了英布的妻子儿女。英布的使者找到不少故友宠臣，带领几千士兵回到汉国。汉王又增拨士兵给英布，和他一同北上，一路招兵买马到成皋。汉四年七月，汉王封英布为淮南王，共同攻打项籍。

汉五年，英布派人到九江，夺得好几个县。汉六年，英布和刘贾同到九江国，诱降大司马周殷。周殷反叛楚国，就率领九江的兵和汉军一同攻打楚国，在垓下大败楚军。项籍死了，天下方才安定。

一〇一、韩信拜将

韩信本一亡徒，其罪当斩，以何力荐，既赦之，即逾格拜为大将，加以殊礼，用人破格如此，三代下罕有之举动也。文以“亡”字作骨，故篇中连用亡字，终又言不用必亡，前后互相映发，是史笔变化有线索处。

汉王之入蜀，信亡楚归汉，未得知名，为连敖[1]。坐法当斩，其辈十三人皆已斩，次至信，信乃仰视，适见滕公，曰："上不欲就天下乎？何为斩壮士！"滕公奇其言，壮其貌，释而不斩。与语，大说之。言于上，上拜以为治粟都尉[2]，上未知奇也。

信数与萧何[3]语，何奇之。至南郑[4]，诸将行道亡者数十人，信度何等已数言上，上不我用，即亡。何闻信亡，不及以闻，自追之。人有言上曰："丞相何亡。"上大怒，如失左右手。居一二日，何来谒上，上且怒且喜，骂何曰："若亡，何也？"何曰："臣不敢亡也，臣追亡者。"上曰："若所追者谁？"何曰："韩信也。"上复骂曰："诸将亡者以十数，公无所追；追信，诈也。"何曰："诸将易得耳。至如信者，国士无双。王必欲长王汉中，无所事信；必欲争天下，非信无所与计事者。顾王策安所决耳。"王曰："吾亦欲东耳，安能郁郁久居此乎？"何曰："王计必欲东，能用信，信即留；不能用，信终亡耳。"王曰："吾为公以为将。"何曰："虽为将，信必不留。"王曰："以为大将。"何曰："幸甚。"于是王欲召信拜之。何曰："王素慢无礼，今拜大将如呼小儿耳，此乃信所以去也。王必欲拜之，择良日，斋戒[5]，设坛场[6]，具礼，乃可耳。"王许之。诸将皆喜，人人各自以为得大将。至拜大将，乃韩信也，一军皆惊。

——节《淮阴侯列传》

[1] 连敖：官名。 [2] 治粟都尉：亦官名。 [3] 萧何：汉沛人，佐高祖定天下，封酂侯。 [4] 南郑：县名，秦置，今属陕西关中道。 [5] 斋戒：不饮酒，不茹荤也。 [6] 坛场：设坛于广场中也。

汉王发兵到蜀郡的时候，韩信逃出楚国，归降到汉国。那时韩信并不出名，只做了接待宾客的小官。后来犯了罪要处斩刑，和他犯同样罪的十三个人，都已杀死，轮着韩信了。韩信抬头一看，恰巧看见滕公，便道：“汉王不想得天下吗？如果要得天下，为什么要斩壮士？”滕公感到他的话不同凡响，又见他相貌非凡，就放了他。

滕公和韩信交谈，觉得很畅快，就把韩信的情况告诉汉王。汉王用他做治粟都尉。这个时候，汉王还没有器重他。韩信多次和萧何谈话，萧何很赏识他。到了南郑，诸将半路上逃走的有几十人，韩信料想萧何已经屡次到汉王面前推荐自己，汉王只是不用他，知道在此没希望，也逃走了。萧何听说韩信逃走，来不及告诉汉王，自己便追上去。恰巧这时有人告诉汉王道：“丞相萧何逃走了。”汉王听到这话，当下大怒，好像失去了左右手一般。过了一二天，萧何回来进见汉王，汉王见了萧何，又是发怒，又是高兴，骂萧何道：“你为什么要逃走？”萧何道：“我不敢逃走，我是去追逃走的人。”汉王道：“你追逃走的是哪一个？”萧何道：“是韩信。”汉王又骂道：“诸将逃走的有几十人，你不去追他们，却只去追韩信，这一定是谎话。”萧何道：“诸将逃走，容易再得，至于韩信，国士中没有第二个。大王若是只想做个关中王的话，也就用不着韩信；大王如果必要争天下，那么不是韩信，大王便没有可以商量大事的人了。”汉王道：“我也是要向东去的，怎能够郁郁久居在这个地方呢？”萧何道：“大王果真要向东去，能够用韩信，韩信便肯留下；不能用韩信，韩信终究是要逃走的。”汉王道：“我为了你的缘由，用他做将吧。”萧何道：“虽然用他做将，韩信也必定不肯留在这里的。”汉王道：“用他做大将。”萧何道：“太好了！”于是汉王就想叫韩信来拜他做大将。萧何道：“大王素来傲慢，不讲礼节。今天拜个大将，好像是喊个小孩子一般，这就是韩信所以要逃走的缘故。

大王必定要拜他做大将的话，必要选了好日子，斋戒了，设了坛场，预备了礼节，那才行啊。”汉王答应了他。当时诸将军都很高兴，个个都自以为要做大将。哪知到了拜将，却是韩信，全军都很诧异。

一〇二、韩信背水列阵

成安君不用广武君之策，正是韩信胜赵之处。而韩信最得意之战，又是太史公最得意之文。淋漓酣畅，描写如见，极活泼飞舞之妙。

信之下魏破代，汉辄使人收其精兵，诣荥阳[1]以距楚。信与张耳[2]以兵数万，欲东下井陉[3]击赵。赵王、成安君陈馀[4]闻汉且袭之也，聚兵井陉口，号称二十万。广武君李左车[5]说成安君曰：“闻汉将韩信涉西河，虏魏王，擒夏说[6]，新喋血[7]阏与[8]，今乃辅以张耳，议欲下赵，此乘胜而去国远斗，其锋不可当。臣闻千里馈粮，士有饥色，樵苏[9]后爨，师不宿饱[10]。今井陉之道，车不得方轨，骑不得成列，行数百里，其势粮食必在其后。愿足下假臣奇兵三万人，从间道绝其辎重[11]。足下深沟高垒，坚营勿与战。彼前不得斗，退不得还，吾奇兵绝其后，使野无所掠，不至十日，而两将之头可致于戏下[12]。愿君留意臣之计。否，必为二子所禽矣。”成安君，儒者也，常称义兵不用诈谋奇计，曰：“吾闻兵法十则围之，倍则战。今韩信兵号数万，其实不过数千。能千里而袭我，亦已罢极。今如此避而不击，后有大者，何以加之！则诸侯谓吾怯，而轻来伐我。”不听广武君策。广武君策不用。

韩信使人间视，知其不用，还报，则大喜，乃敢引兵遂下。未至井陉口三十里，止舍。夜半传发，选轻骑二千人，人持一赤帜，从间道[13]萆山[14]而望赵军，诫曰："赵见我走，必空壁逐我，若疾入赵壁，拔赵帜，立汉赤帜。"令其裨将传飧[15]，曰："今日破赵会食！"诸将皆莫信，详应曰："诺。"谓军吏曰："赵已先据便地为壁，且彼未见吾大将旗鼓，未肯击前行。恐吾至阻险而还。"信乃使万人先行，出，背水陈[16]。赵军望见而大笑。平旦，信建大将之旗鼓，鼓行出井陉口，赵开壁击之，大战良久。于是信、张耳详弃鼓旗，走水上军。水上军开入之，复疾战。赵果空壁争汉鼓旗，逐韩信、张耳。韩信、张耳已入水上军，军皆殊死战，不可败。信所出奇兵二千骑，共候赵空壁逐利，则驰入赵壁，皆拔赵旗，立汉赤帜二千。赵军已不胜，不能得信等，欲还归壁，壁皆汉赤帜，而大惊，以为汉皆已得赵王将矣，兵遂乱，遁走，赵将虽斩之，不能禁也。于是汉兵夹击，大破虏赵军，斩成安君泜水[17]上，禽赵王歇。

信乃令军中毋杀广武君，有能生得者购千金。于是有缚广武君而致戏下者，信乃解其缚，东乡对，西乡对，师事之。

诸将效首虏，毕贺，因问信曰："兵法右倍山陵，前左水泽，今者将军令臣等反背水陈，曰破赵会食，臣等不服。然竟以胜，此何术也？"信曰："此在兵法，顾诸君不察耳。兵法不曰'陷之死地而后生，置之亡地而后存'？且信非得素拊循士大夫也[18]，此所谓'驱市人而战之'，其势非置之死地，使人人自为战；今予之生地，皆走，宁尚可得而用之乎！"诸将皆服，曰："善。非臣所及也。"

——节《淮阴侯列传》

[1] 荥阳：见《随何说英布归汉》篇。 [2] 张耳：见《养卒说燕归赵王》

篇注。［3］井中陉：县名，汉置，即今河北井陉县。［4］陈馀：见《养卒说燕归赵王》篇。［5］李左车：初仕赵，封为广武君。韩信以背水阵斩陈馀，左车归信，信用其策下燕齐诸城。［6］夏说：代相也，是年九月为韩信所擒。［7］喋血：血流貌。［8］阏与：战国时韩邑名，后属赵，在今山西顺和县之西。［9］樵苏：樵取薪也，苏取草也。［10］宿饱：犹俗言隔夜饱。言夕飧饱饫，翌朝未饥。［11］辎重：军中所载之粮食也。［12］戏下：犹言部下。戏与麾通，大将之旗也。［13］间道：小路也。［14］萆山：依山自覆蔽也，萆音蔽。［15］传飧：小饭曰飧，谓立驻传飧待破赵后乃大食也。［16］背水陈：背水而阵也。［17］泜水：水名，发源河北元氏县西群山中，东流入槐河，长五十余里。［18］且信句：信起身微贱，人心不服，故曰非得素拊循士大夫也。

韩信占领魏国、大败代国以后，汉王每每派人征调他的精兵，到荥阳去抵挡楚军。韩信和张耳带了几万兵，想向东从井陉下来，攻打赵国。赵王和成安君陈馀听说汉军将要袭击自己，就把兵驻扎在井陉口，号称二十万，广武君李左车劝成安君道："我听说汉将韩信渡过西河，生擒了魏王，又活捉夏说，新近又在阏与血战得胜，现在又有张耳做帮手，商议要打破赵国。这是他趁胜而远离本国远征，那种锋芒是抵挡不住的。但我听说：'隔了千里的路送粮，不能按时送到，士兵必定要饥饿；临时砍柴割草烧火做饭，军队就不能经常吃饱。'如今井陉的道路很狭窄，两辆战车不能并列行走，骑兵不能排成行列，行军队伍拉开好几百里，以事势来论，必定有粮食在大部队的后面。希望足下拨给我奇兵三万人，从小路去抄袭他们的粮草辎重。足下就深挖壕沟，筑起高垒，牢牢守着，不和他们开战。这样他们前进不能开仗，后退不能回去，我的奇兵又截住他们的退路，使得他们没有地方可劫掠粮食，不到十天，两将的头必定送到将军的帐前。希望足下考虑我的计策。若不是这样，一定被他们两人捉去。”成安君是个书呆子,嘴里时常说正义的军队不可用诈谋奇计,便说道:“我听兵书上说，兵力比敌人多十倍的，就可把他们围起来，若只多了一倍,就可和他们开战。现在韩信的兵,号称数万,实在不过几千,他们竟敢不远千里来袭击我们，也已经精疲力竭了。现在像他们这样的情况，还要退避不和他们对敌，后日如果有更强大的敌人，又怎么对付呢？诸侯必定会认为我们胆小，要看轻我们，就会轻易地来攻打我们。”便不听广武君的计策。

成安君没有采纳广武君的计策。韩信派人来打探，探得广武君的计策不被采纳，当即回去报告，韩信得报，高兴极了，才敢径直进军，到了离井陉口三十里的地方驻扎宿营。半夜时发布号令，挑选了轻骑两千人，每人拿一面红旗，令他们从小路上山，隐藏在山上观察赵军，告诫他们道：“赵军看见我军退走，必定倾巢出动追赶我们，你们就火速冲进赵军营垒，拔去赵军的旗子，竖起汉军的红旗。”叫手下的副将传令开顿小餐，并宣布道：“今天打败了赵军正式会餐。”许多将官听到韩信这话，都不相信，假意答应了一声：“好。”韩信又对军吏道：“赵军已占据了有利地形扎下营寨，并且没有看见我军大将的旗鼓，必定不会攻打我军的前阵，怕我们行进到危险的地方就缩回去。”当下便派了一万人先出发，出了井陉口，背靠河水排列阵势。赵军看见了都大笑起来。天亮了，韩信便竖起大将的旗鼓，大吹大擂地开出井陉口。赵军打开营垒，攻击汉军。两军激战了好久，韩信和张耳假意抛弃了旗鼓，逃回河边的军中。河边的军队敞开营门放他们进来，又拼命地出战。赵军果然倾巢出动，争夺汉军的旗鼓，追逐韩信、张耳。这时韩信、张耳已进入河边的军中。军士们殊死奋战，赵军无法把他们打败。韩信派出的二千突袭骑兵，大家等赵兵追出抢东西，营垒空了的时候，就火速冲进赵军的营垒，把赵军的旗帜全部拔去，竖起汉军的两千面红旗。这时赵军已经不能得胜，捉不到韩信等人，想回到自己的营垒，一望营垒中却都竖起汉军的红旗，大为震惊，以为汉军已把赵王的将领都捉到了，于是军中大乱，纷纷逃走，赵将虽然斩了逃走的人，但也禁止不住他们。于是汉军两面夹攻，大破赵军，捉住了许多人，并在泜水上斩了成安君，捉住了赵王歇。

韩信在军中传令，不要杀死广武君，有能活捉的赏千金。这时，有人把广武君绑着送到韩信帐下。韩信当下便解了捆绑他的绳子，请他面向东坐下，自己向西对坐着，用老师的礼节待他。

这时诸将献完首级和俘虏，都来向韩信道贺，于是问韩信道："兵法上说，'行军布阵要右边和背后靠着山陵，前面和左边要沿着水泽'。现在将军却叫我们背水列阵，并且说'打败了赵军会餐'。我们本来很不服。现在竟然得胜了，这是什么战术呢？"韩信道："这个在兵法是有的，只是诸位不能细细领会罢了。兵法不是说'陷于死地而苦战得生，处于绝境而死战得存'？并且我率领的并不是素来受过我的训练而听我指挥的将士，这就是所说的'赶着街市上的人出去打仗'，其势非把他们置于死地，使人人为保全自己非作战不可；如果把他们安置在有生路的地方，那么人人都要逃走，还能用他们来作战吗？"诸将都很佩服，说道："妙极了！将军的谋略不是我们所能赶得上的呀！"

一〇三、蒯通说韩信自王

蒯通教信自王，不从正面说起，却从相术引入。层层敲击，笔笔放松，正笔笔鞭紧。后果不出所料，足见其虑事之精，识人之透。

齐人蒯通[1]知天下权在韩信，欲为奇策而感动之，以相人说韩信曰："仆尝受相人之术。"韩信曰："先生相人何如？"对曰："贵贱在于骨法，忧喜在于容色，成败在于决断，以此参之，万不失一。"韩信曰："善。先生相寡人何如？"对曰："愿少间。"信曰："左右去矣。"通曰："相君之面，不过封侯，又危不安。相君之背，贵乃不可言。"韩信曰："何谓也？"蒯通曰："天下初发难[2]也，俊雄豪杰建号壹呼，天下之士云合雾集，鱼鳞杂遝[3]，熛[4]至风起。当此之时，忧在亡秦而已。今楚汉分争，使天下无罪之人肝胆涂地，父子暴骸骨于中野，不可胜数。楚人起彭城[5]，转斗逐北，至于荥阳[6]，乘利席卷[7]，威震天下。然兵困于京、索[8]之间，迫西山而不能进者，三年于此矣。汉王将数十万之众，距巩、洛[9]，阻山河之险，一日数战，无尺寸之功，折北不救，败荥阳，伤成皋[10]，遂走宛、叶[11]之间，此所谓智勇俱困者也。夫锐气挫于险塞，而粮食竭于内府，百姓罢极怨望，容容无所倚。以臣料之，其势非天下之贤圣固不能息天下之祸。当今两主之命县于足下，足下为汉则汉胜，与楚则楚胜。臣愿披腹心，输肝胆，效愚计，恐足下不能用也。诚能听臣之计，莫若两利而俱存之，参分天下，鼎足而居，其势莫敢先动。夫以足下之贤圣，有甲兵之众，据强齐，从燕、赵，出空虚之地而制其后，因民之欲，西乡[12]为百姓请命，则天下风走而响应矣，孰敢不听！割大弱强，以立诸侯，诸侯已立，天下服听而归德于齐。案齐之故，有胶、泗[13]之地，怀诸侯以德，深拱揖让，则天下之君王相率而朝于齐矣。盖闻天与弗取，反受其咎；时至不行，反受其殃。愿足下孰虑之。"

韩信曰："汉王遇我甚厚，载我以其车，衣我以其衣，食我以其食。

吾闻之，乘人之车者载人之患，衣人之衣者怀人之忧，食人之食者死人之事，吾岂可以乡利倍义乎？”蒯生曰：“足下自以为善汉王，欲建万世之业，臣窃以为误矣。始常山王、成安君为布衣时，相与为刎颈之交，后争张黡、陈泽之事，二人相怨[14]，常山王背项王，奉项婴头而窜逃，归于汉王。汉王借兵而东下，杀成安君泜水[15]之南，头足异处，卒为天下笑。此二人相与，天下至欢也。然而卒相禽者，何也？患生于多欲而人心难测也。今足下欲行忠信以交于汉王，必不能固于二君之相与也，而事多大于张黡、陈泽。故臣以为足下必汉王之不危己，亦误矣。大夫种、范蠡存亡越[16]，霸勾践，立功成名而身死亡。野兽已尽而猎狗亨。夫以交友言之，则不如张耳之与成安君者也；以忠信言之，则不过大夫种、范蠡之于勾践也。此二人者，足以观矣。愿足下深虑之。且臣闻勇略震主者身危，而功盖天下者不赏。臣请言大王功略：足下涉西河，虏魏王，禽夏说[17]，引兵下井陉[18]，诛成安君，徇赵，胁燕，定齐，南摧楚人之兵二十万，东杀龙且[19]，西乡以报，此所谓功无二于天下，而略不世出者也。今足下戴震主之威，挟不赏之功，归楚，楚人不信；归汉，汉人震恐。足下欲持是安归乎？夫势在人臣之位而有震主之威，名高天下，窃为足下危之。”韩信谢曰：“先生且休矣，吾将念之。”

后数日，蒯通复说曰：“夫听者事之候也，计者事之机也，听过计失而能久安者，鲜矣。听不失一二者，不可乱以言；计不失本末者，不可纷以辞。夫随厮养之役者，失万乘之权；守儋石[20]之禄者，阙卿相之位。故知者决之断也，疑者事之害也，审豪氂之小计，遗天下之大数，智诚知之，决弗敢行者，百事之祸也。故曰‘猛虎之犹豫[21]，不若蜂虿[22]之致螫[23]；骐骥[24]之跼躅[25]，不如驽马之安步；孟贲[26]之狐疑[27]，不如庸夫之必至也；虽有舜、禹之智，吟而不言，不如喑聋之指麾也’。此言贵能行之。夫功者难成而易败，时者难得而易失也。时乎时，不再来。愿足下详察之。”韩信犹豫，不忍倍汉，又自以为功多，汉终不夺我齐，遂谢蒯通。蒯通说不听，已，详狂为巫。

——节《淮阴侯列传》

[1]蒯通：汉范阳人，本名敌，史家避武帝讳，追书通。楚汉说士，有权变。武信君用其策，降燕、赵三十余城。韩信用其策，遂定齐地。曹参为齐相，以为上宾。通尝论战国说士权变，亦自序其说，凡八十一首，号曰隽永。[2]发难：为祸首也。 [3]杂遝：众多貌。 [4]熛：音标，火飞也。[5]彭城：见前《随何说英布归汉》篇注。 [6]荥阳：亦见前《随何说英布归汉》篇注。 [7]乘利席卷：谓乘胜取土，犹如席卷。 [8]京、索：京在荥阳县东南五十一里，春秋郑邑，公叔段居之。索即荥阳县，以索水得名。 [9]巩、洛：二地名。巩县名，秦置，即今河南巩县。洛即洛阳。[10]伤成皋：汉王至成皋，被项王一箭伤胸。成皋，今河南汜水县。[11]宛、叶：二地名。并在河南省境。 [12]西乡：乡音向，齐国在东，故曰西乡。 [13]胶、泗：谓胶河，泗水也。 [14]常山王、成安君五句：常山王张耳也，成安君陈馀也。秦王离围张耳巨鹿，陈馀军巨鹿北，自度兵少，不敢前。耳使张黡陈泽让馀，馀以五千兵使二人先尝秦军至皆没，后围解。耳疑馀杀之，遂解陈馀之将印，收其兵卒。 [15]泜水：水名。见《韩信背水列阵》篇注。 [16]大夫种、范蠡句：种、蠡，皆春秋越大夫。佐越王勾践灭吴，或谮种作乱，王赐以属镂之剑，遂自杀。蠡知勾践可与患难，难与同乐，遂浮海适齐。变姓名为鸱夷子皮。卒于陶。 [17]夏说：代相也。 [18]井陉：见上《背水陈》篇注。 [19]龙且：见《随何说英布归汉》篇。 [20]儋石：谓米粟也。一石为石，再石为儋，言人儋之也。 [21]犹豫：二兽名，性多疑，故以喻疑而不决者。 [22]蜂虿：

虫名，蝎属。［23］蜇：虫类用毒牙或尾针刺人曰蜇。［24］骐骥：千里马也。［25］踽躅：行不进也。［26］孟贲：古之勇士，能拔生牛角。［27］狐疑：狐，兽名，性多疑。

齐国人蒯通知道天下胜负的关键在于韩信，想用奇策去说动他。就以看相的身份游说韩信道:“我曾经学过相术。”韩信道:“先生怎样相人?”蒯通答道:“人的贵贱在于骨相，忧喜在于面色，成败在于决断。用这三项参验相人，万无一失。”韩信道:“很好！先生看我的相怎么样?”蒯通答道:“希望稍稍屏退从人。”韩信道:“左右的人都走开了。”蒯通道:“相君的面，不过封侯罢了，而且又是危险很不安全。相君的背，却是贵不可言。”韩信道:“这怎么说?”蒯通道:“天下最初发难的时候，英雄豪杰建号称王，振臂一呼，天下的志士像云雾那样汇合，像鱼鳞那样密聚，如同火焰迸飞，狂风骤起。这个时候，忧虑的只是灭亡秦朝罢了。现在楚、汉分争，使天下无辜的百姓肝胆涂地，父子的骸骨暴露在野外，数不胜数。楚人从彭城起义，转战四方，追逐败兵，直到荥阳，乘着胜利，像卷席子一样向前挺进，声势震动天下。然而军队被困在京县与索城之间，被阻在成皋以西的山岳地带不能再前进，已经三年了。汉王统领几十万人马，在巩县、洛阳一带抗拒楚军，凭借山河的险要，虽然一日数战，但没有尺寸之功，以至遭受挫折失败，几乎不能自救。在荥阳打了败仗，在成皋受了伤，于是逃到宛、叶两县之间，这就是智士、勇将都很困窘了啊。现在锐气在险塞之地受到挫折，仓库中的粮食消耗光了，百姓疲劳困苦，怨声载道，人心动荡，无所无靠。在我看来，若是没有圣贤出世，就不能平息天下的祸乱。现在汉王和项王的性命都悬挂在足下的手里，足下帮助汉，汉就得胜；足下帮助楚，楚便得胜。我愿意披肝沥胆，敬献愚计，只恐怕足下不采纳啊。果真能够依我的计策，不如让楚、汉双方都不受损害，同时存在下去，与他们三分天下，鼎足而立，这种形势自然没有人敢先动手了。凭着足下的贤能圣德，拥有众多的人马装备，占据着强大的齐国，迫使燕国、赵国屈从，出兵到他们力量空虚的地方，牵制他们的后方，顺应百姓的心愿，向西去禁止楚、汉之争，为军民百姓请求保全生命，那么天下诸侯就会闻风响应，谁敢不听从！然后分割大国，削弱强国，用来封立诸侯。诸侯已经恢复，天下就会信服听从，而把功德归与齐国。稳守齐国故有的疆土，据有胶河、泗水流域，用恩德安抚诸侯，恭谨谦逊，那么天下的君王就会相继前来朝拜齐国。我听说‘上天赐予的不接受，反而会受到惩罚；时机到了不行动，反而会遭受灾祸，希望足下仔细地考虑这件事。”

韩信道：“汉王待我很优厚，让我坐他的车子，让我穿他的衣服，又让我吃他的食物。我听说坐人家的车子，应该替人家分担祸患，穿人家的衣服，心里要想着人家的忧虑，吃人家的食物，要为人家的事业效死，我怎么可以顾利而背义呢？”蒯生道：“足下自以为和汉王很要好，想建立万世的功业，我私下认为错了。从前常山王和成安君还是平民的时候，彼此结成生死之交。后来因张黡、陈泽的事情发生争执，两人互相怨恨。常山王背弃了项王，斩了项婴的头逃走，归降了汉王。汉王借兵给他向东进攻，在泜水以南杀了成安君，头脚分离，终被天下人耻笑。这两人的交情，要算天下最深厚的，但是后来竟互相仇杀起来，祸患产生于贪得无厌，而人心是不容易推测的呀。现在足下想用忠信去和汉王相交，但你们的关系一定不可能比常山王、成安君的交情更巩固，那发生的事情，而牵涉的事情又多半比张黡、陈泽的事情大得多。所以我认为足下断定汉王不会危害自己，也错了。从前大夫文种、范蠡保存了将亡的越国，使勾践称霸，但功成名就之后，文种被杀，范蠡逃走。野兽已经打完，猎狗也要被烹死。如果以交情友谊而论，足下和汉王就比不上张耳与成安君了，以忠诚信义而论，也就赶不上大夫文种、范蠡与勾践了。成安君、大夫文种这两个人，足可以借鉴了！希望足下仔细想想。并且我听说，勇略震动君主的自身必有危险，功劳卓著冠盖天下的必定得不到赏赐。我来说说大王的功绩和谋略吧：足下渡过西河，捉了魏王，擒了夏说，率军攻占井陉，杀了成安君，占领赵国，胁迫燕国，安定齐国，南面打败楚兵二十万，东面杀死龙且，西面向汉王报捷。这可以说是功劳天下无二，谋略是世上唯一的，再没有其它的了。如今足下有了震动君主的威勇，持有不能封赏的功绩，归向楚国，楚国人不信任；归向汉国，汉国人震惊恐惧。足下凭着这样大的功绩和威势，想归到什么地方去呢？身处臣子的地位而有着使国君震动的威势，声望高于天下所有的人，我私下替足下感到危险。”韩信辞谢道：“先生不要说了，让我考虑考虑。”

过了几天，蒯通又劝韩信道：“善于听取意见，就容易预见事物的征兆；能反复思考，就容易掌握事情成败的关键时机。不善于听取意见和思考问题而能久安的人，实在少有。听取意见而很少失误的人，就无法用闲言碎语来迷惑他；思虑周密而不本末倒置的人，就不能用花言巧语去扰乱他。甘心做劈柴养马差事的人，就会失去争夺万乘的权柄的机会；安心微薄俸禄的人，就得不到公卿宰相的高位。所以坚决果断才是聪明的表现；迟疑不决是办事情的的祸患。往往在细小的事情上用心思，却忘掉天下的大谋划。明知事情应该怎么做，但决定了又不敢去实行，这就是百事的祸端呀。所以说‘猛虎犹豫不能决断，不如黄蜂、蝎子用毒刺去螫；骏马徘徊不前，不如劣马安然慢步；勇士孟贲狐疑不定，不如凡夫俗子决心实干，以求达到目的；即使有虞舜、夏禹的智慧，闭上嘴巴不讲话，还不如聋哑人用手势比画’。这几句话就是说贵能做到。功业难于成功，但容易失败，时机得到很难，错过却很容易。时机啊时机，失去了就不会再来。希望足下仔细想想吧。”韩信迟疑不决，不忍心背叛汉王，又以为自己的功劳多，汉王终究不会把他的齐地夺去，就谢绝了蒯通。蒯通对韩信说了这一大番话，韩信竟不听他的，后来就装疯做了巫师。

一〇四、韩信之族灭

淮阴之死，大不快人意，当时后代皆为之悲伤。吕后亦悍矣，萧相国亦谀从矣。文能道之详尽，纤悉无遗。而韩信之悔语，尤令人呜咽流涕，可谓将专制之酷毒写得淋漓尽致。

陈豨[1]拜为巨鹿[2]守，辞于淮阴侯[3]。淮阴侯挈其手，辟左右与之步于庭，仰天叹曰："子可与言乎？欲与子有言也。"豨曰："唯将军令之。"淮阴侯曰："公之所居，天下精兵处也；而公，陛下之信幸臣也。人言公之畔，陛下必不信；再至，陛下乃疑矣；三至，必怒而自将。吾为公从中起，天下可图也。"陈豨素知其能也，信之，曰："谨奉教！"汉十年，陈豨果反。上自将而往，信病不从。阴使人至豨所，曰："第举兵，吾从此助公。"信乃谋与家臣夜诈诏赦诸官徒奴，欲发以袭吕后、太子。部署[4]已定，待豨报。其舍人得罪于信，信囚，欲杀之。舍人弟上变，告信欲反状于吕后。吕后欲召，恐其党不就，乃与萧相国[5]谋，诈令人从上所来，言豨已得死，列侯群臣皆贺。相国给[6]信曰："虽疾，强入贺。"信入，吕后使武士缚信，斩之长乐钟室[7]。信方斩，曰："吾悔不用蒯通之计[8]，乃为兒女子所诈，岂非天哉！"遂夷信三族[9]。

——节《淮阴侯列传》

［1］陈豨：汉宛句人。本事高祖，迨有兵权，遂反自主为代王，帝自击豨诛之。　［2］巨鹿：战国赵邑。秦置县为巨鹿治，即今河北平乡县。［3］淮阴侯：韩信封为淮阴侯。　［4］部署：按部而理也。　［5］萧相国：萧何为汉丞相，故称萧相国。　［6］绐：欺也。　［7］长乐钟室：长乐宫悬钟之室。　［8］蒯通之计：参阅上通说韩信自王篇。　［9］三族：父母、兄弟、妻子为三族。

陈豨拜做巨鹿郡守，向淮阴侯辞行。淮阴侯握着他的手，避开左右的人和他一同在庭院散步，抬头叹息道："有些话可以和你说吗？有一些话想和你说。"陈豨道："依将军的吩咐。"淮阴侯道："公管辖的地方，是天下精兵之所在；而公又是陛下所宠爱的臣子。如果有人说公反叛，陛下必定不信；第二次有人再说，陛下就会生疑了；第三次再有人说起，陛下必定大发其怒而亲自带兵讨伐。我为公从京城起兵做内应，天下就可以图谋了。"陈豨素来知道他的本领，很相信他，便道："谨从指教。"汉十年，陈豨果然反了。皇上亲自带兵前往，韩信托病没有跟随。却暗地里派人到陈豨的处所，对他说道："只管起兵，我在这里协助公。"韩信就和家臣谋划，乘夜假传诏令，赦免各官府的罪犯和奴隶，想利用他们去袭击吕后、太子。部署停当，只等陈豨的通报。他的一个家臣得罪了韩信，韩信把他囚禁起来，打算杀死他。那个家臣的弟弟上书告变，向吕后告发韩信准备谋反的情况。吕后得到消息，想召韩信到宫里来，但怕他万一不肯就范，就和萧何商议，萧何想出一个法子，派人假装说从皇上那里来，说陈豨已被俘获处死，列侯群臣都要去祝贺。相国欺骗韩信道："即使有病，还是勉强入宫道个贺吧。"韩信一进宫，吕后派武士把韩信绑起来，斩死在长乐宫的钟室。韩信临斩时道:“我懊悔不听蒯通的计策,竟被小妇人所欺骗,这难道不是天意吗?”于是诛杀韩信三族。

一〇五、淮阴侯传赞

骄盈取损，自满必败。史公以此讥韩信，盖非以成败论人也，诚至当之语。文极简洁，极雅丽，颇耐人寻味。

太史公曰:吾如淮阴[1]，淮阴人为余言，韩信虽为布衣[2]时，其志与众异。其母死，贫无以葬，然乃行营高敞地，令其旁可置万家。余视其母冢，良然[3]。假令韩信学道谦让，不伐己功，不矜其能，则庶几哉，于汉家勋可以比周、召、太公[4]之徒，后世血食[5]矣。不务出此，而天下已集，乃谋畔逆，夷灭宗族，不亦宜乎!

[1] 淮阴:县名，秦置，故城在今江苏淮阴县南。 [2] 布衣:谓庶人也。 [3] 良然:犹信然。 [4] 周、召、太公:谓周公、召公、太公望也。 [5] 后世血食:言世世得享祭也。

太史公道:我来到淮阴，淮阴人对我说，韩信还是平民的时候，他的志向便和别人不同。他的母亲死了，穷得不能安葬，可他还是寻找到了又高又宽敞的坟地，使坟墓的旁边可以安置万户人家。我看了他母亲的坟墓，果然是这样。假使韩信尊崇古道，懂得谦虚退让，不夸耀自己的功劳，不矜夸自己的本领，那就差不多了。对于汉朝，他的功劳可以比得上周朝的周公、召公、太公这些人，世世代代可以得到享祭。可是，他没能致力于这样做，天下已经安定，反而图谋叛乱，诛灭宗族，不也是应该的吗！

一〇六、卢绾得幸于汉王

此篇柱意，只在“得幸”两字。故卢绾与汉王相关处，原原本本，委曲详尽，以见卢绾之得幸汉王，至为寻常。然固与众不同，可见人孰无私，帝王尤盛，皆言数语，击中汉王心事，真是一针见血，史公言外意深矣！

卢绾者，丰[1]人也，与高祖同里。卢绾亲与高祖太上皇相爱，及生男，高祖、卢绾同日生，里中持羊酒贺两家。及高祖、卢绾壮，俱学书，又相爱也。里中嘉两家亲相爱，生子同日，壮又相爱，复贺两家羊酒。高祖为布衣[2]时，有吏事辟匿，卢绾常随出入上下。及高祖初起沛[3]，卢绾以客从，入汉中[4]为将军，常侍中。从东击项籍，以太尉[5]常从，出入卧内，衣被饮食赏赐，群臣莫敢望。虽萧、曹[6]等，特以事见礼，至其亲幸，莫及卢绾。绾封为长安侯。长安，故咸阳[7]也。

汉五年冬，以破项籍，乃使卢绾别将，与刘贾[8]击临江王共尉[9]，破之。七月还，从击燕王臧荼[10]，臧荼降。高祖已定天下，诸侯非刘氏而王者七人。欲王卢绾，为群臣觖望[11]。及虏臧荼，乃下诏诸将相列侯，择群臣有功者以为燕王。群臣知上欲王卢绾，皆言曰：“太尉长安侯卢绾常从平定天下，功最多，可王燕。”诏许之。汉五年八月，乃立卢绾为燕王。诸侯王得幸莫如燕王。

——节《韩信卢绾列传》

［1］丰：汉县，今江苏丰县。［2］布衣：谓庶人也。［3］沛：县名，秦置，故城在今江苏沛县东。［4］汉中：秦郡名，治南郑，在今陕西南郑县东二里，统前陕西、汉中、兴安及湖北、郧阳诸府。［5］太尉：秦官，掌武事，汉因之。［6］萧、曹：萧何、曹参也。［7］咸阳：秦都，今陕西长安县。［8］刘贾：汉高祖从父兄。帝东击项籍，使将二万人入楚地，烧其积聚。及定天下，立为荆王。黥布反，贾为所杀。［9］共尉：又名敖，为义帝柱国，将兵击南郡，以功立为临江王，都江陵。［10］臧荼：故燕将，从项羽入关，羽析燕为二，以燕王广为辽东王，荼为燕王。荼之国，逐广之辽东，广勿听，荼复杀广，并其地。后荼反为高祖所掳。［11］觖望：不满所望而怨也。

卢绾是丰邑人，与高祖是同乡。卢绾的父亲和高祖的父亲很要好。到了生孩子，高祖和卢绾恰巧是同一天生的。村中人都抬着羊、酒来道贺两家。到高祖、卢绾长大，在一起读书，他们俩又很要好。村中人称道他们两家父辈要好，生儿子在同一天，长大了又很要好，就再拿了羊、酒来道贺两家。高祖做平民的时候，吃了官司逃去躲避，卢绾总是跟着他东奔西走。到高祖在沛县起兵，卢绾以宾客的身份跟着他。高祖到了汉中，做了将军，卢绾时常在他旁边服侍。跟了他向东去攻打项籍，以太尉的身份总是不离左右，高祖的寝室他都可以走进走出，衣被饮食的赏赐格外优厚，群臣没有可以比得上他的。虽然萧何、曹参等人因为公事，高祖很礼敬他们，但说到亲近宠幸，却没有能赶得上卢绾的。卢绾被封为长安侯，长安，就是原来的咸阳啊。

汉高祖五年冬天，已经打败项籍，就派卢绾另带一支军队，和刘贾一同去攻打临江王共尉，将他击败。到了七月，卢绾回来，又和高祖一道去攻打燕王臧荼，臧荼投降。高祖已经平定天下，诸侯中不是刘氏做王的共有七人。高祖想封卢绾为王，只怕臣子们不满意。等到俘获了臧荼，便发出诏令给诸将相列侯，要选群臣中有功的封为燕王。群臣知道高祖想封卢绾为王，都齐声说道："太尉长安侯卢绾时常跟随平定天下，功劳最多，可以封为燕王。"下诏批准了。高祖五年八月，就立卢绾为燕王。诸侯王中得宠幸的，没有超过燕王的。

一〇七、田横义烈

死者，人所难免，死得其所奚足惜。田横以烹郦生惧诛，视死重如泰山；及以同仇事主引耻，视死又轻如鸿毛。要以当死而死，不当死而不死也。史家抱定此旨，随手写来，波澜层出，姿态横生。能使田公须眉，浮动纸上，义烈之士，遂尔顿增气色，田横诚至今不死矣。世唯英雄识英雄，高祖唯能知田横之不肯寄人篱下，故召之来，计除之，亦如韩彭故事耳，岂果能尽五百人而封之？然田横却早已窥破高祖之意，不受牢笼，自甘一死，此高祖所以哭之也。两雄心心相印，各不相下，遂成千古侠烈。言外见专制之酷毒，虽海岛不足栖身，史公传横，厥旨微矣！

田横惧诛[1]，而与其徒属五百余人入海，居岛中。高帝闻之，以为田横兄弟[2]本定齐，齐人贤者多附焉，今在海中不收，后恐为乱。乃使使赦田横罪而召之。田横因谢曰："臣亨[3]陛下之使郦生[4]，今闻其弟郦商[5]为汉将而贤，臣恐惧，不敢奉诏。请为庶人，守海岛中。”使还报，高皇帝乃诏卫尉郦商曰：“齐王田横即至，人马从者敢动摇者致族夷[6]！”乃复使使持节具告以诏商状，曰：“田横来，大者王，小者乃侯耳；不来，且举兵加诛焉。”田横乃与其客二人乘传[7]诣洛阳[8]。

未至三十里，至尸乡[9]厩置[10]。横谢使者曰：“人臣见天子当洗沐。”止留。谓其客曰：“横始与汉王俱南面称孤，今汉王为天子，而横乃为亡虏而北面[11]事之，其耻固已甚矣。且吾亨人之兄，与其弟并肩而事其主，纵彼畏天子之诏，不敢动我，我独不愧于心乎？且陛下所以欲见我者，不过欲一见吾面貌耳。今陛下在洛阳，今斩吾头，驰三十里间，形容尚未能败，犹可观也。”遂自刭。令客奉[12]其头，从使者驰奏之高帝。高帝曰：“嗟乎，有以也夫！起自布衣，兄弟三人更王，岂不贤乎哉！”为之流涕，而拜其二客为都尉[13]，发卒二千人，以王者礼葬田横。

既葬，二客穿其冢[14]旁孔，皆自刭，下从之。高帝闻之，乃大惊，以田横之客皆贤，闻其余尚五百人在海中，使使召之。至则闻田横死，亦皆自杀。于是乃知田横兄弟能得士也。

——节《田儋列传》

[1] 田横惧诛：汉王使郦生往说下齐王广，及相国横，横以为然，即不备战守。而汉将韩信乘机袭齐，齐王广相横怒，以郦生卖己，而烹郦生，惧诛出亡。 [2] 田横兄弟：横兄儋、荣，皆豪杰。先后定齐。 [3] 亨：同烹，以火熏也。 [4] 郦生：即郦食其，汉陈留高阳人。田横以食其卖己，遂烹之。 [5] 郦商：食其之弟，高祖起沛，略地至陈留，商以四千人属之，从击项羽。又从击黥布，以功封曲周侯。 [6] 族夷：灭族也。 [7] 乘传：

四马下足为乘传。[8]洛阳：汉县名，今仍之，在河南省境。[9]尸乡：地名，在今河南偃县东。[10]厩置：谓置马以传驿也。[11]北面：臣见则北面，因谓臣于人者为北面。[12]奉：音捧。[13]都尉：汉官也。[14]冢：墓也。

田横恐被高帝所诛，就和部属五百多人逃到海中，住在海岛上。高祖闻讯，认为田横几兄弟本来平定了齐地，齐国的贤人都归附他，现在他在海岛中不招抚，以后恐怕要谋反，就派了一个使者去赦免田横的罪，并召唤他进京。田横就辞谢道："我烹死了陛下的使者郦生，现在我听说他的弟弟郦商是汉朝的将军，很是贤能，我很害怕，所以不敢接受陛下的诏令。情愿做一个百姓，住在海岛上。"使者回来，把田横的话报告高皇帝，高皇帝就下诏令给都尉郦商道："齐王田横就要来了，敢动一动他的跟随，就要诛灭家族。"又派使者到田横那里，告诉他给了郦商诏令的情形，说道："田横到汉来，大或封王，小或可以封侯；若不来，就要发兵加以诛杀。"田横就和他的两个门客乘坐驿站的马车前往洛阳。

距洛阳还有三十里路，来到尸乡驿站。田横对使者道："做臣子的觐见天子，应该沐浴洗发，请在此暂留。"对他的门客道："我田横从前和汉王都是南面称王的，现在汉王做了天子，我田横却成了一个亡国奴，又北面去服侍他，这已经是极大的耻辱了。而且我又烹杀了人家的兄长，现在倒和他的弟弟并肩服侍同一个主子。虽然他怕天子的诏令不敢动我，我的心里难道不难为情吗？并且陛下所以要见我，不过是要看看我的容貌罢了。如今陛下在洛阳，现在斩了我的头，赶快跑三十里，我的面貌还不会改变，尽可看的。"就自刎而死，令门客捧着他的头，随使者坐上快车奏明高帝。高帝道："唉！能有此言此行，真是了不起呀！从平民百姓起家，兄弟三人更替做王，这难道不是贤人吗？"说着，眼泪簌簌地淌了下来，任命他的两个门客为都尉，发兵二千人，用王者的礼节安葬田横。

葬后，两个门客就在田横的坟墓旁挖个坑，然后自刎，倒在坑里，追随田横死去。高帝听了，非常吃惊，认为田横的门客都是贤人。听说其余的五百人还都在海岛中，派使者去招安他们。使者到后，他们知田横已死了，也都自杀了。由此可知田横兄弟是很得士人之心的。

一〇八、刘敬测匈奴

前既骂之击之，后又赦之，何前倨而后恭也？匈奴可击不可击，事后方知，高帝真无眼力。文用抑扬法以叙其事，前幅以高帝责言抑刘敬，后幅以高帝悔言扬刘敬，文情荡漾，绰有风致。

汉七年，韩王信[1]反，高帝自往击之。至晋阳[2]，闻信与匈奴欲共击汉，上大怒，使人使匈奴。匈奴匿其壮士、肥牛马，但见老弱及羸畜。使者十辈来，皆言匈奴可击。上使刘敬[3]复往使匈奴，还报曰:“两国相击，此宜夸矜[4]见所长。今臣往，徒见羸瘠[5]老弱，此必欲见短，伏奇兵以争利。愚以为匈奴不可击也。”是时汉兵已逾句注[6]，二十余万兵已业行。上怒，骂刘敬曰:“齐虏！以口舌得官，今乃妄言沮[7]吾军。”械系敬广武[8]。遂往，至平城[9]，匈奴果出奇兵围高帝白登[10]，七日然后得解。高帝至广武，赦敬，曰:“吾不用公言，以困平城。吾皆已斩前使十辈言可击者矣。”乃封敬二千户[11]，为关内侯，号为建信侯。

——节《刘敬叔孙通列传》

［1］韩王信：韩襄王之庶孙也，汉时继立为韩王，非淮阴侯韩信。［2］晋阳：汉县名，即今山西太原县治。［3］刘敬：汉齐人，本姓娄，高祖在洛阳，敬献西都关中之策，赐姓刘氏，号为奉春君，寻封关内侯，号为建信侯。［4］夸矜：夸张矜大也。［5］羸瘠：羸，力为反。瘠，音稷。瘦也。［6］句注：山名，即今山西雁门山。［7］沮：止也。［8］广武：汉县名，在今山西代县。［9］平城：汉县名，故城在今山西大同县东。［10］白登：山名，在山西大同县东，一名登台。［11］二千户：汉太守秩也。

汉七年，韩王韩信反叛，高帝亲自带兵讨伐他。到了晋阳，听说韩信私通匈奴，想合力击汉，高祖大怒，当下派使者到匈奴去侦探。匈奴尽把壮士和肥大的牛马藏去，只看见些老弱的士兵和羸瘦的牲畜。派出的十批使者不知底细，回来都道匈奴可以攻击。高祖不十分相信，又派刘敬再到匈奴去侦探，他回来报告道："两国开战，应该夸耀显示自己的长处。我现在到匈奴去，只看见羸瘦的牲畜，老弱的士兵，这必是故意显露他的短处，埋伏奇兵来争取胜利。愚见以为匈奴不可以攻击。"这时，汉兵已经越过句注山，二十万兵都出发了。高祖发怒，骂刘敬道："齐国的混蛋，仗着口舌得了官，现在却敢胡言乱语来阻挠我军，这还了得。"就用镣铐拘禁刘敬于广武。高帝率军继续前往，到达平城，匈奴果然出奇兵把高帝围在白登山，足足围了七天，才得解脱。高帝回到广武，便赦免了刘敬，对他说道："我不听你的话，以致被围困于平城。我已把从前十批说匈奴可以攻击的使者都杀死了。"就封赏刘敬食邑二千户，爵位是关内侯，称为建信侯。

一〇九、叔孙通定朝仪

此虽杂仪，然一时使汉诸臣，不至醉酒妄呼击柱，亦足取矣。叙次详尽，条理井然，虽未尝至阙廷亦可想见朝仪之严。但通不能以仁义辅高祖，只就浮文末节增甚专制政体之严威。史公借其门弟子之赞词扬之，实抑之也。鲁两生之不肯行，其是以哉！

汉五年，已并天下，诸侯共尊汉王为皇帝于定陶[1]，叔孙通[2]就其仪号。高帝悉去秦苛仪法，为简易。群臣饮酒争功，醉或妄呼，拔剑击柱，高帝患之。叔孙通知上益厌之也，说上曰："夫儒者难与进取，可与守成。臣愿征鲁诸生，与臣弟子共起朝仪。"高帝曰："得无难乎？"叔孙通曰："五帝异乐，三王不同礼。礼者，因时世人情为之节文者也。故夏、殷、周之礼所因损益可知者，谓不相复也。臣愿颇采古礼与秦仪杂就之。"上曰："可试为之，令易知，度吾所能行为之。"

于是叔孙通使征鲁诸生三十余人。鲁有两生不肯行，曰："公所事者且十主，皆面谀[3]以得亲贵。今天下初定，死者未葬，伤者未起，又欲起礼乐。礼乐所由起，积德百年而后可兴也。吾不忍为公所为。公所为不合古，吾不行。公往矣，无污我！"叔孙通笑曰："若真鄙儒也，不知时变。"

遂与所征三十人西，及上左右为学者与其弟子百余人为绵蕞[4]野外。习之月余，叔孙通曰："可试观。"上既观，使行礼，曰："吾能为此。"乃令群臣习肄[5]。会十月[6]。

汉七年，长乐宫成，诸侯群臣皆朝十月。仪：先平明[7]，谒者治礼，引以次入殿门，廷中陈车骑步卒卫宫，设兵张旗志[8]。传言“趋”[9]。殿下郎中侠陛，陛数百人。功臣列侯诸将军军吏以次陈西方，东乡；文官丞相以下陈东方，西乡。大行设九宾[10]，胪句传[11]。于是皇帝辇出房，百官执职[12]传警[13]，引诸侯王以下至吏六百石以次奉贺。自诸侯王以下莫不振恐肃敬。至礼毕，复置法酒[14]。诸侍坐殿上皆伏抑[15]首，以尊卑次起上寿。觞九行[16]，谒者言“罢酒”。御史执法举不如仪者辄引去。竟朝置酒，无敢欢哗失礼者。于是高帝曰：“吾乃今日知为皇帝之贵也。”乃拜叔孙通为太常，赐金五百斤。

叔孙通因进曰：“诸弟子儒生随臣久矣，与臣共为仪，愿陛下官之。”高帝悉以为郎。叔孙通出，皆以五百斤金赐诸生。诸生乃皆喜曰：“叔孙生诚圣人也，知当世之要务。”

——节《刘敬叔孙通列传》

[1]定陶：今县名，在今山东省境。 [2]叔孙通：汉薛人，秦时以文学征，待诏博士。 [3]面谀：谓当其面而阿谀之也。 [4]绵蕞：引绳为绵，立表为蕞，以野外习之。（按）于野外画地为宫，而以绵蕞为堂升。表着其位置，以心习也。 [5]肄：亦习也，音异。 [6]十月：汉以十月为正，故引朝岁之礼，史家追书十月也。 [7]平明：晓也。 [8]志：一作帜。 [9]传言“趋”：传声教人者，皆令趋，疾行致敬也。 [10]九宾：即周礼九仪。谓公、侯、伯、子、男、孤、卿、大夫、士也。 [11]胪句：上传语告下为胪，下告上为句。犹今之引赞生也。 [12]执职：殷周以辇载军器，职载刍豢。至秦始去其轮而舆为尊也。职音帜。 [13]传警：（《汉仪》）帝辇动则左右侍帷幄者称警是也。 [14]法酒：（《索隐》）姚氏云：进止有礼也。古人饮酒，不过三爵。君臣百拜，终日宴不为乱也。

[15] 伏抑：屈也。　[16] 九行：谓行酒九巡也。行读衡。

汉高帝五年，天下已经合并统一，诸侯在定陶一同拥戴汉王为皇帝。叔孙通制定种种仪式称号。高帝把秦朝烦琐的礼仪全部去掉，力求简便易行。当时，臣子们喝着酒，争着功劳，酒喝醉了，或是狂叫起来，或是拔剑来砍庭柱，弄得毫无秩序，高帝很是担忧。叔孙通知道皇上愈来愈厌恶这类事，便对高帝道："那些儒生很难与他们进取天下，只可和他们保守成业。我愿意去征召鲁地的众儒生，和我的弟子们共同来制定朝仪。"高帝道："该不会烦难吧？"叔孙通道："五帝的乐制本来不一样，三王的礼制原来不相同。礼，是随着时势的变迁和人情的不同而跟着变化的。所以夏、殷、周三朝的礼有所沿袭、删减和增加的情况看就可以明白这一点，就是说不同朝代的礼是不相重复的。我想略微采用古礼和秦朝的朝仪结合起来，另外制定一种朝仪。"高帝道："你去试试罢，不过要容易些，是我能够做得到的，你才制定出来。"

于是叔孙通征召鲁地的儒生三十多人。鲁地有两个儒生不肯跟他去，说道："你服侍了将近十个君主，都靠着当面奉承而得到亲近、尊贵。现在天下方才安定，死者还没有安葬，伤者还没有复原，又想要制定礼乐。礼乐的产生，必须要积累百年的德政才可兴起。我们不愿违心替你办这种事。你做的事不合乎古道，所以我们不跟你去。你自己去吧，不要玷辱了我们！"叔孙通笑道："你们真是鄙陋的儒生，一点不懂得时代的变迁。"

叔孙通于是和所征召的三十人向西而来，和高帝左右有学问的侍从以及叔孙通的弟子一百多人，在野外订了木桩，牵起绳索，画地为官，设起堂阶，让他们在那里练习。过了一个多月，叔孙通对高帝道："皇上可去看一看了。"高帝便去参观，叫他们行礼。高帝道："我能做到这些。”就派群臣去学习，准备在十月举行朝会。

汉高帝七年，长乐宫筑成，诸侯、群臣都来参加十月朝会。那礼仪是：先在天刚亮时，谒者开始主持礼仪，引导所有人员依次进入大殿门，廷中排列着战车、骑兵、步兵和宫廷侍卫军士，摆设着各种兵器，树立着各式旗帜。谒者传呼“小步快走”。殿下郎中夹着台阶站立，台阶上共有几百人。功臣列侯、将军、军吏都顺次排在西边，面向东方；文官丞相以下都顺次排列在东边，面向西方。大行令设了九个傧相，从上到下地传呼。这时皇帝乘坐辇车从宫房里出来，百官举起旗帜传呼警备，引导诸侯王以下直至官俸六百石的官员依次朝拜皇帝。诸侯王以下没有一个不肃静恭敬的。到典礼完毕，又摆设酒宴大礼。诸侯百官等坐在大殿上都敛声屏气地低着头，按照尊卑的次序依次起来给皇上献酒。斟酒九巡，谒者宣告“宴会结束”。御史执法，看见其中有不遵照仪式做的就把他带出去。从行朝仪到酒宴，没有敢喧哗失礼的。典礼结束后，高帝说道：“我今天才知道做皇帝的尊贵呢。”就拜叔孙通做太常，赐黄金五百斤。

叔孙通趁机进言道：“诸弟子儒生跟我已很久了，随我一起制定朝仪，希望陛下封他们些官爵吧。”高帝便全部封他们为郎官。叔孙通走出宫，把五百斤黄金都分赠给众儒生。众儒生都高兴地说道：“叔孙先生真是圣人，懂得当世紧要的事务。”

一一〇、季布列传

前幅写季布之困顿，后幅写季布之声闻；正因后幅欲写其声闻，故前幅先写其困顿。人情之变迁如此，文章之抑扬亦如此。天道循环，理固然耳。末后引季布丁公两事，是文之余波。

季布者，楚人也。为气任侠，有名于楚。项籍使将兵，数窘[1]汉王。及项羽灭，高祖购求布千金，敢有舍匿[2]，罪及三族。季布匿濮阳[3]周氏。周氏曰："汉购将军急，迹且至臣家，将军能听臣，臣敢献计；即不能，愿先自刭。"季布许之。乃髡钳[4]季布，衣褐衣，置广柳车[5]中，并与其家僮数十人，之鲁朱家所卖之。朱家心知是季布，乃买而置之田。诫其子曰："田事听此奴，必与同食。"朱家乃乘轺车[6]之洛阳[7]，见汝阴侯滕公。滕公留朱家饮数日。因谓滕公曰："季布何大罪，而上求之急也？"滕公曰："布数为项羽窘上，上怨之，故必欲得之。"朱家曰："君视季布何如人也？"曰："贤者也。"朱家曰："臣各为其主用，季布为项籍用，职耳。项氏臣可尽诛邪？今上始得天下，独以己之私怨求一人，何示天下之不广也！且以季布之贤而汉求之急如此，此不北走胡即南走越耳。夫忌壮士以资敌国，此伍子胥所以鞭荆平王之墓[8]也。君何不从容为上言邪？"汝阴侯滕公心知朱家大侠，意季布匿其所，乃许曰："诺。"待间，果言如朱家指。上乃赦季布。当是时，诸公皆多季布能摧刚为柔，朱家亦以此名闻当世。季布召见，谢，上拜为郎中。

孝惠时，为中郎将。单于尝为书嫚吕后[9]，不逊，吕后大怒，召诸将议之。上将军樊哙[10]曰："臣愿得十万众，横行匈奴中。"诸将皆阿[11]吕后意，曰："然。"季布曰："樊哙可斩也！夫高帝将兵四十余万众，困于平城[12]，今哙奈何以十万众横行匈奴中？面欺！且秦以事于胡，陈胜等起[13]。于今创痍未瘳，哙又面谀[14]，欲摇动天下。"是时殿上皆恐，太后罢朝，遂不复议击匈奴事。

季布为河东守，孝文时，人有言其贤者，孝文召，欲以为御史大夫。复有言其勇，使酒[15]难近。至，留邸[16]一月，见罢。季布因进曰："臣无功窃宠，待罪河东。陛下无故召臣，此人必有以臣欺陛下者；今臣至，无所受事，罢去，此人必有以毁臣者。夫陛下以一人之誉而召臣，一人之毁而去臣，臣恐天下有识闻之有以窥陛下也[17]。"上默然惭，良久曰："河东吾股肱[18]郡，故特召君耳。"布辞，之官。

楚人曹丘生，辩士，数招权顾金钱[19]。事贵人赵同[20]等，与窦长君善。季布闻之，寄书谏窦长君曰："吾闻曹丘生非长者，勿与通。"及曹丘生归，欲得书请季布。窦长君曰："季将军不说足下，足下无往。"固请书，遂行。使人先发书，季布果大怒，待曹丘。曹丘至，即揖季布曰："楚人谚曰'得黄金百，不如得季布一诺'，足下何以得此声于梁、楚间哉？且仆楚人，足下亦楚人也。仆游扬足下之名于天下，顾不重邪？何足下距仆之深也！"季布乃大说，引入，留数月，为上客，厚送之。季布名所以益闻者，曹丘扬之也。

季布弟季心，气盖关中，遇人恭谨，为任侠，方数千里，士皆争为之死。尝杀人，亡之吴，从袁丝[21]匿。长事袁丝，弟畜灌夫[22]、籍福[23]之属。尝为中司马，中尉郅都不敢不加礼。少年多时时窃籍其名以行。当是时，季心以勇，布以诺，著闻关中。

季布母弟丁公[24]，为楚将。丁公为项羽逐窘高祖彭城西，短兵接，高祖急，顾丁公曰："两贤岂相厄哉！"于是丁公引兵而还，汉王遂解去。及项王灭，丁公谒见高祖。高祖以丁公徇军中，曰："丁公为项王臣不忠，使项王失天下者，乃丁公也。"遂斩丁公，曰："使后世为人臣者无效丁公！"

太史公曰：以项羽之气，而季布以勇显于楚，身屡典军搴旗者数矣，可谓壮士。然至被刑戮，为人奴而不死，何其下也！彼必自负其材，故受辱而不羞，欲有所用其未足也，故终为汉名将。贤者诚重其死。夫婢妾贱人感慨而自杀者，非能勇也，其计画无复之耳。

［1］窘：困也。［2］舍匿：藏匿也。［3］濮阳：汉县名，故城在今河北濮阳县南。［4］髡钳：剃发曰髡。以铁束颈曰钳。皆古之刑法也。［5］广柳车：大车任载运者名广柳车。一说谓丧车，欲人不疑也。［6］轺车：马车也。［7］洛阳：县名，汉置，故城在今县东。［8］伍子胥所以鞭荆平王墓：子胥率吴兵入楚，鞭平王之尸三百，且数之曰："吾父吾兄无罪，而尔杀之，故报汝耳。"［9］单于尝为书句：单于，匈奴王号也。吕后，高祖之后，名雉。是时高帝崩，而单于阏氏死，单于与吕后书曰："两主不乐，无以为娱。愿以所有易其所无，是其不逊甚矣。"［10］樊哙：汉初沛人，始业屠狗，从高祖起丰。鸿门之会，项羽欲杀高祖，赖樊哙得免。从征战，封舞阳侯。［11］阿：顺也。［12］夫高帝二句：汉七年，高帝率兵伐匈奴，至平城，匈奴出奇兵围高帝于白登七日，用陈平秘计得脱。平城，汉县名，故城在今山西大同县东。［13］且秦二句：言以事行胡者，谓从事伐匈奴也。所以天下怨叛，而陈胜等乘衅而起。陈胜秦阳城人，字涉，二世元年，与吴广起兵。［14］面谀：谓当面而阿谀之。［15］使酒：因酒纵性，谓之使酒，即酗酒也。［16］邸：犹今之客栈也。［17］有以窥陛下也：言窥见陛下深成也。［18］股肱：喻密切也。［19］数招权顾金钱：言曹丘生依倚贵人，用权势属请数求他人，顾钱赏金钱也。［20］赵同：《汉书》作赵谈。司马迁以其父名谈，故改之。［21］袁丝：袁盎字丝。［22］灌夫：灌颍阴人，字仲孺，其父张孟为吴所杀，夫遂被甲持戟入吴军，以报父仇，以此名闻天下。为人刚直使酒。魏其侯窦婴既失势，得夫与游，驩甚，酒后忤武安侯田蚡，为蚡所恶，劾夫使酒骂坐不敬，族诛。［23］籍福：建元初武帝议置丞相，太尉福说田蚡，让魏其侯窦婴

为相。 [24] 丁公：汉薛人，名固，季布同母异父弟。

——节《季布栾布列传》

季布是楚国人，做人很有志气，能够仗义救人，所以在楚国很有名誉。项籍任命他为将军，屡次窘困汉王。及至项羽灭亡，高祖出了千金的赏格，捉拿季布，并下令有人敢把季布藏匿的，就要罪连三族。季布躲在濮阳周家，周家道："汉朝出了赏格捉拿将军，很紧急，就要搜查到我家来了，将军能够依我，我才敢替将军想个法子；若不能，我情愿先自杀。"季布答应了他。周家就把季布剃了头发，带上颈箍，穿上粗布衣服，放到柳条车里，连同周家的家僮几十人，一同卖给鲁地的朱家。朱家心里知道是季布，就买了下来，叫他去做田中的事务，并且告诫他的儿子说道："所有田务，都要听这个佣人的吩咐，吃饭时必要和他一同吃。"朱家坐了一辆轻便的马车来到洛阳，进见汝阴侯滕公。滕公留下朱家一连喝了几天酒。朱家趁这个机会对滕公道："季布犯了什么大罪，皇上追捕他这么急迫？"滕公道："季布从前帮助项羽，屡次窘困皇上，皇上很恨他，所以必定要捉到他才甘心。"朱家道："君看季布是怎样一个人呢？"滕公道："是个很能干的人。"朱家道："做臣子的也不过是各为其主上效劳罢了。季布是项籍的臣子，为项籍尽力，这是他的天职呀，项氏的臣子难道可把他们杀尽吗？现在高帝才得天下，仅为了自己的私仇只去追捕一个人，为何向天下人显示自己这样没有器量呢！况且季布这样有才干，汉朝又捕捉他这样急迫，这使他不是向北逃到胡地去，就是向南逃到越地去。这种忌恨壮士去资助敌国的举动，就是伍子胥所以要鞭打楚平王尸体的来由呢。君何不趁空向高帝说个明白呢？"汝阴侯滕公知道朱家是个大侠，料定季布一定躲在他的家里，便应许了一声："好！"后来机会到来的时候，滕公果然照朱家的意思，向皇上说明了。皇上便赦免了季布。当时诸公都说季布能够摧刚为柔，朱家也为了这事而扬名在当世。后来季布被皇上召见，表示服罪，皇上任命他做郎中。

汉惠帝时，季布做中郎将，匈奴单于曾经写信来侮辱吕后，有许多不敬重的说话。吕后大怒，便召集诸将来商议这件事情。上将军樊哙说道："我愿领十万兵，横扫匈奴。"诸将也都迎合吕后的心意，个个说："很好。"季布道："樊哙这个人真该可斩首啊！从前高帝统帅四十多万大军，尚且被匈奴围困在平城，现在樊哙怎么只用十万兵，就能横行匈奴中呢？这是当面撒谎！况且从前秦朝正因为对胡人用兵，才引起陈涉等人起事。现在疮痍还没有复原，而樊哙却又来当面讨好，要想摇动天下了。"这时殿上的将领都很惊恐，太后宣布退朝，再也不说攻打匈奴的事了。

季布做河东郡守，汉文帝时，有人说季布很能干，汉文帝召见他，想任命他做御史大夫。又有人说他很勇敢，但喜使性子喝酒，酒醉了，就很不容易接近。后来季布到了京城，留在客馆里一个月，汉文帝才召见他，但并没有让他做御史大夫，而是让他回原郡。季布因此进言道："我没有什么功劳，却窃取了皇上的恩宠，在河东郡任职。现在陛下无缘无故地召见我，这必定是有人妄誉我而欺骗陛下；如今我到了京城，又没有什么事，就此作罢，遣回原郡，这必定有人在陛下面前说我坏话。陛下因为一个人的赞誉便召见我，因为一个人说我坏话便让我回原郡，我担心天下有识见的人听了这件事，就窥探出陛下做人的深浅了。"汉文帝默不做声，觉得难为情，过了好久，才说道："河东是我倚重如手足的一个郡，所以特地召见你啊。"于是季布辞别了皇上，回到河东郡守的原任。

楚地有个叫曹丘的先生，擅长辞令，能言善辩，多次借重权贵获得钱财。曹丘服侍赵同等贵人，与窦长君很要好。季布听到这件事，便写了一封信寄给窦长君，劝谏他道："我听说曹丘先生不是厚道人，请不要和他往来吧。”后来曹丘先生回乡，想请窦长君写封信介绍他去见季布。窦长君道：“季将军不喜欢你，你还是不要去。”曹丘坚决请求窦长君写信，窦长君不得已，替他写了一封信，于是曹丘就动身回去，先派人把信送给季布。季布接了信，果然大怒，等待曹丘的到来。曹丘到后，就对季布作了一个揖，说道：“楚国有句谚语道‘得到黄金百斤，不如得到季布的一句承诺’，足下怎么能在梁、楚一带获得这样的声誉呢？况且我是楚地人，足下也是楚地人，我把足下的名字宣扬给天下人知道，难道我的作用不是很重要吗？怎么足下这样坚决的拒绝我呢？”季布听了他的话，非常高兴，便请他进入内室，留他住了几个月，当做上等宾客，还送了他的很多东西。季布的名声所以越发传得远，这都是曹丘替他宣扬的结果啊！

季布的弟弟季心，他的勇气关中没有人比得上，但待人很恭敬谨慎，做人又很有担当，很讲义气，方圆几千里的士人都抢着替效命。季心曾经因杀了人，逃到吴地，躲在袁丝的家里。季心用对待兄长的礼节侍奉袁丝，又像对待弟弟一样对待灌夫、籍福这些人。曾经担任中尉下属的司马，中尉郅都对他也不敢不以礼相待。一班少年常常假借他的名义办事。那个时候，季心以勇敢出名，季布以信义出名，在关中都很著名。

季布的舅父丁公，曾做楚国的将军。在彭城西面，丁公替项羽追赶高帝，短兵相接，高帝感到危急，回头对丁公说道：“我们两个好汉难道要互相为难吗！”于是丁公带了兵退回，汉王便脱身逃走。到了项王灭亡以后，丁公去进见高帝。高帝把丁公捉拿放到军营中示众，说道：“丁公是项王的臣子不能尽忠，使项王失去天下的，就是丁公啊！”就把丁公杀死，说道：“让后世做臣子的人，不要把丁公做榜样。”

太史公说：以项羽那种气概，季布却能凭勇敢在楚地扬名。他亲身消灭敌军，拔取敌旗多次，真可算得上是壮士。但他受了刑戮，做他人的奴隶，却不肯轻易死去，又是多么卑下啊！他必定是相信自己有好本领，所以受了屈辱也并不难为情，想要发挥他未曾施展的才干，所以终于做了汉朝的名将。有志节的人看重他的生命。至于婢女、姬妾这些低贱的人有了伤感，动不动便自己寻死，这算不得勇敢，这是因为他们再也没有别的方法了。

一一一、栾布列传

前幅叙彭越德布，中幅写栾布哭彭越，两人相恩有素。士为知己者死，固所宜也。最后借栾布自言及其生平，以结前案，是文之消纳法。

栾布者，梁人也。始梁王彭越为家人[1]时，尝与布游。穷困，赁佣于齐，为酒人保[2]。数岁，彭越去，之巨野中为盗，而布为人所略卖[3]为奴于燕。为其家主报仇，燕将臧荼[4]举以为都尉。臧荼后为燕王，以布为将。及臧荼反，汉击燕，虏布。梁王彭越闻之，乃言上，请赎布以为梁大夫。

使于齐，未还，汉召彭越，责以谋反，夷三族。已而枭[5]彭越头于洛阳[6]下，诏曰："有敢收视者，辄捕之。"布从齐还，奏事彭越头下，祠而哭之。吏捕布以闻。上召布，骂曰："若与彭越反邪？吾禁人勿收，若独祠而哭之，与越反明矣。趣亨之。"方提趣汤，布顾曰："愿一言而死。"上曰："何言？"布曰："方上之困于彭城，败荥阳、成皋[7]间，项王所以不能遂西，徒以彭王居梁地，与汉合从苦楚也。当是之时，彭王一顾，与楚则汉破，与汉而楚破。且垓下[8]

之会，微彭王，项氏不亡。天下已定，彭王剖符受封，亦欲传之万世。今陛下一征兵于梁，彭王病不行，而陛下疑以为反，反形未见，以苛小[9]案诛灭之，臣恐功臣人人自危也。今彭王已死，臣生不如死，请就亨。”于是上乃释布罪，拜为都尉。

孝文时，为燕相，至将军。布乃称曰：“穷困不能辱身下志，非人也；富贵不能快意，非贤也。”于是尝有德者厚报之，有怨者必以法灭之。吴楚反时，以军功封俞侯，复为燕相。燕齐之间皆为栾布立社，号曰栾公社。

景帝中五年薨。子贲嗣，为太常，牺牲不如令，国除。

太史公曰：栾布哭彭越，趣汤如归者，彼诚知所处，不自重其死。虽往古烈士，何以加哉！

——节《季布栾布列传》

[1] 家人：谓居家之人无官职也。 [2] 为酒人保：为酒家作保佣也。可保信，故谓之保。 [3] 略卖：略取他人妇女幼童出卖以营利也。 [4] 臧荼：汉人，本燕将，从项羽入关，羽析燕为二。以燕王广为辽东王，荼为燕王，都蓟。荼之国，逐广之辽东，广弗听，荼复攻杀广，并其地。后荼反，为高祖所虏。 [5] 枭头：谓斩头而悬于木上以示众也。 [6] 洛阳：县名，汉置，故城在今县东。 [7] 荥阳、成皋：二地名，均见前《随何说英布归汉》篇注。 [8] 垓下：地名，在今安徽灵璧县东南，汉高祖围项羽于此。 [9] 苛小：烦琐刻覈之意。

栾布是梁地人，从前梁王彭越做平民的时候，时常和栾布一同游玩。栾布家里很穷，在齐地被人雇用，替卖酒的人家做佣工。过了几年，彭越前往巨野做强盗，栾布却被人拐卖到燕国做奴隶。栾布曾经替他的主人报了仇，燕国的将军臧荼任用栾布做都尉。后来臧荼做了燕王，就启用栾布做将军。等到臧荼反叛，汉朝攻打燕国，栾布被俘获。梁王彭越听到这个消息，就到皇上那里进言，请求赎回栾布让他担任梁国的大夫。

后来栾布出使到齐国，还没有返回，汉朝征召彭越，以谋反的罪惩罚他，杀了彭越的三族。随后又把彭越的头挂在洛阳城门下示众，并下令道："有敢来收殓或探视的，立即抓捕。"后来栾布从齐国回来，便把自己出使的事情，到彭越头下当面奏知，一面设祭，一面哭。官吏便把他捉住，带到皇上那里。皇上召见栾布，骂道："你和彭越一同谋反吗？我禁止人收尸，你偏偏要去祭他哭他，你分明是和彭越一起谋反的。赶快烹杀栾布！"皇上左右的人正抬起栾布走向汤镬的时候，栾布回头说道："希望能说一句话再死。"皇上道："什么话？"栾布道："当皇上被困在彭城，兵败于荥阳、成皋一带的时候，项王所以不敢向西来，是因为有彭王在梁地，和汉军联合而让楚为难的缘故啊。那个时候，彭王的势力和楚联合了，汉就失败；和汉联合了，楚就失败。而且垓下会战，若是没有彭王，项王也不会灭亡的。现在天下安定了，彭王分了符节，受了封，也想子子孙孙传下去，传到万世。现在陛下仅仅为了到梁国征兵，彭王因为有病不能前来，陛下就疑心他谋反，谋反的形迹也没有发现，竟为了小事就诛杀了他的家族，我担心陛下的功臣个个都要觉得危险了。今彭王已死，我活在世上也没有什么用，倒不如死了干净，请陛下烹了我罢。"皇上听到这话，就放了他，不治他的罪，任命他做都尉。

汉文帝时，栾布做了燕国国相，又做了将军。他扬言道："在穷困的时候，不能辱身降志的，不是好汉；等到富贵的时候，不能称心快意的，也不是贤才。"曾经待他有恩德的人，栾布便优厚地报答他；和他有仇怨的人，一定假借法律手段来诛灭他。吴楚七国反叛时，栾布因军功被封为俞侯，再次担任燕国的国相。燕、齐一带都替栾布建造祠庙，叫做栾公社。

汉景帝中元五年，栾布去世。儿子栾继承爵位，担任太常，因为祭祀时所用的牲畜不合法令的规定，封国被废除。

太史公道：栾布哭彭越，把赴汤镬就死看得如同回家一般。他真是知道死要死得其所，而不是吝惜自己的生命。即使是古代重义轻生的人，又怎能超过他呢！

一一二、张释之不拜上林啬夫

啬夫非尉也，对非其职也；问未及啬夫，对非其时也。如此啬夫从而代之，直谍谍利口者，释之不拜啬夫，亦近乎理。写啬夫利口处，如闻其声，如见其人。而释之阚直益显，传中映衬法，如是如是。

张廷尉释之者，堵阳[1]人也，字季。有兄仲同居。以訾为骑郎[2]，事孝文帝，十岁不得调，无所知名。释之曰："久宦减仲之产，不遂。"欲自免归。中郎将袁盎[3]知其贤，惜其去，乃请徙释之补谒者[4]。

释之既朝毕，因前言便宜[5]事。文帝曰："卑之，毋甚高论，令今可施行[6]也。"于是释之言秦汉之间事，秦所以失而汉所以兴者久之。文帝称善，乃拜释之为谒者仆射。

释之从行，登虎圈[7]。上问上林尉诸禽兽簿。十余问，尉左右视，尽不能对。虎圈啬夫[8]从旁代尉对上所问禽兽簿甚悉，欲以观其能口对响应无穷者。文帝曰："吏不当若是邪？尉无赖[9]？"乃诏释之拜啬夫为上林令。释之久之前曰："陛下以绛侯周勃[10]何如人也？"

上曰："长者也。"又复问："东阳侯张相如[11]何如人也？"上复曰："长者。"释之曰："夫绛侯、东阳侯称为长者，此两人言事曾不能出口，岂斅此啬夫谍谍[12]利口捷给哉！且秦以任刀笔之吏[13]，吏争以亟疾苛察相高，然其敝，徒文具耳[14]，无恻隐之实。以故不闻其过，陵迟[15]而至于二世[16]，天下土崩[17]。今陛下以啬夫口辩而超迁之，臣恐天下随风靡靡，争为口辩而无其实。且下之化上疾于景响，举错不可不审也。"文帝曰："善。"乃止，不拜啬夫。

——节《张释之冯唐列传》

[1]堵阳：汉县名，故城在今河南方城县东。 [2]以訾句：（《汉仪注》）訾五百万得为常侍郎。 [3]袁盎：楚人，字丝。 [4]谒者：掌宾赞受事员十七人，秩比六百石也。 [5]便宜：便于公宜于私也。 [6]令今可施行句：卑下也，欲令卑下其志无甚高谈论，且但令依今时事语，无说古远也。 [7]虎圈：养虎之所也。 [8]啬夫：掌虎圈，百官表有乡啬夫，此其类也。 [9]无赖：谓无才可恃也。 [10]绛侯周勃：周勃，汉沛人，佐高祖定天下，封绛侯。 [11]东阳侯张相如：张相如从高祖定天下，封为东阳侯。 [12]谍谍：多言也。 [13]刀笔吏：书吏之掌案牍者，谓之刀笔吏。 [13]徒文具耳：谓空具其文，而无其实。 [15]陵迟：犹言陵夷，谓王道日渐衰弱也。 [16]二世：秦始皇死，胡亥立，号为二世。 [17]土崩：谓天下亡，如土之崩也。

廷尉张释之是堵阳人，字季。有兄名仲，二人住在一起。他因家境殷实，捐做骑郎，服侍汉文帝，一连十年没有升官，默默无名。张释之说道："做了这么久的官，只是减少兄长的财产，我不愿再做官了。"想要辞职回家。中郎将袁盎知道他能干，觉得他回去很可惜，于是请求汉文帝调补他做谒者。

张释之朝见完毕，便走到汉文帝的面前，陈述便国公宜民的事。文帝道：“现实一些，不要多说古远的事，只说现在可以施行的。”于是张释之便说秦汉之间的事，讲了秦怎样灭亡，汉怎样兴起，说了许久。文帝听了，十分称赞，就提升张释之为谒者仆射。

张释之跟随汉文帝出行，登临虎圈。皇上问上林尉登记各种禽兽簿的情况，一连问了十几次，上林尉只是东瞧西看，一句也对答不出。看管虎圈的啬夫站在旁边，便代上林尉对答，凡文帝所问禽兽簿的情况，他都答得很详细，啬夫是想借此显示他的才能，对答如流犹如声音回响一样无穷无尽。文帝道：“官吏不应该这样吗？上林尉真没有才干！”便派张释之出诏令，任命啬夫做上林令。张释之过了好久，走上前来说道：“陛下认为绛侯周勃是怎样的人？”文帝道：“是个长者啊。”张释之又问：“东阳侯张相如是怎样的人？”文帝又道：“是个长者。”张释之道：“像那绛侯与东阳侯都被称为长者，然而这两人谈论起事情来，却都好像嘴里说不出的样子。现在这样做，难道让人们去学这个啬夫喋喋不休、伶牙俐齿吗？况且秦朝因为任用那些舞文弄墨的书吏，书吏们都争着办事要快，要苛刻督责，以为只有这样才算本领高强。但是那样做的弊端在于徒具官样文书的表面形式，却没有仁慈的实质。因为这个缘故，秦君听不到自己的过失，国势日衰，传至二世，天下便因此亡掉。如今陛下因为啬夫有口才，就越级提拔他做上林令，我只怕天下的人都学他的榜样，争着会说话而不求实际。而且在下的人被在上的人感化，真快得像影之随形、声之回应一样，陛下办什么不办什么，不可不谨慎啊。”文帝道：“好！”就收回了提拔啬夫的成命。

一一三、张廷尉持平决狱

国赖有法持治平，然滥用其法，则法不足以取信，故张释之极力争法。其对文帝之语，义正而不阿，词强而不激。以寥寥数言，竟使文帝心平气和，于汉之民，不无裨益。史笔曲传之意在为后之执法者鉴也。

上[1]行出中渭桥[2]，有一人从桥下走出，乘舆马惊。于是使骑捕，属之廷尉[3]。释之治问。曰："县人[4]来，闻跸[5]，匿桥下。久之，以为行已过，即出，见乘舆车骑，即走耳。"廷尉奏当[6]，一人犯跸，当罚金。文帝怒曰："此人亲惊吾马，吾马赖柔和，令他马，固不败伤我乎？而廷尉乃当之罚金！"释之曰："法者，天子所与天下公共也。今法如此而更重之，是法不信于民也。且方其时，上使立诛之则已。今既下廷尉，廷尉，天下之平也，一倾而天下用法皆为轻重，民安所措其手足？唯陛下察之。"良久，上曰："廷尉当是也。"

其后有人盗高庙坐前玉环，捕得，文帝怒，下廷尉治。释之案律盗宗庙服御物者为奏，奏当弃市[7]。上大怒曰："人之无道，乃盗先帝庙器，吾属廷尉者，欲致之族，而君以法奏之[8]，非吾所以共承宗庙意也。"释之免冠顿首谢曰："法如是足也。且罪等[9]，然以逆顺为差。今盗宗庙器而族之，有如万分之一，假令愚民取长陵一抔土[10]，陛下何以加其法乎？"久之，文帝与太后言之，乃许廷尉当。

是时，中尉条侯周亚夫[11]与梁相山都侯王恬开见释之持议平，乃结为亲友。张廷尉由此天下称之。

——节《张释之冯唐列传》

［1］上：指文帝。　［2］中渭桥：桥名，在陕西故长安城北，接咸阳县界。　［3］廷尉：官名，掌刑狱，犹今之司法官。　［4］县人：谓长安县人。　［5］跸：止行者以清道也。　［6］当：谓处其罪也。　［7］弃市：办死罪也。　［8］以法奏之：依律以断也。　［9］罪等：俱死罪也。［10］长陵一抔土：长陵，县名，在今陕西咸阳县东，汉高帝长陵在此。所言一抔土，盖不欲指言，故以取土譬者。以不欲方盗开长陵及侵柩，恐伤迫切先帝故也。　［11］周亚夫：汉沛人，勃之子。

文帝行经中渭桥，有一人从桥下走出，使文帝驾车的马受了惊。文帝当下便派骑兵把他捉来，叫廷尉治罪。张释之审问那人。那人道："我是长安县乡下人，来到这里，听见清道戒严，我就躲在桥下。过了好久，我以为皇上已经过去，就从桥下走出，见到皇上坐的车马和骑兵，当时就吓得逃走啦。"廷尉问得口供，便把应得的刑罚上奏文帝，说这人违反了清道戒严的命令，应处以罚金。文帝怒道："这人惊吓了我的马，幸亏我的马还和顺，假使别的马，岂不使我受伤了吗？而廷尉却只处以罚金，这就算了结了不成？"释之道："法律是天子和天下人所共同遵从的。现在依法律只有这样，若再加重惩罚，这就使法律在百姓中没有信用了。况且当时惊吓皇上的时候，皇上令人当时就把他杀死，也就罢了。现在既然叫廷尉来审理，而廷尉是天下公平的象征，一旦有了偏私，那天下使用法律的人便会任意或轻或重了，这样一来，叫百姓何处安放他们的手脚呢？请陛下明察。"过了好久，文帝道："廷尉！你定的罪是对的。"

后来，有人偷了高祖庙内神座前的一只玉环，偷的人被捉住，文帝怒不可遏，当下便叫廷尉治他的罪。释之按照法律中偷盗宗庙服饰器物的条文，上奏给文帝说这人应当办死罪。文帝大怒道："那人胡作非为，竟敢偷盗先帝宗庙中的器物。我所以要交廷尉治罪，是想要灭他族的。

而君现在只依着法律条文奏请，这不是我所以敬奉宗庙的意思啊！”释之脱了帽子，磕头谢罪道：“依照法律这样处罚已经到极限了。况且斩首和灭族同是死罪，也要区别犯罪程度的轻重不同。现在他偷了宗庙的器物，就要灭他的族，万一有愚笨的人挖了长陵上的一捧土，陛下又怎么治他的罪呢？”过了好久，文帝和薄太后说起这件事情，才同意了廷尉的判决。

当时，中尉条侯周亚夫和梁相山都侯王恬开看到张释之执法论事这样公正，就和他结成亲密朋友。张廷尉从此受到天下人的称赞！

一一四、冯唐列传

冯唐论将帅一段，本为魏尚请赦，却不直说，而引廉颇、李牧诸事，反复激动，以触其怒。然后说入魏尚，斯真善于辞令者也。文中屡称先大父与父，要以表唐不忘先训，回应唐以孝著句。古人作文，气脉完密如是。

冯唐者，其大父赵人。父徙代。汉兴，徙安陵[1]。唐以孝著，为中郎署长，事文帝。文帝辇过[2]，问唐曰：“父老何自为郎[3]？家安在？”唐具以实对。文帝曰：“吾居代时，吾尚食监高祛数为我言赵将李齐之贤，战于巨鹿[4]下。今吾每饭，意未尝不在巨鹿也。父知之乎？”唐对曰：“尚不如廉颇[5]、李牧[6]之为将也。”上曰：“何以？”唐曰：“臣大父在赵时，为官卒将，善李牧。臣父故为代相，善赵将李齐，知其为人也。”上既闻廉颇、李牧为人，良说，而搏髀[7]曰：“嗟乎！吾独不得廉颇、李牧时为吾将，吾岂忧匈奴哉！”唐曰：“主臣[8]！陛下虽得廉颇、李牧，弗能用也。”上怒，起入禁中[9]。良久，召唐让曰："公奈何众辱我，独无间处乎？"唐谢曰："鄙人不知忌讳。"

当是之时，匈奴新大入朝那[10]，杀北地[11]都尉卬。上以胡寇为意，乃卒复问唐曰："公何以知吾不能用廉颇、李牧也？"唐对曰："臣闻上古王者之遣将也，跪而推毂[12]，曰：'阃[13]以内者，寡人制之；阃以外者，将军制之。'军功爵赏皆决于外，归而奏之。此非虚言也。臣大父言，李牧为赵将居边，军市之租[14]皆自用飨士，赏赐决于外，不从中扰也。委任而责成功，故李牧乃得尽其智能，遣选车千三百乘，彀骑[15]万三千，百金[16]之士十万，是以北逐单于，破东胡[17]，灭澹林[18]，西抑强秦，南支韩、魏。当是之时，赵几霸。其后会赵王迁立，其母倡[19]也。王迁立，乃用郭开[20]谗，卒诛李牧，令颜聚代之。是以兵破士北，为秦所禽灭。今臣窃闻魏尚[21]为云中[22]守，其军市租尽以飨士卒，出私养钱[23]，五日一椎牛，飨宾客军吏舍人，是以匈奴远避，不近云中之塞。虏曾一入，尚率车骑击之，所杀其众。夫士卒尽家人子，起田中从军，安知尺籍伍符[24]。终日力战，斩首捕虏，上功莫府[25]，一言不相应，文吏以法绳之。其赏不行而吏奉法必用。臣愚，以为陛下法太明，赏太轻，罚太重。且云中守魏尚坐上功首虏差六级，陛下下之吏，削其爵，罚作之。由此言之，陛下虽得廉颇、李牧，弗能用也。臣诚愚，触忌讳，死罪死罪！"文帝说，是日令冯唐持节赦魏尚，复以为云中守，而拜唐为车骑都尉，主中尉及郡国车士。

七年，景帝立，以唐为楚相，免。武帝立，求贤良，举冯唐。唐时年九十余，不能复为官，乃以唐子冯遂为郎。遂字王孙，亦奇士，与余善。

[1] 安陵：汉县名，故城在今陕西咸阳县东。 [2] 辇过：谓文帝乘辇过郎署也。 [3] 何自为郎：年老矣，奈何乃自为郎，怪之也。 [4] 巨鹿：战国赵邑，即河北平乡县。 [5] 廉颇：战国赵之良将。惠文王时，破齐，取晋阳。孝成王时，破燕，燕割五城以和。皆颇之功也。 [6] 李牧：战国赵北边良将。常破匈奴，匈奴十余年不敢犯赵边，以功封武安君。 [7] 搏髀：拍股也。 [8] 主臣：人臣进对前称主臣，犹上书前云昧死。 [9] 禁中：汉制天子的居曰禁中。言门户有禁，非侍御史之臣不得入也。 [10] 朝那：汉县名，在今甘肃固原县。 [11] 北地：郡名，秦置，统甘肃旧宁夏、庆阳、平凉、固原、泾州诸府之地，治义渠，故城在今宁县西北。 [12] 推毂：谓荐举人才，如推车毂使前进也。 [13] 阃：音悃，门中橛也，门限也。 [14] 军市之租：谓军中立市，市有税，税即租也。 [15] 彀骑：张弓之骑也。 [16] 百金：言其贵重也。 [17] 东胡：乌丸之先也，国在匈奴东，故云东胡。 [18] 澹林：种族名。 [19] 母倡：赵幽王母，乐家之女也。 [20] 郭开：赵王之宠臣。（《国策》）秦多以开金使为反间。 [21] 魏尚：汉槐里人。 [22] 云中：郡名，战国赵地，秦置，统阴山以南，今自山西之怀仁左云右玉以北、绥远道各县、蒙古鄂尔多斯右翼、四子部落各旗皆其地。汉分秦云中郡之东北部，置定襄郡，西南部仍为云中郡，治云中县。即今托克托县，亦即赵故城也。 [23] 私养钱：汉市肆租税之入为私奉。 [24] 尺籍五符：尺籍者，谓书其斩首之功于一尺之板。伍符者，谓军人伍伍相保，不容奸诈也。 [25] 莫府：古者出征为将，治无常处，以幕为府。莫府当作幕府。

——节《张释之冯唐列传》

冯唐，他的祖父是从前赵国人。他父亲这一辈搬到代郡。汉朝兴起以后，又搬到安陵。冯唐以孝道闻名，被推举为中郎署长服侍文帝。文帝坐车经过冯唐的中郎官署时，问冯唐道：“老人家怎么还在做郎官？家住在哪里？”冯唐都作了如实回答。文帝道：“我从前在代地的时候，我的尚食监高祛屡次对我说赵将李齐有本领，讲述了他在钜鹿城下作战的故事。现在我每次吃饭，总要想到李齐鏖战巨鹿的情景。老人家知道李齐这个人吗？”冯唐答道：“那还不及廉颇、李牧两个将军有本领。”文帝道：“为什么呢？”冯唐道：“臣的祖父在赵国的时候，担任过统率士兵的职务，和李牧很要好。臣的父亲曾经做过代王的丞相，和赵将李齐很要好，所以知道他的为人。”文帝听完冯唐的述说，高兴极了，拍着大腿说道：“唉！可惜我偏偏得不到廉颇、李牧这样的人做我的将军，如果有这样的将军，我难道还忧虑匈奴吗？”冯唐道：“臣诚惶诚恐，以为陛下即使得到廉颇、李牧，也不能任用他们。”文帝大怒，起身回宫。过了好久，召见冯唐责备他道：“公怎么当着众人面前羞辱我，不能找个僻静的地方说吗？”冯唐谢罪道：“粗鲁的人不知道忌讳回避。”

当时，匈奴新近大举入侵朝那，杀死了北地郡都尉孙卬。文帝正为此忧虑，终于再一次问冯唐道：“公怎么知道我不能任用廉颇、李牧呢？”冯唐答道：“臣听说上古帝王派将出征，跪下替他推动车轮子，并说都城以内的事情，我来决定；都城以外的事情，完全由将军决定。所以军人有了功劳，或是有赏爵的事情，都是将军决断了以后，归来再奏朝廷。这并不是空话啊。臣的祖父说，李牧做赵将时，驻扎在边界上，凡从军中交易市场上征收的租税都用来犒赏将士，所有赏赐的事都由将军决断，朝廷并不从中干预。君王交给他重任，而要求他成功，所以李牧才能使出全部的本领。调派精选的战车一千三百乘，善射的骑兵一万三千，精锐的士兵十万，北面驱赶单于，打败东胡，灭掉澹林，西面拦住了最强的秦国，南面和韩国、魏国结交。这个时候，赵国几乎称霸了。后来恰巧赵王迁即位，他的母本是个卖唱的女子。赵王迁即位后，听信宠臣郭开的谗言，最终杀了李牧，另派颜聚代替他的职务。所以军溃兵败，国也被秦国灭掉。如今臣私下听说魏尚做云中郡守时，他也尽把军中交易市场上征收的租税全部拿来犒赏将士，还拿出私人的俸钱，每过五天杀一头牛，请宾客、军吏和家臣吃酒。因此匈奴远远地避开他，不敢走近云中关塞。匈奴曾经入侵一次，魏尚率领军队抗击，杀死很多敌军。那些士卒都是平民百姓家的子弟，从田间来投军的，哪里知道'尺籍''伍符'这类军法条令？只懂得一天到夜拼命去打仗，斩杀敌人，擒获俘虏，他把他们的功劳上报幕府，只要有一句话不对，那些文吏就用法律来制裁他们。他们的赏赐拿不到，文吏奉行的法令却必定执行。所以臣愚蠢地认为陛下法律太苛求，赏赐太轻，刑罚太重。况且云中郡守魏尚只因上报功劳时差了六个首级，陛下就把他交付给官吏，削夺了他的爵位，判处一年的刑期。照此说来，陛下即使得到廉颇、李牧，也是不能重用的。我真是愚蠢，触犯了忌讳，该死该死！"文帝听到很高兴，当天就派冯唐拿了符节出使前去赦免魏尚，仍旧叫他做云中郡守，又任命冯唐为车骑都尉，专管中尉和各郡国的车战之士。

汉文帝后元七年，景帝即位，派冯唐去做楚国的丞相，不久被免职。武帝即位后，征求贤良之士，大家推举了冯唐，当时冯唐年已九十多岁了，不能再做官，就让他的儿子冯遂做郎官。冯遂字王孙，也是杰出的人才，和我友好。

一一五、扁鹊见齐桓侯

扁鹊过齐，齐桓侯客之。入朝见，曰："君有疾在腠理[1]，不治将深。”桓侯曰：“寡人无疾。”扁鹊出，桓侯谓左右曰：“医之好利也，欲以不疾者为功。”后五日，扁鹊复见，曰：“君有疾在血脉，不治恐深。”桓侯曰：“寡人无疾。”扁鹊出，桓侯不悦。后五日，扁鹊复见，曰；“君有疾在肠胃间，不治将深。”桓侯不应。扁鹊出，桓侯不悦。后五日，扁鹊复见，望见桓侯而退走。桓侯使人问其故。扁鹊曰：“疾之居腠理也，汤熨[2]之所及也；在血脉，针石[3]之所及也；其在肠胃，酒醪[4]之所及也；其在骨髓，虽司命[5]无奈之何。今在骨髓，臣是以无请也。”后五日，桓侯体病，使人召扁鹊，扁鹊已逃去。桓侯遂死。

——节《扁鹊仓公列传》

[1] 腠理：皮肉交会处。 [2] 汤熨：医疗之法，从上按其下也。[3] 针石：针，所以刺病也。石，谓砭石，古者攻病则有砭，今其术绝矣。[4] 酒醪：汁滓酒也。 [5] 司命：主寿命之神。

扁鹊路过齐国，齐桓侯以客礼待他。扁鹊入朝拜见齐桓侯，说道：“君有小病在腠理，如不医治，不治将会深入体内。”桓侯道：“寡人没有病。”扁鹊退出，桓侯对左右的人道：“医生喜爱功利，想在没病的人身上显示本领，作为自己的功劳。”过了五天，扁鹊再去拜见桓侯，道：“君有病已到血脉里，如不医治，恐怕会加深。”桓侯道：“寡人没有病。”扁鹊退出，桓侯很不高兴。又过了五天，扁鹊再去拜见桓侯，道：“君有病已在肠胃里，如不医治，将会加深。”桓侯听了，没有理睬他。扁鹊退出，桓侯很不高兴。又过了五天，扁鹊再去拜见桓侯，一见桓侯，就连忙跑了。桓侯派人去询问他跑的缘故。扁鹊道：“病在腠理的时候，用汤药、熨敷可以医治；在血脉的时候，用针刺、砭石可以医治；在肠胃的时候，用药酒还可医治；

病在骨髓，即使是司命的神也没有办法了。现在桓侯的疾病，已入骨髓，所以臣不再劝他医治了。”过了五天，桓侯果然发病了，派人去召扁鹊，扁鹊已逃离齐国。桓侯于是就病死了。

一一六、魏其侯列传

是传错综魏其事实，连缀为文，神情荡漾，笔势雄厚。遂使魏其侯薄爵禄，尚慈爱之气象，纤悉毕现。中引高遂鼓动魏其之事，激昂尽致，尤为妙笔。

魏其侯窦婴者，孝文后从兄子也。父世观津[1]人，喜宾客。孝文时，婴为吴相，病免。孝景初即位，为詹事[2]。

梁孝王者，孝景弟也，其母窦太后爱之。梁孝王朝，因昆弟燕饮。是时上未立太子，酒酣，从容言曰：“千秋[3]之后传梁王。”太后欢。窦婴引卮酒进上，曰：“天下者，高祖天下，父子相传，此汉之约也，上何以得擅传梁王！”太后由此憎窦婴。窦婴亦薄其官，因病免。太后除窦婴门籍[4]，不得入朝请[5]。

孝景三年，吴楚反，上察宗室诸窦[6]毋如窦婴贤，乃召婴。婴入见，固辞谢病不足任。太后亦惭。于是上曰：“天下方有急，王孙[7]宁可以让邪？”乃拜婴为大将军，赐金千斤。婴乃言袁盎、栾布诸名将贤士在家者进之。所赐金，陈之廊庑下，军吏过，辄令财取为用，金无入家者。窦婴守荥阳[8]，监齐、赵兵。七国兵已尽破，封婴为魏其侯。诸游士宾客争归魏其侯。孝景时每朝议大事，条侯、魏其侯，诸列侯莫敢与亢礼。

孝景四年，立栗太子[9]，使魏其侯为太子傅。孝景七年，栗太子废，魏其数争不能得。魏其谢病，屏居蓝田[10]南山之下数月，诸宾客辩士说之，莫能来。梁人高遂乃说魏其曰："能富贵将军者，上也；能亲将军者，太后也。今将军傅太子，太子废而不能争；争不能得，又弗能死。自引谢病，拥赵女[11]，屏间处而不朝。相提[12]而论，是自明扬主上之过。有如两宫[13]螫[14]将军，则妻子毋类[15]矣。"魏其侯然之。乃遂起，朝请如故。

桃侯[16]免相，窦太后数言魏其侯。孝景帝曰："太后岂以为臣有爱，不相魏其？魏其者，沾沾[17]自喜耳，多易[18]，难以为相持重。"遂不用，用建陵侯卫绾[19]为丞相。

——节《魏其武安侯列传》

[1] 观津：古地名，即今河北武邑县。 [2] 詹事：汉官名，掌皇后太子家。 [3] 千秋：喻时之久远也，此指寿终而言。 [4] 门籍：（《三辅贡图》）汉宫门各有禁，非侍卫通籍之臣，不敢妄入。（注）悬名于门，乃听出入，禁六藉者，为二尺竹牒，纪其年及名字物色悬宕门。 [5] 朝请：诸侯春朝天子曰朝，秋曰请。 [6] 宗室诸窦：谓宗室之中，及诸窦之宗室也。 [7] 王孙：窦婴字。 [8] 荥阳：汉县名。故城在今荥泽县西南。 [9] 栗太子：栗姬之子，后废之，故书母姓。 [10] 蓝田：汉县名，故城在今陕西蓝田县西三十里。 [11] 赵女：约言魏其之妻赵女也。 [12] 相提：犹相抵也。 [13] 两宫：谓太后景帝也。 [14] 螫：音释，怒也。 [15] 毋类：谓见诛灭无遗类。 [16] 桃侯：即刘舍。 [17] 沾沾：言自整顿也。 [18] 多易：多轻易之行也。 [19] 卫绾：汉大陵人，封建陵侯，卒谥哀。

魏其侯窦婴是汉文帝皇后的堂兄的儿子。他的父祖辈世世代代都住在观津县。他很喜欢宾客。汉文帝的时候，窦婴担任吴国丞相，因为有病辞职。汉景帝初即位时，窦婴担任詹事。

梁孝王是汉景帝的弟弟，他的母亲窦太后很疼爱他，梁孝王来朝见，他们兄弟俩就同坐喝酒，当时汉景帝还没有立太子。酒兴正浓时，汉景帝随便说道："我寿终之后，就把帝位传给梁王。"太后听到这话，十分高兴。窦婴就拿着酒杯，进来献酒道："天下是高祖打下的天下，父死了，就把帝位传给儿子，这是汉朝的规约，皇上怎么可以私自传给梁王呢？"太后因为这个缘故，很恨窦婴。窦婴也嫌弃这个官职，就借病辞职。太后于是开除了窦婴进出宫门的名籍，不准参加春秋两季的朝会。

汉景帝三年，吴、楚等国反叛，汉景帝查看皇室和窦氏的宗族没有像窦婴能干的，就召见窦婴。窦婴来见，坚决推辞，说自己有病，不能担负责任。太后这时也觉得难为情。于是汉景帝道："现在天下正是危急，王孙怎可推辞不管呢？"就拜窦婴为大将军，赐黄金千斤。窦婴便把袁盎、栾布等闲住在家的名将、贤士向皇上推荐。皇上所赏赐的金子都放在走廊下、穿堂里，有军吏走过，就叫他们酌情取用，所以他的赏金并没有拿到家里。后来窦婴驻守荥阳，监督齐国和赵国两路兵马。等到七国的叛乱全部被平定之后，皇上赐封窦婴为魏其侯。许多游士和宾客都争着归附魏其侯。汉景帝时每次朝见商议大事，许多列侯都不敢与条侯周亚夫、魏其侯窦婴平起平坐。

汉景帝四年，立栗太子，派魏其侯担任太子太傅。汉景帝七年，栗太子又被废掉，魏其侯屡次去争，却没有效果。魏其侯借口有病，辞了官职，住在蓝田县的南山下好几个月，许多宾客辩士都来劝他，叫他出来任事，魏其侯只是不肯出来。梁地人高遂对魏其侯道："能使将军富贵的是皇上，能使将军成为朝廷亲信的是太后。如今将军担任太子的师傅，太子被废而不能力争；力争而不能成功，又不能效死。却假托有病，自己引退，拥抱着美女，退隐闲居而不参加朝会。把这些情况互相比照起来看，这是自己表明要张扬主上的过失。倘若太后和皇上都怀恨将军，那么将军的妻子儿女将会一个不剩下了。”魏其侯认为他说的话很对，于是就出山回京，朝见皇上和从前一样。

在桃侯刘舍被免去丞相职务时，窦太后屡次推荐魏其侯当丞相，汉景帝道：“太后难道认为臣有所吝啬而不让魏其侯当丞相吗？魏其侯这个人，老是沾沾自喜，做事草率轻浮，难以出任丞相，担当重任。”终于没有任用他，任用了建陵侯卫绾做丞相。

一一七、武安侯列传

是文描写魏其、武安二人相倾处，极淋漓之致。且呼应处，亦甚精密。如以故毁日至，反应前欲以倾魏其；魏其失窦太后，益疏不用，反应前武安侯虽不任职；以王太后故亲幸，诸客稍稍自引而怠傲，反应前天下吏士诸侯，愈益附武安。极力挑逗，何等针线，此等处，学者最宜注意。

武安侯田蚡者，孝景后同母弟也，生长陵[1]。魏其[2]已为大将军后，方盛，蚡为诸郎[3]，未贵，往来侍酒魏其，跪起如子姓。及孝景晚节[4]，蚡益贵幸，为太中大夫。蚡辩有口，学《槃盂》[5]诸书，王太后贤之。孝景崩，即日太子立，称制，所镇抚多有田蚡宾客计策[6]。蚡弟田胜，皆以太后弟，孝景后三年，欲以倾魏其诸将相。

建元[7]元年，丞相绾[8]病免，上议置丞相、太尉。籍福说武安侯曰："魏其贵久矣，天下士素归之。今将军初兴，未如魏其，即上以将军为丞相，必让魏其。魏其为丞相，将军必为太尉。太尉、丞相尊等耳，又有让贤名。"武安侯乃微言太后风上，于是乃以魏其侯为丞相，武安侯为太尉。籍福贺魏其侯，因吊曰："君侯资性喜善疾恶，方今善人誉君侯，故至丞相；然君侯且疾恶，恶人众，亦且毁君侯。君侯能兼容，则幸久；不能，今以毁去矣。"魏其不听。

魏其、武安俱好儒术，推毂[9]赵绾[10]为御史大夫，王臧[11]为郎中令。迎鲁申公[12]，欲设明堂，令列侯就国，除关[13]，以礼为服制，以兴太平。举适诸窦宗室毋节行者，除其属籍。时诸外家为列侯，列侯多尚公主，皆不欲就国，以故毁日至窦太后。太后好黄老[14]之言，而魏其、武安、赵绾、王臧等务隆推儒术，贬道家言，是以窦太后滋不说魏其等。及建元二年,御史大夫赵绾请无奏事东宫。窦太后大怒，乃罢逐赵绾、王臧等，而免丞相、太尉，以柏至侯许昌为丞相，武彊侯庄青翟为御史大夫。魏其、武安由此以侯家居。

武安侯虽不任职，以王太后故，亲幸，数言事，多效，天下吏士趋势利者，皆去魏其归武安，武安日益横。建元六年，窦太后崩，丞相昌、御史大夫青翟坐丧事不办，免。以武安侯蚡为丞相，以大司农韩安国为御史大夫。天下士郡诸侯愈益附武安。

武安者，貌侵[15]，生贵甚[16]。又以为诸侯王多长[17]，上初即位，富于春秋，蚡以肺腑为京师相，非痛折节以礼诎之，天下不肃。当是时，丞相入奏事，坐语移日，所言皆听。荐人或起家至二千石，权移主上。上乃曰："君除吏已尽未？吾亦欲除吏。"尝请考工[18]地益宅，上怒曰："君何不遂取武库[19]！"是后乃退。尝召客饮，坐其兄盖侯[20]南乡，自坐东乡，以为汉相尊，不可以兄故私桡。武安由此滋骄，治宅甲诸第[21]。田园极膏腴，而市买郡县器物相属于道。前堂罗钟鼓，立曲旃[22]；后房妇女以百数。诸侯奉金玉狗马玩好，不可胜数。

魏其失窦太后，益疏不用，无势，诸客稍稍自引而怠傲，唯灌将军[23]独不失故。魏其日默默不得志，而独厚遇灌将军。

——节《魏其武安侯列传》

[1]长陵：汉县名，在今陕西咸阳县东。 [2]魏其：即窦婴，详见上篇。 [3]诸郎：徐广曰："一云诸卿，时人相号长老者为诸公，所少者为诸卿，如后人相号为士大夫也。" [4]晚节：晚年也。 [5]《槃盂》：黄帝使孔甲所作铭也，凡二十六篇，书《槃盂》中所为法戒诸书诸子文书也。 [6]计策：计谋也。 [7]建元：汉武帝年号。 [8]丞相绾：卫绾也，汉大陵人。卒谥哀。 [9]推毂：言荐举人才，如推车毂进前也。 [10]赵绾：汉代人，受诗申公，因设明堂事，以忤窦太后，帝下绾吏，因自杀。 [11]王臧：汉兰陵人，受诗申公，亦因明堂事自杀。 [12]申公：汉鲁人，名培，少与楚元王交，俱事浮丘伯，受诗。文帝时以为博士，始为诗传，号鲁诗，后归鲁退居家。弟子自远方来家业者凡千余人。武帝时征入部，年已八十余岁，拜太中大夫，舍鲁邸议明堂事，后病免归。[13]除关：谓除关门之税也。 [14]黄老：道家祖黄帝、老子，故谓道家之言曰黄老。 [15]貌侵：短小也，丑恶也。 [16]生贵甚：谓蚡自生尊贵之势特甚。 [17]多长：谓多长年也。 [18]考工：《汉书·百官表》曰：少府有考工室，如淳曰，官名也。 [19]武库：藏兵器之库。[20]盖侯：王后兄王信也，封为盖侯。 [21]治宅甲诸第：为诸第之上也。 [22]曲旃：旌旗之名。 [23]灌将军：名夫，颍阴人。

武安侯田蚡是汉景帝皇后同母异父的弟弟，出长在长陵。魏其侯已经做大将军之后，正当显赫的时候，田蚡还是个郎官，没有显贵。时常到魏其侯那里，陪侍宴饮，跪拜起立像魏其侯的子孙辈一样。到汉景帝晚年，田蚡逐渐显贵，做了太中大夫。田蚡很有口才，喜欢读《槃盂》这类书，王太后称道他有才干。汉景帝去世，当天太子登位继立，王太后临朝，所有镇抚百姓的方法，多由田蚡的宾客参赞其间。田蚡和弟弟田胜，因他们都是王太后的弟弟，汉景帝后元三年赐封田蚡为武安侯，封田胜为周阳侯。武安侯新近掌权，想要当丞相，因此接待宾客很谦恭，把那些在家的名士，都进荐到朝廷里来，想以此来压倒魏其侯等将相的势力。建元元年，丞相卫绾因病免职，皇上提议要置丞相和太尉。籍福劝说武安侯道："魏其侯显贵已经很久了，天下的士人素来都归附他。现在将军刚刚发迹，声望比不上魏其侯，就是皇上明明要叫将军做丞相，将军也必定让给魏其侯，魏其侯做了丞相，将军必定做太尉，太尉和丞相，等级是一样的，又能得到让贤的名誉，岂不好吗？"武安侯于是就委婉地告诉太后暗示皇上，于是皇上用魏其侯做丞相，武安侯做太尉。籍福去向魏其侯道贺，就便提醒他道："君侯的本性喜欢好人，憎恨坏人，如今好人称赞君侯，所以能做到丞相；但是君侯也憎恨坏人，坏人很多，他们也要说君侯的坏话！君侯如能把好人和坏人都包容着，那么丞相的职位就可以保持长久；如果不能这样做，那么马上就要因他们说坏话而丢官了。"魏其侯没有听从。

魏其侯、武安侯都欢喜儒术，荐举赵绾做御史大夫，王臧做中郎令。又去接来鲁地人申公，想要设起明堂，令列侯到封国去，废除关禁，按照礼法来规定服饰和制度，使得天下太平。同时检举、谴责窦家和皇族中品德不好的人，开除他们的族籍。这时诸外戚中的列侯，大多娶公主为妻，都不愿回到封国中去，因为这个缘故，有许多坏话天天传到窦太后那里。窦太后爱好黄老学说，而魏其侯、武安侯、赵绾、王臧等人却专门抬举儒术，排斥道家，所以窦太后越发不喜欢魏其侯等人了。到建元二年，御史大夫赵绾请皇上不要向太后奏事，免得她掌管国政。窦太后于是大怒，就免掉赵绾、王臧等人的官，并且放逐了他们，又免掉丞相、太尉的职务，另派柏至侯许昌做丞相，武强侯庄青翟做御史大夫。魏其侯、武安侯从此就以列侯的身份闲住在家里。

武安侯虽无官职，因为王太后的缘故，倒还是很得宠幸，屡次进去说事，也都有效力，天下趋炎附势的官吏、士人，都离开魏其侯而归附武安侯。武安侯因此一天骄横一天。建元六年，窦太后去世，丞相许昌和御史大夫庄青翟因丧事没有办好，被免掉官职。皇上用武安侯田蚡做丞相，用大司农韩安国做御史大夫。天下的士人和郡太守、封国王侯越发归附武安侯了。

武安侯身体短小，相貌丑陋，可是出生以来就很尊贵。他又认为当时的诸侯王都年纪大了，皇上又是初即位，年纪正轻，自己以皇帝的至亲心腹担任朝廷的丞相，如果不狠狠地整饬一下，用礼法来使他们屈服，天下人就不会服服贴贴的。在那时候，丞相每进去奏事，一坐下谈论总是半天，所说的皇上都听从。他推荐的人有的从闲居提拔到二千石级，皇上的权柄几乎都落在他手里了。皇上于是向他道："君要任命的官吏完了没有？我也想任命些官吏了。"田蚡曾经请求把考工官署的地盘划归自己扩建住宅，皇上怒道："君何不把武器库也取走！"从这以后才收敛一些。有一次，他召集宾客喝酒，让他的哥哥盖侯向南坐，自己却向东坐着，认为自己是汉相，爵位很尊贵，不可以因为哥哥的缘故，降低了自己的身份。武安侯从此便越发骄横了。他的住宅造得很高大，没有人比得上他。田园也极其肥沃，他派到各郡县去购买器物的人，在大路上络绎不绝。前堂摆设着钟鼓，竖起了曲柄的旗幡；后房的美女数以百计。诸侯奉送给他的金玉、狗马和好玩器物，数也数不清。

魏其侯因失去窦太后的依靠，更加被皇上疏远，不用他，没有了权势，宾客们也渐渐自己离去，甚至对他懈怠傲慢，只有灌将军一人没有改变原来的态度。魏其侯每天沉默着，觉得很不得意，唯独对灌将军格外厚待。

一一八、灌将军列传（上）

前幅写灌夫之壮勇，波澜层出，姿态横生；后幅写灌夫刚直，包罗万象，却又层次极清。学作记叙文，能举头绪多端之事，绝不凌乱，斯称能手。史公作传，能趁势引入诸琐细事，益见精神，最是传记神品。

灌将军夫者，颍阴人[1]也。夫父张孟，尝为颍阴侯婴[2]舍人，得幸，因进之至二千石，故蒙灌氏姓为灌孟。吴楚反时，颍阴侯灌何为将军，属太尉，请灌孟为校尉。夫以千人与父俱。灌孟年老，颍阴侯强请之，郁郁不得意，故战常陷坚，遂死吴军中。军法，父子俱从军，有死事，得与丧归。灌夫不肯随丧归，奋[3]曰："愿取吴王若将军头，以报父之仇。"于是灌夫被甲持戟，募军中壮士所善愿从者数十人。及出壁门，莫敢前。独二人及从奴十数骑驰入吴军，至吴将麾[4]下，所杀伤数十人。不得前，复驰还，走入汉壁，皆亡其奴，独与一骑归。夫身中大创十余，适有万金良药，故得无死。夫创少瘳，又复请将军曰："吾益知吴壁中曲折，请复往。"将军壮义之，恐亡夫，乃言太尉，太尉乃固止之。吴已破，灌夫以此名闻天下。

颍阴侯言之上，上以夫为中郎将。数月，坐法去。后家居长安[5]，长安中诸公莫弗称之。孝景时，至代相。孝景崩，今上初即位，以为淮阳[6]天下交，劲兵处，故徙夫为淮阳太守。建元[7]元年，入为太仆。二年,夫与长乐卫尉窦甫饮,轻重不得[8],夫醉搏[9]甫。甫，窦太后昆弟也。上恐太后诛夫，徙为燕相。数岁，坐法去官，家居长安。

灌夫为人刚直使酒[10]，不好面谀[11]。贵戚诸有势在己之右，不欲加礼，必陵之;诸士在己之左，愈贫贱，尤益敬，与钧。稠人广众，荐宠下辈。士亦以此多之。

夫不喜文学，好任侠，已然诺[12]。诸所与交通，无非豪杰大猾。家累数千万，食客日数十百人。陂池田园，宗族宾客为权利，横于颍川[13]。颍川儿乃歌之曰:“颍水清，灌氏宁;颍水浊，灌氏族。”

灌夫家居虽富，然失势，卿相侍中宾客益衰。及魏其侯失势，亦欲倚灌夫引绳[14]批根[15]生平慕之后弃之者[16]。灌夫亦倚魏其而通列侯宗室为名高。两人相为引重[17]，其游如父子然，相得欢甚，无厌，恨相知晚也。灌夫有服，过丞相。丞相从容曰:“吾欲与仲孺[18]过魏其侯，会仲孺有服。”灌夫曰:“将军乃肯幸临况魏其侯，夫安敢以服为解！请语魏其侯帐具，将军旦日[19]蚤临。”武安许诺。灌夫具语魏其侯如所谓武安侯，魏其与其夫人益市牛酒，夜洒埽早帐具至旦。平明[20],令门下候伺。至日中,丞相不来。魏其谓灌夫曰:“丞相岂忘之哉?”灌夫不怿，曰:“夫以服请，宜往。”乃驾，自往迎丞相。丞相特前戏许灌夫，殊无意往。及夫至门，丞相尚卧。于是夫入见，曰:“将军昨日幸许过魏其，魏其夫妻治具，自旦至今，未敢尝食。”武安鄂谢曰:“吾昨日醉,忽忘与仲孺言。”乃驾往,又徐行,灌夫愈益怒。及饮酒酣，夫起舞属[21]丞相，丞相不起，夫从坐上语侵之。魏其乃扶灌夫去，谢丞相，丞相卒饮至夜，极欢而去。

丞相尝使籍福[22]请魏其城南田。魏其大望[23]曰："老仆虽弃，将军虽贵，宁可以势夺乎！"不许。灌夫闻，怒，骂籍福。籍福恶两人有郄[24]，乃谩自好谢丞相曰："魏其老且死，易忍，且待之。"已而武安闻魏其、灌夫实怒不予田，亦怒曰："魏其子尝杀人，蚡活之。蚡事魏其侯无所不可，何爱数顷田？且灌夫何与也？吾不敢复求田。"武安由此大怨灌夫、魏其。

元光[25]四年春，丞相言灌夫家在颍川，横甚，民苦之，请案。上曰："此丞相事，何请。"灌夫亦持丞相阴事，为奸利，受淮南王金与语言。宾客居间，遂止，俱解。

——节《魏其武安侯列传》

[1]颍阴：县名，汉置，今河南许昌县治。 [2]婴：即灌婴，汉睢阳人，少以贩缯为业。从高祖定天下，封颍阴侯。后与周勃平诸吕，共立文帝，以功进太尉，寻为丞相。 [3]奋：自奋励也。 [4]麾：谓大将之旗。 [5]长安：汉都城，故城在陕西今县西北。 [6]淮阳：县名，秦置，故城在今县南。 [7]建元：汉武帝年号。 [8]轻重不得：言饮酒轻重不得其平也。 [9]搏：击也。 [10]使酒：因酒而使气也。 [11]面谀：谓当面而阿谀之也。 [12]然诺：谓已许诺，必使副其前言也。 [13]颍川：郡名，秦置，今河南旧许州、陈州、汝宁、汝州诸府州以及禹县至阳武各县皆是，治阳翟，故韩都也。 [14]引绳：二人相倚事，如合绳共相依引也。 [15]批根：相对引绳而根括之也。 [16]弃之者：言不与交通也。 [17]相为引重：言相荐达为声势也。 [18]仲孺：灌夫字。 [19]旦日：谓明日也。 [20]平明：晓也。 [21]属：犹委也，付也。 [22]籍福：见《武安侯列传》原文。 [23]大望：大失所望也。 [24]郄：同隙。 [25]元光：武帝年号。

灌夫将军是颍阴县人。灌夫的父亲张孟，曾经做过颍阴侯灌婴的家臣，很得宠幸，因此官爵渐渐升到二千石级，所以冒用灌氏家的姓叫灌孟。吴、楚等国反叛时，颍阴侯灌何担任将军，隶属太尉部下，他推荐灌孟担任校尉。灌夫带了一千人和父亲同去。当时灌孟年老,本打算不去，颍阴侯勉强他去，因此灌孟心里郁郁不得意，所以出战时，常常攻击敌人的坚强阵地，因而战死在吴军中。按照当时军法的规定：父子一同去从军的，有一个为国战死，生者可以护送灵柩回来。灌夫却不肯因丧事回来，他慷慨激昂地道："希望得到吴王或是将军的头，为我父亲报仇。"于是灌夫披了盔甲，拿了画戟，召集了军中素和他要好而愿意跟他去的壮士几十人。等到走出营门，却没有人敢向前冲。只有两人和灌夫属下的奴隶共十多个骑兵飞马冲进吴军，直到吴将的旗下，杀伤吴军几十人，不能再向前了，才飞马返回，跑入汉军营中，所带去的奴隶全都战死了，只和一骑回来。灌夫身受重伤十多处，恰巧营中有万金良药，所以才能不死。灌夫伤口稍为好些，又到将军那里请求道："我现在更加知道吴营里的底细了，请让我再去。"将军认为他勇敢而有义气，只怕灌夫伤亡，就来告诉太尉，太尉便坚决阻挡住他。等到打败吴军，灌夫也因此名闻天下。

颍阴侯便把灌夫的勇敢告诉皇上，皇上用灌夫做中郎将。过了几个月，因犯法被免去官职。后来灌夫把家眷都搬到长安住下，长安中的许多显贵没有一个不称道他的。汉景帝时，灌夫做到代国的丞相。汉景帝去世,武帝初即位,因为淮阳郡是天下的交通枢纽,又是劲兵聚集的地方,所以调灌夫做淮阳太守。建元元年，又进京做太仆。到了第二年，灌夫和长乐宫卫尉窦甫在一起喝酒，礼节尊卑不恰当，灌夫喝醉了，殴打了窦甫。窦甫是窦太后的兄弟，武帝怕太后生气，要杀灌夫，就调灌夫做燕国的丞相。过了几年，他因犯法丢了官职，回长安闲居。

灌夫做人很刚直，喜欢使酒性子，不喜欢当面奉承他人。对皇亲国戚及有势力的人，凡是地位在自己以上的，他不但不想对他们表示尊敬，反而要想办法去凌辱他们；对地位在自己之下的许多士人，愈是贫贱的，就愈是尊敬，跟他们平等相待。在人多的地方，时常推荐夸奖下辈的人，士人们也因此多推重他。

灌夫不喜欢文章经学，有担当，讲义气。答应的事，定要做到。凡和他交往的那些人，无不是杰出人士或大奸巨猾。家产积蓄几千万，食客每天总有几十百来人。为了在田园中修筑堤塘，灌溉农田，他的宗族和宾客扩张权势，垄断利益，在颍川一带横行霸道。颍川的小孩子于是作歌唱道："颍水清，灌氏宁；颍水浊，灌氏族。"

灌夫家里虽然富足，但失去了权势，达官贵人及一般宾客逐渐减少。等到魏其侯失去了权势，也想依靠灌夫去报复那些平日仰慕自己，失势后又抛弃了自己的人。灌夫也想依靠魏其侯去结交列侯和皇族以抬高自己的名声。两人互相援引，互相借重，他们来往亲密的像父子一般。彼此情投意合，没有嫌忌，只恨相知太晚了。灌夫丧服期间去拜访田丞相。田丞相随便说道："我想和仲孺一起去拜访魏其侯，不巧仲孺有丧服。"灌夫道："将军竟肯屈驾光临魏其侯，我怎么敢拿丧服来推辞呢！请允许我告诉魏其侯准备宴会，将军明天早点光临。"武安侯答应了他。灌夫备细告诉了魏其侯，就像他对武安侯所说的。魏其侯和他的夫人特地多买了酒肉，又连夜洒扫，布置帷帐，准备酒宴，一直忙到天亮。天才亮，就让府中管事的人在宅前伺候。哪知等到日中，还不见田丞相来。魏其侯对灌夫道："丞相难道忘记了吗？"灌夫不高兴，说道："我不嫌丧服在身而应他之约，他应该来。"说罢便起身驾车，自己去迎接丞相。哪知丞相昨天只不过开玩笑似地答应了灌夫，并没有一定要去的意思。

等到灌夫来到门前，田丞相还在睡觉呢。于是灌夫便进去请见，说道：“将军昨天幸蒙答应拜访魏其侯，魏其侯夫妇备办了酒食，从早晨到现在，没敢吃一点东西。”武安侯怔了一怔，道歉道：“我昨天喝醉了，恍惚忘记和仲孺说的话了。”说罢，就坐车子前去，路中又是故意慢慢儿地走，灌夫越发动怒了。及至喝酒喝到半醉，灌夫起舞，邀田丞相也起来跳舞，田丞相只是不起来，灌夫坐在座位上，一句句地讽刺田丞相。魏其侯便搀了灌夫走开，又回来向田丞相道了歉。田丞相一直喝到天黑，尽欢才离去。

田丞相曾经派籍福去索取魏其侯在京城南郊的田。魏其侯深怀怨恨，说道：“我现在虽然被废弃不用，将军虽然显贵，怎可仗势来抢夺呢！”没有答应。灌夫听到这件事，便大怒，骂了籍福。籍福不愿两人有隔阂，便自己编了一些好话，委婉地劝说田丞相道：“魏其侯年纪老了，快要死了，是容易忍耐的，姑且等待着吧。”后来武安侯听说魏其侯、灌夫实际是怀怒而不肯让给田地，也怒道：“魏其侯的儿子曾经杀了人，全靠我救活了他。我服事魏其侯没有不听从他的，他怎么爱惜这数顷田不给我呢？而且和灌夫有什么关系呢？我也不敢再去求这些田了。”武安侯由此十分怨恨灌夫、魏其侯。

元光四年的春天，田丞相对武帝说灌夫家在颍川，很是强横，百姓深受其苦。请求皇上查实治罪。武帝道：“这是丞相的事情，还请求什么？”灌夫也抓住田丞相私下做的奸事，用非法手段谋取利益，接受淮南王的私贿，并说了些不该说的话。宾客们在中间调解。两人的攻讦于是停止，彼此和解。

一一九、灌将军列传（下）

诸事几许曲折，几许琐碎。然大体只是魏其以灌夫受侮于武安侯，极力袒护，武安侯以魏其袒灌夫，遂兼害之。文能一线出，纤悉无遗。而补叙淮南遗金事于末尾，应上灌夫持武安阴事，夫击不得告武安阴事，又有画龙点睛之妙。通体精神弥满，栩栩欲活，赞语亦极得要领。

夏，丞相取燕王女[1]为夫人，有太后诏，召列侯宗室皆往贺。魏其侯过灌夫，欲与俱。夫谢曰："夫数以酒失得过丞相，丞相今者又与夫有郄。"魏其曰："事已解。"强与俱[2]。饮酒酣，武安起为寿，坐皆避席伏。已魏其侯为寿，独故人避席耳，余半膝席[3]。灌夫不悦，起行酒，至武安，武安膝席曰："不能满觞。"夫怒，因嘻笑曰："将军贵人也，属之！"时武安不肯。行酒次至临汝侯[4]，临汝侯方与程不识[5]耳语，又不避席。夫无所发怒，乃骂临汝侯曰："生平毁程不识不直一钱，今日长者为寿，乃效女儿呫嗫[6]耳语！"武安谓灌夫曰："程李俱东西宫卫尉[7]，今众辱程将军，仲孺独不为李将军地乎[8]？"灌夫曰："今日斩头陷匈[9]，何知程、李乎！"坐乃起更衣，稍稍去。魏其侯去，麾灌夫出。武安遂怒曰："此吾骄灌夫罪。"乃令骑留灌夫。灌夫欲出不得。籍福起为谢，案灌夫项令谢。夫愈怒，不肯谢。武安乃麾骑缚夫置传舍[10]，召长史曰："今日召宗室，有诏。"劾灌夫骂坐不敬。系居室。遂按其前事，遣吏分曹逐捕诸灌氏支属，皆得弃市[11]罪。魏其侯大愧，为资[12]使宾客请，莫能解。武安吏皆为耳目，诸灌氏皆亡匿，夫系，遂不得告言武安阴事。

魏其锐身为救灌夫。夫人谏魏其曰："灌将军得罪丞相，与太后家忤，宁可救邪？”魏其侯曰：“侯自我得之，自我捐之，无所恨。且终不令灌仲孺独死，婴独生。”乃匿其家，窃出上书。立召入，具言灌夫醉饱事，不足诛。上然之，赐魏其食，曰：“东朝廷辩之。”

魏其之东朝，盛推灌夫之善，言其醉饱得过，乃丞相以他事诬罪之。武安又盛毁灌夫所为横恣，罪逆不道。魏其度不可奈何，因言丞相短。武安曰：“天下幸而安乐无事，蚡得为肺腑，所好音乐狗马田宅。蚡所爱倡优巧匠之属，不如魏其、灌夫日夜招聚天下豪桀壮士与论议，腹诽而心谤，不仰视天而俯画地[13]，辟倪[14]两宫间，幸天下有变,而欲有大功。臣乃不知魏其等所为。”于是上问朝臣：“两人孰是？”御史大夫韩安国[15]曰：“魏其言灌夫父死事，身荷戟驰入不测之吴军，身被数十创，名冠三军，此天下壮士，非有大恶，争杯酒，不足引他过以诛也。魏其言是也。丞相亦言灌夫通奸猾，侵细民，家累巨万，横恣颍川，凌轹宗室，侵犯骨肉，此所谓‘枝大于本，胫大于股，不折必披’，丞相言亦是。唯明主裁之。”主爵都尉汲黯[16]是魏其。内史郑当时[17]是魏其,后不敢坚对。余皆莫敢对。上怒内史曰：“公平生数言魏其、武安长短，今日廷论，局趣[18]效辕下驹[19]，吾并斩若属矣。”即罢起入，上食太后。太后亦已使人候伺，具以告太后。太后怒，不食，曰：“今我在也，而人皆藉[20]吾弟，令我百岁后，皆鱼肉之矣。且帝宁能为石人邪[21]！此特帝在，即录录，设百岁后，是属宁有可信者乎？”上谢曰：“俱宗室外家，故廷辩之。不然，此一狱吏所决耳。”是时郎中令石建为上分别言两人事。

武安已罢朝，出止车门，召韩御史大夫载，怒曰：“与长孺共一老秃翁，何为首鼠两端[22]？”韩御史良久谓丞相曰：“君何不自喜？夫魏其毁君，君当免冠解印绶[23]归，曰‘臣以肺腑幸得待罪，固非其任，魏其言皆是’。如此，上必多君有让，不废君。魏其必内愧，杜门龉舌[24]自杀。今人毁君，君亦毁人，譬如贾竖[25]女子争言，何其无大体也！”武安谢罪曰：“争时急，不知出此。”

于是上使御史簿责魏其所言灌夫，颇不雠[26]，欺谩。劾系都司空。孝景时，魏其常受遗诏，曰：“事有不便，以便宜论上。”及系，灌夫罪至族，事日急，诸公莫敢复明言于上。魏其乃使昆弟子上书言之，幸得复召见。书奏上，而案尚书大行无遗诏。诏书独藏魏其家，家丞[27]封。乃劾魏其矫先帝诏，罪当弃市。五年十月，悉论灌夫及家属。魏其良久乃闻，闻即恚[28]，病痱[29]，不食欲死。或闻上无意杀魏其，魏其复食，治病。议定不死矣，乃有蜚语[30]为恶言闻上，故以十二月晦论弃市渭城[31]。

其春，武安侯病，专呼服谢罪。使巫视鬼者视之，见魏其、灌夫共守，欲杀之。竟死。子恬嗣。元朔三年，武安侯坐衣襜褕[32]，入宫，不敬。

淮南王安谋反觉，治。王前朝，武安侯为太尉，时迎王至霸上，谓王曰：“上未有太子，大王最贤，高祖孙，即宫车晏驾，非大王立，当谁哉！”淮南王大喜，厚遗金财物。上自魏其时不直武安，特为太后故耳。及闻淮南王金事，上曰：“使武安侯在者，族矣。”

太史公曰：魏其、武安皆以外戚重，灌夫用一时决策而名显。魏其之举以吴楚，武安之贵在日月之际。然魏其诚不知时变，灌夫无术而不逊，两人相翼，乃成祸乱。武安负贵而好权，杯酒责望，陷彼两贤。呜呼哀哉！迁怒及人。命亦不延。众庶不载，竟被恶言。呜呼哀哉！祸所从来矣！

——节《魏其武安侯列传》

[1]燕王女：蚡娶燕王刘泽子康王嘉之女也。 [2]强与俱：勉强

同去也。 [3]膝席：以膝跪在地席上也。 [4]临汝侯：灌婴孙名贤，封为临汝侯。 [5]程不识：汉人，文帝时为边郡太守。与李广同御匈奴，李广行军简易，不识正部曲，行伍营陈，击刁斗，治军簿至明，与广不同。皆为当时名将。 [6]呫嗫：附耳小语声。 [7]东西宫句：谓李广为东宫，程不识为西宫也。 [8]不为李将军地乎句：李将军李广也。言今既毁程，令李何地自安处也。 [9]斩头陷匈：言不避死亡也。 [10]传舍：驿站所设之房屋，以便行人休息者。 [11]弃市：古杀人于市以示众者曰弃市。 [12]为资：言为出资费，使人为夫言也。 [13]仰天画地：谓视天占三光也，划地知分野所在也。 [14]辟倪：谓伺察也。 [15]韩安国：即韩长孺，梁城安人。 [16]汲黯：汉濮阳人，字长孺，性倨少礼，好游侠，尚气节，以清净治民有政声。 [17]郑当时：汉陈人，字庄，以任侠自喜。声闻梁楚间，至无贵贱，皆执宾主之礼。 [18]局趣：不前貌，趣亦作促。 [19]辕下驹：言束缚不能施展也。 [20]藉：蹈也，谓践踏之也。 [21]帝宁能为石人邪：谓帝不如石人能长存也。 [22]首鼠两端：犹言畏首畏尾也。 [23]印绶：印，官吏之印。绶，组也。 [24]龉舌：深自悔恨，重龉其舌也。 [25]贾竖：言商人之辞。 [26]不雠：不对也。 [27]家丞：谓以家臣印封遗诏也。 [28]恚：恨也，怒也。 [29]痱：风病也。 [30]蜚语：无根之语也，与飞语同。 [31]渭城：汉县名，即今之陕西咸阳县也。 [32]襜褕：音詹踰，短衣也，一说非正朝衣，若妇人服也。

这年夏天，田丞相娶燕王的女儿做夫人。太后下了诏令，叫列侯和皇族都去道贺。魏其侯来到灌夫家，想和他同去。灌夫辞谢道："我屡次因酒醉失礼得罪了丞相，丞相近来又和我有嫌隙。"魏其侯道："事情已经和解了，没有关系的。"就强拉灌夫同去。去了之后，酒喝到差不多时，武安侯起来敬酒，在坐的宾客都离开席位，伏在地上。魏其侯起来敬酒，只是他的老朋友离开席位，其余一半的人双膝跪在席上。灌夫见了，便不高兴。自己起来敬酒，轮到敬武安侯了，武安侯双膝跪在席上，道:“不能满杯喝了。”灌夫动怒,却装着笑脸道:“将军是贵人哪！干这一杯吧！”当时武安侯不肯。灌夫依次敬酒，轮到临汝侯，临汝侯正和程不识附着耳边说话，又不离开席位。灌夫正没处发怒，便骂临汝侯道：“平时诋毁程不识不值一钱，现在长辈起来敬酒，你却像娘儿们一样和他靠近耳边叽哩咕噜说私话！”武安侯就对灌夫道:“程将军、李将军是东西两宫卫尉，今天当众侮辱了程将军,仲孺！你难道不给李将军留些余地吗？”灌夫道：“今天就是斩头破胸，也要这样讲，哪还知什么程将军、李将军！”座客们见闹了乱子，便起身上厕所，渐渐散去了。魏其侯也走出去，挥手叫灌夫也出去。武安侯发怒道：“这是我纵容灌夫骄傲的过错。”就令骑士扣留灌夫。灌夫想要出去，却出去不成了。于是籍福起身替灌夫赔罪，用手强按着灌夫的脖子让他赔礼。灌夫越发动怒，不肯赔礼。武安侯便指挥骑士们把灌夫绑起，关在馆舍中。又唤长史来，说道:“今天请皇室，是有诏令的。”弹劾灌夫,说他辱骂宾客,侮辱诏令,犯了“不敬”的罪名，把他拘禁在特别监狱里。后来就追查他从前犯的罪，派遣差吏分头追捕所有灌氏的分支亲属，都被判杀头示众的罪。魏其侯非常惭愧。拿出钱来叫宾客们去求田蚡，也不能使灌夫获释。武安侯手下的官吏都是他的耳目，所有灌氏的人都逃走、躲避去了，灌夫被拘禁，不能出来告发武安侯的秘事。

魏其侯用尽了气力解救灌夫。他的夫人劝道：“灌将军得罪了丞相，和太后家作对，还救得成他吗？”魏其侯道：“侯爵是我自己得来的，如今由我丢掉它，没有什么可遗憾的。再说我总不能让灌仲孺独自去死，我一个人独自活着。”于是就瞒着家人，私自出来上书给皇上。皇上立刻叫他进去，他备细说了灌夫醉酒胡闹的事，不应该杀他。皇上认为他说得对，赏赐魏其侯一同进餐，说道："到东宫太后那里辩驳罢。"

魏其侯当下便到东宫去，极力称赞灌夫的长处，说他酗酒获罪，而田丞相却借了旁的事来冤枉他。武安侯接着竭力诋毁灌夫骄横放纵，他的罪行是大逆不道。魏其侯思忖无法对付，就又说出田丞相的短处。武安侯道："现在天下幸而太平，没有什么事情发生，我得以做为皇上的心腹，所爱好的只是些音乐、狗马、田宅罢了。至于我所喜欢的像倡优巧匠这一类人，便都不及灌夫和魏其侯了，他们天天召集天下的豪杰壮士，在那里说好说坏。肚里说人不好，心里总骂着人，不是仰起头看天，就是低着头画地，窥测于东、西两宫的举动，希望天下发生变乱，想要乘机建立大功。我倒不知道魏其侯他们要做些什么样的事？"于是皇上询问朝臣："他们两个究竟哪一个对？"御史大夫韩安国说道："魏其侯说灌夫的父亲死于国事，灌夫亲自拿了画戟飞马冲进不明底细的吴军中，身上伤了十几处，却也不顾，所以他的声名在三军中算第一。这真是天下的壮士呢！他并没有什么大罪恶，不过为了争杯酒，不能援引别的罪杀他。魏其侯的话是不错的。丞相也说灌夫和奸滑的人往来，侵夺百姓的财产，自己置了家私上亿万，在颍川横行霸道，欺侮皇族，侵犯皇亲国戚。这就是所谓'树枝比树干还要大，小腿比大腿还要粗，那后果不是折断，就是分裂'，丞相的话也是不错。希望英明的主上自己裁决这件事。"主爵都尉汲黯说魏其侯对。内史郑当时也说魏其侯是对的，后来不敢坚定地回答。其余的人也都不敢回答。皇上便对内史发怒，说道："公平常屡次说魏其侯、武安侯的长短，今天在朝廷当真议论他们，却局促得像车辕下的小马一般，我要把你们一起斩死！"说罢，就站起来，退下朝去，侍候王太后进餐。太后也已经派人打听了，打听的人把朝廷怎样的情形，统统回报了太后。太后正在发怒，不肯吃饭，见了皇上，便说道："现在我还活着，那班人就要践踏我的兄弟了，假若我死了之后，不是都要被他们像宰割鱼肉那样宰割了吗？再说皇帝怎么能像石头人一样自己不做主张呢！现在皇帝还活着，他们就随声附和，假使皇帝百年之后，这些人哪个还可相信？”皇上道歉说：“都是皇室的外家，所以在朝廷上辩论他们的事。不然的话，这不过是一个狱吏就能解决的。”这时郎中令石建向皇上分别陈述了魏其侯、武安侯两个人的事情。

那边武安侯退朝走出来后，就停在车门前，请韩御史大夫一同坐上，对他发怒道：“和长孺一同办个秃老头，为什么还首鼠两端呢？”韩御史过了好久，才对丞相道：“君怎么这样不自爱自重？魏其侯说君不好，君便当摘下帽子，解掉印带，还给皇上。说道：‘臣只因是肺腑般的亲戚，侥幸得此相位，本来是不称职的，魏其侯的话都是对的。’这样一来，皇上必定称赞君能够谦让，就不会废掉君的丞相了。魏其侯必定十分惭愧，回到家里关上门咬舌自杀。现在别人说君坏话，君也说人坏话，好像小贩、女人吵嘴一般，这是多么不识大体呢！”武安侯认错道：“争辩时太性急了，没有想到应该这样做。”

于是皇上派御史拿了案卷记载的灌夫的罪行进行追查，与魏其侯所说的有很多不相符的地方，犯了欺骗皇上的罪行，被弹劾，拘禁在名叫都司空的特别监狱里。汉景帝时，魏其侯曾经受了遗诏，诏上道：“凡有不利于你的事，可以随机应变，把你的意见呈报给皇帝。”等到自己被拘禁，灌夫定罪要灭族，事情一天紧急一天了，大臣们再没有敢到皇上那里说话的。魏其侯便让侄儿上了一封奏章，声明这件事，希望再次得到皇上的召见。奏书呈送皇上，可是查对宫内的档案，并没有遗诏。诏书只藏在魏其侯家里，是家臣封印藏起的。便参奏魏其侯假造先帝的诏书，应该判处斩首示众的罪。元光五年十月间，全部处决了灌夫和他的家属。过了好久，魏其侯才听到消息。一听到心里便非常忿恨，患了中风病，连吃也不要吃，只要寻死。后来又听说皇上没有杀魏其侯的意思，魏其侯才再要吃东西，诊治疾病，大家议定是不杀魏其侯了。不料竟有流言蜚语，制造了许多诽谤的话让皇上听到，因此就在当年十二月的最后一天将魏其侯在渭城斩首示众。

这年春天，武安侯害了病，发病的时候，一味大喊大叫着认错请罪。于是让能看见鬼的巫婆来看他，看见魏其侯和灌夫两人一同监守着，要杀死他。终于武安侯死了。儿子田恬继承了爵位。元朔三年，武安侯田恬因为穿了短衣，到宫里去，犯了“不敬”的罪名，封爵被废除。

起先淮南王图谋反叛，被皇上知道了，治他的罪。淮南王前次来朝，武安侯做太尉，当时到霸上去迎接淮南王，对淮南王道：“现在皇上还没有立太子，诸王中要数大王最能干，又是高祖的孙子，一旦皇上去世，那么接替皇位的，不是大王，还有哪个呢？”淮南王听到他的恭维，非常高兴，便送他许多金钱财物。皇上自从魏其侯事件发生时就不认为武安侯是正直的，只是因为太后的缘故罢了。等到听见淮南王赠送武安侯金子的事，皇上道：“假使武安侯还活着，那便要灭族了。”

太史公道：魏其侯和武安侯都是凭外戚的身份而贵重的；灌夫只因偶尔一次下定决心冒险立功而显名于当时；魏其侯的被重用，是因平定吴、楚七国之乱立了功；武安侯的显贵，则是由于利用了皇上刚刚即位，王太后掌权的机会。然而魏其侯不知时势的变迁，灌夫既不学无术，又不谦逊，两人互相袒护，以致酿成祸乱。武安侯自以为是贵戚，便喜欢弄权。只为了一杯酒的怨愤，就陷害了两个贤人。唉！哀痛呀！哀痛呀！灌夫迁怒于人，却连自己的性命也保不住；受不到百姓的拥戴，终究落了坏名声。唉！哀痛呀！由此可知灾祸的根源啦！

一二〇、李将军列传

是传叙李将军之战及射，原原本本，曲尽其详，要以著其才略意气之所以然。李将军为匈奴所虏一段，尤觉精神弥满，文气淋漓。而将军不遇于时，自跃然纸上，斯真善于描写者！

李将军广者，陇西[1]成纪[2]人也。其先曰李信，秦时为将，逐得燕太子丹者也。故槐里[3]，徙成纪。广家世世受射。孝文帝十四年，匈奴大入萧关[4]，而广以良家子从军击胡，用善骑射，杀首虏多，为汉中郎。广从弟李蔡亦为郎，皆为武骑常侍[5]，秩八百石。尝从行，有所冲陷折关及格猛兽，而文帝曰："惜乎，子不遇时！如令子当高帝时，万户侯岂足道哉！"及孝景初立，广为陇西都尉，徙为骑郎将。吴楚军时，广为骁骑都尉，从太尉亚夫[6]击吴楚军，取旗，显功名昌邑[7]下。以梁王授广将军印，还，赏不行[8]。徙为上谷[9]太守，匈奴日以合战。典属国公孙昆邪[10]为上泣曰："李广才气，天下无双，自负其能，数与虏敌战，恐亡之。"于是乃徙为上郡[11]太守。后广转为边郡太守，徙上郡。尝为陇西、北地[12]、雁门[13]、代郡、云中[14]太守，皆以力战为名。

匈奴大入上郡，天子使中贵[15]人从广勒习兵击匈奴。中贵人将骑数十纵[16]，见匈奴三人，与战。三人还射，伤中贵人，杀其骑且尽。中贵人走广。广曰："是必射雕[17]者也。"广乃遂从百骑往驰三人。三人亡马步行，行数十里。广令其骑张左右翼，而广身自射彼三人者，杀其二人，生得一人，果匈奴射雕者也。已缚之上马，望匈奴有数千骑，见广，以为诱骑，皆惊，上山陈。广之百骑皆大恐，欲驰还走。广曰："吾去大军数十里，今如此以百骑走，匈奴追射我立尽。今我留，匈奴必以我为大军之诱，必不敢击我。"广令诸骑曰："前！"前未到匈奴陈二里所，止，令曰："皆下马解鞍！"其骑曰："虏多且近，即有急，奈何？"广曰："彼虏以我为走，今皆解鞍以示不走，用坚其意。"于是胡骑遂不敢击。有白马将出护其兵[18]，李广上马与十余骑奔射杀胡白马将，而复还至其骑中，解鞍，令士皆纵马卧。是时会暮，胡兵终怪之，不敢击。夜半时，胡兵亦以为汉有伏军于旁欲夜取之，胡皆引兵而去。平旦，李广乃归其大军。大军不知广所之，故弗从。

……

广以卫尉为将军，出雁门击匈奴。匈奴兵多，破败广军，生得广。单于素闻广贤，令曰："得李广必生致之。"胡骑得广，广时伤病，置广两马间，络而盛卧广。行十余里，广详死，睨其旁有一胡儿骑善马，广暂腾而上胡儿马，因推堕儿，取其弓，鞭马南驰数十里，复得其余军，因引而入塞。匈奴捕者骑数百追之，广行取胡儿弓，射杀追骑，以故得脱。于是至汉，汉下广吏。吏当广所失亡多，为虏所生得，当斩，赎为庶人。

顷之，家居数岁。广家与故颍阴侯孙[19]屏野居蓝田[20]南山中射猎。尝夜从一骑出，从人田间饮。还至霸陵亭[21]，霸陵尉醉，呵止广。广骑曰："故李将军。"尉曰："今将军尚不得夜行，何乃故也！"止广宿亭下。居无何，匈奴入杀辽西[22]太守，败韩将军[23]，韩将军后徙右北平[24]。于是天子乃召拜广为右北平太守。广即请霸陵尉与俱，至军而斩之。

广居右北平，匈奴闻之，号曰："汉之飞将军"，避之，数岁不敢入右北平。

广出猎，见草中石，以为虎而射之，中石没镞[25]。视之，石也，因复更射之，终不能复入石矣。广所居郡闻有虎，尝自射之。及居右北平射虎，虎腾伤广，广亦竟射杀之。

广廉，得赏赐辄分其麾下，饮食与士共之。终广之身，为二千石四十余年，家无余财，终不言家产事。广为人长，猿臂[26]，其善射亦天性也，虽其子孙他人学者，莫能及广。广讷口少言，与人居则画地为军陈，射阔狭以饮[27]。专以射为戏，竟死[28]。广之将兵，乏绝之处，见水，士卒不尽饮，广不近水。士卒不尽食，广不尝食。宽缓不苛，士以此爱乐为用。其射，见敌急，非在数十步之内，度不中不发，发即应弦而倒。用此，其将兵数困辱，其射猛兽亦为所伤云。

……

李陵[29]既壮，选为建章监，监诸骑。善射，爱士卒。天子以为李氏世将，而使将八百骑。尝深入匈奴二千余里，过居延[30]视地形，无所见虏而还。拜为骑都尉，将丹阳[31]楚人五千人，教射酒泉[32]、张掖[33]以屯卫胡。

数岁，天汉[34]二年秋，贰师将军李广利[35]将三万骑击匈奴右贤王于祁连、天山[36]，而使陵将其射士步兵五千人出居延北可千余里，欲以分匈奴兵，毋令专走贰师也。陵既至期还，而单于以兵八万围击陵军。陵军五千人，兵矢既尽，士死者过半，而所杀伤匈奴亦万余人。且引且战，连斗八日，还，未到居延百余里，匈奴遮狭绝道，陵食乏而救兵不到，虏急击，招降陵。陵曰："无面目报陛下。"遂降匈奴。其兵尽没，余亡散得归汉者四百余人。

单于既得陵，素闻其家声，及战又壮，乃以其女妻陵而贵之。汉闻，族陵母妻子。自是之后，李氏名败，而陇西之士居门下者皆用为耻焉。

太史公曰：《传》曰"其身正，不令而行；其身不正，虽令不从"。

其李将军之谓也？余睹李将军悛悛[37]如鄙人[38]，口不能道辞。及死之日，天下知与不知，皆为尽哀。彼其忠实心诚信於士大夫也？谚曰“桃李不言，下自成蹊”。此言虽小，可以谕大也。

——节《李将军列传》

［1］陇西：郡名，秦置，今滹兰州、巩昌、秦州诸府州地，治狄道，即今甘肃狄道县治。晋徒置，在今甘肃陇西县西南，隋废。［2］成纪：汉县名，故城在今甘肃秦安县北。［3］槐里：古地名，故城在今陕西兴平县东南。［4］萧关：地名，在甘肃固原县东南，为关中四关之一。［5］皆为武骑常侍：谓为郎而补武骑常侍也。［6］亚夫：汉沛人，周勃之子，封条侯。［7］昌邑：地名，汉昌邑王国，故城在今山东金乡县西北。［8］赏不行：广为汉将私受梁印，故不以赏也。［9］上谷：地名，旧保定、易州、宣化及顺天河间之一部皆其地。［10］典属国句：典属国，官名。公孙，姓。昆邪，名。［11］上郡：郡名，秦置，今陕西旧榆林道及内蒙古鄂尔多斯左翼之地。肤施，在今陕西绥德县。［12］北地：郡名，秦置，统甘肃旧宁夏、庆阳、平凉、固原、泾州诸府州之地，治义渠。故城在今宁县西北。［13］雁门：郡名，秦置，今山西旧代州宁武之北闸，及朔平南部、大同东部北部，皆其地。［14］云中：郡名，秦置，统阴山以南，今自山西之怀仁、左云、右玉以北绥远道各县、蒙古鄂尔多斯左翼、喀尔喀右翼、四子部落各旗，皆其地。［15］中贵：在中而得幸非德望，故云中贵。［16］纵：放纵驰骋也。［17］雕：大鸷鸟也，其毛可作矢羽。［18］有白马将出护其兵：谓其将乘白马而出监护也。［19］颍阴侯孙：灌婴之孙也，名强。［20］蓝田：今县名，属陕西省，汉置，以蓝田山名。［21］霸陵亭：霸陵，汉文帝陵。在陕西长安县东，其亭当在附近。［22］辽西：郡名，秦置，今河北之旧永平及热河之承德、朝阳

至辽宁之旧锦州、新民诸府皆其地，故城在今河北卢龙县东。［23］韩将军：韩安国也，字长孺。［24］右北平：郡名，汉置，旧直隶津海道东北部及热河地，治平刚，即今热河平泉县。［25］没镞：一作没羽。［26］猿臂：臂如猿也。［27］射阔狭：射戏求疏密持酒双饮不胜者。［28］竟死：谓终竟广身，至死以为恒也。［29］李陵：字少卿，广之孙。［30］居延：汉县名，在今甘肃酒泉县。［31］丹阳：丹水之阳也，在今河南丹江之南。［32］酒泉：郡名，汉置，故城在今酒泉县西北。［33］张掖：郡名，汉置，即今甘肃旧甘州府地。［34］天汉：武帝年号。［35］李广利：李夫人之兄，以功封海西侯。兵败匈奴，为单于所杀。［36］祁连、天山：祁连，即天山。匈奴呼天曰祁连，山在今甘肃张掖县西南。［37］悛悛：谦恭谨慎。［38］鄙人：居住在郊外未见过世面的人。

将军李广是陇西郡成纪县人。他的祖先叫李信，秦时担任过将军，就是追获了燕太子丹的那位将军。他的家原住在槐里县，后来才搬到成纪县。李广家世代传授射箭之术。汉文帝十四年，匈奴大举侵入萧关，那时李广以良家子弟的身份投军抗击匈奴，因会骑马射箭，杀死、俘虏了很多敌人，便做了汉朝的中郎。李广的堂弟李蔡也做了中郎，二人又都任武骑常侍，俸禄有八百石。李广曾随从文帝出行，有冲陷敌人、打破关口和格杀猛兽的表现。文帝道："可惜呀！你没有碰到时运。假使你在高帝时，封个万户侯哪还用说呢！"等到汉景帝初立，李广做了陇西都尉，后调任骑郎将。吴、楚七国反叛时，李广任骁骑都尉，跟随太尉周亚夫去攻打吴、楚叛军，夺得了帅旗，在昌邑城下立功显名。只因梁王私自给了李广一颗将军印，所以回来后没有得到封赏。调任上谷太守。当时匈奴每天来和李广交战。有个主管属国的官员叫公孙昆邪，对汉景帝哭道："李广的才气，天下真没有第二个。不过他自恃有本领，屡次和敌人迎面作战，只怕他要伤亡呢！”于是就调他做上郡太守。后来李广又历任边境各郡太守，再调任上郡太守。期间他曾做过陇西、北地、雁门、代郡、云中的太守，都以拼死作战而出名。

匈奴大举侵入上郡，天子派中贵人随李广学习兵事，攻打匈奴。中贵人带了几十骑兵，纵马驰骋，遇见三个匈奴人，便和他们开战，三人回身放箭，射伤了中贵人，而且把他带去的骑兵几乎杀光。中贵人逃回告诉了李广，李广道：“这必定是射雕手。”便带了一百骑兵，向三人追去。那三个人没有骑马，徒步而行，走了几十里路。李广令他的骑兵向左右两边张开，李广亲自射那三个人。二人被射死，一人被生擒，果然是匈奴的射雕手。把那人捆绑上马之后，远远望见匈奴有几千骑兵。匈奴人也看见了李广，以为是引诱他们出战的骑兵，都很惊慌地逃上山，排开阵势。李广带去的一百骑兵都害怕起来，想快马跑回去。李广道：“我们离开大军几十里，现在只这么一百个骑兵逃跑，匈奴人追来射杀我们，立刻就被杀个干净。现在我们留在这里，匈奴人一定当我们是大将军派来引诱他们的，必定不敢来打我们了。”李广便号令骑兵道：“前进！”于是大家向前，离开匈奴的阵约二里地方才停止。便又发令道：“大家都下马解鞍！”那些骑兵道：“匈奴兵很多，现在又和他们相近，如果骤然间有了紧急情况，怎么办？”李广道：“匈奴人原来或当我们是要逃的，现在我们都解了马鞍，表示不逃走，可使他们更坚定了我们是来诱敌的猜想。”于是匈奴人果真不敢来攻打。远看有个骑白马的将军出阵来监护他的兵，李广即跨上马，带了十多个骑兵追上去，一箭就射死了骑白马的将军，依旧回到原地来，解了马鞍，吩咐士兵都放了马，任意躺卧。当时正是黄昏，匈奴人终究捉摸不定，不敢来攻打。到了半夜，匈奴人以为汉朝有兵埋伏在旁边，想趁夜间袭击他们，引兵退去。到了天亮，李广才回到大军中来，大军都不知李广到哪里去了，所以也无法去接应。

……

李广从卫尉升做将军，出雁门郡攻打匈奴，匈奴的兵很多，打败了李广的部队，李广被活捉。单于素来听说李广很能干，便吩咐道："捉得李广，必要活的解送来。"胡骑捉到了李广，那时李广正有病，胡兵便在两匹马的中间用绳子编成网兜，让李广躺着。走了十多里路，李广装死，让他们不防备，斜着眼睛看见旁边有个胡儿骑着一匹好马，李广便突然跳起，骑上胡儿的马，把胡儿推跌下去，夺了他的弓，鞭着马，一直向南跑了几十里，又收拢他的残余部队，于是带领他们进入关塞。匈奴有几百个骑兵追赶他，李广一面逃，一面拿出胡儿的弓，射杀追来的骑兵，因此得以脱身。于是回到汉朝京城，朝廷因为他打了败仗，便交付给狱吏办李广的罪。狱吏认为李广损失伤亡的人马众多，自己又被敌人生擒过去，应该处斩，后拿钱赎罪，做了平民。

转眼间，在家住了几年，李广家和前颍阴侯的孙子灌强一起隐居在蓝田，常到南山中打猎。曾经在一天夜间带了一个骑兵外出，和别人一起在田野间饮酒。回来到了霸陵亭，霸陵尉喝醉了，喝斥李广不许走。李广的骑兵道："这是从前的李将军。"霸陵尉道："现任将军还不能在夜间通过，况且是前任的。"便扣留住李广，宿在霸陵亭下。过了不久，匈奴入侵，杀了辽西太守，又打败了韩将军，韩将军后来被调到右北平。于是天子召见李广，任命他为右北平太守。李广便请求派霸陵尉同他一起去，到了军中就把他杀了。

李广驻守右北平，匈奴人听说了，称李广是"汉朝的飞将军"，躲避他好几年，不敢侵入右北平。

李广有一次出去打猎，看见草中一块石头，当它是老虎，便发箭射去，射中了石头，连箭簇头都陷在石中。及走近一看，才知是块石头。再发箭射去，却终究不能再射进石中。李广所在的郡，听说有老虎，李广时常亲自去射它。及至到了右北平，李广又出去射虎，老虎跳起来，咬伤了李广，李广也终究射死了老虎。

李广做人很清廉，得了赏赐，便把他分给自己的部下，吃喝都和士兵一样。李广一生到死，做二千石俸禄的官共四十多年，家里没有多余的钱财，始终不谈及家产方面的事。李广身材高大，两臂如猿，他善于射箭也是天赋，就是他的子孙和别人向他学习射箭，总没有能赶得上他的。李广口讷，不多说话，和别人在一起就在地上画起行军的阵势，然后以射中地上的阔狭来赌酒喝。专以射箭为戏，一直到死，都是这样的。李广带兵，在缺粮断水的时候，见了水，士兵没有完全喝到，李广是不走近水边的；士兵没有完全吃到，李广也是不尝饭食的。李广待士兵们很宽和，并不苛刻。士兵因此喜欢跟随他，情愿供他使用。李广射箭，要看见敌人走得很近了，不是几十步以内，他估计射不中的，总不肯发箭。只要一发射，敌人便一定应着弦声倒地。因此，他带兵作战，屡次受到困辱，射猛兽也曾被猛兽所伤。

……

李广的孙子李陵到壮年以后，被选任为建章宫的监督官，监管所有骑兵。李陵也善于射箭，很爱惜士兵。天子以为李氏代代做将军，便叫他带领八百骑兵。李陵曾经深入匈奴境内二千余里，经过居延边塞观察地形，没有发现胡虏，方才回来。又被任命为骑都尉，带领丹阳郡的楚兵五千人，在酒泉、张掖一带教他们射箭，屯扎在那里防备匈奴。

几年后，天汉二年的秋天，贰师将军李广利带领三万骑兵到祁连、天山攻打匈奴右贤王。又派李陵带领他的射手、步兵五千人，走出居延向北，差不多有一千多里，想让他分散匈奴的兵力，不让他们专门去对付贰师将军。李陵去后，等限期到了，就要回到汉朝，哪知单于用八万骑兵围击李陵的兵。李陵的五千士兵，箭都用完了。士兵死了一半多，杀伤匈奴兵也有一万多人。一边退却，一边战斗，一连打了八天，回到离居延海还有一百多里的地方，匈奴人堵住狭窄的山谷，断绝了李陵回去的路。李陵断绝了粮食，而救兵又不到，匈奴人一面加紧攻打，一面劝李陵投降。李陵道："我没有脸面回去报告天子了。"于是就投降了匈奴。他的军队全军覆没，余下逃散回到汉朝的只有四百多人。

单于得到李陵之后，素来听到他家的名声，作战又很勇敢，便把自己的女儿嫁给李陵，使他显贵。汉朝听说李陵投降了匈奴，便把李陵的母亲、妻子、儿女统统杀了。从此之后，李氏名誉扫地，陇西的士人曾依托李氏门下的都以此为耻辱。

太史公说：古书上说："在上位的人自身行为端正，即便不下命令，人们也会遵守奉行；自身行为不正，虽然下了命令，也没人听从。"这就是说的李将军吧！我看到李将军，老实质朴像个乡下人，口不善讲话。可在他死的那天，天下人不论认识他的还是不认识他的，都为他极尽哀痛。他那忠实的品质确实得到士大夫的信赖呀！谚语说："桃树、李树不会说话，可是树下却自然地被人踩出一条小路。"这话虽然浅近，但可以用来说明大道理呀。

一二一、冒顿弑父击东胡

冒顿以兵法弑父，用诈术败胡，其才略于此可见。文叙冒顿之鸣镝习射处，及东胡之要求处，皆用复笔，愈复愈紧，愈复愈深，如盘马弯弓，蓄势愈足。文至此，乃臻化境。

当是之时，东胡彊而月氏盛。匈奴单于曰头曼[1]，头曼不胜秦，北徙。十余年而蒙恬[2]死，诸侯畔秦，中国扰乱，诸秦所徙適戍边者皆复去，于是匈奴得宽，复稍度河南与中国界于故塞。

单于有太子名冒[3]顿。后有所爱阏氏[4]，生少子，而单于欲废冒顿而立少子，乃使冒顿质于月氏[5]。冒顿既质于月氏，而头曼急击月氏。月氏欲杀冒顿，冒顿盗其善马，骑之亡归。头曼以为壮，令将万骑。冒顿乃作为鸣镝[6]，习勒其骑射，令曰："鸣镝所射而不悉射者，斩之。"行猎鸟兽，有不射鸣镝所射者，辄斩之。已而冒顿以鸣镝自射其善马，左右或不敢射者，冒顿立斩不射善马者。居顷之，复以鸣镝自射其爱妻，左右或颇恐，不敢射，冒顿又复斩之。居顷之，冒顿出猎，以鸣镝射单于善马，左右皆射之。于是冒顿知其左右皆可用。从其父单于头曼猎，以鸣镝射头曼，其左右亦皆随鸣镝而射杀单于头曼，遂尽诛其后母与弟及大臣不听从者。冒顿自立为单于。

冒顿既立，是时东胡[7]强盛，闻冒顿杀父自立，乃使使谓冒顿，欲得头曼时有千里马。冒顿问群臣，群臣皆曰："千里马，匈奴宝马也，勿与。"冒顿曰："奈何与人邻国而爱一马乎？"遂与之千里马。居顷之，东胡以为冒顿畏之，乃使使谓冒顿，欲得单于一阏氏。冒顿复问左右，左右皆怒曰："东胡无道，乃求阏氏！请击之。"冒顿曰："奈何与人邻国爱一女子乎？"遂取所爱阏氏予东胡。东胡王愈益骄，西侵。与匈奴间，中有弃地，莫居，千余里，各居其边为瓯脱[8]。东胡使使谓冒顿曰："匈奴所与我界瓯脱外弃地，匈奴非能至也，吾欲有之。"冒顿问群臣，群臣或曰："此弃地，予之亦可，勿予亦可。"于是冒顿大怒曰："地者，国之本也，奈何予之！"诸言予之者，皆斩之。冒顿上马，令国中有后者斩，遂东袭击东胡。

东胡初轻冒顿，不为备。及冒顿以兵至，击，大破灭东胡王，而虏其民人及畜产。

——节《匈奴列传》

［1］曼：音瞒。［2］蒙恬：秦蒙武之子，事始皇为内史。秦并天下，使恬将三十万众，北逐戎狄，筑长城，四起临洮，东至辽东，延袤万里，威震匈奴。二世即位，为赵高所构，矫诏赐死。恬始作笔，以枯木为管，鹿毛为柱，羊毛为被，所谓苍毫也。［3］冒：音墨。［4］阏氏：匈奴皇后号也。［5］月氏：古国名，其族先居甘肃西境，汉时为匈奴所破，西走至阿母河。臣服大夏，都于河北，曰大月氏。其不能去者，留居故地，为小月氏。大月氏强盛时奄有印度恒河流域克什米尔、阿富汗及葱岭东西之地。［6］鸣镝：即响箭，射时发声，军中用以发号令。［7］东胡：种族名，乌丸之祖。其别为鲜卑，在匈奴东，故名。今称通古斯族。［8］瓯脱：境上脱空两不管之地也，如瓯之脱而不接，故名。

秦时，东胡强大，月氏兴盛。匈奴单于名叫头曼，头曼和秦打仗，不能得胜，就向北迁徙。过了十多年，秦将蒙恬死了，诸侯反叛秦朝，中原纷乱，那些被秦流放去守边的人都离开了。于是匈奴才得宽松些，便慢慢渡过黄河，来到南岸和中原旧有的关塞接界。

单于有个太子，名叫冒顿。后来又有一个他宠爱的阏氏生了个小儿子，单于本是立冒顿做太子的，到了这时，就想废了他，另立小儿子。便派冒顿到月氏当人质。冒顿已经在月氏做人质了，而单于急攻月氏。月氏想杀掉冒顿，冒顿偷了月氏的良马，骑着它逃回。头曼看他很勇敢，便派他统领一万骑兵。冒顿当下就造了响箭，训练约束自己的士兵骑马射箭，发出号令道：“我响箭所射的地方，如果有不跟着尽力去射的人，就斩首！”冒顿与其部众射猎鸟兽，发了响箭，发现有不跟着发箭射去的人，就立刻斩杀。不久，冒顿又发出响箭，射向自己骑的良马，左右有不敢射的，冒顿就立刻把不射良马的人杀死。过了些时候，冒顿又发出响箭，射向自己宠爱的妻子，左右有很害怕不敢射的，冒顿就又把他们杀死。又过了些日子，冒顿外出打猎，又发出响箭，射向单于骑的良马，左右不管三七二十一，也都一齐射去。于是冒顿知道左右的人都可用了。有一天，冒顿跟随他的父亲单于头曼出去打猎，他就发出响箭射向头曼，左右也都跟着他射向头曼，头曼被射死。冒顿就把他的后母和弟弟以及不服从他的大臣，一概都杀死，自立为单于。

冒顿做了单于后，这时东胡很强盛，听说冒顿杀了父亲自立，便派使者到冒顿这里来，要求把头曼从前骑的千里马给他们。冒顿问群臣，群臣都齐声说道：“这匹千里马是匈奴的宝马，不可以给他们。”冒顿道：“既然和别人做了邻国，怎么能吝惜一匹马呢？”就把千里马送给他们。过了没多时，东胡以为冒顿怕他，又派使者到冒顿这里来，要求单于把一个阏氏给他。冒顿又问侍臣，侍臣动怒，说道：“东胡无理，竟然来索要阏氏！请发兵攻打他们。”冒顿道：“既然和别人做了邻国，怎么能吝惜一个女子呢？”就又把宠爱的阏氏送给东胡。于是东胡王越发骄傲，竟向西来侵略土地了。东胡与匈奴交界处，有一片荒芜的空地，没人居住，宽一千多里，双方各自在边界上建立守望哨所。东胡派使者对冒顿说道：“匈奴同我们交界的哨所以外的空地，匈奴到不了那里，我们想要这个地方。”冒顿又问群臣，群臣有的道：“这是荒芜地区，给他们也可以，不给也可以。”于是冒顿大发其怒，说道：“土地是一国的根本，怎么可以给他们呢？”便把那些说给的人都杀死。冒顿骑上马，发出号令，说国中的人有谁后退的就杀头。便向东袭击东胡。东胡起初很轻视冒顿，一切都不防备。因此，等冒顿带兵来到，一发起进攻，就将东胡打得大败，灭掉了东胡王，并完全虏掠了他的百姓和牲畜。

一二二、汲黯矫诏发仓粟

河内失火，延烧千余家，上使黯往视之。还报曰："家人失火，屋比[1]延烧，不足忧也。臣过河南，河南贫人伤水旱万余家，或父子相食，臣谨以便宜，持节发河南仓粟以振贫民。臣请归节，伏矫制[2]之罪。"上贤而释之。迁为荥阳[3]令。

——节《汲郑列传》

[1] 比：（《索隐》）比音鼻。 [2] 伏矫制：诈称皇帝之诏书。 [3] 荥阳：县名，故城在今河南荥泽县西南。

河内郡失火，因火势蔓延而焚烧的房子有一千多家，武帝派汲黯前去视察。汲黯回来汇报道："百姓家不慎失火，由于房屋相连，以致火势蔓延燃烧，这倒不足忧虑。臣路过河南郡的时候，见河南郡穷困的百姓，因遭水灾旱灾而受苦的有一万多家，有的竟至父子相食了！臣很谨慎地便宜从事，持节发放河南郡官仓的谷米，以赈济当地的贫民。现在臣回来请求归还符节，情愿受矫诏的罪。"武帝称赞他贤良，免除处分。调任他做荥阳县令。

一二三、酷吏列传序

是文以任德而不任刑为柱意，故两引孔老之言以证明之。语简意多，文词温厚，最耐人寻味。

孔子曰："导[1]之以政，齐之以刑，民免[2]而无耻。导之以德，齐之以礼，有耻且格[3]。"老氏[4]称："上德不德，是以有德；下德不失德，是以无德。""法令滋章[5]，盗贼多有。"太史公曰：信哉是言也！法令者治之具，而非制治清浊之源也。昔天下之网[6]尝密矣，然奸伪萌起，其极也，上下相遁，至于不振。当是之时，吏治[7]若救火扬沸，非武健严酷，恶能胜其任而愉快乎！言道德者，溺其职[8]矣。故曰："听讼，吾犹人也，必也使无讼乎"。"下士闻道大笑之"。非虚言也[9]。汉兴，破觚[10]而为圜[11]，斫雕而为朴[12]，网漏于吞舟之鱼[13]，而吏治烝烝不至于奸，黎民艾[14]安。由是观之，在彼不在此。

——节《酷吏列传》

[1]导：去声，与导同，治也。 [2]免：苟免也。 [3]格：改正也。 [4]老氏：姓李名耳，谥曰聃，故又称老聃。其所著书，名曰《老子》。 [5]滋章：言更为明显也。 [6]网：言秦之法令。 [17]吏治：官吏之治行也。 [8]溺其职：犹言失职也。 [9]下士二句：老子《道德经》之言下士。愚人也。 [10]觚：觚器之有棱角者。 [11]圜句：圜与圆同，言破棱角而为棱器。 [12]斫雕句：言去华崇实之意。 [13]吞舟之鱼：极言鱼大。喻人之大奸巨滑也，漏则见法网之疏。 [14]艾：治也。

从前孔子道："用政令来引导百姓，用刑罚来约束百姓，百姓可以免于犯罪，但没有羞耻之心。用道德来引导百姓，用礼仪来约束百姓，百姓不但有羞耻之心，而且行为正道。"老子说："具有高尚道德的人，不表现在形式上的德，因此才有德；道德低下的人，执守着形式上的德，因此没有实际的德。""如果法令愈多，制定的愈具体，那么盗贼反而更多出现。"太史公说：孔子、老子的话，真是不错。国家的法令，不过是治天下的一种工具罢了，并不是决定政治好坏的根源。强秦时代，法网算是很严密了，然而奸伪的事情天天发生。到了严重的时候，上上下下彼此蒙蔽，以至于国家不能振作。在这个时候，官吏治民好像抱薪救火、扬汤止沸一样，不拿出凶猛严酷的手段，怎样能胜任而愉快呢？讲求道德的人来做这些事，一定会失职的。所以孔子说："审断讼事，我也和他人一样；如果有不同，那就让人们不发生诉讼的事。"老子说："庸人听到道德之言，就会大笑起来。"这实在不是虚话。汉朝建立后，把有棱角的东西磨掉变成圆的，把雕刻的东西去掉露出质朴自然的本质，法网宽疏到可以漏掉吞舟的大鱼，然而吏治反倒蒸蒸日上，没有奸诈的事情，百姓太平安乐。由此看来，治天下在于道德的力量，而不在严苛的法令。

一二四、张骞使西域

张骞开通亘古未通之路，事甚奇甚苦，故太公开首便用奇语，以显其奇。至西域之地形风俗，不杂叙事之中，另为提出，是纪事文之变体。

大宛[1]之迹，见自张骞。张骞，汉中人。建元[2]中为郎。是时天子问匈奴降者，皆言匈奴破月氏王，以其头为饮器[3]，月氏遁逃，而常怨仇匈奴，无与共击之。汉方欲事灭胡，闻此言，因欲通使。道必更匈奴中，乃募能使者。骞以郎应募，使月氏，与堂邑氏胡奴甘父[4]俱出陇西[5]。经匈奴，匈奴得之，传诣单于[6]。单于留之，曰："月氏在吾北，汉何以得往使？吾欲使越，汉肯听我乎？"留骞十余岁，与妻，有子，然骞持汉节不失。

居匈奴中，益宽，骞因与其属亡乡月氏，西走数十日，至大宛。大宛闻汉之饶财，欲通不得，见骞，喜，问曰："若欲何之？"骞曰："为汉使月氏，而为匈奴所闭道。今亡，唯王使人导送我。诚得至，反汉，汉之赂遗王财物不可胜言。"大宛以为然，遣骞，为发导[7]绎，抵康居[8]，康居传致大月氏。大月氏王已为胡所杀，立其太子为王。既臣大夏[9]而居[10]，地肥饶，少寇，志安乐，又自以远汉，殊无报胡之心。骞从月氏至大夏，竟不能得月氏要领[11]。

留岁余，还，并南山[12]，欲从羌[13]中归，复为匈奴所得。留岁余，单于死[14]，左谷蠡王攻其太子自立，国内乱，骞与胡妻及堂邑父俱亡归汉。汉拜骞为太中大夫，堂邑父为奉使君。

骞为人强力，宽大信人，蛮夷爱之，堂邑父故胡人，善射，穷急射禽兽给食。初，骞行时百余人，去十三岁，唯二人得还。

骞身所至者大宛、大月氏、大夏、康居，而传闻其旁大国五六，具为天子言之。曰：

大宛在匈奴西南，在汉正西，去汉可万里。其俗土著，耕田，田稻麦。有蒲陶酒。多善马，马汗血，其先天马子也[15]。有城郭屋室。其属邑大小七十余城，众可数十万。其兵弓矛骑射。其北则康居，西则大月氏，西南则大夏，东北则乌孙[16]，东则扜罙[17]、于寘[18]。于寘之西，则水皆西流，注西海[19]；其东水东流，注盐泽[20]。盐泽潜行地下。其南则河源出焉，多玉石，河注中国。而楼兰[21]、姑师[22]邑有城郭，临盐泽。盐泽去长安[23]可五千里。匈奴右方居盐泽以东，至陇西长城[24]，南接羌。鬲汉道焉。

——节《大宛列传》

［1］大宛：古国名，在大月氏之东北，今中亚细亚之佛尔哈那州，即其地也。 ［2］建元：汉武帝年号。 ［3］饮器：椑榼也。单于以月氏王头为饮器，或曰饮器虎子之属也，或曰饮酒器也。 ［4］堂邑氏故胡奴甘父：（《索隐》）堂邑县人家胡奴名甘父也。下云堂邑父者，盖后史家徙省，唯称堂邑父，而略甘字，或甘其姓号也。 ［5］陇西：郡名，秦置，今甘肃旧兰州、巩昌、秦州诸府州之地。 ［6］单于：匈奴称其君长单于，广大之意也。 ［7］发导：谓驿令人导引也。 ［8］康居：古国名，与大月氏同族。领有今新疆北境至中亚细亚之地。 ［9］大夏：西域国名，希腊人所建。在阿母河南，本无大长君。兵弱畏战，后臣于月氏。按西史称为巴克特里亚，即今阿富汗北部之地。 ［10］既臣大夏而居：（《索隐》）居作君，谓月氏以大夏为臣而为之作君也。 ［11］竟不能句：言骞不能得月氏意趣，无以持归于汉也。 ［12］南山：即连终南山。从京南东至华山过河东北连延至海即中条山也，从京南连接至葱岭万余里故云并南山也。 ［13］羌：西域种族名。以其牧羊，故从羊。 ［14］单于死：在元朔三年。 ［15］马汗血二句：大宛国有高山，其上有马，不可得。因取五色母马置其下，与交生驹，汗血，因号曰天马子。 ［16］乌孙：西域国名，即今新疆伊犁河流域之地。 ［17］扜罙：音汗弥，西域古国名。亦名拘弥，居宁弥城，在今新疆于寘县克勒底雅以东之地。 ［18］于寘：西域古国名，在葱岭之北，唐置都督府，今新疆和阗城也。 ［19］西海：或谓即今地中海。 ［20］盐泽：即蒲昌海，亦名泑泽。考今吐鲁番有泽名罗布淖尔，葱岭东北

之水皆入焉，盖即古盐泽也。［21］楼兰：西域国名，后更名鄯善。今没于沙漠，新疆婼匡县有罗布旧城，为沙所掩，即其地。［22］姑师：西域国名，即车师。今新疆鄯善县，土名辟展。［23］长安：汉都城，故城在领陕西长安县西北。［24］长城：战国时燕、赵、秦三国，各因北边山险，筑长城以备胡戎。秦始皇灭六国，乃首尾连缀之。

大宛那个地方是张骞发现的。张骞是汉中人，汉武帝建元年间做过郎官。当时，天子问从匈奴投降过来的人。他们都说匈奴打败月氏王，把他的头骨拿来做酒器。月氏的人都逃往别处去了，对匈奴常怀仇恨，想去报仇，只是没有人和他们同去攻打。这个时候，汉朝正想去灭掉匈奴，听了这话，就打算派使者去联络月氏。但是到月氏，必要经过匈奴的地方，因是就召募有本领可以充当使者的人。张骞便以郎官身份去应募，出使到月氏去。他和堂邑氏胡奴甘父一同从陇西出发，经过匈奴的地方，被匈奴人捉住了，把他们带到单于那里。单于扣留了他们，说道："月氏是在我国的北面，汉朝怎么可以派使者到那里去呢？我想派使者到越国去，汉朝会允许我去吗？"便把张骞留在那里十多年，给他娶了妻子，生了儿子。但是张骞却总是拿着汉朝的符节，不肯把它失掉。

张骞在匈奴住的长久了，匈奴人对他的看管也一天宽松一天。张骞便和自己的属下一同逃往月氏去。向西走了十几天，才到大宛国。大宛本来听说汉朝十分富足，想派使者和汉朝相通，却是没有办到。等见到张骞到来，很高兴。问道："你想到哪里去？"张骞道："汉朝派我到月氏去，路中被匈奴捉去，不肯放我到月氏去。现在私下逃了出来，请王派人送我去罢。果真能够送我到那里，我回到汉朝，说起王的恩义，汉朝必定送王很多的财物。"大宛人认为张骞说的是真话，就让张骞出发，还替他派了向导、翻译，一直送到康居。康居又转送他到大月氏。这时，大月氏的王已经被匈奴杀死了，立了太子为王。已经降服了大夏国，住了下来。那里土地肥美富饶，寇盗很少，人们意在安居乐业。又自以为离开汉朝很远，已经没有了向匈奴报仇的想法，张骞从月氏来到大夏，终究得不到月氏的明确答复。

留在那里一年多，张骞回国，沿着南山脚下走，想从羌人居住的地方回到汉朝，没想又被匈奴人捉住了。张骞留在匈奴一年多，单于死了，左谷蠡王攻打太子，自立为王，国内混乱。张骞才同胡人妻子和堂邑父逃归到汉朝。汉拜张骞为太中大夫，堂邑父为奉使君。

张骞为人，坚强有毅力，宽宏大量，对人诚实，蛮夷人都喜欢他。堂邑父本来是胡人，善于射箭，每逢穷困危急之时，便射些禽兽度日。从前张骞动身去的时候，共有一百多人，在外面十三年，回来时，只剩下他们两个人了。

张骞到过的地方有大宛、大月氏、大夏、康居，传说这些国家的旁边还有五、六个大国。他都一一汇报给了天子，说道：

大宛在匈奴的西南方，在汉朝的正西面。距离汉朝差不多有一万里。那里的风俗，习惯于定居，耕种田地，田里可以种水稻、麦子。物产有葡萄酒。有很多良马，马出的汗是血色的，这种马的祖先叫天马子。大宛国有城郭和房屋，它管辖的城镇大大小小有七十多座，百姓差不多有几十万。大宛的兵器有弓、矛，人们骑马射箭。大宛北面就是康居，西边就是大月氏，西南方就是大夏，东北方就是乌孙，东边就是扜罙、于寘。于寘以西，河水都向西流，注入西海；以东，水向东流，注入盐泽。盐泽的水在地下潜流，它南边就是黄河发源的地方。那里盛产玉石，黄河流入中国。楼兰、姑师的城邑都有城郭，靠近盐泽。盐泽距离长安约有五千里路。匈奴的右边位于盐泽以东，到陇西长城以后，它的南面和羌人居住的地方相接，阻隔了汉朝的通道。

一二五、游侠列传序

当太史公下腐刑，无一侠者出死力以救，故愤激而作此传。传中凡六赞游侠，多少抑扬，多少往复，胸中垒块，笔底烟云，极文心之妙。

韩子[1]曰："儒以文乱法，而侠以武犯禁。"二者皆讥，而学士多称于世云。至如以术取宰相卿大夫，辅翼[2]其世主，功名俱著于春秋[3]，固无可言者。及若季次[4]、原宪[5]，闾巷[6]人也，读书怀独行[7]君子之德，义不苟合当世，当世亦笑之。故季次、原宪终身空室蓬户[8]，褐衣[9]疏食[10]不厌。死而已四百余年，而弟子志之不倦。今游侠，其行虽不轨于正义，然其言必信，其行必果，已诺必诚，不爱其躯，赴士之阨困。既已存亡死生矣，而不矜其能，羞伐其德，盖亦有足多者焉。

且缓急，人之所时有也。太史公曰：昔者虞舜窘于井廪[11]，伊尹负于鼎俎[12]，傅说匿于傅险[13]，吕尚困于棘津[14]，夷吾桎梏[15]，百里饭牛[16]，仲尼畏匡[17]，菜色陈、蔡[18]。此皆学士所谓有道仁人也，犹然遭此灾，况以中材而涉乱世之末流[19]乎？其遇害何可胜道哉！

鄙人有言曰："何知仁义，已飨其利者为有德[20]。"故伯夷丑周，饿死首阳山[21]，而文、武不以其故贬王；跖、蹻[22]暴戾，其徒诵义无穷。由此观之，"窃钩者诛[23]，窃国者侯，侯之门仁义存[24]，"非虚言也。

今拘学或抱咫尺之义[25]，久孤于世，岂若卑论侪俗，与世沉浮而取荣名哉！而布衣之徒，设取予然诺，千里诵义，为死不顾世，此亦有所长，非苟而已也。故士穷窘而得委命，此岂非人之所谓贤豪间者邪？诚使乡曲[26]之侠，予季次、原宪比权量力，效功于当世，不同日而论矣。要以功见言信，侠客之义又曷可少哉！

古布衣之侠，靡得而闻已。近世延陵、孟尝、春申、平原、信陵之徒[27]，皆因王者亲属，藉于有土卿相之富厚，招天下贤者，显名诸侯，不可谓不贤者矣。比如顺风而呼，声非加疾，其势激也。至如闾巷之侠，修行砥名[28]，声施于天下，莫不称贤，是为难耳。然儒、墨[29]皆排摈[30]不载。自秦以前，匹夫之侠，湮灭不见，余甚恨之。以余所闻，汉兴有朱家、田仲、王公、剧孟、郭解之徒[31]，虽时扞[32]当世之文罔，然其私义廉洁退让，有足称者。名不虚立，士不虚附。至如朋党宗强比周[33]，设财役贫，豪暴侵凌孤弱，恣欲自快，游侠亦丑之。余悲世俗不察其意，而猥以朱家、郭解等令与暴豪之徒同类而共笑之也。

——节《游侠列传》

[1]韩子：名非，时韩之诸公子，喜刑名法术之学，与李斯并事荀卿，著书名《韩非子》。 [2]辅翼：辅助而覆翼也。 [3]春秋：国史名，因鲁史记名春秋，故后记史多以此名之。 [4]季次：即公息哀。 [5]原宪：名思，孔子弟子。 [6]闾巷：犹乡里也。 [7]独行：志节高尚，不随欲浮沉之谓也。 [8]蓬户：编蓬为户，贫贱者所居之室也。(《庄子》)原宪处居环堵之室，蓬户不完，以桑为枢而瓮牖上漏下湿，独坐而弦歌也。[9]褐衣：毛布之衣。 [10]疏食：粗饭也。 [11]虞舜窘于井廪：瞽叟使舜上修廪，纵火下焚之。又使舜下浚井，而以石盖之。皆欲迫舜于死也。[12]伊尹负于鼎俎：伊尹，商之贤相，名挚。鼎俎，调五味之器。言伊尹

以割烹要汤而为相也。 ［13］傅说匿于傅岩：傅说，殷高宗贤相。初代胥靡版筑于傅岩之野，高宗求得之，举以为相。险即岩。 ［14］吕尚困于棘津：吕尚即太公望，行年七十，尝卖食于棘津。 ［15］夷吾桎梏：夷吾，管仲名。桎梏，刑具。所以拘罪人者，言管仲自拘而见桓公。 ［16］百里饭牛：百里奚，秦缪公之贤相。初事虞公，七年而无所遇。去之秦，自卖五羖羊之皮，为人饭牛，以干缪公。人号五羖大夫。 ［17］仲尼畏匡：（《论语》）子畏于匡。（注）匡，地名。人以孔子貌似阳货，围之，故孔子有戒心焉。［18］菜色陈、蔡：孔子绝粮于陈、蔡之间，故有饥色也。 ［19］末流：犹言末俗。 ［20］已飨其利者为有德：已音以。响音享，受也。言已受其利，则为有德，何必知仁义也。 ［21］伯夷二句：伯夷，殷孤竹君之长子，武王伐殷，伯夷与弟叔齐耻，不食周粟，饿死首阳。首阳，山名，在今山西永济县南。 ［22］跖跻：即柳跖与庄跻，皆大盗也。 ［23］窃钩二句：以言小窃则为盗而受诛也。 ［24］侯之门仁义存：言人臣委质于侯王门，则须存仁义，若游侠径挺亦何必存仁义也。 ［25］咫尺之义：犹言拘束之义。 ［26］乡曲：谓穷乡僻壤之处。 ［27］延陵句：延陵，即吴季札。孟尝，即齐田文。春申，即楚黄歇。平原，即赵胜。信陵，即魏公子无忌。［28］修行砥名：谓修养其品行，磨练其声名也。 ［29］儒、墨：九流之二。 ［30］排摈：排除阿摈斥也。 ［31］朱家句：朱家汉初鲁人，为侠客，所存活豪士以百数。田仲，楚人，喜剑术。王公，疑即王孟，侠名噪于江淮间。剧孟，汉洛阳人，以商贾为资，名显诸侯。郭解，汉轵人，字翁伯，汉之游侠，自朱家而后首推郭解。 ［32］扞：即捍也，远扞当代之法网，谓犯法禁也。 ［33］宗强比周：谓以疆为，宗而互相朋比也。

韩非子道："儒生以儒家经典来破坏法律，侠士以武力违犯法令。"这两种人虽然同样被讥笑，然而儒生们大多被后世称道。至于以儒术求得宰相卿大夫的官位，辅佐当世的君主，他们的功名早已记载在国史上，这本来没有什么可说的。至于象季次、原宪，他们不过是里门曲巷中的儒生，然而专在那里读书，怀抱着特异的君子的德性，坚守道义，不肯苟且迎合世俗，而世俗的人也因此嘲笑他们。所以季次、原宪一辈子住在空洞洞的屋中，只用蓬草编做门，穿些短衣，吃些粗饭，也并不觉得不满足。他们死了四百余年了，那些他们的世传弟子们，却都铭记着他们。如今这些游侠，他们的行为虽然不合正义，但是他们说话必讲信用，做事必是果敢决断，已经答应必定诚心去做，不贪生怕死，敢于赴汤蹈火，救人之危难，在经历了一番生死存亡的考验后，却并不夸耀自己的本领，反之，还不好意思称赞自己的功德，这些人大概也有很多值得赞美的地方吧！

况且危急的事，是人们时常有的。太史公道：从前虞舜在淘井、修廪时遭到困窘；伊尹背着鼎俎去当厨师；傅说曾躲在傅严做苦役；吕尚困厄于棘津；夷吾被桓公囚禁；百里奚替人喂牛；仲尼在匡地遭难，在陈、蔡之间绝粮。这都是儒生所称颂的有道德的仁人，然而还免不了要遭受这样的灾难，何况是中等人才，又碰到乱世最混乱的时候呢？他们所受的灾难，怎么能说得尽啊！

世俗人这么说："何必懂得仁义不仁义，只要能享受到利益的事情就是有德了。"尽管伯夷以吃周粟为耻，竟饿死在首阳山，但文王、武王也并不因此而损害王者的声誉。柳跖、庄跻虽然很残暴，然而他的党徒都不住的称赞他们有义气。照这样看来，"偷衣带钩的人就要杀头，而窃取国家权柄的人却反而可以封侯。诸侯门第就有仁义了"，这真不是虚言。

现在拘泥不化的儒生们有的死守着狭隘的道理，长久孤伶伶地活在世上，那到不如降低论调，迁就世俗，顺应世俗的浮沉而求得荣耀和功名。不过一介平民百姓，如能在或取或予方面讲究信义，千里赴难伸张正义，为义而死却不顾世俗的非难，这也是他们的长处，并不是轻易做得到的。

所以士人在穷窘的时候，却能够乐天安命，这难道不是常人所说的贤人豪杰中的人物吗？如果把乡间的游侠来和季次、原宪比较权势和力量，就其功效对当世来说，是不能同日而语的。然而从功效显现、言必有信的角度来看，那么游侠的义举，又怎么可以少得了呢？

古代的布衣之侠，没有听说了。近世像延陵、孟尝、春申、平原、信陵这些人，都因为是君王的亲属，凭借封国、卿相的雄厚财富，招揽天下的贤人，名声显赫于诸侯国，不能说他们不是贤才。但这只像是顺着风喊，声音并不格外快，而是全靠风势的激荡。至于像乡间的游侠，修养品行，磨砺名节，到后来名望竟传布天下，没有一个不称赞他的贤能，这才是很难做到的。然而儒墨两家都排斥摒弃他们，不在他们的文献中记载下来。从秦朝以前，平民侠客的事迹都埋没不见，真是太遗憾了。依据我所听到的，自从汉兴以来，就有朱家、田仲、王公、剧孟、郭解这些人，虽然他们时常触犯当世的法网，但是他们个人的行为符合道义，廉洁不贪钱财，退让不争功劳，却都是很可称赞的。他们的名声不是凭空而立的，时人也不是凭空趋附他们的。至于像有些人结成帮派，相互勾结，依仗钱财，奴役穷人，凭借豪强暴力，专门欺侮势孤力弱的，恣意妄为，自图快乐，这也是游侠们认为丑恶可耻的事。我悲叹世人不能审察这其中的真意，倒把朱家、郭解这些人和暴虐豪强之流看成一类人，并且都嘲笑他们。

一二六、优孟传

叙一琐事，曲折入微，形容毕肖。而气息劲厚浑圆，用笔坚洁古穆，

不落小说窠臼。除史公外，无足以道此者！

优孟者，故楚之乐人也。长八尺，多辩，常以谈笑讽谏。楚庄王之时，有所爱马，衣以文绣，置之华屋之下，席以露床，啖以枣脯。马病肥死，使群臣丧之，欲以棺椁[1]大夫礼葬之。左右争之，以为不可。王下令曰："有敢以马谏者，罪至死。"优孟闻之，入殿门。仰天大哭。王惊而问其故。优孟曰："马者王之所爱也，以楚国堂堂之大，何求不得，而以大夫礼葬之，薄，请以人君礼葬之。"王曰："何如？"对曰："臣请以雕玉为棺，文梓为椁，楩枫豫章[2]为题凑[3]，发甲卒为穿圹[4]，老弱负土，齐、赵陪位于前，韩、魏翼卫其后，庙食太牢[5]，奉以万户之邑。诸侯闻之，皆知大王贱人而贵马也。"王曰："寡人之过一至此乎！为之奈何？"优孟曰："请为大王六畜葬之。以垅灶为椁，铜历[6]为棺，赍以姜枣[7]，荐以木兰[8]，祭以粳稻[9]，衣以火光，葬之于人腹肠。"于是王乃使以马属太官，无令天下久闻也。

楚相孙叔敖[10]知其贤人也，善待之。病且死，属其子曰："我死，汝必贫困。若往见优孟，言'我孙叔敖之子也'。"居数年，其子穷困负薪，逢优孟，与言曰："我，孙叔敖之子也。父且死时，属我贫困往见优孟。"优孟曰："若无远有所之。"即为孙叔敖衣冠，抵掌谈语。岁余，像孙叔敖，楚王及左右不能别也。庄王置酒，优孟前为寿。庄王大惊，以为孙叔敖复生也，欲以为相。优孟曰："请归与妇计之，三日而为相。"庄王许之。三日后，优孟复来。王曰："妇言谓何？"孟曰："妇言慎无为，楚相不足为也。如孙叔敖之为楚相，尽忠为廉以治楚，楚王得以霸。今死，其子无立锥[11]之地，贫困负薪以自饮食。必如孙叔敖，不如自杀。"因歌曰："山居耕田苦，难以得食。起而为吏，身贪鄙者余财，不顾耻辱。身死家室富，又恐受赇[12]枉法，为奸触大罪，身死而家灭。贪吏安可为也！念为廉吏，奉法守职，竟死不敢为非。廉吏安可为也！楚相孙叔敖持廉至死，方今妻子穷困，负薪而食，不足为也！”于是庄王谢优孟，乃召孙叔敖子，封之寝丘[13]四百户，以奉其祀。后十世不绝。此知可以言时矣。

——节《滑稽列传》

[1]椁：音郭，外棺也。 [2]楩枫豫章：皆大木也。 [3]题凑：以木累棺外木头皆何内，故曰凑。 [4]圹：音旷，墓穴也。 [5]太牢：谓牛羊豕也，牛羊豕之闲曰牢，故三牲具谓之太牢。 [6]历：即釜鬲也。[7]姜枣：古者食肉用姜枣。 [8]木兰：木名，亦名杜兰，亦名林兰，又谓之木莲。 [9]粳稻：水田所生之谷，其性不甚粘者，俗谓粳稻，其米谓粳米。 [10]孙叔敖：春秋楚人，即为荐敖。为楚相三月，施教导民，吏无奸邪，盗贼不起。三得相而不喜，三去相而不悔。 [11]立锥：锥末至微，并立锥之地亦无之，甚言其贫弱也。 [12]赇：音求，以财杜法也。[13]寝丘：地名，春秋楚封邑，故城在今河南沈丘县东南。

优孟原是楚国的乐人。身长八尺，能说会道，常常用笑话来劝谏君王。楚庄王时，庄王有一匹喜爱的马，给它穿上绣着花纹的衣服，把它安置住华美的房子里，让它睡在没有帷帐的床上，用枣脯喂养它。那匹马因过于肥大，害病死了。庄王派群臣给马办丧事，依照安葬大夫的礼仪来安葬它。左右的人去争，认为这是不可以的。庄王下令道：“有人敢来谏葬马的事情，就要治他死罪。”优孟听了，走进宫门，抬着头嚎啕大哭。庄王吃了一惊，问他哭什么？优孟道：“这匹马是王最爱的马，像我们楚国这样堂堂的大国，还怕有什么办不到的，只依照安葬大夫的礼仪来安葬它，这未免太薄了，请用安葬人君的礼仪来安葬它吧。”庄王道：“怎么说呢？”优孟答道：“我建议用雕花的美玉做棺，漂亮的梓木当外椁，用楩、枫、豫、章这些上等木材做护棺的木块，派士兵替它掘墓穴，让老弱去背土筑坟，齐国、赵国的使臣在前面陪祭，韩国、魏国的使臣在后面守卫。建立祠庙，用牛羊猪祭祀，用万户的食邑来供奉。这样诸侯听到了，都知道大王看轻人贵重马了。”庄王道：“寡人竟错到这个地步吗？现在怎样好呢？”优孟道：“请大王依照埋葬六畜的办法来安葬它罢，用灶头做椁，铜锅做棺，以姜枣调味，以香料解腥，以粳稻为祭，以火为衣，把它安葬在人的肚肠中。”于是庄王便把马交给了主管宫中膳食的官员，别让天下人长久传扬这件事。

楚国宰相孙叔敖知道优孟是个贤人，很优待他。后来孙叔敖害了病，快要死了，嘱咐他的儿子道：“我死之后，你必定要穷。那时，你可去见优孟，只说我是孙叔敖的儿子就是了。”后来孙叔敖死了，过了几年，他的儿子果真穷得没法，天天靠砍柴度日。有一天，碰到优孟，便和他道：“我是孙叔敖的儿子。我父亲死的时候，嘱咐我到了穷困的地步就去见优孟。”优孟道：“你不要到远地方去。”优孟回到家里，就缝制了孙叔敖的衣裳、帽子穿戴起来，模仿孙叔敖的言谈举止，音容笑貌。过了一年多，居然很像孙叔敖了，就是楚王左右的人见了，也都分别不出来。有一天，庄王举行酒宴，优孟上前去献酒，庄王见了，十分诧异，以为是孙叔敖又复活了，想用他做宰相。优孟道：“让我回去和妻子商量商量，过了三天再来做宰相。”庄王答应了他。过了三天，优孟又来了。庄王问道：“你的妻子怎么说的？”优孟道：“我的妻子叫我一定不要做，做楚国的宰相不值得。像孙叔敖做了楚国的宰相，忠心廉正，治理楚国，楚王才得以称霸。如今死了，他的儿子竟无立锥之地，每天只靠砍柴过活。必定要像孙叔敖那样，我看还不如自杀的好。”接着唱道：“住在山里种田很吃苦，难以得到温饱。出来做官，自身贪鄙的，不顾廉耻，积了钱财。自己死后家室虽然富足，但又怕受了不义之财违了法，做了坏事犯下大罪，自己被处死，家室被诛灭。贪官怎能做呢！想做个清官，奉公守法，忠于职守，到死不敢做不正当的事情。清官又怎能做呢！楚国宰相孙叔敖，一生坚持廉洁的操守，现在他的妻儿老小穷得靠砍柴过日子。唉！清官也不值得做呀！”于是庄王在优孟面前表示了歉意，就召见孙叔敖的儿子，把寝丘四百户封给他，以供祭祀孙叔敖之用。以后十代都不曾断绝。像优孟这样，才是懂得抓住讲话的时机啊！

一二七、优旃传

是文以善为笑言，然合于大道二句为纲，以下三事，皆统属于此，如水之有源，木之有根也。作文必如此，方能丝丝入扣，有条不紊。

优旃者，秦倡侏儒[1]也。善为笑言，然合于大道。秦始皇时，置酒而天雨，陛楯者[2]皆沾寒。优旃见而哀之，谓之曰：“汝欲休乎？”陛楯者皆曰：“幸甚。”优旃曰：“我即呼汝，汝疾应曰诺。”居有顷，殿上上寿呼万岁。优旃临槛大呼曰：“陛楯郎！”郎曰：“诺。”优旃曰：“汝虽长，何益，幸雨立。我虽短也，幸休居。”于是始皇使陛楯者得半相代。

始皇尝议欲大苑囿，东至函谷关[3]，西至雍、陈仓[4]。优旃曰：“善。多纵禽兽于其中，寇从东方来，令麋鹿触之足矣。”始皇以故辍止。

二世立，又欲漆其城。优旃曰：“善。主上虽无言，臣固将请之。

漆城虽于百姓愁费，然佳哉！漆城荡荡，寇来不能上。即欲就之，易为漆耳，顾难为荫室[5]。”于是二世笑之，以其故止。居无何，二世杀死，优旃归汉，数年而卒。

——节《滑稽列传》

［1］侏儒：人体短小也。　［2］陛楯者：秦官名，执楯立于陛侧，为侍卫者。　［3］函谷关：秦关名，在今河南灵宝县南，是为秦之东关，关城在谷中，深险为函，故名。东自崤山，西至潼津，通名函谷。　［4］雍、陈仓：秦时二县名，古谓岐州有雍县。陈仓，即今陕西宝鸡县。　［5］荫室：漆须阴干，荫室，即置髹漆物，使阴干之室也。

优旃是秦国的歌舞艺人，身材短小，很会说笑话，不过他说的笑话，都合于大道理。秦始皇时，有一天设宴，恰巧天下大雨，殿阶下的执楯卫士都淋着雨，受着风寒。优旃看见了，很怜悯他们，对他们道：“你们要休息吗？”卫士们都道：“非常希望！”优旃道：“等会儿我要是喊你们，你们就赶快应一声‘诺’。”过了一会儿，殿上献酒，高呼万岁。优旃便靠着栏杆大喊道：“陛下的执楯儿郎们！”他们便应了一声：“诺。”优旃道：“你们身材虽然很高，有什么用，不过呆在雨中站立着罢了。我身材虽然短小，却安安逸逸地呆在这里休息呢！”于是秦始皇让卫士减半值班，轮流接替。

秦始皇曾经商议要扩大皇家园林，东至函谷关，西到雍县、陈仓。优旃道：“好啊！在里面多养些禽兽，有敌人从东方来侵犯，叫麋鹿去触死他们就足够了。”始皇听了，就停止了。

秦二世继位，又想用漆涂饰城墙，优旃道：“好啊！主上即便不说，臣本来也是要请求的。漆城墙虽然让百姓愁苦耗费，可是很美呀！城墙漆得光亮亮的，盗寇来了，爬都爬不上。不过涂漆倒是容易，只有阴干城墙的屋子，却不容易找。”于是二世便笑了起来，因此也就作罢。隔了没多久，二世被杀死，优旃归降了汉朝，几年后就死了。

一二八、货殖列传序

财货为富国之大源，民性之大欲。自浅夫高谈德义，讳言财利，遂致贱视工商，以为末业，于是我国日用百货之文明，遂永不发达。至今东西洋大通，相形遂剧见其绌，可为浩叹。史公于千数百载上，竭力著其关系之重要，此种识力，真不易多得。后人乃更有谓史公实讥嗜利者，真迂谬甚矣！

老子[1]曰：“至治之极，邻国相望，鸡狗之声相闻，民各甘其食，美其服，安其俗，乐其业，至老死不相往来。”必用此为务，輓[2]近世涂民耳目，则几无行矣。

太史公曰：夫神农以前，吾不知已。至若《诗》《书》所述虞夏以来，耳目欲极声色之好，口欲穷刍豢[3]之味，身安逸乐，而心夸矜[4]势能之荣[5]，使俗之渐民久矣。虽户说以眇论[6]，终不能化。故善者因之，其次利道之，其次教诲之，其次整齐之，最下者与之争。

夫山西饶材、竹、穀[7]、纑[8]、旄[9]、玉石；山东多鱼、盐、漆、丝、声色。江南出楠、梓[10]、姜、桂、金、锡、连[11]、丹沙、犀[12]、瑇瑁[13]、珠玑[14]、齿革。龙门、碣石[15]北多马、牛、羊、旃裘、筋角。铜、铁则千里往往山出棋置[16]。此其大较也。皆中国人民所喜好，谣俗被服饮食奉生送死之具也。故待农而食之，虞而出之，工而成之，商而通之。此宁有政教发征期会哉？人各任其能，竭其力，以得所欲。故物贱之征贵，贵之征贱，各劝其业，乐其事，若水之趋下，日夜无休时，不召而自来，不求而民出之。岂非道之所符，而自然之验耶？

《周书》曰："农不出则乏其食，工不出则乏其事，商不出则三宝[17]绝，虞不出则财匮少。"财匮少而山泽不辟矣。此四者，民所衣食之原也。原大则饶，原小则鲜。上则富国，下则富家。贫富之道，莫之夺予，而巧者有余，拙者不足。故太公望封于营丘[18]，地潟卤[19]，人民寡，于是太公劝其女功，极技巧，通鱼盐，则人物归之，繦至而辐凑。故齐冠带衣履天下，海岱[20]之间敛袂[21]而往朝焉。其后齐中衰，管子修之，设轻重九府[22]，则桓公以霸，九合[23]诸侯，一匡[24]天下；而管氏亦有三归[25]，位在陪臣[26]，富于列国之君。是以齐富强至于威宣[27]也。

故曰："仓廪实而知礼节，衣食足而知荣辱。"礼生于有而废于无。故君子富，好行其德；小人富，以适其力。渊深而鱼生之，山深而兽往之，人富而仁义附焉。富者得势益彰，失势则客无所之，以而不乐。夷狄益甚。谚曰："千金之子，不死于市。"此非空言也。故曰："天下熙熙[28]，皆为利来；天下壤壤[29]，皆为利往。"夫千乘之王，万家之侯，百室之君，尚犹患贫，而况匹夫编户[30]之民乎！

——节《货殖列传》

[1]老子：姓李名耳，谥曰聃，故又称老聃。　[2]輓：与挽通。　[3]刍豢：草食曰刍，牛羊之类。欲食曰豢，犬豕之类。　[4]夸矜：以大言夸示于人也。　[5]势能之荣：谓势所能至之荣也。　[6]眇论：微妙之论也。　[7]谷：音谷，木名，皮可为纸。　[8]纑：音卢，可以为

布。［9］旄：犛牛尾也。［10］楠、梓：音南子，二木名，皆可为器。［11］锡连：铅之未炼成者。［12］犀：音西，兽名。［13］玳瑁：音代妹，亦作玳瑁，龟类动物，其甲可制各种装饰品。［14］玑：珠之不圆者。［15］龙门、碣石：二山名。［16］山出棋置：如山之出于地上，棋之置于局中，喻其多也。［17］三宝：珠玉金也。［18］营丘：齐地，在今山东临淄县西北。［19］潟卤：音昔鲁，为海边碱水所渍之地。［20］海岱：禹贡青徐二州之域，皆称海岱，谓在东海与泰山之间也。［21］敛袂：谓敛其衣袖也。［22］九府：管子云。轻重谓钱也，夫治民有轻重之法，周有大府、玉府、外府、泉府、天府、职内、职金、币职，皆掌财币之官，故云九府也。［23］九合：谓兵车之会三，乘车之会六也。［24］一匡：正也。［25］三归：台名，或谓娶三姓女也。［26］陪臣：古时诸侯之大夫，对于天子称陪臣。［27］威宣：威王宣王也，皆战国时齐君。［28］熙熙：和乐貌。［29］壤壤：纷错貌。［30］编户：谓平民编入户口册者。

老子道："太平盛世到了极盛时期，邻近的国家互相望得见，鸡鸣狗吠之声互相听得见。百姓各以自家的食物为甘美，各以自家的服装为漂亮，安于其乡里的风俗，乐于其从事的行业，直到年老死去彼此也不相往来。"如果以此为追求的目标，挽救近世之风，那就等于堵塞了百姓的耳朵眼睛，几乎是行不通的。

太史公道：神农以前的情形，我不知道了。至于像《诗经》《尚书》上记载的，自从虞朝、夏朝以来，人们的耳朵眼睛要享尽声色的美好，口中要吃尽各种肉食的味道，身体要安逸快乐才算适意，心中总要自夸其权势才干带来的荣耀，这等风气浸染百姓，到现在已经很久了。如今就是把老子的这些妙论挨门逐户地去开导他们，终究也不能感化他们了！所以，最好的办法是听其自然，其次是因势利导，再其次是加以教诲，又其次是通过政令整齐风俗，最差的做法就是与民相争。

峭山以西多产木材、竹子、楮木、野麻、旄牛、玉石；峭山以东多产鱼、盐、漆、丝、美女；江南出产楠木、梓木、生姜、桂花、金、锡、铅、丹砂、犀牛、玳瑁、珠子、象牙兽皮；龙门、碣石山的北面多马、牛、羊、毡裘、兽筋兽角；铜、铁这些矿物则分布在周围千里远近，山中到处都是，有如棋子满布。这是关于各地物产的大概情况。这些东西都是中原人民很喜欢的，也都是世间习用的衣服、饮食、侍奉生人和殡送死人之物。所以，人们要靠农人种地，取得食物，要靠虞人开采，取得材料，要靠工匠制造，取得器具，要靠商人贸易，流通货物。这难道还需要官府发布政令，征集调发，限期会集吗？这无非是人们各使其能，各尽其力，以求得他们所需要的东西才这样的。所以，对各种东西来说，物价贱了，人人要买，这是贵的征兆；物价贵了，人人不要买，就是贱的征兆。人们各自努力经营自己的本业，以其所做之事为乐，好像水向下流去，日夜没有停的时候。不召请便会自动前来，不用要求便会生产出来。这难道不是符合规律而得以自然发展的证明吗？

《周书》上说："农人不去耕种，就会缺少粮食；工匠不去做工，就会缺少器具；商人不做生意，粮食、器具和自然财富这三种宝物便要断绝；虞人不去开采原料，那么货物就要缺少，货物匮乏了，那么山泽也就不能进一步开发。"这四件事，实在是百姓衣食的来源。来源大，那么国家就富足，来源小，那么国家就贫乏。上可以富国，下可以富家。或贫或富，没有谁能剥夺或施予，但巧慧聪明的人财富有余，笨拙愚昧的人却衣食不足。从前姜太公吕望被封在营丘时，那里多是盐碱地，百姓很少，于是太公劝勉封国中的女人做女工，把技巧提高到精妙绝伦的水平，又让人们贩卖鱼和盐，于是百姓和货物都归聚到齐国，如绳索那样接连不断，就像车辐集中于车毂一般。所以，齐国能够供应天下的冠带衣履、东海、泰山之间的诸侯们都非常恭敬地前来齐国朝拜。后来，齐国中道衰落，管仲重新整顿太公望的事业，添设管理财政的九个官府，齐桓公才得以做霸主，九次会合诸侯，使天下的政治得到匡正；管仲因而也有三归之台，官位不过是个陪臣，却比列国的君主还要富有。所以，齐国的富强，一直到了威王、宣王还没有衰落。

所以说："仓库充实，百姓才懂得礼节；衣食丰裕，百姓才知道羞耻。"礼产生于富有，而废弃于贫穷。所以，君子富足了，便喜欢行善事；小人富足了，便逞心做他能做的事。潭深则鱼生于其中，山深则走兽来藏身，人富则仁义依附其家。富人得势则越发有名声，失势则宾客无处容身，因此不高兴。这种情况，在夷狄那里还要厉害。谚语道："千金富户之子，不会因犯法受刑死于闹市。"这不是空话。所以说："天下熙熙攘攘，都是为利而来，为利而去。"那些拥有千辆兵车的国王，富有万户封地的诸侯，占有百室封邑的大夫，尚且还担心贫穷，何况是编入户口册内的平民百姓呢。

一二九、货殖列传概论

人生斯世，不啻利之公仆，然富贵移人，已成习俗，无怪其熙熙攘攘也。史公寒素之士，不足以抗当世，愤而作此。其家贫亲老七句，与下无岩处奇士之行四句，非史公自道之词乎？文笔极委曲自适之趣，大有如金钱散地，疏密自然，无不有呼应天成之妙。行文至此，快心适意极矣。

总之，楚越之地，地广人希，饭稻羹鱼，或火耕而水耨[1]，果随蠃蛤[2]，不待贾而足，地势饶食，无饥馑之患，以故呰窳[3]偷生，无积聚而多贫[4]。是故江、淮以南，无冻饿之人，亦无千金之家。沂、泗水以北，宜五谷桑麻六畜，地小人众，数被水旱之害，民好畜藏，故秦、夏、梁、鲁好农而重民。三河[5]、宛、陈[6]亦然，加以商贾。齐、赵设智巧，仰机利。燕、代田畜而事蚕。

由此观之，贤人深谋于廊庙，论议朝廷，守信死节隐居岩穴之士设为名高者安归乎？归于富厚也。是以廉吏久，久更富，廉贾归富。富者，人之情性，所不学而俱欲者也。故壮士在军，攻城先登，陷阵却敌，斩将搴旗，前蒙矢石，不避汤火之难者，为重赏使也。其在闾巷少年，攻剽椎埋[7]，劫人作奸，掘冢铸币，任侠并兼，借交报仇，篡逐幽隐，不避法禁，走死地如骛者，其实皆为财用耳。今夫赵女郑姬，设形容，揳鸣琴，揄长袂，蹑利屣，目挑心招，出不远千里，不择老少者，奔富厚也。游闲公子，饰冠剑，连车骑，亦为富贵容也。弋射渔猎，犯晨夜，冒霜雪，驰坑谷，不避猛兽之害，为得味也。博戏驰逐，斗鸡[8]走狗[9]，作色相矜，必争胜者，重失负也。医方诸食技术之人，焦神极能，为重糈[10]也。吏士舞文弄法，刻章伪书，不避刀锯之诛者，没于赂遗也。农工商贾畜长，固求富益货也。此有知尽能索耳，终不余力而让财矣。

谚曰："百里不贩樵，千里不贩籴。"居之一岁，种之以谷；十岁，树之以木；百岁，来之以德。德者，人物之谓也。今有无秩禄之奉，爵邑之入，而乐与之比者。命曰"素封"[11]。封者食租税，岁率户二百。千户之君则二十万，朝觐聘享出其中。庶民农工商贾，率亦岁万息二千，百万之家则二十万，而更徭租赋出其中。衣食之欲，恣所好美矣。故曰陆地牧马二百蹄[12]，牛蹄角千[13]，千足羊，泽中千足彘[14]，水居千石鱼陂[15]，山居千章[16]之材。安邑千树枣；燕、秦千树栗；蜀、汉[17]、江陵[18]千树橘；淮北、常山已南，河济[19]之间千树萩[20]；陈、夏千亩漆；齐、鲁千亩桑麻；渭川千亩竹；及名国万家之城，带郭千亩亩钟[21]之田，若千亩卮茜[22]，千畦[23]姜韭。此其人皆与千户侯等。然是富给之资也，不窥市井，不行异邑，坐而待收，身有处士之义而取给焉。若至家贫亲老，妻子软弱，岁时无以祭祀进醵，饮食被服不足以自通，如此不惭耻，则无所比矣。是以无财作力，少有斗智[24]，既饶争时[25]，此其大经也。今治生不待危身取给，则贤人勉焉。是故本富为上，末富次之，奸富最下。无岩处奇士之行，而长贫贱，好语仁义，亦足羞也。

——节《货殖列传》

［1］火耕水耨：烧草下水种稻草与稻并生，高七八寸，因悉芟去，复下水灌之，草死独稻长，所谓火耕水耨。［2］果陏蠃蛤：陏音杜，重叠之也。今南方尚言物之堆叠曰陏，言重叠包裹也。楚越水乡，富螺蛤鱼鳖，民多采捕，积聚堆叠包裹，煮而食之。［3］呰窳：音紫愈，苟且惰嬾之谓。［4］偷生，无积聚二句：言江淮以南有水族，民多食物，朝夕取给以偷生而已，不为积聚，乃多贫也。［5］三河：汉以河内、河南、河东为三河。［6］宛、陈：汉郡名。［7］椎埋：用椎杀人而埋之。［8］斗鸡：以鸡相斗也。（《左传》）季郈之鸡斗，季氏介其鸡，郈氏为之金距。［9］走狗：谓纵猎也。［10］糈：音胥，精米也。［11］素封：谓无爵邑之入，禄秩之奉，则曰索封。素，空也。［12］二百蹄：马有四足，二百蹄即五十匹也。［13］牛蹄角千：百六十七头也。［14］千足羊千足彘：各五百头也。［15］千石鱼陂：言陂泽养鱼，一岁收得千石鱼卖也。［16］章：方也千章之材，言方章者千枚。［17］蜀、汉：谓蜀郡与汉中也。［18］江陵：县名，汉置今属湖北省。［19］河济：谓黄河、济水也。［20］萩：读

如秋，草名，蒿类，茎高丈余，叶白似艾而多歧，或谓之牛尾蒿。［21］钟：古量名，能容六斛四斗。［22］卮茜：卮音支，鲜支也。茜音倩，一名红蓝，其花染缯赤黄也。［23］千畦：二十五亩。［24］少有斗智：言少有钱财，则斗智巧而求胜也。［25］既饶争时：既饶足钱财，乃逐时争利也。

总而言之：楚越地广人稀少，以稻米为饭，以鱼类为菜，有的地方刀耕火种，水耨除草；瓜果螺蛤，无须到其他地方去贩货，也自然够用。这里地好种，食物多，没有饥馑之患，因此人们多懒惰混日子，没有积蓄，多贫穷之家。所以江淮以南的地方，没有受冻挨饿的人，也没有千金的富户。沂水、泗水以北的地方，适宜于种五谷桑麻，牧养六畜，地小人多，经常遭受水旱之灾，百姓喜欢积蓄，所以秦、夏、梁、鲁之地的人喜欢务农，看重劳力。三河地区和宛、陈等地也是这个样子，再加上经商贸易。齐、赵之地的人聪明灵巧，靠投机谋利过日子。燕、代之地的人既种田、牧畜，又养蚕。

照这样看来，那些贤能之人在朝廷中出谋划策，论辩争议，那些守信尽节、隐居深山之士设法得到高名，最终都是归于何处呢？都是归于富厚罢了。因此，清官为官时间比较长，时间长了就会更加富有；商人买卖公道，有信誉，就能多赚钱而致富。富这件事，人们生性就喜欢，无须学习，大家都要去追求的。所以，壮士在军营里，攻城抢先登上去，破阵退敌，斩将夺旗，冒着箭射石击，就是赴汤蹈火，也全然不顾，这是为了得到重赏而驱使他这样做的。那些乡间的少年，抢夺杀人，虏人勒赎，盗掘坟墓，私铸钱币，任意妄为，兼并私占，借助同伙，以报私仇，暗中劫夺财物，逐杀人命，什么法律都不管，向死路上奔跑像快马疾驰，这也是为了钱财罢了。如今那些赵国的女子、郑国的香姬，相貌齐整，弹琴奏瑟，舞动长袖，轻移舞鞋，以目传情，以心达意，出外不远千里，不择年老年少，这都是为了奔赴富贵呀！游荡的公子，在帽子和宝剑上饰珠缀玉，外出时车辆马匹成排结队，这也是为了富贵摆出这样的排场呀！那些渔夫、猎人起早贪黑，披霜冒雪，在山谷、河沿跑来跑去，不顾猛兽之害，这都是为了得到各种野味的缘故呀！那些进出赌场，斗鸡走狗之徒，个个争得面红耳赤，争相夸耀，争要得胜，这也无非是把输赢看的很重。医生、方士等各种靠技术吃饭的人，焦思苦虑，极尽其能，是为了得到更多的报酬。官府吏士舞文弄墨，私刻公章，伪造文书，就是杀头也不怕，这是为了得到私贿的缘故。至于农、工、商、贾储蓄增殖，原本就是为了追求和增加个人的财富。如此绞尽脑汁，用尽力量索取，终究是为了不遗余力地夺取财富。

谚语道："相差一百里路，就不去贩柴；相差一千里路，就不去贩籴。"在一个地方住一年，就要种植谷物；在一个地方住十年，就要种植树木；在一个地方住一百年，就应招来德行。所谓德，就是有德行名望。现在有些人，既没有官职俸禄，也没有爵位封地收入，而生活过得欢乐富有，可与有官爵者相比，被称做"素封"。有封地的人，享受租税，每年每户缴入二百钱。享有千户的封君，每年租税收入就要收二十万钱，凡朝觐、聘享的费用，都从这些钱支出。普通百姓如农、工、商、贾，家有一万钱，每年利息可得二千钱，拥有百万钱的人家，每年可得利息二十万钱，凡一切赋税租课，都在从这些钱支出。这样的人家，就可以随心所欲地吃喝玩乐了。所以说住在陆地畜马五十匹，养牛一百六、七十头，养羊二百五十只，草泽中养猪二百五十口，水中占有年产鱼一千石的鱼塘，在山里拥有成材大树千株。安邑有千株枣树；燕、秦有千株栗子树；蜀郡、汉水、江陵地区有千株橘树；淮北、常山以南和黄河、济水之间有千株楸树；陈、夏有千亩漆树；齐、鲁有千亩桑麻；渭川有千亩竹子；还有通都大邑近郊有亩产一钟的千亩良田，以及千亩栀子、茜草，或千畦生姜、韭菜：拥有上述某项财产的人，其收入都可和千户侯一样。然而这些作为富足的资本，可使人不用到市上去察看，不用到外地奔波，坐在家里就可以收来使用，身有处士之名，而收入丰厚。至于那些贫穷人家，父母年老，妻儿瘦弱不堪，到了时节却没有钱来祭祀，只求讨些东西来度日，披着的衣服，遮不满全身，如此贫穷，还不知道羞耻，那就真的没有什么可比拟的了。所以没有钱财只能出卖劳力，略有钱财就可玩弄智巧，已经富足了便争时逐利，这是常理。这是求财的正当大道理呀！现在谁能不通过危险手段，即可取得所需物品，那就会受到贤人的鼓励。所以，靠务农致富是最上等的，靠工商致富是次等的，靠玩弄智巧、作奸犯科致富，那是最下等的。没有深居山谷不肯做官的奇士之行，却一生贫贱，妄谈仁义，这也足以值得羞愧的呀！

秦同培

生卒年不详，江苏无锡人。民国时期世界书局编辑，教育家，对清末民初教材编写的贡献很大，是民国时期最著名的教科书《共和国教科书》的编写者，还编有《高级古文选》《古文读本》《清代文评注读本》等书。

宋晶如（1904–1982）

浙江绍兴人。民国时期世界书局编辑、学者，注释过《古文观止》《古文辞类纂》《经史百家杂钞》《唐宋八大家古文》等古籍。

名家精译史学经典

《国语选译》

《战国策选译》

《左传选译》

《史记选译》

《汉书选译》

《后汉书选译》

《三国志选译》

《资治通鉴选译》